철학의 과업

THE TASKS of PHILOSOPHY

철학의 과업

The Tasks of Philosophy

알래스데어 매킨타이어 지음 | 박병기 외 옮김

인간사랑

| 일러두기 |

1. [1], [2], [3] … 으로 매긴 번호는 원서의 문단을 표기한 것으로 역자들이 한 것이다.
2. 매킨타이어 자신의 저자 주는 본문 끝에 '미주'로 처리했으며, '각주'는 모두 역자 주이다.
3. 매킨타이어는 본문에서 문맥을 이해하는 데 꼭 필요한 단어들을 기울여 쓰는 방식을 택하고 있는데, 이런 경우에는 번역어와 함께 괄호 안에 제시한 영문을 기울여[예시 : (*only*)] 표기하였다.

CONTENTS

2부_ 철학적 탐구의 목적들
The ends of philosophical enquiry

역자 서문

우리 시대에 철학은 어떤 의미를 갖는 것일까? 우리 사회에서 철학을 전공하는 사람들을 바라보는 시각은 그다지 호의적이지 않다. 지나치게 비현실적인 문제에 매달려 있는 사람이거나 쓸데없이 논리나 따지는 까다로운 사람이라는 생각이 우리 사회에서 철학자를 바라보는 많은 사람들의 시각이다. 그러다 보니 대학 입학을 앞두고 철학을 전공으로 택하고자 하는 자녀가 있으면 좋아하기보다는 대체로는 걱정하는 분위기가 연출되기도 한다.

물론 최근에 법학전문대학원이 생기면서 '철학적인 훈련'을 받으면 이 대학원에 진학하는 데 유리하다는 판단에서 철학에 실용적인 관심을 보이는 사람들도 적지 않고, 대학 입학에서 어느 정도의 비중을 차지하고 있는 논술을 위해서 철학 고전을 읽거나 논리 공부를 하는 것이 도움이 된다고 생각하는 사람들도 꽤 있기는 하다. 그런 관심이 진정한 '철학적 관심'인지에 대해서는 논란의 여지가 있을 수 있지만, 이러한 관심들과 함께 일부에서 일고 있는 일반인들의 철학에 대한 진지한 관심을 기반으로 우리 철학이 겨우 생존하고 있는 것만은 부정할 수 없는 현실임에 틀림없다.

돌이켜 보면 사실 우리는 전통적으로 철학적인 사유와 행동에 친숙한 문화를 갖고 있다. 이미 삼국 시대부터 전래된 불교철학을 통해서 이전의 고유한 철학적 사유에 획기적인 전환의 기회를 마련한 이후, 원시유교와 노장사상을 자연스럽게 받아들이면서 고려와 조선을 통해 성리학적 사유의 기틀을 마련했을 뿐만 아니라, 정치와 윤리의 모든 영역에서 이러한 사유를 구현하고자 시도해 온 역사가 바로 우리의 역사라는 점에서 그러하다. 조선 후기에 주체적으로 받아들인 그리스도교적 사유까지 더해지면서 현대 한국인들은 종교적 사유와 철학적 사유를 혼융할 수 있는 사상적 기반을 충분하게 갖추게 된 셈이다.

그러나 현재의 우리 삶을 되돌아보면 과연 우리가 철학적 사유를 생활 속에서 구현하며 살아내고 있는지에 대해 긍정적인 평가를 하기는 쉽지 않다. 어느 경제연구소의 국제비교연구에서도 드러난 것처럼 유럽인들이나 영미인들에 비해 우리는 일을 하는 이유가 주로 돈을 벌기 위한 것이라고 생각하는 경향이 강하고, 사유와 숙고를 전제로 해서 행동하기보다는 감정적으로 먼저 행동한 후에 후회하는 경향도 강하게 나타나고 있기도 하다. 이런 직업관과 행동방식 속에도 그 나름의 철학적 요소가 포함되어 있다고 말할 수는 있겠지만 그렇다고 해서 그것이 바람직한 의미의 철학이라고 강변하기는 곤란하다. 왜냐하면 기본적으로 철학은 자신의 생각과 행동에 반성적 질문을 던지는 일이기 때문이다.

이러한 우리의 상황과 미국을 중심으로 하는 서구의 상황을 평면적으로 비교하는 일은 물론 이제는 거의 의미 없는 일에 속한다. 한 개인의 삶은 그 개인이 처한 상황에 기반해서 전개되고 그 전개과정에서 만들게 되는 수없이 다양한 이야기들에 의해 그려지는 것이기 때문이다. 그렇기 때문에 같은 한국인일지라도 그 이야기의 배경을 제외한 채 평면적으로 비교할 경우 거의 말해주는 것이 없는 무모한 시도에 그칠 가능성이 높은데, 하물며 한국인과 미국인의 삶을 비교하는 일의 어리석음은 말할 나위가 없다. 그럼에도 우리는 너무도 쉽게 그런 비교를 하고 그런 비교가 진리를 담보하는 것처럼 받아들이는 데 충분히 익숙해져 있기도 하다.

현대사에서 독특한 상황에 직면해야 했던 유대인의 하나이자 주로 공동체주의 윤리학자로 분류되는 매킨타이어(A. MacIntyre)의 최근 저작 중 하나인 『철학의 과업』(*The Tasks of Philosophy*)을 번역하면서 이런 생각들을 할 수밖에 없었던 이유는 아마도 이른바 주변부 지식인의 정체성과 열등감 문제로부터 자유롭지 못한 옮긴이 스스로의 자의식 때문이었을 것이다. 동양과 서양을 넘나드는 연구와 강의를 하고 싶다는 열망을 갖고 박사학위까지는 서양 윤리학과 도덕교육론을 전공으로 삼았고, 대학에 자리를 잡은 후에는 주로 불교철학과 윤리에 관심을 갖고 새롭게 공부해 오고 있는 자신의 학문적 이력과 그 안에 담긴 이야기들의 중첩성이 가져오는 이러한 마음의 무거움은 화엄철학의 이사무애(理事無碍)를 향한 열망만큼이나 오래 간직하고 있는 것이기도 하다.

유대인이면서 미국 철학계의 주류로 자리잡은 사람이 매킨타이어에 한정되는 것은 아니지만 그만큼 자신의 유대적 배경에 '집착'하는 학자를 발견하기는 쉽지 않다. 이 '집착'은 내게 때로는 긍정적으로, 때로는 부정적으로 다가오는 그의 철학적 특징이었고, 현재도 그러한 배경에 대한 일정한 거부감을 떨쳐버리지 못하고 있기도 하다. 그럼에도 그가 주로 중국과 일본에 치중하는 것이기는 하지만 유교와 아리스토텔레스를 비교하면서 동아시아적 전통에 주목해 주는 논문을 발표했을 때는 반가움과 함께 일종의 주변인으로서의 동병상련 같은 것을 느끼기도 했다. 물론 미국과 유럽에서 유대인이 차지하는 비중과 위상은 한국인이 차지하는 그것과는 비교할 수조차 없을 정도로 크고 깊다. 그것은 이스라엘에 대한 미국의 일방적인 지지와 지원으로 상징되는 거대한 로비력과 함께 유대인에 대한 부정적인 글이나 말까지도 원천적으로 차단하는 강력한 공포의 원흉으로 주목받기도 할 정도이다.

그럼에도 유대인들에게는 대체로 자신의 땅에서 추방되어 세계를 떠돌고 있다는 주변인으로서의 의식이 잔존하고 있는 것으로 보이고, 이러한 주변인 의식은 결국 '이스라엘'이라는 구심점을 만들어내는 시오니즘으로 자리잡거나 표출되어 왔다. 물론 모든 유대인들이 그러한 주변인 의식을 동등하게 갖고 있다고 말하는 것은 성급한 일반화의 오류와 닫힌 사유의 폭력으로 이어질 수 있기 때문에 유의해야 할 것이다. 그러나 최소한 매킨타이어에 한정해서 말하자면, 더 조심스럽게 접근하여 내가 이해한 매킨타이어에 한정지어 말한다면 그는 분명히 유대인 의식을 적극적으로 껴안고자 하는 철학자이고, 그러다 보니 철학과 종교 또는 이성과 신앙 사이의 분명한 경계를 쉽사리 인정하지 않는, 장점이자 한계를 드러내고 있는 철학자이자 윤리학자라고 평가하는 데 인색할 이유는 없다.

유대교와 같은 뿌리를 갖고 있는 그리스도교는 이제 단순한 서구의 종교가 아니다. 이미 우리 국민의 삼분의 일이 그리스도교인이고, 대통령을 비롯한 우리 사회의 이른바 지도층에서 그리스도교인의 비율은 훨씬 더 높다. 연말이면 의례껏 텔레비전으로 생중계되는 시상식에서 '하나님의 은총'을 노골적으로 찬양하는 연예인을 만나는 일이 식상할 정도로 우리 사회를 지배하고 있는 것이 기독교이고, 이런 현상은 철학계라고 해서 전혀 다르지 않다. 우리나라 철학자의 상당수가 겉으로 드러내느냐 그러지 않느냐의 차이가 있을 뿐 기독교인이고, 심지어 목사들도 꽤 포함되어 있을 정도이다.

우리 철학계가 그리스도교의 문제를 적극적인 주제로 삼아야 하는 이유가 바로 여기에 있다. 자신들의 신앙을 분명하게 드러내면서 그것과 자신의 철학이 어떻게 연계되고 차별화되는지를 적극적으로 밝히는 철학자들이 많아져야 하고, 철학적 담론의 장에서는 그런 철학이 진정한 의미의 철학에 포함될 수 있는지에 대해서 또 그것을 배경으로 삼은 서구지향적 종속성 문제가 그것과 별개로 다루어질 수 있는지에 대해서도 충분하게 고려해야하는 단계를 이미 넘어서고 있다.

그런 점에서 매킨타이어의 이 저서에 포함된 신앙과 이성 사이의 관계에 대한 적극적인 고찰은 그 결론을 받아들이느냐의 여부에 관계없이 참고할 만한 쟁점들을 많이 포함하고 있다(9장과 10장 참조). 매킨타이어는 철학자의 임무를 보통 사람들이 갖게 되는 삶의 의미와 이해에 관련한 의문들을 보다 전문적으로 탐구하는 것이라고 일단 규정한다. 그 '보통 사람들'인 현재의 미국인들의 삶의 의미에 관한 관심사 속에 신앙과 이성이 자연스럽게 포함되어 있기 때문에 매킨타이어의 시도는 현실적이고 실제적이라고 평가받을 수 있겠지만, 그런 시도가 현재의 한국인들에게 주는 의미와 한계가 무엇인지에 대해서는 어떻게 평가해야 할까?

아침에 밥상에 앉아 가족끼리 나누는 대화 속에 포함된 철학적 질문과 대학원의 철학 세미나에서 다루어지는 주제들이 질적으로 차이가 없다고 전제하는 매킨타이어는 같은 맥락에서 철학자들의 저술을 삶의 의미를 위한 대화의 장으로 설정한다(7장). 즉 철학서들은 인간에 관한 질문으로서의 삶의 목적에 관한 질문들을 포함하고 있을 뿐만 아니라, 그 안에 대화가 담겨져 있고 더 나아가 대화의 핵심 주제로서의 선과 진리의 본질, 그 의미와 정당화 문제가 담겨져 있다고 강조한다. 그렇기 때문에 철학서들을 읽을 때는 이 대화에 참여하려는 노력을 해야 한다는 것이다.

이러한 매킨타이어의 생각은 인식론의 위기와 도덕적 상대주의 등을 보다 전문적으로 다루고 있는 제1부에서도 그대로 견지되고 있다. 즉 그는 철학이 인간의 몸에 대해 더 많은 관심을 가져야 한다거나 색깔을 바라보는 문화적 차이와 유사성 문제 등을 다루면서 결국 철학, 특히 도덕철학은 그 시대의 사회적 관행과 분리되어서는 안 된다는 입장을 분명하게 드러내고자 노력하고 있다. 철학을 현실과 유리된 허망한 것으로 만들어버리는 일부 철학자들이나 그렇게 받아들이는 일반인들 모두를 위해 매킨타이어의 현실 감각과 전문화된 논의 사이의 유기적 연계성은 바람직한 대안이 될 수 있을 것이다.

이 책에서 다루어지고 있는 매킨타이어의 논의들은 각 부별로 또 각 장별로 일정한 연계성을 전제로 하고 있기는 하지만, 그만큼이나 독립성을 갖고 있기도 하기 때문에 특별히 1장부터 10장으로 이어지는 순서로 읽을 필요는 없다. 눈길이 가는 주제를 택해서 각 장별로 읽어나가는 방식도 권장하고 싶고, 특히 매킨타이어의 바람대로 그가 만들고 싶어하는 대화의 장에 동참하는 기분으로 읽어나갔으면 좋겠다는 생각을 해본다. 그러다 보면 그의 이야기가 단지 그 자신의 것으로 끝나지 않고 나의 것으로 받아들여지기 시작하는 대화와 공감의 행복감을 맛볼 수 있을 것이기 때문이다.

마지막으로 이 책을 번역하는 과정을 밝혀두고자 한다. 전체 두 권으로 이루어진 저술 모음집의 첫 권인 이 책을 번역해 주기를 원하는 출판사 관계자(이국재 선생)의 부탁을 받고 박사과정에 있는 제자들과 함께 공부하는 시간을 갖고 싶다는 생각에 응했던 것이 벌써 1년여 전이다. 제1부는 김민재가 초역을 맡았고 제2부는 이철주가 초역을 맡았는데, 그 원고를 넘겨받은 후에 전체적으로 교정과 윤문을 맡은 것은 대표 역자인 본인이다. 본래 매킨타이어의 영어가 난삽하고 그 배경 이야기가 복잡한 데다가 초역자들의 경험 부족과 미숙함이 겹쳐서 거의 새로 번역하는 수준으로 교정해야만 하는 장들도 다수 있었다. 한편으로 최선을 다해 교정을 보고자 했고 어느 정도 결정적인 오역은 피할 수 있는 수준에 이르지 않았는가 하는 안도감이 들기도 하지만, 다른 한편으로는 여전히 마음 놓을 수 없는 구석이 곳곳에 있다는 불안감도 느껴진다.

시간을 재촉하는 출판사의 전화와 문자 메시지에 기대서 원고를 넘기면서도 마음이 편치만은 않지만, 그럼에도 지루하고 따분한 번역과정을 '한국교원대학교 대학원'이라는 이 시대 학문공동체의 가까운 구성원들과 함께 했다는 뿌듯함을 감추고 싶지는 않다. 더 노력하고 마음을 모아서 우리 윤리학계와 도덕교육학계의 발전에 기여하는 성과물들을 지속적으로 낼 수 있었으면 좋겠다는 바람을 가져본다.

쏟아지는 함박눈 담고 있는
수리산 소나무를 바라보면서

역자들을 대표하여 **박병기 드림.**

서문

1 이 소론들 중 가장 먼저 쓰인 것은 1972년의 글이며 가장 최근의 것은 2002년의 글이다. 1971년 런던의 콜린 헤이크래프트(Colin Haycraft of Duckworth)와 뉴욕의 테드 쇼큰(Ted Schocken of Schocken Books)에서 초기 에세이 모음집을 『시대의 자화상에 대항하여 : 이데올로기와 철학에 관한 에세이들』(*Against the Self-Images of the Age : Essays in Ideology and Philosophy*)이라는 단행본으로 출판했는데, 나는 그 책에서 세 가지 목표를 설정했었다. 첫째는 다양한 이데올로기적 주장들을 평가하는 것이었다. 그것들은 인간의 본성과 역사, 그리고 인간의 선과 그것의 실현을 위한 정책들에 관한 주장들로, 기독교 신학과 몇 가지 종류의 정신분석학적 이론들, 그리고 마르크스주의에 관한 일부의 지배적인 견해들의 관점으로부터 발전되었다. 둘째는 비록 그런 특정한 이데올로기적 주장들을 거부하는 확실한 이유들이 있다

할지라도, 그런 이유들이 에드워드 쉴즈(Edward Shils) 등이 주장했던 그 당시에 여전히 유행했던 이데올로기적인 주제들의 목적을 위한 증거를 제공하지 못했음을 주장하였다. 그러나 만일 내가 그것들을 넘어서는 방향으로 갈 수 없었다면 이런 부정적 결론들은 사실상 내용이 빈약했을 것이다. 그런데 만약 내가 그것들을 넘어서는 방향으로 가고자 했다면 우리의 도덕 및 정치적 조건의 개념적·역사적인 뿌리들을 보다 적절하게 진단할 수 있게 해주는 자료들을 더 많이 찾았어야 했다.

2 따라서 『시대의 자화상에 대항하여』에서 내가 세운 세 번째 목표는 도덕철학과 행동철학에서 제기되는 몇 가지 중심적인 쟁점들을 재검토하는 것이었다. 그러나 이 단행본을 전체적으로 검토한 후에 내가 도달할 수밖에 없었던 결론은 그런 목표들을 거의 달성하지 못했다는 것이다. 뿐만 아니라, 만일 내가 비판했던 각 입장으로부터도 배워야만 한다는 입장과 철저하게 부정해야만 한다는 입장을 제대로 구별하기 위해서라면 훨씬 더 많은 자료들을 검토할 필요가 있었다는 사실이었다. 그런 곤혹스런 국면에서 내가 철학적으로 더욱 성숙해지기 위해 선택할 수 있는 대안이 무엇이었을까? 이 책의 첫 번째 글인 '인식론의 위기들과 극적 이야기, 그리고 과학의 철학' (Epistemological crises, dramatic narrative, and the philosophy of science)은 1970년대 동안 나의 사고에 있어 큰 전환점이라 할 만한다.

3 그것은 내가 임레 라카토스(Imre Lakatos)와 토마스 쿤(Thomas Kuhn)을 읽고 만남으로써 이끌어낸 것이며, 그 독서과정을 통해 변화된 것은 철학 또는 일반적인 구조적 사고에서의 발전을 위한 나 자신의 개념이었다. 그 시점까지 내가 비록 기독교 신학과 마르크

스주의의 역사들로부터 다른 것들을 배워왔을지라도, 처음으로 이런 문제점에 초점을 맞춘 이래 나의 연구들은 보다 분석철학적 특징의 형식으로 조금씩 앞으로 나아가고 있으며, 또한 그래야만 한다고 생각해 왔다. 그래서 나는 광범위한 개념적 얼개에 대한 충분한 숙고 없이 분리하고 구분하여 생각했던 몇 가지 논쟁들을, 나와 다른 이들이 공식화한 논쟁들의 범위에서 그것들을 참조하여 작업해 왔다. 내가 쿤으로부터 배운 것 혹은 오히려 쿤과 라카토스를 함께 읽음으로써 배운 것은, 나에게는 거의 진전이 없던 여러 가지 문제들이 가져다 준 좌절이나 어려움 때문뿐만 아니라, 나와 나의 동시대인 대부분이 공유했던 광범위한 가정들에 의해 지시되는 용어들을 통해 이해되는 한에서 확실히 처리하기 어려운 것으로 남아 있기 때문인지를 먼저 확인하고 그 다음에 그 얼개로부터 벗어나 연구하는 것이 필요하다는 사실이었다. 그리고 나는 내가 지금까지 당연하게 여겨왔던 철학에서의 진보 개념을 거부함으로써 스스로 혼란스러워 했던 그 주제들을 새로운 시각에서 바라보기 위한 첫 번째 단계로 이미 향하고 있음을 발견하게 되었다.

4 두 번째 단계는 내가 써오고 있던 도덕철학에 관련된 책의 원고를 찢어버리고 어떻게 현대 도덕 및 정치철학의 문제가 재형식화되어야만 하는가 물었을 때 이루어졌다. 만일 그것들이 자유주의적인 현대성의 입장이 아니라 내가 아리스토텔레스 학파의 도덕적·정치적인 것으로 여기는 입장으로 보였다면, 그리고 아리스토텔레스 학파의 관습적인 삶과 관련된 낡은 개념들의 붕괴결과로서 이해된다면 현대성의 충격에 의한 붕괴는 그런 낡은 개념들로 구체화된 전통 위에서 발생한다. 내가 발견한 것은 높은 현대성의 딜레마

들과 그것들의 명백히 제어하기 어려운 특성이 오직(*only*) 이런 방식으로 보여지고 이해될 때 충분히 설명할 수 있게 된다는 사실이다. 이것이 내가 처음으로 『덕 이후』(*After Virtue*, 1981)에서 드러내고 차후의 책들에서 발전시켰던 대단히 논쟁적인 주장이었다.

5 그것은 역설적인 특징을 가지고 있는 것처럼 보이는 주장이었다. 왜냐하면 만일 우리가 오직 문화적 · 사회적이며 그 체계를 위한 몇 가지 외적인 견해로부터만 충분히 이해할 수 있는 도덕적인 체계에서 살고 있다면 어떻게 동시에 그 규칙의 담지자로 남아 있으면서도 그것의 한계들을 넘어서는 것이 가능하겠는가? 그 대답은 현대성의 문화들은 공존하는 과거의 다양성으로부터의 사고와 행동의 양상들과 관련된 잠재적이고 실제적인 투쟁의 장소들이며, 몇 가지 독특한 제도상의 형태들과 개인주의자의 도덕적 자세들 및 집단적인 현대성 등의 문제에 처해 있다는 것이다. 그래서 현대성의 내부를 지향하는 지나간 전통들의 관점에서의 그와 같은 현대성 비판들은 정치적 · 도덕적 · 철학적인 물음들을 제기한다.

6 자신을 그런 비평들과 동일시하는 이들은 자신들이 서 있는 철학적인 논쟁들의 범위에서 말할 수 있고 그들의 실천에 대하여 적절한 이유들을 제시할 수 있어야 한다는 요구에 직면한다. 그런 논쟁들 중에서 어떤 것들은 다음 장의 논의들 속에 포함되어 있다. 제2장 '색깔들, 문화들, 그리고 관행들'(Colors, cultures, and practices)은 색깔과 관련된 어휘들과 인식, 그리고 그 귀속성(ascriptions) 속에서 우리가 도달하고 있는 합의의 범위와 중요성에 대한 연구이다. 그것은 언어 사용이 어떻게 사회적으로 구성되는지, 그리고 문화들 내부에서 색깔들에 대한 우리의 이름 붙이기에 관한 합의가 색깔들에 대한 이

름 붙이기에 관한 문화들 사이의 중대한 불일치와 어떻게 양립하는지에 대한 비트겐슈타인의 고려들로부터 시작한다. 그러나 이것들은 다른 방법보다 특정한 한 가지 방법으로 색깔들을 구별하고 분류하는 것이 좋은 이유가 되는지를 물어보기 위한, 그리고 회화예술의 관행과 같은 예에서 찾아볼 수 있는 그런 이유들을 위한 전후 관계를 논의하기 위한 예비 행위들이다. 그리고 그 발전의 어떤 특정한 단계에서 어떤 관행 내부의 목적이 된 좋음이 우리들에게 특정한 한 가지 방법으로 색깔들에 대해 주의하고 구별하는 근거들, 즉 오직 회고적으로만 확인되는 일반적이고 특징적인 근거들을 제공할 것이다.

7 이 소론 안에서 말하는 것 이상의 많은 것들에 대해 말할 필요가 있지만, 이 연구가 더 이상 앞으로 향해 가지 못할 때조차도 그것은 복잡 미묘한 문화적 상대주의의 주장들에 대한 비판적인 평가와 거부를 수반한다. 우리가 그런 주장들을 거부해야 하는 이유들은 그것들이 도덕적 상대주의와 밀접하게 관련되는 논쟁들을 낳고, 그 상대주의는 제3장 '도덕적 상대주의, 진리와 정당화' (Moral relativism, truth and justification)에서 직접적으로 다루어질 것이다. 이 글은 엘리자베스 엔스콤(Elizabeth Anscombe)과 피터 기치(Peter Geach)의 결혼 50주년 기념일을 즈음하여 그들의 훌륭한 철학적 작업을 기리고자 출판된 기념논문집에 실렸다. 이 글에서 내가 주장하고자 한 것은 기치의 통찰력과 논의들을 평가하면서 우리의 도덕적 논의와 연구들 안에서 진리 개념이 갖는 위상에 관한 것이다. 그 위상은 이론적인 도덕적 상대주의자들을 자신이 생각하는 도덕적·관행적인 주장들과 관련된 문화 속에 있는 주민들과 불화하는 바로 그 지점이다. 모든 도덕적 문화들 속에 있는 사람들은 이미 상대주의를 거절해 왔음

이 확인되었다. 따라서 문화들 내부나 그 사이에서 근본적인 도덕적 불일치들로부터 생겨나는 문제들을 해결하기 위해 계획된 상대주의의 가설에 대해서는 근본적으로 다른 관점에서 접근될 필요가 있다.

8 네 번째와 다섯 번째 소론은 우리가 인간을 어떻게 이해해야 하는가와 관련된다. 지난 300년 동안 진행되어 온 자연과학의 개념틀을 가지고 인간의 사고와 행동을 설명하려는 계획은 현대에 와서 더욱 큰 영향력을 발휘하고 있다. 자연과학이 지니는 호소력은 더 큰 변화를 겪으면서 커져왔지만 그 계획 속에서 제시된 철학적 질문들은 여전히 같은 형태를 유지하면서 남아 있다. 그런 이유로 18세기 말과 19세기 초의 관상학(physiognomy)과 골상학(phrenology) 같은 사이비 과학들(pseudosciences)에 의해 제기된 주장들에 대한 헤겔의 비판은 여전히 유효하다. 제4장 '관상학과 골상학에 대한 헤겔의 비판'(Hegel on faces and skulls)에서 나는 오늘날의 신경생리학(neurophysiology)이나 생화학(biochemistry)에서 제공되는 종류의 요소들을 일반화하여 인간의 태도와 행동들을 설명할 수 있다는 관점을 거부할 수 있는 좋은 이유들을 헤겔이 이미 우리들에게 제시했다고 결론내렸다. 제5장 '인간의 몸이란 무엇인가?'(What is a human body?)에서 나는 더 나아가 우리 모두는 인간 몸의 움직임들을 자연과학적 용어들을 통하여 완전히 설명할 수 있는 것으로 취급할 수 있다는 입장과는 양립할 수 없는 인간의 몸에 대한 선(先)철학적(prephilosophical) 이해를 가지지 않을 수 없다고 주장했다. 이러한 관점은 특히 우리가 다른 사람들이 말하고 행동하는 것에 대해 이해하고 응답하는 것을 가능하게 만드는 그런 해석의 관행들에 의해 미리 가정된 것이기도 하다. 그런 이유로 우리는 일상이나 삶의 과정 속에서 동시대 과학적 자연주의가

담고 있는 기본적인 가정을 받아들이지 않았던 것이다.

9 앞의 다섯 개 장들이 우리와 친숙한 철학적 논쟁들을 담는 반면에 여섯 번째는 조금 다른 주제를 담고 있다. 도덕철학자들은 종종 스스로 편안한 일상 속에 있는 개념들과 철학적 논의와 거리가 있는 도덕행위자들이 하는 말들을 보다 명확하게 했으면 좋겠다는 생각을 하곤 한다. 그런데 만약 철학자들과 보통 사람들 모두가 참여하는 일상의 사회적 삶 속에서 사회적 · 문화적 관행들을 채우는 그 도덕적 개념들이 사실 철학자들의 도덕적 개념들과는 크게 달라서 양립할 수 없다면 어찌할 것인가? 또 만약 일상적인 관행 속에서 구체화되는 그 도덕적 개념들이 다르고 양립할 수 없을 뿐만 아니라, 그것들이 제시하는 삶의 방향이 그것을 어렵게 만들고, 더 나아가 어쩌면 철학자들의 도덕 개념들을 응용하는 일이 불가능하다면 어찌할 것인가? 제6장 '도덕철학과 동시대의 사회적 관행 : 무엇이 그것들을 분리시키는가?' (Moral philosophy and contemporary social practice : what holds them apart?) 에서 나는 바로 그런 가능성들이 발전된 현대성의 사회적 · 문화적 체계 안에서 현실화된다는 것을 제시하고 있다. 또 그 결론들은 도덕철학 내부에서 여러 종류의 권리이론가들과 덕윤리학자들에 의해 발전했다는 사실과, 드문 경우를 제외하고는 공리주의자들이 동시대의 사회적 현상들에 대하여 어떤 영향력도 가질 수 없었다는 점에 의해 발전했다는 사실을 지지한다. 개인주의자와 집단적인 현대성의 관행들은 도덕철학자들의 관점이 무엇인지 관계없이 도덕철학자들의 이야기에 귀 기울이는 것을 방해하는 방향으로 잘 짜여져 왔다.

10 만일 그것이 사실이라면 도덕철학의 과업은 단지 이론

적인 연구와 논쟁에 참여하는 것만이 아니다. 도덕이나 정치적인 주제들과 관련된 이론적인 연구는 언제나 어떤 관행의 형태에서 유래한다. 따라서 그런 논쟁 속에서 어떤 입장을 취하는 것은 누군가가 관계된 관행들과의 관계 속에서, 그리고 그렇게 함으로써 연루된 갈등과의 관계 속에서 스스로를 규정짓는 일이다. 그러나 우리가 오늘날 살고 있는 사회적·문화적 체계 속에서 철학은 우연히 그 맛을 본 매우 적은 수의 젊은이들을 교육하는 데 적당한 교과라는 제한적 위치 안에 있을 뿐이다. 오늘날의 공적인 삶에 대한 일반적인 방식들은 그 전제들에 대한 철학적 질문들에 대해 적의를 담고 있는 경우가 대부분이다. 그러므로 단순한 이론가 이상이 되고자 하는 철학자들은 자신들의 관점이 무엇이든지 억지로 이런 주변화(marginalization)에 저항하여 투쟁하든지, 아니면 오직 다른 철학자 집단 같은 아주 작은 사람들과만 더불어 이야기해야 하는 운명 속에 있다. 상황이 그렇기 때문에 그런 종류의 물음들은 다른 어떤 때보다 더욱 날카롭게 제기되곤 한다. 왜 철학에 종사하는가? 철학적 연구가 도움이 되는 목적들은 무엇인가? 그리고 어떤 종류의 철학이 우리 자신의 본질적인 목적들의 성취를 가능하게 할 것인가? 이것들이 이 책 후반부의 네 개 장들을 통해 내가 제시하고자 하는 물음들이다.

11 제7장 '삶의 목적들, 그리고 철학적 저술의 목적들' (The ends of life, the ends of philosophical writing)에서 나의 연구는 철학자들이 자신들의 삶 안에서 추구하는 목적과 그들이 자신들의 저술 안에서 추구하는 목적들 사이에서 유지하고 있는 서로 다른 관계에 대해 초점을 맞추고 있다. 또한 우리로 하여금 삶의 목적에 대하여 더 나은 질문을 할 수 있게 해주는 철학적 원문들과 그런 질문들을 던지는 것으

로부터 관심을 돌리게 해주는 철학적 원문들 사이의 차이점에 대한 논의도 포함하고 있다. 이 장에서 다루어진 경우는 참으로 특수한 종류의 철학을 위한 경우이지만, 그렇다고 해서 그것이 어느 한 가지 철학적 입장만을 위한 것은 아니다. 물론 이 말이 내가 어떤 특정한 관점으로부터 말하지 않거나 쓰지 않았다는 의미는 아니다. 나는 토미즘적 아리스토텔레스주의(Thomistic Aristotelean)의 관점을 택해 이 소론들을 썼고 지금도 쓰고 있다. 이런 실행들이 결국 이르게 되는 것을 나는 최소한 부분적으로라도 제8장 '철학의 제1원리들과 최종 목적들, 그리고 오늘날의 철학적 쟁점들' (First principles, final ends, and contemporary philosophical issues)에서 말하고자 시도했는데, 이 글은 마켓(Marquette) 대학에서 했던 나의 1990년 아퀴나스 강의에 의해 개정되고 확장된 것이다.

12 제8장을 통해 나는 세 가지 목적을 구현하고자 했는데, 첫째는 철학적 연구 안에서 나의 작업이 지금 전제하는 진보의 개념에 대해 제1장 '인식론의 위기들과 극적 이야기, 그리고 과학의 철학' 을 쓰면서 내가 거부해 온 것과는 매우 다른 개념으로서의 진보 개념에 대해 스스로 명확히 설명할 필요가 있었다는 점이다. 둘째는 토마스 아퀴나스 학파(Thomist)의 개념을 이루는 주요 원리들과 궁극적인 목적들을 그런 개념들을 철저히 거부해 오고 있는 나의 동시대 사람들이 이해할 수 있게 만들기를 원하는 것이다. 그리고 마지막 목적은 그런 거부를 전제로 하는 현대 철학의 역사가 가져온 결과들을 확인하는 것이다. 따라서 이 장의 중요성은 토마스 아퀴나스주의자들과 분석철학자 및 포스트모더니스트들 사이에 합의를 이루지 못하는 그 불일치들의 범위와 본질을 드러내는 데 있다. 그러나 이것은

토마스 아퀴나스주의자들과 그런 비판들 사이의 토론과 연구를 위한 공동의 근거를 찾아야 할 필요를 만들며, 또한 가능한 한 더욱 더 절박하다고 넓게 공유되는 전제들로부터 논의할 필요를 만든다. 왜냐하면 철학 속에서 우리 스스로 편견들의 희생자가 되는 것을 피할 수 있는 길은 오직 우리 자신의 비판과 적대자들이 제기하는 반대들에 대한 개방성뿐이기 때문이다.

13 그러나 그런 공통의 근거를 찾는 일이 언제나 가능한 것은 아니며, 어떤 경우 이것은 자신의 철학 자체에 연기성(緣起性), 다시 말해서 종교, 도덕, 정치, 그리고 다른 것들에 의해 영향받지 않고 철학에 관계하는 이는 아무도 없다는 사실을 받아들일 때만 가능하다. 여기에서 중요한 것은 두 가지이다. 첫째는 그런 연기성을 철학적 결과들로 위장하지 않는 것이고, 둘째는 어떤 이의 철학적 작업에 대한 그것들의 영향을 명백히 만드는 것이다. 첫째는 예를 들어 무신론(atheism)은 유신론(theism)이 하는 것만큼이나 신념의 행동을 요구하며, 물리주의(physicalism)는 어떤 종교적인 관점만큼이나 미신에 사로잡혀 유지되기 쉽다는 것을 인식하는 데 실패한 사람들을 위태롭게 할 위험이다. 둘째는 누군가 자신의 철학적 책무와 다른 책무들 사이의 관계를 분명하게 하고자 한다면 그렇게 할 필요이다. 다음의 두 장은 부분적으로 철학자이자 로마 가톨릭 신자로서 나 스스로의 철학함의 측면에서 그런 설명을 시도하는 장들이다. 둘 다 요한 바오로 2세(John Paul II)의 회칙 『신념과 이성』(*Fides et Ratio*)에 대한 답변들이다.

14 그 회칙은 철학적 기획의 자율성을 주장하는 것과 가톨릭의 교의를 긍정하는 이는 누구라도 불가피하게 실행하는 그런 철

학적 주제들을 확인하는 것 모두와 관련된다. 이런 두 가지 주제들 사이에 의심할 여지없는 긴장이 있으며, 우선 제10장 '선으로서의 진리 : 신앙과 이성에 대한 숙고' (Truth as a good : a reflection on *Fides et Ratio*)에서 나는 저 긴장의 본질을 제시하고 진리에 대한 이해가 가톨릭의 신념과 일치하는지 보다 상세히 검토한다. 제9장 '본래의 과업들을 상기하는 철학 : 신앙과 이성에 관한 토미즘적 이해' (Philosophy recalled to its tasks : a Thomistic reading of *Fides et Ratio*)에서 나는 여러 관심들을 기울였지만 가장 중심적인 것은, 학문적인 철학자의 연구들과 평범한 사람들 자신의 고유한 본질 및 모든 발전된 인간 문화에 있어 주요한 사물의 본질에 관한 그들의 질문과 자기 고찰(self-questioning) 사이의 관계이다. 회칙 안에서 우리는 단지 교황 요한 바오로 2세의 목소리만이 아니라 철학자 카롤 보이티와(Karol Woityla)의 목소리를 들으며, 나는 단지 교회의 교도권(敎導權, magisterium)의 표현으로서 뿐만 아니라 철학에 대한 철학적 · 이론적인 양쪽 모두의 이해에 중요한 공헌으로서도 그것과 관계한다.

15 마지막으로 나는 특히 내가 이런 소론들을 쓰던 시간에 소속되어 있던 학과들의 과거 혹은 현재의 동료들과 학생들에게 진 빚들을 고백해야 할 필요를 느낀다. 보스톤 대학교와 아르후스(Aarhus) 대학교의 문화학과와 2000년 이후로 철학학부의 일원이자 '윤리학과 문화 센터' (Center for Ethics and Culture)의 동료로 양쪽 모두에 속해 있는 노트르담 대학교가 그곳들이다. 나의 최근 동료인 필립 퀸(Philip Quinn)은 특히 제2장 '색깔들, 문화들, 그리고 관행들'에 대한 조언을 통해 내게 큰 도움을 주었다. 이 책을 준비하는 데 있어 엄청난 작업을 해준 클레어 셸리(Claire Shely)에게도 한 번 더 감사하고

자 한다.

16 오랜 시간을 함께 하면서 진행해 온 철학적 토론을 통해 나는 여러 학자들에게 많은 빚을 져 왔다. 그 빚에 대해 쉽게 말로 고마움을 표할 수 없다는 사실을 잘 알지만 여기에서는 다만 고인(故人)과 살아 있는 이들 모두의 이름을 함께 말하는 것으로 그 고마움을 대신하겠다. 에릭 존(Eric John), 허버트 맥카베(Herbert McCabe), 제임스 카메론(James Cameron), 해리 루바즈(Harry Lubasz), 막스 와르토프스키(Max Wartofsky), 버나드 엘레비츠(Bernard Elevitch), 데이비드 솔로몬(David Solomon), 한스 핑크(Hans Fink), 랄프 매키너리(Ralph McInery)가 그들이다. 마지막으로 그들의 이름에다 나의 아내인 린 수미다 조이(Lynn Sumida Joy)를 더하고 싶다.

감사의 글

이 첫 번째 권의 여러 소론들 중에서 제5장, 7장, 9장은 예전에 발표되지 않았던 것들이다. 다른 곳들에서 실렸던 소론들을 재발행할 수 있게 허락해 준 아래의 기관들에 감사를 드린다.

- 첫 번째 소론에 대해서는 Hegeler Institute의 책임자에게 감사를 드린다. 이 소론은 먼저 *The Monist* vol. 60, no. 4, October 1997, pp. 453–72 (copyright © 1977, THE MONIST, An International Quarterly Journal of General Philosophical Enquiry, Peru, Illinois, 61534)에 실렸다.
- 두 번째 소론에 대해서는 노트르담(Notre Dam) 대학교에 감사드린다. 이 소론은 먼저 *Midwest Studies in Philsophy* 17, 1992, edited by P. A. French, T. E. Uehling, Jr., and H. K. Wettstein, pp. 1–23에 실렸다.
- 세 번째와 열 번째 소론에 대해서는 Four Courts Press, Blackrock,

Co. Dublin에 감사드린다. 이 소론들은 먼저 *Moral Truth and Moral Tradition : Essays in Honor of Peter Geach and Elizabeth Anscombe*, 1994, pp. 6–24와 *Thomas Aquinas Approaches to Truth*, 2002, edited by J. McEvoy and M. Dunne, pp. 141–57에 실렸다.

■ 네 번째 소론에 대해서는 Doubleday, a division of Random House Inc에 감사드린다. 이 소론은 먼저 *Hegel : A Collection of Critical Essays*, 1972, pp. 219–36에 실렸다.

■ 여섯 번째 소론에 대해서는 오르후스(Aarhus) 대학교 Kulturforsknung 시설의 책임자에게 감사드린다. 이 소론은 먼저 *Arbejdspapir* 113, 1992에 실렸다.

■ 여덟 번째 소론의 재발행을 위해서는 마켓(Marquette) 대학교 출판부의 허락이 필요했다. 이 소론은 먼저 마켓 대학교의 1990년 아퀴나스 강의로 발행되었다.

제1부

철학적 자세란 무엇인가?

Defining a philosophical stance

Chapter_1

Epistemological crises, dramatic narrative, and the philosophy of science

인식론의 위기들과 극적 이야기, 그리고 과학의 철학

I

1 무엇이 인식론의 위기들인가? 먼저 그런 위기들에 빠진 일상적인 사람들의 상황을 생각해 보자. 예를 들어 고용주와 동료들이 자신을 높이 평가한다고 믿었던 어떤 사람이 갑자기 내쫓긴 경우나 한 동호회의 회원들 모두가 그에게 회원이 될 것을 제안해서 자신이 회원이 될 것이라고 믿었으나 오히려 가까운 친구들이 반대해서 되지 못한 경우를 생각해 보자. 또 어떤 사람이 사랑에 빠져 자신이 사랑하는 사람도 정말(*really*) 사랑을 느끼는지 알기를 원하는 경우와 사랑하는 사람과 헤어져 자신이 어떻게 상대방과 헤어지게 되는 실수를 했는지 알기를 원하는 경우에 대해서도 생각해 보자. 이상의 모

든 경우에서 겉으로 드러난(*seems*) 것보다는 실제로 존재하는 이유와 근거가(*is*) 결정적이 될 것이다. 이런 상황들에서 전문적인 철학에 대하여 전혀 배운 적 없는 일상적인 사람들은 '다른 사람들의 문제' 와 '귀납추리의 정당성 문제' 에 대해 스스로 해석할 가능성이 오히려 높을 수 있다. 즉 그들은 거기에는 '다른 사람들의 행동에 대한 전제들' 로부터 '다른 사람들의 사고 · 느낌 · 태도에 대한 결론에 도달하기까지의 추론이 갖는 합리적인 정당성' 에 관한 문제가 있다는 것을 발견한다. 또한 '개인들이 과거에 어떻게 행동하였는지에 관한 전제들' 로부터 '그들의 행동에 대한 일반화로 표현된 결론에 도달하기까지 추론의 합리적인 정당성' 에도 문제가 있다는 것을 발견한다. 여기서 일반화는 우리가 그들의 미래 행동에 대해 합리적으로 신뢰성 있는 예측을 할 수 있도록 한다. 어떤 한 방향 속에서 명백하게 가리키고 있는 증거를 그들이 취해왔지만 이제는 다른 해석들도 할 수 있는 방향으로 바뀌어야 한다는 것인데, 그런 발견은 종종 무시되곤 한다. 만일 우리 모두가 우리들에게 열려 있는 가능한 해석들의 다양성을 항상 고려해야만 한다면 우리가 알고 있는 것으로서의 사회적 삶은 거의 계속될 수 없다. 왜냐하면 사회적 삶은 전반적으로 우리가 서로의 행동에 대해 추론할 수 있다는 '가정' 에 의해 유지되는데, 그 실수 · 속임 · 자기 기만 · 풍자 · 애매모호함 등은 비록 사회적 삶 내에 편재한다 하더라도 신뢰성 있는 추론과 이성적인 행동을 불가능하게 할 수 있을 만큼 퍼져 있는 것은 아니기 때문이다. 그렇다면 이 '가정' 이 어떤 경우에 정당화될 수 있는가?

2 문화를 공유한다는 것이 무엇인지 생각해 보자. 그것은 동일한 시간대에 스스로 이해할 수 있는 행동의 구성과 그것을 위한

표준 도식들(schemata)을 공유한다는 것이고, 그것들은 다른 사람들의 행동에 대하여 내가 해석하는 방법들이기도 하다. 당신이 하고 있는 행동을 이해하기 위한 나의 능력과 이해할 수 있게 행동하기 위한 나의 능력은 (스스로에게나 다른 이들에게나) 동일한 능력이다. 또한 '나'는 속이고 다소 정교한 농담을 만들고 풍자의 연습과 애매모호함을 활용하기 위한 방법들을 습득하지 않고서는 이런 도식들을 숙달할 수 없다. 그런데 어떤 성공적인 업무들을 수행하기 위한 나의 능력이 명백하고 풍자적이거나 기만하지 않고도 이해할 수 있는 방법들 속에서 대부분의 사람들에게 많은 시간 동안 내가 스스로 제시하는 것에 의존하고 있다는 것 또한 중요한 사실이다. 이런 도식들은 '과거의 행동에 대한 전제들'로부터 '미래의 행동과 현재 내면의 마음가짐에 대한 결론의 추리들'을 가능하게 한다. 물론 그것들은 경험적인 일반화가 아니라 오히려 해석을 위한 규정들이다. 그러나 보통 '다른 사람들의 문제'의 압박과 '귀납추리의 문제'로부터 우리들을 보호하는 것이 도식들이라고는 할지라도, 어떠한 상황 속에서도 가능한 도식들이 바로 그러한 문제들을 우리에게 떠안긴다는 것은 분명하다.

3 왜냐하면 한 개인은 지금까지 그의 사회적 삶의 해석들에 정보를 준 그 도식들에 의존했을 것인데, 그들은 근본적인 실수나 기만으로 이끌려져 왔다는 것을 발견하여 처음으로 그 도식에 대해 문제를 제기할 뿐만 아니라, 아마도 처음으로 도식들을 사용하는 개인을 보게 될 것이기 때문이다. 그래서 그런 개인은 결과적으로 '체계적으로 다양한 해석의 가능성들'에 관한 가능성과 '그의 주위에서 발생하고 있는 것들에 관한 서로 간에 모순된 설명들을 가능하게 하는 선택적 · 경쟁적인 도식들'에 관한 존재의 가능성을 인지하게 될

것이다. 바로 이것이 일상적인 사람들이 마주치는 인식론적 위기들의 모습이며, 이 위기들에 대해서는 전문적인 철학문헌이 제대로 설명하지 못하고 있는 것이 현실이기도 하다. 아마도 이것은 철학이 처한 상황을 보여주는 하나의 조짐이겠지만, 다행히도 우리는 그런 위기들에 관한 하나의 고전적인 문헌을 가지고 있다. 그것은 바로 셰익스피어의 『햄릿』(*Hamlet*)이다.

4 햄릿은 이미 자신이 경험했던 엘시노어(Elsinore)에서의 사건을 해석할 수 있는 너무나 많은 도식들을 비텐베르크(Wittenberg)로부터 가지고 돌아왔다. 거기에는 북유럽 전설들(Norse sagas)로부터 끌어온 복수(revenge)의 도식과 르네상스 아첨꾼(Renaissance courtier)의 도식이 있으며, 마키아벨리(Machiavellian)의 도식*도 있다. 그러나 햄릿은 도식을 현실상황에 적용하는 문제뿐만 아니라 또 다른 일상적인 사람들의 문제를 가지고 있다. 예를 들면 이제 누구를 믿겠는가? 그의 어머니? 로젠크란츠(Rosencrantz)와 길덴스턴(Guildenstern)? 그의 아버지의 유령? 햄릿은 자기 자신의 것으로서의 어떤 특정한 도식을 채택할 때까지 증거를 다룰 줄 몰랐다. 즉 그가 증거를 다룰 줄 알게 될 때까지 자신이 채택할 도식을 말할 수 없었다. 이 인식론의 순환성의 덫에 빠진 햄릿의 문제들이 갖는 일반적인 형태는 '현재상황 속에서 무엇이 일어나고 있는가?' (What is going on here?)이다. 따라서 햄릿의 문제는 '『햄릿』 안에서 무엇이 일어나고 있는가?'라고 물었던 문학비평가들의 문제와 가깝다. 또한 '셰익스피어의 텍스트에서 무

* '권모술수'를 의미하는 것으로 보인다.

엇이 편집되어야 하며 무엇이 자신의 영화에 포함되어야 관객이 『햄릿』 안에서 무엇이 일어나고 있는가를 이해할 수 있을 것인가?' 라고 물었던 감독들의 문제와 가깝다.

5 햄릿의 문제와 비평가나 감독들의 문제 사이의 유사점은 주목할 가치가 있다. 왜냐하면 그것은 모두 똑같이 잘 공식화되는 다음과 같은 질문을 제기하고 있기 때문이다. '『햄릿』 안에서 무엇이 일어나고 있는가?' 또는 '이런 사건들의 이야기가 구성되기 위해서 어떻게 해야 하는가?' 햄릿의 문제가 발생하는 이유는 자신의 가족과 덴마크 왕국에 관한 극적 이야기가 그가 사회 안에서 자기 자신의 위치와 다른 사람들에 대한 자신의 관계를 확인하는 것을 통해 제기되는 해석의 근본적인 의혹들에 의해 혼란스러워지기 때문이다. 그 이야기를 재구성하고 고쳐 쓰기 위한 햄릿의 과업은 그의 탐구(probing)에 대한 현재의 반응들에 비추어 지난 사건들에 대한 자신의 이해를 뒤엎는 것이다. 이 탐구는 진실과 명료함이라는 두 개의 관념에 의해 형성되는데, 두 가지 추구가 언제나 쉽게 조화되는 것은 아니다. 지금까지 의심되지 않았던 진실의 발견은 단지 지금까지 이해할 수 있는 어떤 설명을 방해하는 것이다. 물론 햄릿이 그의 부모님과 클라우디우스(Claudius)가 포함된 사건들의 진실하고 이해할 수 있는 이야기를 발견하고자 시도하는 반면에, 거트루드(Gertrude)와 클라우디우스는 햄릿의 조사에 관한 진실하고 이해할 수 있는 이야기를 발견하고자 시도했다. 이해할 수 있는 자신이 될 수 없다는 것은 존재가 광포함을 취하는 위기이며, 만일 더 나아간다면 충분히 광포해질 것이다. 그리고 광기 또는 죽음은 언제나 인식론의 위기들의 해결을 방해하는 결과들이 되는데, 왜냐하면 인식론의 위기는 언제나 인간관계

속에서의 위기이기 때문이다.

6 인식론의 위기가 해결될 때 행위자(the agent)가 '어떻게 그들이 명료하게 자신의 고유한 신념들을 유지할 수 있었는가' 와(*and*) '어떻게 그들이 격렬하게 그런 신념들에 의해 판단을 그르칠 수 있었는가' 를 모두(*both*) 이해할 수 있게 되는 것은 새로운 이야기의 구성에 의해서이다. 그들이 우선 이해하고 경험을 정리한다는 점에서 이야기는 그 자체로 이제 확장된 이야기의 주제가 된다. 행위자는 진실과 이해의 기준이 재공식화되는 방법을 이해하게 된다. 그는 인식론적으로 자의식(self-conscious)이 강한 사람이 되어야 했고, 어떤 특정한 지점에서 두 가지 결론들을 인정하게 되었다. 첫째는 그의 이해의 새로운 형태들이 그것들 자체가 번갈아가며 아무 때나 문제를 제기하게 되었다는 점이다. 둘째는 그런 위기들 속에서 진실 · 명료함 · 합리성의 기준 등이 항상 그것들 자체로 문제를 제기하게 되기 때문에—그것들이 『햄릿』 안에 있는 것처럼—우리는(*we*) 결코 '이제 우리가 진실을 소유하고 있다' 혹은 '이제 우리는 충분히 합리적이다' 라고 주장할 수 있는 위치에 있지 않다는 것이다. 우리가 주장할 수 있는 최상의 것은 '이것이 누구든지 이제까지 제시할 수 있는 가장 최선의 설명이다' 라는 것과 '지금까지의 최선의 설명' 에 관한 표식들이 존재한다는 것에 대한 우리의 신념들이 현재에도 예측할 수 없는 방향 속에서 그것들 자체를 바꿀 것이다라는 점이다.

7 철학자들은 종종 과학적 이론들의 측면에서 이 역사적인 특징을 인지하기 위해 준비해 왔다. 그러나 그들은 보통 그들의 고유한 사고가 그 같은 역사적 확실성으로부터 구속되지 않기를 바라왔다. 따라서 당연히 극적 이야기의 저자들이 있는데, 『햄릿』은 그

것의 재해석을 위한 개방성이라는 점에서 극본(play)들 사이에서 독특하다. 반대로 제인 오스틴(Jane Austen)의 『엠마』(*Emma*)에서의 절차를 떠올려 보자. 엠마는 그녀의 피보호자(protege)인 해리(Harriet)를 18세기 로맨스 속에서의 특징적 인물로 바라볼 것을 고집한다. 그녀는 자신과 해리 양쪽 모두를 기만하면서 자신에게 로맨스의 여주인공의 상투적인 특징들을 부여한다. 해리의 태생은 알려져 있지 않다. 엠마는 자신을 그런 로맨스에서 공통적인 귀족 태생의 고아 여주인공으로 바꾸었다. 그리고 그녀는 해리를 위해 정확히 그런 로맨스의 행복한 결말, 즉 상위계층과의 결혼을 계획한다. 『엠마』의 결말에서 제인 오스틴은 엠마 자신 속에 있으며, 그녀가 로맨스의 측면에서 그녀의 세계에 대한 해석이 잘못됨을 인식하지 않게 이끄는 것에 대한 어떤 이해를 엠마에게 제공했다. 『엠마』는 이야기에 관한 이야기가 되었다. 그러나 비록 엠마가 도덕적인 전환을 경험하였더라도 그녀는 단지 작은 인식론의 위기들을 지닌다. 왜냐하면 비록 보여질 수 있는 것으로서의 그(*the*) 세계로부터의 한 가지일지라도, 그녀가 지금 나이틀리 씨(Mr. Knightely)의 행위자를 통해 채택하게 된 그 입장이 제시되기 때문이다. 잘못된 해석은 그것 자체로 어느 날 넘어서게 되는 보다 충분한 해석에 의해서가 아니라 진리에 의해 간단하게 대체되어 왔다. 물론 우리는 제인 오스틴이 단지 한 가지 해석을 또 다른 해석으로 대체한 것이 아니라, 제인 오스틴 자신이 이것을 인식하는 데 실패했고, 그래서 엠마에게서도 역시 이 인식을 박탈해야만 했다는 것을 알 수 있다.

8 철학자들은 그들이 엠마보다도 종종 적게 깨달았다는 한 가지 측면을 제외하면 관습적으로 엠마들이었지 햄릿들이 아니었

다. 엠마에게 있어 그녀의 활동이 필연적으로 도덕적 차원을 지니는 진리를 향한다는 것은 확실하다. 플라톤도 칸트도 이의를 제기할 수 없다. 그러나 인식론의 역사는 윤리학 그 자체의 역사처럼, 마치 그것은 도덕 이야기가 아닌 것처럼, 다시 말해 그것은 이야기가 아닌 것처럼 보통 쓰였다. 왜냐하면 이야기는 좋은(good) 또는 나쁜(bad) 특성이 불행한 혹은 행복한 결과들을 산출하는 데 도움을 주는 상황 속에서 가치로운 구조를 요구하기 때문이다.

9 이야기 그 이상의 측면과 인식론의 위기 안에서 이야기들의 역할은 주목할 만하다. 나는 '인식론의 과정은 보다 충분한 이야기들과 이야기 형태들의 구조화와 재구조화 속에서 구성된다는 것'을, 그리고 '인식론의 위기들은 그런 재구성을 위한 경우'라는 것을 제시해 왔다. 그러나 만일 이것이 참으로 사실이라면 두 가지 질문이 답해져야 할 필요가 있다. 첫 번째는 다음의 형식일 것이다. 어떻게 이 과정이 시작되는가? 우리가 시작한 것으로부터의 이야기들은 무엇인가? 두 번째는 다음의 형식일 것이다. 그러면 어떻게 이야기는 데카르트 이후의 사상가들에 의해 거의 영역을 제공받지 못했을 뿐만 아니라, 그렇게 종종 전후로 다만 심미적(aesthetic) 형태로서만 취급되어 왔는가? 이런 질문들에 대한 답들은 완전히 분리되어 있는 것들이 아니다.

10 우리는 신화로부터 시작할 것인데, 원시 시대 사람들의 신화들뿐만 아니라, 본질적으로 잘 정돈된 유년 시절을 위한 신화들 또는 요정 이야기들로부터 시작할 것이다. 브루노 베텔하임(Bruno Bettelheim)*은 다음과 같이 썼다.

> 이전에 그리고 오이디푸스 콤플렉스 시기에 잘 진입하면(개략적으로 3–6세 또는 7세 사이) 그 아이의 세계에 대한 경험은 혼란스럽다. … 오이디푸스 콤플렉스 기간 동안 그 오이디푸스 콤플렉스의 싸움 때문에 외부세계는 그 아이에게 있어 조금 더 의미를 가지게 되고, 그러면 그 아이는 외부세계에 대한 어떤 감각을 만들기 위한 노력을 시작할 것이다. … 아이들이 요정 이야기를 듣기 때문에, 그 아이는 그의 내면세계의 혼돈을 벗어나 그가 질서를 만드는 방법에 대한 개념들을 지니게 된다.[1)]

11 그것은 요정 이야기들로부터 시작되며, 그래서 베텔하임은 아이들이 그 자신과 사회적 실재 속의 질서가 어떻게 관계되며 또 어떻게 인식하는지 배우는가를 논의한다. 그리고 정상적인 나이에 올바른 종류의 요정 이야기를 배우지 못한 아이들은 해석하고 처리하는 방법을 배우지 못하였기에 후일에 실재를 회피하기 위한 전략들을 채택하는 경향이 있다는 것도 논의한다.

> 그 아이는 스스로에게 묻는다. "나는 누구인가? 나는 어디에서 왔는가? 어떻게 세계가 존재하게 되었는가? 누가 인류와 모든 동물들을 창조했는가? 삶의 목적은 무엇인가?" … 그는 누가 혹은 무엇이 그에게 불행을 초래하며, 무엇이 그를 그것들에 대항해서 보호해 주는지 의아하게 생각한다. 그의 부모 외에

*1903–1990, 오스트리아 태생의 유대인으로 아동심리학 관련 저술로 널리 알려졌으며, 특히 자폐증과 정서적으로 장애가 있는 아동들에 관한 연구로 명성을 얻었다.

> 도 호의적인 힘들이 있는가? 그의 부모는 호의적인 힘인가? 어떻게 그는 자신을 형성했으며, 그리고 왜? 비록 그가 잘못을 저지른다 할지라도 그에 대한 희망은 있는가? 그에게 왜 이 모든 일이 발생하였는가? 그의 미래를 위해 그것은 무엇을 의미하는가?[2)]

12 그 아이는 최초로 자신의 경험에 대하여 사실인 답들을 요구하지만 물론 그 아이는 그 경험의 불완전함을 배우게 된다. 베텔하임은 어른들이 '지구는 우주 안에 떠 있는 구(球)이고 믿을 수 없을 정도의 속도로 회전하고 있다' 고 말하는 것을 듣는 어린 아이는 어른들이 반복적으로 말하는 것에 속박됨을 느끼겠지만, 그러나 '지구는 거인에 의해 들어올려지고 있다' 라고 말해지는 좀 더 그럴 듯한 것을 찾아내리라는 점을 지적한다. 하지만 조만간 그 어린 아이는 어른들이 그에게 말한 것이 사실이라는 것을 배우게 된다. 그리고 그런 아이는 바로 데카르트가 될 것이며, 그가 지금 따라야 할 딱딱한 물리학의 진리와 비교했을 때 모든 이야기들은 그릇되게 인도하는 꾸며낸 이야기들이라고 느끼는 사람이 될 것이다.

13 그러나 진리에 관한 질문을 불러내기 위하여 어떤 진실들이 말해질 수 있는 적합한 형태로서의 신화 혹은 이야기를 거절할 필요는 없다. 그 아이는 데카르트가 아니라, 어떻게 이야기들이 진실한 이야기들이 되는지를 발견하기 위하여 그의 유년 시절 이야기들과 최초에 그에게로 향한 인류의 유년 시절 이야기들의 영향력으로부터 벗어났던 방법에 대한 이야기를 쓰는 비코(Vico)* 혹은 하만(Hamann)**이 될 것이다. 그러한 이야기는 그 자체로서 인식론적 변이의 역사가 될 것이며, 또 그 이야기는 아이가 해석의 도구들로써

이야기를 지속적으로 사용하는 것을 불가능하게 만드는 해설자에 의해 문제들이 제기되는 지점으로 이끌릴 것이다. 물론 이것은 진리를 위한 방법으로서의 역사를 포기하고 우리에게 그 자신의 계속되어 온 진리의 탐색을 통한 매개물로서의 역사를 자세히 설명한 데카르트에 의해 발생한 것이다. 데카르트 때문에, 그리고 다른 이들 때문에 지금은 인식론상의 위기가 발생하는 시기이다. 그리고 아이가 요정 이야기를 말하는 사람에게 물어보았던 모든 질문들은 새로운 어른의 형태로 나타난다. 이제 철학은 일찍이 신화에게 맡겨져 왔던 과업을 이어받는다.

II

14 물론 데카르트가 직면했던 자신의 인식론상의 위기에 대한 설명은 큰 영향력을 미쳐왔다. 그러나 데카르트가 근본적으로 그 자신의 위기를 잘못 설명하였고, 따라서 대단히 잘못된 안내는 일반적으로 인식론의 위기로 향한다는 것을 입증하였다. 인식론의 위

* 1668–1744, 이탈리아의 철학자로 나폴리 대학교에서 수사학 교수를 지냈고, 데카르트 철학에 반대하여 사유가 아니라 행위에 진리의 기준을 두었다. 그런 이유로 인간의 역사에 주로 관심을 가졌다.

**1730–1788, 독일의 철학자, 시인으로 지적 계몽주의를 극복하고 전체적인 인격을 추구하는데 관심을 가졌으며, 주정적 감각에 바탕을 두었다.

기에 빠져든 행위자는 매우 중요한 어떤 것을 알고 있다. 그가 지금까지 신뢰하던 해석의 도식이 어떤 특정한 방향들 속에서 돌이킬 수 없을 정도로 실패해 버렸다는 것이다. 햄릿도 그러했다. 그러나 데카르트는 자신이 먼저 예상할 수 없는 모든 다른 것이 기초를 둘 수 있는 최초의 원칙을 발견할 수 있을 때까지 무엇이든지 조금도 알지 못한다는 가설로부터 시작했다. 햄릿의 의혹들은 그가 취해온 올바르고 잘 정비된 신념들의 기초 지식에 반하여 공식화되는데, 데카르트의 의심은 그런 기초 지식의 부족을 의미한다. 그것은 전후 관계가 없는 의혹이 된다. 그러므로 데카르트 학파(Cartesian)의 의심들이 어떤 곳 어느 시간 혹은 누구에 의해서나 받아들여질 수 있는가에 대해 예상하는 철학적 가르침의 전통이 나타난다. 물론 자신이 진정으로 아무 것도 모른다고 믿는 어떤 사람은 어떻게 본질적인 의심의 과정이 시작되는지조차 모를 것이다. 왜냐하면 그는 자신의 과업이었던 것에 대한, 그리고 그의 의혹들을 해결해 주고 잘 정비된 믿음들을 얻게 해주었던 것에 대한 개념을 가지고 있지 않기 때문이다. 반대로 그것(*that*)을 충분히 이해하고 있다고 알고 있는 어떤 사람은 실제로 일련의 확장된 인식론상의 믿음들을 소유하고 있으며, 그는 전혀 의혹에 빠지지 않는다.

15 데카르트의 실패는 복합적이다. 무엇보다 우선 그는 보편적 특징들 사이에서 그가 의심하지 않은 것은 프랑스어와 라틴어를 사용하는 것뿐만 아니라, 심지어 동일한 생각을 두 개의 언어로 모두 표현할 수 있는 그 자신의 능력이었다는 것을 인식하지 못했다. 그 결과 그는 자신이 물려받은 능력과 이런 언어들을 의심하지 않았는데, 다시 말하면 사고와 세계를 둘 다 체계화하는 방법을 일련의

의미들 속에서 표현했다. 이 의미들은 역사를 가진다. 예를 들어 스콜라주의(scholasticism)는 그 자체가 12세기와 13세기 라틴어의 영향에 의해 특징지어진 바와 같이 17세기의 라틴어는 스콜라주의의 언어가 지녀온 특징을 지니고 있다. 데카르트가 자신의 정신의 자발적인 반영들을 얼마나 하였느냐는 사실 그가 배웠던 학교 교과서들의 문장과 문구의 반복에서 드러나는 데, 질송(Gilson)*이 상세하게 지적하듯이 이것은 아마도 그의 언어들의 실재에 있어 데카르트가 어느 쪽도 주의하지 않았던 그의 담화(*Discours*)와 명상(*Meditationes*)에서 확실하지 않았기 때문이다. 심지어 코기토(*Cogito*)는 성(聖) 아우구스티누스(augustine)에게서도 발견된다.

16 따라서 데카르트에 의해 인지되지 못한 것은 언어의 실재뿐만 아니라, 그가 스스로 성공적으로 자신과 무관하다는 입장을 취했던 전통의 실재에서도 그러하다. 데카르트 인식론의 이상은 자신이 물려받은 이러한 전통으로부터 출발하는 것이다. 왜냐하면 이 전통의 핵심은 눈에 보이는 것과 유사한 것으로서의 지식의 개념이었기 때문이다. 예를 들면 마음(the mind)의 눈은 이성의 빛에 의해 그것의 대상들을 본다. 동시에 이 전통은 지식과 눈에 보이는 경험을 포함한 감각적인 경험에 날카롭게 반대하길 원한다. 그러므로 플라톤과 아우구스티누스적인 전통 속의 모든 지식이론의 핵심에는 데카르트가 무의식적으로 재현한 은유적인 모순된 생각이 있는 것이다.

*1884–1978, 프랑스 철학자로 중세철학에 대한 연구로 널리 알려져 있다. 데카르트가 중세 철학에서 받은 깊은 영향을 해명하는 것으로부터 연구를 시작하여, 토마스 아퀴나스에 관한 연구에 있어서는 독보적인 존재였다.

따라서 데카르트 또한 자신이 처음도 끝도 없는 회의론(skepticism)을 요구할 뿐만 아니라, 하나의 특정한 사회적·지적 전통 속의 대단히 특수한 위기에 응답하고 있다는 것을 알 수 없다.

17 전통이 위기 속에 있다는 조짐들 중 하나는 '~인 것 같다'(*seems*)와 '~이다'(*is*)와 관련된 전통적으로 익숙한 방법들이 무너지기 시작했다는 것이다. 따라서 회의론의 압박은 더욱 절박하게 되어 불가능한 것을 달성하기 위해 시도하며, 무엇보다 회의론에 이의를 제기하기 위한 것은 단지 비공식적인 학구적 사업들이 아닌 문화의 기본적인 중요성에 관한 계획이다. 이것은 겨우 중세 시대 후기와 16세기에 발생한 것이다. 경험의 체계화를 물려받은 방식은 너무 많은 경쟁적인 해석의 가능성을 드러낸다. 어떤 점에서는 아벨라르(Abelard)*와 아퀴나스 같이 동등하게 부유하였고 복합적 인물들이 아닌 루터(Luther)와 마키아벨리(Machiavelli) 같은 그러한 인물들의 사고와 삶 모두에 있어 경쟁적인 해석의 다양성이 있다는 것은 우연이 아니다. 애매모호함과 선택적인 해석들의 가능성은 인간의 특성과 활동의 중심적인 특징이 된다. 『햄릿』은 시대를 향한 셰익스피어의 찬란하게 빛나는 거울이었다. 그리고 셰익스피어의 인식론적 위기의 이유와 데카르트의 인식론적 위기 사이의 차이점은 명백하다. 왜냐하면 셰익스피어는 자신을 형성해 왔던 전통 속에서 위기로서 자신의 위기를 반성하기 위해 우리를 이끌었던 반면에, 데카르트는 그의

*1079-1142, 12세기의 스콜라 철학자로 보편논쟁에서 매우 중요한 위치를 차지하는 인물이며, 여제자였던 엘로이즈와의 사랑 이야기로 알려져 있다.

역사와 우화에 대한 태도에 의해 자신의 인지 가능성으로부터 스스로를 차단하였기 때문이다. 다시 말하면 그는 비역사적으로 스스로가 승인한 자기 인식(self-consciousness)을 발명했고, 자신의 인식론적 위기를 그것의 조건 속에서 설명하려고 시도했다. 그가 그것을 잘못 설명했다는 것은 놀라운 일이 아니다.

18 반대로 갈릴레오(Galileo Galilei)를 생각해 보자. 갈릴레오가 과학적인 현장에 들어갔을 때 그는 프톨레마이오스(Ptolemaic)의 천동설과 코페르니쿠스(Copernican)의 지동설 사이의 충돌보다 훨씬 큰 충돌에 직면하게 되었다. 프톨레마이오스의 체계는 그 자체로서 널리 받아들여진 참된 천문학을 위한 플라톤의 요구들과 아마도 한층 널리 받아들여졌을 아리스토텔레스 물리학의 원리 양쪽 모두와 모순된다. 이것들은 뒤에 번갈아 가며 옥스퍼드(Oxford), 파리(Paris), 파두아(Padua)에서의 천체의 운행과 관련된 학자들의 발견들과 두 세기가 넘도록 상반된다. 자연스럽게 도구주의(instrumentalism)는 과학의 철학으로 번성했고, 코페르니쿠스를 읽은 오시안더(Osiander)의 도구주의자는 단지 프톨레마이오스 구조의 초기 도구주의자들의 해석 상대였다. 회의주의에 논박하기 위한 시도들과 같이 도구주의는 위기에 빠진 전통의 독자적인 표시이다.

19 갈릴레오는 세 층의 전략으로 위기를 해결했다. 우선 그는 도구주의를 거부하고 천문학과 기계학을 조화시켰다. 또한 그는 자연과학 내에서 실험의 위상을 재정의했다. 오래된 신화적 경험주의자(empiricist)인 갈릴레오의 관점은 프톨레마이오스와 아리스토텔레스에 반대하여 자신을 사실들에 호소하는 것으로서 보았다. 그가 실제로 행했던 것은 사실들에 호소해야만 하는 새로운 이유를 제

시한 것이다. 갈릴레오가 이전 학자들(predecessors)과 비교하여 어디에 우월성이 있는가? 그 대답으로 우선 그는 공통적인 기준의 설정에 의하여 모든 이전 학자들의 작업이 평가될 수 있게 하였다는 점을 들 수 있다. 플라톤, 아리스토텔레스, 머튼 · 옥스퍼드 · 파두아 대학교 학자들의 공헌들, 그리고 코페르니쿠스 자신의 작업이 마침내 모두 제 자리를 찾아가거나 다른 혹은 같은 방향 속에서 문제가 되기도 하였다. 후기 중세 과학의 역사가 마침내 명석한 이야기 안으로 들어올 수 있게 되었다. 갈릴레오의 작업은 과학적 전통을 구성하는 이야기의 다시 쓰기(rewriting)를 의미한다. 왜냐하면 그것은 이제 과거로 거슬러 올라가(retrospectively) 특별한 설명의 장치에 의하여 정당하게 다루어져 왔거나 혹은 심지어 무시되어 왔던 그런 예외들(anomalies)로부터 받아들인 이론들에 대하여 진정한 반증이 되어왔던 그런 예외들을 확인하는 것이 가능하게 되었기 때문이다. 또한 다양한 이론들의 다양한 요소들이 다른 이론들과 다른 발견들 및 실험들과의 충돌에서 어떻게 대우받아 왔는지를 회고적으로 보는 것이 가능하게 되었다. 그리고 잔존하는 형태가 어떻게 그런 충돌의 흔적을 낳았는지 이해하는 것이 가능하게 되었다. 이론은 그것의 시간을 통한 변천에서 늘 흔적을 낳으며, 갈릴레오가 다루어야만 했던 이론들도 예외는 아니다.

20 보기에 따라서는 우선 아마도 역설적인 어떤 방법 속에서 내가 갈릴레오에 대하여 작성하려고 시도했던 점을 제시해 보자. 우리는 갈릴레오가 특히 대단한 과학자이기 때문에 과학의 역사 안에서 자신의 특별한 위상을 지니고 있을 것이라고 가정하는 경향이 있다. 그 대신에 나는 과학의 역사 안에서 그의 특별하게 중요한 위

상 때문에 갈릴레오가 특별하게 대단한 과학자로 간주된다고 제시하고 있다. 성공적인 이론의 특징은 어떤 새롭게 이해할 수 있는 방법으로 우리에게 그것의 선행하는 것들을 이해 가능하게 해주는 데 있다. 한 시대 혹은 같은 시대에 그것은 우리에게 정확히 왜 그것의 선행하는 이론들이 거부 혹은 수정되어야 하는지 이해 가능하게 해준다. 또한 왜 과거의 이론이 그것에 대한 계몽(illumination)이 없었거나 혹은 계몽 이전에도 신뢰할 수 있게 남아 있는지 이해 가능하게 해준다. 그것은 과거를 평가하기 위한 새로운 표준을 소개하는 것이며, 과학적인 전통의 연속적인 재구성을 조직하는 이야기를 고쳐 만든다.

21 이야기와 전통 사이의 관계는 지금까지 거의 주목받지 않았는데, 아마도 일반적으로 전통이 오직 보수적인 사회이론가들에 의해 심각하게 취급되었기 때문일 것이다. 그러나 전통과 이야기 사이의 관계가 이해되었던 때 중요하게 나타나는 그런 전통의 특징들은 보수적인 이론가들이 관심 갖지 않는 것들이다. 왜냐하면 전통을 구성하는 것은 그 전통에 관한 해석들의 갈등이며, 갈등은 그 자체로서 경쟁적인 해석들 사이에서 민감한 역사를 가지기 때문이다. 내가 유대인이라면 유대교(Judaism) 전통이 유대인에게 있어 무엇을 의미하는지 지속적으로 논의함으로써 그것이 부분적으로 구성되어 있다는 것을 인지해야만 한다. 내가 미국인이라고 가정해 보자. 예를 들어 그 전통은 그것이 미국인에게 있어 무엇을 의미하는지 지속적으로 논의함으로써, 또한 전통을 거부했던 것이 무엇을 의미하는지 지속적으로 논의함으로써 부분적으로 구성되는 것이다. 만일 내가 역사가라면 전통의 역사편찬은 부분적으로, 그러나 중심적으로 흄(Hume)

과 기번(Gibbon)*에서 네이미어(Namier)**와 에드워드 톰슨(Edward Thompson)***에 이르기까지 역사란 무엇인지, 그리고 무엇이야만 하는지의 논의에 의해 구성된다는 것을 인정해야만 한다. 갈등의 필수적인 특징으로서 인식론 논쟁을 수반하는 종교적 · 정치적 · 지적인 모든 종류의 전통에 주목하라. 왜냐하면 이것이 단지 하나의 전통 속에서 다양한 관련자들이 불일치하는 것만은 아니기 때문이다. 즉 그것들은 또한 '그것들의 불일치를 어떻게 특징지을 것인가' 에 대해서와 '어떻게 그것들을 해결할 것인가' 에 대해서도 일치하지 않는다. 그것들은 적합한 추론, 결정적인 증거, 그리고 확실한 증명으로 무엇이 구성되어야 하는가에 대해서도 일치하지 않는다.

22 그래서 전통은 논쟁의 이야기로 구체화될 뿐만 아니라, 그 자체로 다른 논쟁적인 재진술들과 갈등하게 될 그 이야기의 논쟁적인 재진술에 의해 복구된다. 그런 까닭에 모든 전통은 늘 모순되게 잘못된 길로 빠질 위험이 있다. 그래서 전통이 잘못된 길로 빠질 때 그것은 오직 혁명적인 재건축에 의해 복구될 수 있다. 잘못된 길로 빠진 전통의 그런 재건축이 정확히 갈릴레오의 작업이었다.

23 왜 내가 보수적인 이론가들의 관점에 대해 부정적으로 언급하면서 전통의 개념을 소개하였는지 이제 명백해졌을 것이다. 왜냐하면 버크(Burke)**** 이후부터 그들은 전통과 이성, 전통과 혁명

---

* 1737-1794, 18세기 영국의 역사가, 『로마제국쇠망사』(1788)로 알려져 있다.

** 1988-1960, 영국의 역사가.

*** 1914-1994, 영국의 역사가.

****1729-1797, 영국의 정치가로 영국 보수주의의 대표적 이론가이다.

을 대치시키길 원해왔기 때문이다. 이성이 아닌 편견, 혁명이 아닌 물려받은 관례, 이것이 버크의 중요한 대립들이다. 그러나 만일 현재의 논의가 옳다면 전통은 이성의 전달자들이며, 그들의 존속을 위하여 특정한 시대에 실제적으로 혁명을 요구하고 또 필요로 한다. 버크는 프랑스 혁명을 단지 프랑스가 해왔던 모든 것에 대한 부정적인 전복으로 보았으며, 많은 프랑스의 보수주의자들은 그에 동의해 왔다. 그렇지만 뒤의 페구이(Peguy)*와 힐라이르 벨록(Hilaire Belloc)**과 같은 다른 사상가들은 좀 더 고대의 프랑스를 재건축한 것으로서의 그 거대한 혁명을 회고적으로 바라볼 수 있었다. 그래서 만일 무한히 복잡하다면 잔 다르크(Jeanne D'Arc)와 당통(Danton)***은 그 같은 단일 전통 내에 속하는 것이다.

24 물론 갈등은 내부에서 뿐만 아니라 전통들 사이에서도 나타나며, 그런 갈등은 각각의 경쟁하는 전통의 원천들을 시험한다. 그러나 퇴보하는 전통의 또 다른 표시는 전통이 일련의 인식론적 옹호들을 고안했다는 것인데, 그것들은 의문에 빠지는 것을 피하게 하며, 적어도 경쟁의 전통들에 의해 의문에 빠짐을 인식하는 것을 피하게 한다. 예를 들어 이것은 현대 점성술, 정신분석학적 사고의 어떤 형태들, 그리고 자유주의적 프로테스탄트(liberal Protestantism)의 퇴보

---

* 1873–1914, 프랑스의 시인이자 수필가로서 사회주의와 민족주의에 관심이 많았다.

** 1870–1953, 영국의 시인이자 수필가로 가톨릭 사상의 계몽 및 문학 부흥에 큰 역할을 하였다.

***1759–1794, 프랑스의 혁명가로 혁명적 독재와 공포 정치의 완화를 요구하다가 로베스피에르에 의하여 처형되었다.

의 한 부분이다. 그런 까닭에 비록 어떤 전통과 어떤 이론, 어떤 습관, 어떤 믿음에 관한 어떤 특징이라도 항상 특정한 상황들 아래에서 의문에 빠질 수 있으며, 의문에 빠지는 습관은 전통 내에서든지 혹은 전통들 사이에서든지 그 자체로 항상 전통의 상황을 요구한다. 불신한다는 것은 어떤 회의론자들이 깨달아 왔던 것보다 더욱 복합적인 활동이다. 역사적 · 자서전적인 문맥의 참조 없이 “여기에서 지금 당신의 모든 믿음들을 의심하라”고 스스로에게 또는 다른 사람에게 말하는 것은 무의미하다. 그러나 그것은 철학으로가 아닌 정신쇠약(mental breakdown)이며, 오히려 정신쇠약의 방법들로서의 철학으로의 초대이다. 우리가 본 것처럼 데카르트는 그가 했던 것을 그 자신과 다른 사람들이 이해하고 분별할 수 있도록 제공했던 공인되지 않은 믿음들의 배경 뒤로 자신을 숨겼다. 그러나 데카르트 역시 그 배경에 대해 의문을 가졌다고 가정해 보자. 그러면 그에게 어떤 일이 일어나겠는가?

25 우리는 한 위대한 철학자의 삶 속에서 좌절에 접근했던 기록을 가지고 있으므로 단서가 없는 것이 아니다. 흄은 다음과 같이 말하고 있다.

> 내가 이미 그 이해를 보여주었기 때문에 그것이 홀로 작동할 때, 그리고 그것의 가장 일반적인 원칙들을 따라서 전적으로 그 자체를 뒤엎고 철학 안에서든지 공통의 삶 안에서든지 어떤 진술 안에서도 최하 단계의 흔적도 없이 떠난다. … 인간 이성 안의 이런 다양한 부정들과 결함들의 격렬한(*intense*) 관점은 그렇게 나에게 작동했으며, 나의 뇌를 흥분시켰다. 그래서 나는 모든 신념들과 이유들을 거부할 준비가 되었고, 심지어 다른 것보다 더욱 개연적인 혹은 있

> 음직한 것으로서의 견해가 없음을 볼 수 있다. 나는 어디에 있는가? 나는 무엇인가? 나의 실존을 끌어내는 원인은 무엇인가로부터 내가 되돌아가는 상태는 무엇이어야 하는가? 내가 구하는 것은 누구를 위함인가, 그리고 내가 두려워하는 것은 누구의 노여움이어야만 하는가? 나를 둘러싸고 있는 존재들은 무엇인가? 나는 누구에게 어떠한 영향력을 지니는가? 나는 모든 이런 질문들에 직면해 깊고 깊은 어둠에 둘러싸이고(inviron'd) 모든 동료와 능력의 이용을 박탈된(depriv'd), 상상할 수 있는 가장 애처로운 상태에서 스스로 생각하기 시작한다.[3)]

26 우리는 흄의 고통스러운 외침에 관한 세 가지 주목할 만한 특징들에 주의할 것이다. 첫 번째로 데카르트와 같이 흄은 그의 신념들의 기초를 위하여 다른 사상가들과 교차될 수 없는 표준을 세웠다. 따라서 모든 믿음들의 창시자와 같다. 그는 어떤 다른 것들 사이 혹은 이 특정한 문화적 상황 속에서 실제적으로 그와 직면하는 믿음 가능성들의 제한된 범위를 빠져나올 수 있게 할 수 있는 진리와 이성의 최고 기준에 비추어 그가 선호하는 것에 대한 좋은 이유를 찾을 수 있을지 묻지 않았다. 두 번째로 흄은 베텔하임에 따르면 유년 시절 내내 그 전체적인 이야기의 기획을 강조하는 바로 그 질문들의 범위에 대한 어떤 대답의 가능성도 없이 결과적으로 되돌리게 된다. 베텔하임이 아이들에게로 돌렸던 그 질문들과 기성세대들에 의해 짜맞추어진, 그러나 흄에게는 절망적인 질문들 사이에는 참으로 놀랍고 분명한 일치가 있다. 왜냐하면 흄의 근본적인 회의주의에 의해 그 자신이—또는 다른 이들이—다른 사람들에게는 말할 것도 없고 스스로에게 이해할 수 있는 방법을 상실했기 때문이다. 그의 깊은 회

의주의 그 자체는 이해하기 어렵게 되어버렸다.

27 거기에는 아마도 "경험주의"(empiricism)가 정신적인 질병의 이름이 되어버린 반면 "과대망상증"(또는 편집증, paranoia)은 잘 증명된(well-accredited) 지식 이론의 이름이 되는 것이 가능한 세계가 있을 것이다. 왜냐하면 이 세계 속에서—흄과 다르게—경험주의자들은 일관될 것이고 엄격할 것이기 때문에, 그래서 그들은 다른 사람들 혹은 자연에 대한 그들의 경험을 체계화하기 위한 어떤 방법이 부족함을 알게 될 것이다. 심지어 정연한 논리의 지식도 그들을 도와주지 못할 것이다. 왜냐하면 그들이 어떻게 자신들의 경험들을 체계화시킬 것인가 알게 되었을 때까지 그들은 형식화하기 위한 문장이나 다른 것보다 그것들을 정형화하는 하나의 방법을 선택하기 위한 이유도 갖지 못했기 때문이다. 그들의 세계는 진정으로 오이디푸스 콤플렉스 단계의 시작에서 베텔하임이 아이들 내부에서 지각했던 혼돈을 향하여 몰아넣어질 것이다. 경험주의는 궤변(sophistication)이 아닌 후퇴로 이끌 것이다. 반대로 과대망상증은 세상에서의 생존을 위하여 고려할 만한 자원들을 제공할 것이다. "오직 감각-경험에 기초할 수 있는 것들만 신뢰하라"와 같은 경험주의의 격률들(格率, maxims)과 오캄(Occam)*의 면도날은 우리들을 모든 보편화를 잃은 상태, 따라서 미래(혹은 과거)를 향한 모든 태도들을 잃은 상태에 남겼다. 그것들은 만족스럽지 못한 현재 속에서 우리들을 고립시켰다. 그러나 "시

---

*1285-1349, 영국의 스콜라 철학자로서 유명론(唯名論)의 입장을 고수하였고, 불필요한 가정을 배제하는 오컴의 면도날로 알려져 있다.

샘하는 악의의 결과로서 발생하는 모든 것을 해석하라"와 "모든 사람들과 모든 것들은 너를 버릴 것이다"와 같은 과대망상증의 격언은 그것들을 채택하는 사람들로 인해 지속적으로 확인을 받는다. 흄은 "어떤 존재들이 나를 에워싸고 있는가?"와 같은 질문에 답할 수 없다. 그러나 카프카(Kafka)는 이 질문에 대한 답을 매우 잘 알았다.

> 사실 그 시계는 지금을 제외하고 특별히 내가 주목했던 이후—또는 오히려 내가 주목받은 이후—방 안에 많은 물건들처럼 나에게 확실한 개인적인 관련들을 가지고 있다. … 그것들은 그들의 등을 나에게로 향하여 돌리기 시작하는 것으로 보이는데, 특히 달력이 그렇다. … 요즈음 그것은 마치 변형되어 온 것 같다. 그것은 절대적으로 속을 터놓지 않거나—예를 들어 당신이 그것의 충고를 원하여 당신이 그것에 이를 것인데, 그러나 그것이 말하는 유일한 것은 "개혁의 축제"이다. 그것은 아마도 깊은 중요성을 가질 것이나 누가 그것을 발견할 수 있겠는가?—또는 도리어 불쾌하게 풍자적이다.[4)]

28 그래서 이 가능한 세계 내에서 그들은 흄의 재앙과 카프카의 지식 이론을 말할 것이다. 그러나 이 가능한 세계는 우리가 살고 있는 세계와 다른가? 우리들을 정상적이고 온전한 행동으로부터 최소한 정신에 관한 어떤 유형들을 분리하도록 이끄는 것은 자연적이고 사회적인 세상을 해석하는 방법들을 미리 가정하고 구체화하는 것인데, 그것들은 근본적으로 우리의 관례(customary)와 우리가 받아들인 것으로서 해석의 정당화된 방법들과 조화를 이루지 못한다. 즉 마음의 병의 어떤 유형들은 지식의 '경쟁적인 이론들'을 전제하고 있는 것으로 보인다. 반대로 모든 지식 이론들은 다른 것들보다 우리

에게 자연스럽고 사회적인 세계에 대한 어떤 해석들을 받아들이기 위한 도식들을 제공한다. 햄릿이 보다 일찍 발견했던 것처럼 정신의 학과 인식론의 범주들은 어느 정도까지 정의내릴 수 있음에 틀림없다.

III

29 내가 개략적으로 진술하려고 한 것은 몇몇 개념상의 연결들인데, 그것은 인식론의 위기들, 이야기, 전통, 자연과학, 회의론, 그리고 광기 등의 개념들과 연결된다. 이런 개념들 사이의 연결은 그 자체로 중심적인 이슈가 되는데, 거기에는 최근 논쟁들의 한 집단이 있다. 물론 나는 토마스 쿤(Thomas Kuhn)*의 과학철학과 칼 포퍼(Karl Popper)의 후계자들과 같은 과학철학자들의 관점들이 한 방향 또는 다른 방향으로 조우함으로부터 시작되는 토론들에 주의를 기울인다. 따라서 내가 취해온 입장들이 그런 논쟁들에 관한 결과를 함축해야 한다는 것은 놀라운 일이 아니며, 그 결과들은 어떤 대부분의 참여자들과 전혀 같지 않다. 그러나 이것은 아마도 인식론 위기와 전통을 위한 갈등관계 등과 같이 내가 시험해 왔던 개념들이 사실 그것들의

*1922–1996, 미국의 과학사학자이자 과학철학자로서 『과학혁명의 구조』로 널리 알려져 있다.

분류가 그 논쟁들을 어느 정도 해결하는 데 도움이 될 것이라는 최근의 토론들을 위한 충분히 검증되지 않은 배경을 제공해 왔기 때문이다. 특별히 나는 유명한 토마스 쿤이나 라카토스(Imre Lakatos)* 같은 강한 반대자들이 자신의 입장을 성공적으로 변화시키는 방식을 자신들의 이론틀 안에서 마련했다는 사실을 보여주고 싶다.

30 그런데 여기서 우리는 또 하나의 놀라운 결론과 마주하게 된다. 왜냐하면 나는 그 극적인 이야기가 인간 행동의 이해를 위한 결정적인 형태라는 나의 논제들을 강화하길 원하기 때문이다. 그리고 나는 만일 진정한 극적인 이야기의 글쓰기가—즉 특정한 방향에서 이해할 수 있는 역사의 글쓰기—합리적인 활동이 될 수 있으려면 자연과학은 합리적인 연구형태가 될 수 있다는 것을 주장하고 싶기 때문이다. 과학적인 이유는 명료한 유일한 용어로 역사적인 이유를 위한 하위의 것이라는 점이 판명된다. 그리고 만일 이것이 자연과학의 진실이라면 그것은 더욱 더 사회과학의 진실이 될 것이다.

31 따라서 사회과학자들이 모두 쿤과 라카토스와 같은 저자의 작업을 신성불가침의 텍스트로 다룬다는 것은 슬픈 일이다. 쿤의 저작은 특히 몇 번이고—10년 동안 쿤을 향한 대단한 경의는 미국 정치학회의 주된 흐름 속에서 지속되었다—사회과학 이론상의 실패를 변명하기 위해 활용되었다. 그러나 쿤의 작업이 우리가 이해한 것을 위협하는 표현이라는 점은 비판하지 않는 반면—또는 그 문

*1922–1974, 헝가리 태생의 수학 및 과학철학자로서 『증명과 논박의 방법론』으로 알려져 있다.

제에 관해서는 포퍼 혹은 라카토스도 비판하지 않았다—내가 옹호해 왔던 생각들을 위한 계몽된 응용을 제공한다는 점은 비판하고 있다.

32 쿤에 대한 나의 비판은 세 부분으로 구성될 것이다. 제일 먼저 나는 쿤의 관점에서 초기 공식화들이 그가 스스로 인정하는 것보다 더욱 근본적으로 흠집이 있다는 것을 제안할 것이다. 그리고 나는 쿤의 초기 공식화들 내 흠집의 진정한 특징을 인지하지 못한 그의 실패가 그의 후기 주장들의 약점으로 이끈다고 논의할 것이다. 마지막으로 나는 보다 적절한 형태의 보완책을 제시할 것이다.

33 쿤이 처음부터 제시한 것은 자연과학 내 인식론 위기의 이유인데, 그것은 본질적으로 철학 내 인식론 위기에 대한 데카르트의 이유와 같다. 이 이유는 마이클 폴라니(Michael Polanyi)*의 저작들에 크게 빚지고 있는 것으로 보이는 자연과학의 관점에서 더욱 부과된다. (쿤은 어디에서도 그런 빚을 인정하지 않는다.) 폴라니가 보여준 것은 모든 정당화는 사회적 전통 내에서 발생한다는 것과, 그런 전통의 압박들은 증거의 모순된 조각 또는 어려운 질문들이 암묵적으로 동의하는 과학공동체에서 자주 무시되는 방법에 의해 종종 인식하지 못한 규칙을 강화한다는 것이다. 폴라니는 과학철학의 버크이고, 나는 이 정치철학과 도덕철학의 유사성이 매우 크다는 사실을 강조하고자 한다. 나의 초기의 버크에 대한 비판들은 이제 폴라니에 대한 비판과 관련된다. 버크와 같이 폴라니는 전통을 본질적으로 보수적이

*1891–1976, 영국의 물리 화학자이자 철학자이다.

고 단일의 것으로 이해하였다. [파울 파이어아벤트(Paul Feyerabend)*는—처음에는 폴라니와 다르게 보았지만—폴라니의 전통에 대한 이해에 동의했다. 파이어아벤트가 그것을 거절하고 스스로 과학철학의 에머슨(Emerson)을—"모든 사람은 그 자신의 예수이다"가 아닌 "모든 사람은 그 자신의 갈릴레오이다"인—향하여 전환했던 것은 그가 과학의 전통을 그렇게 이해했기 때문이다.] 그는 살아 있는 전통 내 갈등의—때때로는 숨어 있는—편재(遍在, omnipresence)를 보지 않았다. 폴라니의 관점을 취한 어떤 사람이 전통이 어떻게 한 전통으로부터 또 다른 것으로 만들어지는지, 또는 어떻게 모순에 빠진 전통이 재구조화되는지 설명하기가 매우 어렵다는 점을 발견하게 되는 것은 이것 때문이다. 지성이 오직 폴라니를 따르는 전통들과 공동체 내부에서(*within*) 작동하기 때문에 그런 변이 또는 재건은 지성의 작업이 될 수 없었다. 그것은 어떤 종류의 어둠에서 도약이 되어야만 할 것이다.

34 폴라니는 결코 이 지점으로 그의 논의를 이끌지는 않았다. 그러나 폴라니의 입장에서 가장 큰 어려움은 마치 그것이 발견이었던 것처럼 쿤에 의해 진술되는 것이었다. 물론 쿤은 어떻게 과학의 전통이 모순에 빠졌는지 충분히 인지했다. 그리고 그는 (파이어아벤트와 더불어) 같은 표준으로 잴 수 없는 중요한 특성을 고유한 방법으로 인식하기 위해서 완벽한 신뢰를 가져야만 했다. 그러나 그가 이끌어 낸 결론들은 "경쟁하는 패러다임(paradigm)의 지지자들이 서로의 관

*1924–1994, 오스트리아 태생의 과학철학자로 과학적 방법의 기본이 되는 법칙을 찾으려는 시도를 거부한 것으로 알려져 있다.

점들과 완벽히 접촉하게 만드는 것은 반드시 실패할 것이다"라는 점이다. 그리고 하나의 패러다임으로부터 다른 패러다임으로의 변이는 "전환경험"(conversion experience)을 요구하는데, 그것은 같은 표준으로 잴 수 없음과 관계되는 그의 전제들로부터 따르지 않는다. 이런 결말은 세 겹이다. 과학의 혁명기간 동안 경쟁하는 패러다임들의 지지자는 특정한 과학의 입장에서 일련의 문제들이 성공적인 패러다임을 위하여 시험을 주는 것에 대하여 동의하지 않는다. 그들의 이론들은 매우 다른 개념들로 구체화된다. 그리고 그들은 "같은 방향 같은 지점으로부터 볼 때 다른 것들을 본다." 쿤은 "같은 표준으로 잴 수 없는 것들 사이에의 변이 때문에" 변이는 단계적으로 만들어질 수 없다는 결론을 내린다. 그리고 그는 "전환경험"과 마찬가지로 "게슈탈트 스위치"(gestalt switch)라는 표현을 사용한다. 중요한 것은 전통에 대한 쿤의 고려는 추가적인 전제를 요구한다는 점이다. 그것은 단지 경쟁적인 패러다임 지지자들이 동의하지 않는 것이 아니라, 모든 관련된 영역의 합리성이 그 불합의에 의해 침범된다는 것이다. 그것은 단지 세 겹의 같은 표준으로 잴 수 없음이 제시된다는 것이 아니라, 합리성이 어떤 다른 형태로도 명백히 제시될 수 없다는 것이다. 이제 이 추가적인 전제는 참으로 폴라니의 입장으로부터 나올 것이며, 만일 쿤의 입장이 폴라니의 그것과 같이 어떤 것을 미리 가정하는 것으로서 이해된다면 쿤의 초기 입장의 공식화들은 모두 너무나 쉽게 이해할 수 있는 것이 될 것이다. 그의 비평가들에 의한 비합리주의의 비난들은 쿤이 이해할 수 없다고 공언하는 비난들이 된다.

35 이렇게 그 입장을 공식화함으로부터 무엇이 뒤따르는가? 그것은 과학의 혁명들이 데카르트의 방법에서 이해된 인식론의

위기라는 사실이다. 모든 것은 일제히 의혹에 빠진다. 그 위기에 바로 선행하는 입장과 그것을 따르는 어떤 입장 사이에 이성적인 연속성이 없다. 그러한 복음주의적 언어 변환의 위기는 실제로 적합하다. 우리는 참으로 이성의 가장 높은 업적은 이성은 달성할 수 없음을 배우는 것을 애도하는 파스칼(Pascal)의 목소리로 말하기 시작해야 한다. 그러나 물론 우리가 이미 본 것처럼 인식론의 위기들에 대한 데카르트의 관점은 실패이다. 그것은 절대 모든 것이 일제히 의혹에 빠지는 경우가 될 수 없다. 그것은 자연과학들과 같은 습관의 역사에서 뿐만 아니라, 과학자들의 개인적인 전기들에서도 정말 거대하고 이해하기 어려운 공백들로 이끌 것이다.

36 더욱이 쿤은 두 종류의 변이경험을 구별하지 못했다. 그가 묘사하고 있는 그 경험은 한 가지 패러다임에 의해 한정되고 채워진 관습들로 철저히 교육받았다가 근본적으로 어떤 다른 패러다임에 의해 한정되고 채워진 과학적 관습의 형태로 변이해야만 하는 사람의 경험으로 보인다. 쿤이 주장하는 이런 유형의 사람은 때에 따라서는 매우 사실적일 것이다. 그러나 그런 과학자는 다른 것들에 의해 이미 만들어졌음에 틀림없는 변이를 하도록 권유받아 왔다. 그의 입장의 확실한 특성짓기는, 비록 오래된 패러다임이 여전히 그것의 힘을 보유하고 있다 할지라도 이미 새로운 패러다임이 작동하는 있다는 것을 가정하고 있다. 그러나 새로운 패러다임을 먼저 고안했거나 발견했던 과학자들에 의해 만들어진 변이의 다른 형태는 어떤 것인가? 여기 폴라니로부터의 쿤의 분기(分岐, divergence)는, 그가 최초로 폴라니에게서 끌어낸(polanyi-derives) 결론으로부터 자신을 구했어야만 했다. 왜냐하면 쿤은 어떻게 전통들이 모순된 생각으로 잘못 빠지

는지 매우 충분하고 통찰력 있게 인지하기 때문이다. 어쨌든 최소한 그런 전통에서 배워온 사람의 일부가 인지하게 될 것은 자신의 인식론적 관념들과 그것의 실제적인 관습들 사이의 틈이다. 이것을 인지한 이들 중 일부는 회의주의로 향하고 일부는 도구주의로 향한다. 우리가 이미 본 것처럼 바로 이것이 중세 시대 후기와 16세기 과학의 특색을 이루었다. 갈릴레오와 같은 과학의 천재들이 그의 전통 내에서 달성한 것은 반대로 '자연을 이해하는 새로운 방법' 뿐만 아니라, '오래된 과학의 자연을 이해하는 방법' 을 이해할 수 있는 불가분의 새로운 방법이다. 새로운 과학이 오래된 과학보다 더욱 충분하다고 취해지는 것은 단지 새로운 과학의 입장이 오래된 과학의 불완전함의 성격을 나타내기 때문이다. 이야기 역사의 연속성들이 회복된 것은 새로운 과학의 입장으로부터이다.

37 물론 쿤은 일정한 정도로 자신의 입장을 지속적으로 수정해 왔다. 쿤은 과학의 혁명들은 무이성적(nonrational) 혹은 비이성적(irrational)인 사건이라는 그가 절대 스스로 끌어내지 않은 결론의 논제를 그에게 돌린 어떤 비판가들에 대하여 특히 강하게 지적해 왔다. 그의 고유한 입장은 "만일 역사 혹은 어떤 다른 경험의 교과가 우리를 과학의 발달은 본질적으로 전에는 비이성적이라고 생각해 왔던 행동에 의존하고 있다고 믿게끔 이끈다면, 우리는 과학은 비이성적인 것이 아니며 우리의 합리성의 개념은 여기저기에서 조정이 필요하다는 결론을 내려야 한다"는 것이다.

38 그러나 파이어아벤트는 쿤과 같은 전제들로 시작하면서도 쿤이 그토록 혐오했던 그 자신의 이익이라는 충분한 결론을 이끌어낸다. 그리고 확실히 만일 과학의 혁명들이 쿤이 그것들을 묘사

했던 것이라면, 만일 거기에 그것들에 대해서 세 겹의 같은 표준으로서 잴 수 없는 그런 특징들 이상이 존재하지 않는다면 파이어아벤트는 옳았을 것이다. 따라서 만일 쿤이 그가 말한 것으로서 합리성의 개념을 "조정"(adjust)하기 위해서라면 그가 아직 주목하지 않았던 과학혁명들의 어떤 특징 안에서 합리성의 개념을 찾아야만 할 것이다. 그런 특징들이 있는가? 확실히, 그러나 그것들은 틀림없이 이런 에피소드들의 역사에 속하는 것이다. 뒤의 이론 또는 패러다임이 승인·인생 이야기로부터 어떤 관점을 제공할 때, 선행하는 이론 혹은 패러다임의 거부가 선행하는 것보다 더욱 지적이고 역사적인 이야기로서 자세히 이야기될 수 있을 때, 한 이론 또는 패러다임을 인정하고 그 선행하는 것을 버리는 것은 좀 더 이성적이다. 다른 것에 대한 물리적 이론의 우월성 개념의 이해는 다른 것에 대한 역사적 이야기의 우월성 개념에 대한 앞선 이해를 요구한다. 이론의 과학적 합리성은 철학의 역사 내에 끼워넣어져야만 한다.

39 한 패러다임으로부터 다른 패러다임으로 넘어가는 것은 인식론의 관념들과 개인의 지적인 삶의 진행을 구성하는 것의 상호 관계 있는 이해이다. 데카르트 자신의 인식론적 위기에 대한 설명이 자신의 역사를 숙고할 수 있는 능력 때문에 가능했던 것처럼, 즉 자신의 삶을 역사 속에 던져놓을 줄 알았던 데카르트처럼 쿤과 파이어아벤트도 그들 자신의 지적인 이야기를 가능하게 하는 역사적 지속성에 대한 유념 없이 인식론적 위기의 역사를 거의 총체적인 불연속성으로 설명할 수 있는 능력을 갖고 있다. 내가 쿤의 비판을 통해 접근해 왔고 포퍼의 최초 입장들로부터 떨어져서 그의 여정의 마지막 단계에 라카토스에 의해 도달한 것은 이런 입장과 매우 유사하다.

40 만일 폴라니가 과학철학의 버크이고 파이어아벤트는 에머슨이라면 포퍼 자신은, 혹은 적어도 그의 이론들은 이미 파이어아벤트가 지적한 것처럼 존 스튜어트 밀(J. S. Mill)의 역할을 상속했다고 볼 수 있다. 진실은 의견의 자유로운 충돌을 통하여 접근되는 것이다. 도덕과학의 논리는 『과학적 발견의 논리』(*Logik der Forschung*)에 의해 대체된다. 버크는 단지 전통의 상황 속에서 추론을 이해하고, 파이어아벤트는 전통을 단지 개인을 억누르는 것으로 보는 반면에 포퍼는 이성적인 전통 개념의 어떤 것을 만들려고 옳게 시도했다. 이런 시도를 방해하는 것은 새로운 방법론에 의해 귀납추리의 잘못된 방법론을 강요하는 포퍼주의자들(Popperian)이다. 포퍼 자신의 생각의 역사와 그의 가장 재능 있는 추종자들의 생각의 역사는 꽤 긴 시간 동안 각각 차례로 과학의 역사로부터의 반증들을 활용한 더욱 적당한 몇 가지 변형에 의해 포퍼의 초기 반증주의(falsificationism)를 대체하기 위한 성공적인 시도들의 역사이다. 어떤 점에서 이런 시도들의 진정한 후계자는 파이어아벤트이다. 왜냐하면 모든 그런 시도들은 실패하게 될 운명이었다는 것을 완벽하게 일반적인 주제로 공식화한 것이 그이기 때문이다. 거기에는 어떻게 과학이 앞으로 나아가야만 하는지에 관한, 그리고 과학의 실제적인 역사와 더불어 그것들의 조우 안에서 그런 일련의 창시자를 발견하기 위한 모든 시도들에 관한 규칙들의 배치가 없다. 그러나 라카토스가 마침내 이것을 인정함으로써 새로운 입장으로 옮겨갈 수 있었다.

41 1968년에 라카토스는 여전히 비교적 보수적인 포퍼주의자였는데도 다음과 같이 말하고 있다. "평가는 오히려 고립된 이론(*theory*)이기보다는 이론들(*theories*)의 연속(*series*)이다." 그는 이 개념을

계속 발전시키는 연구 프로그램을 진행했다. 연구 프로그램의 개념은 물론 미래를 향하게 되고, 거기에는 따라서 이 개념에 대한 라카토스의 사용과 일련의 이론들이 평가되어질 수 있는 것은 오로지 회고적이라는 그의 인지 사이에 긴장이 있다. 바꿔 말하면 평가된 것은 언제나 역사이다. 왜냐하면 그것은 단지 평가된 일련의 이론들이 아니라, 서로를 향한 평가되는 시간을 통하여 다양하고 복잡한 관계 속에 서 있는 일련의 이론들이기 때문이다. 참으로 우리가 취하는 하나의 이론은 언제나 "발전하고 있는 존재로서이지 정적인 구조로서 고려될 수 없는 것이다."[5] 예를 들어 활동적인 기체들의 이론을 고려해보라. 만일 어떤 특정한 시기 동안 우리가 과학 교과서를 읽는다면 완전히 역사와 관계없는 이론의 내용이 제시되고 있음을 발견하게 될 것이다. 그러나 만일 우리가 바람직한 교과서를 접하게 된다면 1857년의 활동적인 이론은 1845년의 그것과 다르며, 1901년의 활동적인 이론은 1857년의, 그것도 1965년의 그것도 아니라는 점을 배우게 될 것이다. 그런데 각 단계에서 그 이론은 이전의 역사를 담고 있을 뿐만 아니라 여러 관련된 사실들과 다른 이론들, 형이상학적 관점들 사이의 만남의 표지도 갖고 있다. 활동적인 이론은 단지 역사를 가지는 것이 아니라 역사이며, 이 거대하고 다양한 만남 안에서 어떻게 대우받아 왔는지 평가하기 위한 역사이다. 이들 중 어떤 것은 승리였고, 어떤 것은 패배였으며, 어떤 것은 승리와 패배의 합성이며, 어떤 것은 이런 표제들로는 분류할 수 없는 것들이다. 이론을 평가하기 위해, 또는 오히려 일련의 이론들을 평가하기 위한 라카토스의 연구 프로그램 중 하나는 정확하게 그 역사를 패배와 승리의 이야기로 쓰는 것이다.

42 이것은 라카토스가 그의 논문 「과학의 역사 그리고 그것의 합리적인 재구성」(History of Science and Its Rational Reconstructions)[6]에서 인지한 것이다. 방법론들은 그것들이 사료편집의 표준을 충족시키는가의 정도에 의해 평가되는 것들이다. 가장 과학적인 방법론은 과학의 역사에서 가장 합리적인 재구성을 가능하게 하고 다른 에피소드들과 다른 방법론들에 대하여 성공적인 것이다. 그러나 라카토스는 역사에 관해서가 아니라 합리적인 재건에 관하여 아직도 방법론 내에서 구식 포퍼주의자 신념의 유령을 몰아내지 못하고 있다. 왜냐하면 그는 실제적 역사의 "풍자"(a caricature)로서의 합리적인 재구성을 구상하는 것이 확실히 준비되어 있었기 때문이다. 그러나 우리의 과학적인 이론화가 그것의 목표들 중 하나로서 진실을 만드는 것이 중요한 것과 같이 여전히 우리의 역사들이 진실이어야 한다는 것은 매우 중요하다.

43 쿤은 라카토스에 반대하여 흥미 있게, 그리고 어쩌면 기묘하게 역사 내 진실성에 대하여 주장하는데(그는 "철학이 예시들을 만듦"으로써 진정한 역사를 대체한다고 라카토스를 비난한다), 그러나 수수께끼와 굳어진 예언의 해결을 위해 접근하는 진실성과는 다른 자연과학을 위한 진실성의 어떤 개념도 부인한다. 특히 쿤은 과학적인 이론은 진실한 존재론으로 구체화할 수 있다는 것과, 그것은 무엇이 "실제로 거기에 있다"의 진실한 표현을 제공할 수 있다는 것을 부인하길 원한다. "거기에는 나는 '실제로 거기에' 와 같은 문구를 재건하기 위한 이론 독립적인 방법은 없다고 생각한다. 이론의 존재론과 그것의 자연 내 '실제' 상대물 사이의 조화 개념은 지금 나에게 원리 내의 환영으로 보인다."[7]

44 이것은 매우 기묘한데, 왜냐하면 과학은 의심의 여지가 있는 실체가 어떤(*any*) 이론의 주장과는 상관없이 실제로 거기 없기 때문에 그 존재 주장은 그르다는 사실을 확실하게 보여주어 왔기 때문이다. 에피쿠로스 학파(Epicurean)의 원자론은 진실이 아닌데, 거기에는 해학이 없으며 부정적인 중압감의 존재들이 없다. 플로지스톤(phlogiston)은 마녀와 용과 같은 것이다. 그러나 다른 존재 개념들은 특정한 이론상의 입장들이 이어지면서 예외적으로 잘 살아남아 왔는데, 분자 · 세포 · 전자 등이 그것이다. 물론 분자 · 세포 · 전자에 관한 우리의 신념들은 결코 그것들이 이전에 없었다는 것이 아니다. 그러나 만일 쿤이 이것을 어떤 존재의 요구들이 여전히 훌륭한 근거를 가지고 있고, 다른 것을 그렇지 않다는 것을 부인하는 데 대한 이유로서 제시한다면 매우 이상한 입장에 처하게 된다.

45 그러나 쿤은 다른 것을 걱정하고 있다. "아인슈타인의 상대성의 일반 원리는 중요한 점에서 그것들 중 어떤 것이든 뉴턴의 기계학에 대한 것보다 아리스토텔레스의 기계학에 더 가깝다."[8] 따라서 쿤은 아인슈타인의 뉴턴에 대한 우수성은 수수께끼의 해결에 있는 것이지 진실한 존재론에의 접근에 있는 것이 아니라는 결론을 내렸다. 그러나 아인슈타인의 존재론이 우리로 하여금 이해할 수 있게 해주는 것은, 진실에 대한 접근(*an approach to truth*)의 입장으로부터 어째서 뉴턴의 기계학이 아리스토텔레스의 기계학보다 우수한지이다. 아리스토텔레스의 기계학은 모순된 생각으로 잘못 빠짐으로써 우리들을 결코 특수한 이론으로 이끌 수가 없었다. 당신이 그것들을 어떻게 해석하려 해도 아리스토텔레스의 시간에 대한 문제들은 특수 상대성이 답인 질문들을 산출할 수 없었다. 아리스토텔레스주의로부

터 바로 상대주의 물리학으로 이동하는 역사는 상상할 수 있는 역사가 아니다.

46 쿤의 존재론적 진실의 부주의들에 대한 무시는 다른 과학들 내에서 그것들이 한 점에 모여야만 하는 진실을 향한 진행 내의 방향이다. 과학에 대한 어떤 실증주의(positivist) 프로그램의 단순한 환원주의(reductionism)는 여기로 그릇되게 인도해 왔지만, 그런 환원주의의 거부는 물리학 · 화학 · 생물학의 필수적인 수렴을 위하여 우리를 눈멀게 하지 않음에 틀림없다. 존재론적 진실에 대한 걱정이 없었더라면 모든 과학들 사이의 통일성 있고 집중되는 관계에 대한 우리 요구의 본질은 그 뜻을 알 수 없는 것이 되었을 것이다.

47 물론 쿤의 관점은 매력적인 것으로 보이는데, 왜냐하면 우리가 인정하기 위한 모든 이유를 가지는 오류 가능주의(fallibilism)와 일관되어 보이기 때문이다. 아마도 아인슈타인 물리학은 어느 날 뉴턴이 그랬던 것처럼 뒤엎어질 것이다. 또한 라카토스의 이론이 그의 보다 다양한 웅변적 순간들에 제창되었던 것처럼 모든 우리의 과학적 신념들은 언제나 그래왔듯이 실패일 것이다. 사물들의 기본적인 체계의 진실한 고려를 위한 규정이며 그 역으로는 성립이 안 되는 오류 가능주의를 접근과 더불어 일관되게 만들어야 할 것임에 틀림없다는 것은 우리가 자연과학을 하는 방법의 전제로 보인다. 만일 그렇다면 칸트는 본질적으로 옳다. 개념의 기초를 이루는 체계는—우리가 기대할 만한 일종의 체계가 만일 뉴턴과 아인슈타인의 독창적이고 심술궂지 않은 신이 우주를 창조했다면—물리학의 규제하는 관념들이다. 우리는 이 개념을 칸트가 했던 것처럼 전적으로 이해할 필요는 없고, 그들의 반신학적인(antitheological) 신념들은 그것을 받아

들인 내에서 현대의 불편한 어떤 것을 만들 것이다. 그러나 아마도 이 지점에서 불쾌함은 철학적 진행의 신호일 것이다.

48 그래서 나는 어떤 과학적 이론들이 다른 것들보다 우수한가를 설명할 수 있는 최고의 이유가 역사적인 진실성을 요구할 수 있고, 그런 이론들이 계속적인 에피소드들의 지속적인 주제라는 점에서 지성적인 극적 이야기 구성의 가능성을 전제로 삼는다는 것을 제안하고 있다. 우리가 이론들을 합리적으로 비교할 수 있는 것 역시 이런 종류의 서로 합리적으로 비교될 수 있는 역사들에서 보다 낫거나 나쁜 역사들을 구성할 수 있기 때문이다. 오직 그 때문이다. 물리학은 역사와 내가 처음에 논의했던 전통 · 명료성 · 인식론 위기들의 바로 그런 개념들에 호소하는 것과 같은 종류의 역사를 전제로 한다. 이것은 우리가 왜 쿤의 과학혁명들의 고려가 라카토스에 의해 무너진 비합리주의의 비난들으로부터 구출될 수 있었는지, 왜 라카토스의 마지막 저작들이 쿤에 의해 무너진 회피하는 역사의 비난들로부터 구해질 수 있었는지를 이해 가능하게 한다. 이런 배경 없이는 과학혁명들은 이해할 수 없는 에피소드들이 될 것이다. 참으로 쿤은—라카토스가 본질적으로 그를 비난했던 것으로서의 존재—과학의 역사의 카프카가 되었다. 그가 번갈아 라카토스는 역사학자가 아니라 역사적인 소설가라고 느꼈던 것은 당연한 것이다.

49 마지막 논제는 이제 또렷하게 표현될 수 있다. 한편으로 이야기와 전통 사이의, 다른 한편으로 이론과 방법 사이의 연결이 길을 잃어버릴 때 과학철학은 풀 수 없는 문제들의 집합체이다. 어느 일련의 한정된 관찰들은 한정되지 않은 일련의 일반화 밖의 무엇과도 양립한다. 과학의 합리성을 보여주기 위한 어떤 시도든지 최종적

으로 관찰들과 일반화들을 연결하기 위한 규칙들의 집합을 정당화할 수 있는 합리성을 제공함으로써 무너졌다. 포퍼주의 학파가 드러낸 역사처럼 이것은 실증주의의 어떤 유형에 대해서만큼이나 왜곡을 포함하고 있다. 카르납(Carnap)*의 작업이 드러낸 역사처럼 그것은 진행이 얼마나 세부적으로 과학적 추리의 특정한 구조들로 만들어지는지 전혀 문제될 것이 없다는 점을 포함하고 있다. 우리가 독단주의 혹은 회의주의에 대한 항복으로부터 자유로워진다는 것은 오직 이론들이 역사 내에 위치할 때, 우리가 역사적 종류의 대단히 특정한 문맥의 정당화에 대한 높은 요구들을 이해할 때이다. 따라서 그것은 최악의 경우에는 비합리주의 안에서 실패하고 최선의 경우에도 지속적으로 약해지는 일련의 경험주의자의—그들의 추진하는 힘은 비합리주의자의 결론들로 강요되는 것이 아니기 위한 깊은 욕구인데—프로그램 내에 있게 되는 18세기 이후로부터 과학철학을 지배했던 경험주의와 자연과학을 결합한 프로그램을 만들어낸다. 그러나 흄의 질병은 고칠 수 없고, 궁극적으로 파멸이며, 심지어 주사위놀이(backgammon)**는 그것의 진행을 언제까지나 피할 수 없다. 어쨌든 역사와 물리학 사이의 관계를 접근함에 있어 올바르다고 판명된 것은 데카르트도 흄도 아닌 비코이다.

---

* 1891-1970, 미국의 철학자로 대표적인 논리 실증주의자이다.

** 또는 종종 전문적인 철학자의 주사위놀이인 분석 철학의 그 형태를 말한다.

Chapter_2

Colors, cultures, and practices

색깔들, 문화들, 그리고 관행들

I

1 '무슨 색깔이 어떤 특정한 물체 혹은 표면을 나타내는지' 에 관한 판단의 진실 혹은 허위와 이것이 '어떻게 그 색깔이 그 판단을 말하는 특정한 사람에게 보이게 되는지' 가 일반적으로 독립되는 것이라고 인지된다는 것은 주목할 만한 사실이다. 어떤 물체를 보면서 색깔 시각에 대해 이제까지 인지하지 못했던 결점으로 인해 고생하는 사람이나 혹은 시각적으로 거슬리는 환경들을 바라보는 사람은, 신뢰할 만한 정보제공자에 의해 무슨 색깔인지 들어온 눈 가려진 어떤 이에 의해 교정된 그것의 색깔에 관한 그녀의 혹은 그의 잘못된 판단을 가질 것이다.

2 비트겐슈타인(Wittgenstein)은 『색깔에 관한 비평들』(*Remarks on Colour*)에서 "인간에게 그렇게 보인다는 것은(*so scheint*) 그것의 존재(*being*)가 그렇다는 것에 대한 그들의 기준이다"(III, 98)라는 것을 주장했을 뿐만 아니라, 오직 예외적인 경우들 속에서만 존재(*being*)와 그렇게 보인다(*seeming*)는 것은 서로 독립적인 것이 된다(99)고 덧붙여 말하였다. 만일 비트겐슈타인이 이것으로 단지, 예를 들어 "우리는 보통의 시각에서 어떤 환경 속에서 갈색으로 나타나는 그 탁자를 갈색이라고 부른다(*call*)"(97)는 것이 그들이 있는 것으로서 존재하는 데 대한 우리의 색깔 판단들의 필요조건이라는 것을 의미했다면 이것은 동의하기가 어려울 것이다. 그러나 그 "기준"이라는 단어의 사용은 내가 뒤에서 제시할 것처럼 오해하기 쉬운 것이다. 왜냐하면 색깔의 인지는 일반적으로 검사의 적용이 아니다. 수수께끼의 경우들 혹은 표준에서 벗어난 경우들 속에서 우리는 물론 증명할 수 있게 보통의 시각으로 그것들을 참고할 것이며, 아마도 '무슨 색깔인지'(*what color it is*)에 대한 검사 혹은 기준으로서 '어떤 물체가 그들에게 어떻게 보이는지'(*how some object looks to them*) 말해주는 시각적 구별에 대한 어떤 적절한 유형 속에서 훈련해 왔을 것이다. 그러나 이것은 또한 오직 예외적인 경우들이다. 요구된 조건들을 만족시키고 필요한 기준들을 제공할 수 있는 그들은—성공적인 인지로부터 분리되는 어떠한 검사 혹은 기준도 없이—어떤 색깔이 실제로 사물들이 존재하는 데(*are*) 대한 적절한 유형들인가를 인지하기 위한 그들의 능력 면에서 스스로 이미 검사해 왔다는 점을 주의한다. 그들은 우리들 나머지의 대부분과 같이 그들 사이에 있음이 판명되는데, 왜냐하면 그들은 '어떤 색깔의 사물들 혹은 표면들이 실제로 존재하는가'(*what color*

things or surfaces in fact are) 와 '어떤 색깔의 사물들 혹은 표면들이 나에게 여기에서 지금 보이는가' (*what color they seem to be to me here and now*) 사이의 구별은 문제가 되지 않는 광대한 대부분의 경우들 속에 있기 때문이다.

3 무엇보다도 이 구별은 상식적인 것이다. 그것은 평범한 화자에 의해서 뿐만 아니라 화가들, 실내장식업자들, 서명제조업자들, 그리고 색깔의 시각에 대한 심리학 학생들이 그런 일상적인 활동들 속에서 명백하게 전제하는 것이다. 이런 구별이 그렇게 광범위하게 전제되어 있다는 것이 물론 저절로 그것을 지지하는 데 대한 충분한 이유를 제공하는 것은 아니다. 그러나 나는 우리가 일찍이 그런 구별의 본질을 이해해 왔다는 것을 논의할 것이며, 또한 비록 그것을 단념하는 가능성이 논리적 · 개념적으로 불가능하지 않다 할지라도 그 가능성은 즐거움이 텅 빈 어떤 것이 될 것이라는 점을 이해할 것이다. 그렇게 논의하는 속에서 나는 색깔에 대한 비트겐슈타인의 논의들 속에서 어느 정도로, 그러나 '유일한 개인' 에 의한 활동 혹은 판단 속에서 규칙을 따르는 가능성에 대한 그의 검사 속에서 더욱 우리가 빚지고 있는 비트겐슈타인의 지금의 표준적인(canonical) 형태의 논쟁들과의 만남을 피할 수 없다. 그리고 비트겐슈타인이 말한 것들의 해석이 진지하게 논의되었기 때문에 해석에 대한 질문들에 직면하게 될 것이다.

4 그래서 나의 최초의 목적은 우리로 하여금 객관성을 색깔 판단들에서 기인하는 것으로 여기는 그 조건들을 확인하는 것이고, 그러면 '우리는 어떤 색깔의 사물들이 있는가' (*what color objects are*) 와 '어떤 색깔의 사물들이 특정한 개인들에게 특정한 상황들 속에서

보이는가' (*what color they seem to be to particular individuals in particular circumstances*)의 구별을 특징짓는 특별한 범위에서도 우리가 어떻게 동의할 수 있는지를 이해할 수 있게 된다. 그리고 어떤 것은 그녀의 혹은 그의 색깔에 대한 고유한 경험을 어떤 판단들이 만드는 것에 대한 탁월한 검사로 만든다고 주장하기 위하여 우리에게 강요하고 개인에 의한 어떤 경향의 토대를 훼손한다. 첫 번째 강요는 특정한 개인들의 경험과는 독립적으로 색깔에 대한 판단들은 참 혹은 거짓으로 이해되어야 한다고 요구하는 활동참여의 협조적인 유형들의 다양성에 의해 제공된다.

5 예를 들어 우리는 색깔들을 직물 속에서 조화시키고, 색깔들을 사용하여 디자인을 하며, 신호를 해석하고 깃발들과 꽃들, 그리고 새의 종류를 부분적으로 색깔들로 확인한다. 의사들은 피부의 색깔을 진단하는 데 사용하고, 기상 캐스터는 구름들과 하늘의 색깔을 언급하며, 과학적 수단들은 색깔을 신호들로 사용한다. 그리고 화가들은 공유된 어휘를 요청하는 것뿐만 아니라 그 어휘들의 응용 속에서 판단의 공유된 표준들을 요청하는 방법으로 색깔들을 사용하며, 색깔들의 영역과 그 사용영역을 확장시킨다. 그 어휘들의 사용 속에서 가장자리의 불일치들을 제외하면 그들의 현재 형태와 같은 어떤 것 속에서 그러한 활동 속에 참여하는 것은 불가능하게 된다. 그러나 이것은 단지 우리가 알고 있는 것으로서 사회적 삶의 부수적인 특징이 아닌가? 거기에는 아마도 불일치에 대한 강요가 제거되어 온 삶의 어떤 대안적인 형태가 있을 수 있는가? 비트겐슈타인이 이 가능성을 예견하는 『철학적 탐구』(*Philosophical Investigations*, II, xi, p. 226)의 한 문단을 생각해 보자.

> 사람들이 일반적으로 색깔에 대한 판단에 동의한다고 말하는 것이 도리에 맞는가? 무엇이 그들에 대하여 같지 않게 하는가? 어떤 사람은 꽃이 빨간색이었다고 말할 것이고, 다른 사람은 파란색이었다고 말할 것이며, 또 다른 사람은 또 다르게 말할 것이다. 그러나 이 사람들의 말인 "빨강" 그리고 "파랑"을 우리가 우리의(*our*) "색깔 단어들"이라고 불러야만 한다는 것은 어떤 권리인가? 어떻게 그들은 이런 단어들을 사용하는 것을 배우는가? 그리고 그들이 여전히 배우는 그 언어 게임은 우리가 '색깔의 이름들'의 사용이라고 부르는 것과 같은 것인가?

6 비트겐슈타인이 우리가 상상하도록 이끄는 곳은 각각의 사람들이 어떻게 그것들이 다른 사람들에 의해 이름지어졌는지에 대한 참조 없이 색깔을 이름짓는 사회인 것으로 보인다. 그런 사람들이 색깔들에 대한 그들의 이름짓기에 합의하지 않을수록 그들은 우리의 사용에서 우리와 닮은 것으로부터 멀어져 가는 것이다. 그러나 그들과 우리 사이의 차이점이 단지 합의들과 불합의들의 범위(*extent*)의 문제가 아니라는 것이 중요하다. 왜냐하면 거기에는 색깔에 관한 우리의 판단에서 작동하는 두 번째 강요가 있기 때문인데, 어떤 것이 그 이상의 일련의 합의들 속에서 구체화된다. 즉 설명하는 방식에 관한 합의에 의해 색깔에 대한 불일치를 해결할 수 있다. 거기에는 네 가지 유형의 호소력 있는 적절한 설명방식이 존재한다.

7 특정한 물체 혹은 표면의 어떤 색깔에 대해서 한 사람이 다른 사람과 의견을 달리할 때 우리는 그들이 물체 혹은 사물로부터 같은 거리에 위치해 있을 때, 시각의 같은 각도로부터 같은 빛 속

의 물체 혹은 표면의 관점으로 이끄는 결과로서의 판단 속에서 차이점을 설명할 수 있을 것이다. 만일 그런 조건 아래에 있다면 그들은 판단 속에서 합의하게 되며, 우리는 그들이 특정한 물체 혹은 표면의 색깔을 다르게 인지하고 다르게 판단하는 원인이 되었던 이런 세 가지 조건들 중 한 가지를 만족시키는 데 실패했다고 합리적으로 결론 내릴 것이다. 그러나 비록 색깔을 인식하는 데 있어서 같은 관념적 조건들 아래 있다 해도 여전히 두 가지 불일치가 있을 것이며, 그리고 다음 과정은 그들 중 한 사람에게 최소한 색깔들 혹은 이 특정한 사물 혹은 표면의 색깔이 관련되는 한에서 이제까지 적당하게 구별하는 것을 배우지 않았는지 어떤지를 묻는 것이다. 그러면 설명의 이 두 번째 유형의 실패는 우리를 한 사람 혹은 두 사람 모두 색깔 시각의 어떤 결함이 있는 형태, 즉 어떤 점에서—생리학적 원인이든지 혹은 심리학적 원인이든지—색맹(color blind)으로 인해 고통받는지 어떤지를 조사하는 것으로 이끌 것이다. 그리고 만일 그것이 또한 그런 유형이 아니라고 판명되면 우리는 네 번째로 그리고 마지막으로, 만일 그 불일치가 색깔 그 자체에 대한 것이 아니라면 단지 색깔들의 이름에 대한 것인지 물을 것이고, 색깔들의 일련의 예시들과 미묘한 차이들의 어떤 표준들로 불합의하는 두 사람이 직면함에 의해 매우 많은 수의 차이들은 구별되고 이름지어지며 그래서 그들은 한 사람은 "자홍색"(magenta)이라 부르고 다른 사람은 "암갈색"(puce)이라고 부르는, 또는 비트겐슈타인이 직접 들었던 예처럼 어떤 사람은 "빨강"이라고 부르고 다른 사람은 "파랑"이라고 부르는 어떤 특정한 차이를 발견하고 말할 것이다.

8 우리가 불일치에 대한 그런 설명들과 해결책을 찾는 것

속에서 발견하는 것이 당연한 것은 색깔들을 어떻게 구분하고 이름 짓는가를 배워온 것을 지금 동의하지 않는 그런 사람들 중 하나 혹은 그 이상의 편에서의 어떤 과거의 실패에 대한 증거인데, 왜냐하면 그녀 또는 그는 가르침의 표준방법들에 충분하게 노출되지 않았거나 비록 노출되었다 할지라도 그 배움에 어떤 장벽이 있었기 때문이다. 색깔에 대하여 가르침과 배움의 표준적인 방법들은 두 가지 종류이다. 거기에는 어떤 아이든지 표준적 특성인 기본적인 색깔 어휘들을 습득하는 것들이 수반된다. 그리고 거기에는 구별들의 보다 넓은 영역이 요구되는—말하자면 어떻게 의식의 가면들과 약효가 있는 풀들을 수집하는가를 배우는—특별한 관행들 안으로 입문하는 좀 더 특수한 형태의 교육이 수반된다.

9 그래서 같은 배움의 과정 속에서 그 색깔 어휘의 사용은 확장되어 왔으며, 인지하고 구별하는 능력들도 발달되었다. 우리는 물론 구체적으로 배울 뿐만 아니라 뒤의 단계에서는 묘사들과 분류들로부터도 배운다. “빨강”과 “노랑”을 배웠기에 나는 “주황색”을 구체적인 정의를 통해서가 아니라 “빨강”과 “노랑” 사이의 중간 색깔로 설명할 것이며, 그런 묘사는 나로 하여금 주황색을 인지하고 이름 짓는 것을 가능하게 할 것이다. 게다가 비슷한 색깔들에 관한 어휘를 어떻게 사용하는지 배우는 것은 그런 과정들과는 다르다. “빨강”이라는 단어의 사용에 대하여 나의 최초의 패러다임을 제공하는 빨강의 미묘한 차이는 여러분들의 것과는 매우 다를 것이다. 그럼에도 불구하고 우리와 다른 화자들은 이 최초의 예시들을 넘어 사용영역들을 확장시켰기 때문에 색깔에 대한 우리의 다양한 경험들을 체계화시키는 일련의 언어상의 규칙에 대한 공동의 준수를 가능하게 하는

방법을 통해 그렇게 하는 것이다.

10 배울 수 있던 것은 물론 항상 잘못 배웠을 수 있다. 그러나 잘못 배웠던 것은 바로잡아질 수 있는 것이고, 우리의 판단들은 다른 사람들에 의하여 바로잡아지기 쉽다. 그런 다른 사람들과의 불일치들을—특히 그런 불일치들이 색깔과 관련된 판단들 속의 동의를 요청하는 그런 공유된 활동들 속에서의 우리의 협력적인 참여를 위협할 때—설명하고 해결하기를 기원하는 설명유형들의 하나 혹은 그 이상의 강제를 허용하는 것을 통하여 우리는 '어떤 색깔의 사물들이 있는가' (*what color objects are*)와 '이런 상황들 속에서 어떤 색깔의 사물들이 나에게 보이는가' (*what color they seem to me to be in these circumstances*) 사이의 구별에 동의하며, 그렇게 판단들 속에서 진리와 거짓에 대한 표준들은 '어떤 색깔의 사물들이 있는가' 와 관련되는 것이다.

11 우리가 관여하는 사용들이 색깔과 관련된 참 혹은 거짓 판단을 만드는 것을 가능하게 만드는, 특정하게 공유된 언어 속에서 색깔 단어들의 사용과 응용을 관리하는 확립된 그리고 표준의 규칙들에 대한 공통의 유사함은 중요하다. 그리고 만일 우리가 색깔 단어들을 잘못 사용한다거나 잘못 판단한다면 그것은 이런 표준들과 규칙들에 대한 위반이며, 그것은 바로잡으려는 필요 속에서 우리에게 도움을 주는 우리의 언어에 대한 화자들의 압도적인 다수의 일치로부터 우리가 벗어나왔다는 사실이 아니다. 왜냐하면 그 대부분의 일치는 그런 특정한 규칙들과 개념들에 관련되는 합의이며, 관련된 규칙들과 개념들의 측면에서 실패 또한 그 일치로부터의 일탈이 될 것이기 때문이다. 그리고 확실하게 그 일치는 시간의 확장된 기간을 넘어서 지속되지 않았으며, 거기에 대하여 담화의 영역 속에서 규칙들

과 개념들을 확립하는 데 필요한 조건들이 이제는 유지되지 않는다. 그럼에도 불구하고 그것은 색깔 단어들 또는 어떤 다른 단어들의 사용을 위한 규범인 일치 그 자체는 아니다. 즉 규범적인 것은 대다수가 초래하는 일치가 실재(existence)가 되는 데 대한 동의 속에서의 규칙들과 개념들에 의해서 채워지는 것이다.

12 다른 것을 가정한다는 것은 잘못된 것이다. 왜냐하면 그것은 대다수의 습관적인 사용을 바로잡기 위한 특정한 종류의 기준(*criterion*)으로 만드는 것이기 때문인데, 기준은 사용과 적용을 바로잡는 것을 결심하도록 만들 수 있게 호소하기 위한 것이며, 혼자 힘으로 혹은 다른 사람들에 의한 사용들과 적용들을 바로잡는다는 것을 인식하기 위한 능력과는 별개이다. 거기에는 그런 기준이 있더라도 그것이 한 가지일 것이라는 것을 아는 것과 그것을 적용시키는 것은 완전히 다른 것이다. 그러나 거기에는 그런 기준이 없고 아무 것도 필요로 하지 않는다. [비트겐슈타인이 『수학의 기초에 대한 비평들』(*Remarks on the Foundations of Mathematics*, VII, 40)에서 동일성에 대해서 말한 것을 비교해 보라. "왜냐하면 당연히 나는 인류가 동일성을 긍정한다는 데 동의하지 않을 것이다. 그러면 당신이 사용하는 것은 어떤 기준인가? 아무 것도 없다." 또한 VII, 39를 보라.] 어떤 이가 색깔 단어들을 어떻게 바르게 적용하고 사용하는지 알 때, 그리고 다르게는 옳음과 그름을 어떻게 인식하는지 알 때 거기에는 그 혹은 그녀가 알고 있는 것, 말하자면 비본질적인(extrinsic) 보증을 제공하는 어떤 것이 남아 있는 것을 제외하고 아무 것도 없다. 진실한 판단은 단지 인지를 요청한다. 그러나 이 주장은 다음의 어려움을 만나게 되는 사고가 될 것이다.

13 만일 거기에 색깔 단어들의 사용과 적용을 좌우하는 규

칙들이 있다면 비트겐슈타인이 주장한 것처럼 거기에는 '당신이 그 단어들을 그런 규칙들과 일치하여 사용해 왔다고 단지 생각하면서도 실제로는 그렇게 해오지 않은 것'과 '실제로 그렇게 해온 것' [『철학적 탐구』(*Philosophical Investigations*, 202)] 사이에 차이점이 있음에 틀림없다. 그러나 거기에 비본질적인 기준이 없다면 이 차이점은 어떻게 특수한 경우들 속에서 확립되는가? 불합의들이 해결되는 것과 같은 방식으로, 즉 내가 이미 개략적으로 진술한 설명의 네 가지 유형의 하나 혹은 그 이상에 호소함에 의하여 그것은 확립된다. 어떤 사람은 자신의 판단들의 정당함을 방어하는데, 첫 번째로 어떻게 그가 거리, 시각의 각도, 그리고 빛과 관련하여 관련된 물체를 바라보았는지 설명하고, 두 번째로 그가 그것과 관련된 일련의 구별들, 말하자면 이 자줏빛의 미묘한 차이점과 저 자홍색의 미묘한 차이점을 구별하는데 배워온 것을 확립하며, 세 번째로 자신은 심리학적 · 생리학적으로 색맹 혹은 색깔 왜곡의 형태를 가지고 있지 않다는 증거를 제시하며, 네 번째로 색깔들의 그 관련된 이름에 대한 자신의 이해를 확립한다. 거기에는 그것을 어떻게 보는지 혹은 스스로 어떻게 보이는지에 의해 속여져 왔다는 것보다는 무슨 색깔의 어떤 것을 그 사람이 바르게 보고했다는 것을 보여주기 위하여 그 이상 행해질 것이 아무것도 없다.

14 그러나 이 대답은 다른 반대를 낳을 것이다. 왜냐하면 사실상 역사적인 색깔 어휘들의 사용은 불일치에 대한 우리의 가장 공통적인 설명의 어떤 것의 어느 구체적인 사용을 형성하고 만드는 능력에 앞선다는 것이 명백하기 때문이다. 예를 들어 색맹과 색깔 왜곡의 범위와 유형에 관한 지식은 모든 시간들과 장소들에서 이용할

수 있는 것이 아닌 일종의 어떤 과학적 억지 이론을 요구한다. 그리고 색깔에 관한 참된 판단들은 천 년 동안 색깔들과 미묘한 차이들의 목록에 앞선다. 아마도 설명 순서의 이런 유형의 어떤 측면들은 색깔에 관한 불일치들이 발생하였을 때 어떤 초기 단계로부터 호소되어질 것인데, 그러나 완전히 성숙한 단계에서 그들에게 호소하는 것과 같은 것은 색깔 언어의 사용을 규칙으로 관리하게 된 역사 속의 최근 단계에서 나타나야만 하는 것이다.

15 이런 반대가 이끌어낸 것은 규칙으로 관리하게 된 색깔 언어의 사용에 있어서의 합의가 이런 거의 완전히 성숙한 형태로 주어진 일반적인 유형들에 대한 설명의 가능성(*possibility*)을 요구한다는 것이었다. 그런 언어의 어떤 유능한 사용자가 그들에게 그런 형태를 줄 수 있어야만 한다고 요구한 것은 아니다. 필요한 것은 그런 사용자들이 만일 명백하지 않더라도 암암리에 '특정한 물체나 표면 혹은 빛의 색깔이 어떠한지(seems to me to be)'에 대한 질문과 '그것의 색깔이 나에게는 어떻게 보이는지'에 대한 질문을 구별할 수 있어야만 한다는 것과, 그렇게 하는 속에서 그들은 만일 명백하지 않더라도 암암리에 색깔에 대한 진실한 판단들은 어느 특정한 사람의 관점과는 독립적이라는 것을 인지해야만 한다는 것 양쪽 모두이다. 그렇게 하는 가운데 그들은 어느 특정한 경우에 어떤 다른 사람의 입장이 색깔과 관련되는 어떤 특정한 판단에 관한 진리의 측면에서 그들 자신의 것보다 우수할 수 있다는 것을 인정하게 될 것이다. 다른 사람의 입장에 대한 이런 참조와 관심은 색깔에 대한 우리의 평범하고 보통의 언어를 피할 수 없게 사회적이 되도록 하고, 그들의 바른 사용에 대한 하나의 규칙들은 어느 특정한 개인의 입장과는 독립적이며, 이렇게

하여 색깔과 관련된 판단들에 있어서 어떤 일종의 비인격성을 부여하는 것이다.

16 그래서 어떤 색깔의 사물들 혹은 표면들에 관한 우리의 판단들에 대한 교정성과 비인격성은 모두 같은 일련의 확립된 색깔 어휘에 대한 우리의 적용을 강요하는 사회적 동의들로부터 나타난다. 그러나 이것은 단지 색깔들의 언어에 대한 사회적 공간들로부터 분리할 수 없는 것으로 보이는 색깔에 대한 판단의 측면만이 아니다. 색깔들에 대한 판단은 언어 행동들로서의 말로 나타나고, 그리고 언어 행동의 명료성은 만일 주어진 언어 행동이 이해할 수 있는 작업으로서 해석된다면, 보충되야만 하고 전제되어야만 하는 화자에 관한 어떤 부가적인 정보에 대한 사회적으로 공유된 이해의 문제이다.

17 방 여기저기를 움직이면서 각각의 물체들이 참으로 어떤 색깔인지 판단하려는 어떤 사람의 행동들을 생각해 보자. "저것은 자홍색", "저것은 군청색"(ultramarine), 또 "저것은 선녹색"(emerald green)이라고 그녀 혹은 그는 말한다. 우리는 그것을 완전하게 이해할 수 있게 만드는 그런 동작에 관해서 부가적인 정보를 얻으려는 것을 어려움 없이 상상할 수 있다. 이것은 예를 들어 어린이 혹은 외국인은 그녀 혹은 그가 그것들을 올바르게 이해했다는 것을 확실히 하기 위하여 새로이 얻은 영어 색깔 단어들을 시도해 볼 것이다. 또는 아마도 그녀 혹은 그는 기억을 잃은 어떤 유형으로부터 고민하다가 색깔들의 이름을 부름으로써 그녀 혹은 그의 기억의 복구 정도를 검사한다. 이런 유형 각각의 경우에서 그런 색깔 판단을 만드는 요점과 목적이 발견될 수 있으면 그 행위자의 행동들은 요점과 목적에 의해 제공되는 관점에서 명료한 것으로서 이해될 수 있다. 그러나 대신에

그 혹은 그녀가 무엇을 하고 있는지 물었을 때, 그런 동작들을 하고 있던 그 사람은 "색깔에 관하여 진심으로 판단하는 중"이라는 것을 제외하고 제공할 진정한 답변을 가지고 있지 않다고 가정해 보라. "색깔에 관하여 진심으로 판단하는 중"이라는 것은 어떤 그 이상의 요점과 목적이 없이는 그 자체로 언어 행동의 명료한 유형 혹은 명료한 행동이라고 명명하지 않는다. 그런 동작의 이해하기 어려움은 어디에서 기인하는가?

18 일반적인 행동들과 특정한 언어 행동들을 이해할 수 있다는 것은 두 가지 측면들을 가진다.[9] 어떤 행동을 이해할 수 있다는 것은 첫 번째로 만일 다른 사람들이 사회적으로 다른 사람들에게 숙달된, 즉 그것에 대해서 어떻게 응답하는지 아는 한에서이다. 만약 그것에 대응하는 적절한 행동방침이 없어서 곤란을 겪는 사람이 있다면 그것은 일상적 삶의 표준에 의거해 이해할 수 있는 일상적인 설명이 없기 때문일 것이다. 이해할 수 있는 행동의 두 번째 특징은 그것을 실행하는 속에서 그 행위자는 합리적으로 다른 사람들로부터 응답유형의 확실한 범위를 이끌어낼 것을 기대할 수 있을 뿐만 아니라, 그녀 혹은 그는 그 속에서 그것이 무엇이든지 그 행위자가 그 자신으로서 인지할 수 있는 활동들과 계획들의 더 넓은 범위 내에서 어떤 요점과 목적을 찾을 수 있다는 것이다. 이해할 수 없게 행동한다는 것은 단지 다른 사람을 혼란스럽게 하는 것이 아니라, 자기 스스로도 어떤 행동을 하고 있는지 모르고 있다는 의미이다.

19 이해할 수 있음의 이런 두 가지 측면들이 밀접하게 관련되어 있다. 어떤 사람이 그녀 혹은 그가 전후 관계에서 이해하기 어려운 행동을 할 때—예를 들어 색깔들을 말하면서 방 여기저기를

걸어다니는—그녀 혹은 그는 다른 사람들에게나 그 자신에게 그때(*that then*) 그 자리에(*there*) 있었던 행동의 요점이 무엇인지 말할 수 없게 될 것이다. 어떤 사람이 다른 사람의 행동을 이해할 수 없다는 것을 발견할 때 그 이해할 수 없음은 오직 그 사람이 그때(*that then*) 그 자리에(*there*) 있었던 행동의 요점과 목적이 무엇인지 설명할 수 없음을 의미한다. "나는 단지 나를 위해 그것을 하였다"라든지 "특별한 이유 없이"라고 말하는 것은 그 이해할 수 없음을 제거하는 데 충분하지 않다. 부언되어야만 하는 것은 적절한 경우들(*appropriate occasions*)에 그 일종의 해야 할 일(*that kind of thing*)인 행동을 자신을 위해서든지 혹은 그 이상의 어떤 것을 위해서든지 이해할 수 있게 만드는 어떤 설명이다. 만일 이런 것들 중 어느 것도 상술될 수 없다면 그 행동은 이해할 수 없는 채로 남아 있을 것이다. 만일 둘 다 성공적으로 상술된다면 그 행동은 행위자의 행동들의 연속에서 지정된 위치에 의해 이해할 수 있는 것으로 만들어질 것이며, 그래서 그것은 그것에 선행하는 것에 대해서(때때로 바로 그것에 대해서 앞서는 것은 아닌), 그리고 그것에 이어질 것에 대해서 관계의 어떤 특정한 유형 속에 위치한 것으로 이해될 수 있다.

20 이해할 수 있음은 따라서 행위자들이 번갈아 서로에게 응답하는 상호작용들의 그런 연속들, 그리고 어떤 특정한 행위자가 만드는 행동들의 그런 연속들 양쪽 모두가 발생하는 상황 속에서 연속들을 위한 그것들의 관계 속에서의 행동들의 특성이다. 어떤 행동이 이해될 수 없다는 것은 그것이 발생했던 주어진 전후 관계 안에서 공유된 문화의 개념들이 확실한 응답유형들을 상술하기 위한 이유와 동기, 목적, 긴장의 유형들의 용어들로 바로든지 혹은 나중에든지 적

절한 혹은 적절하지 않은 것으로서 그것이 해석될 수 없다는 것이다. 물론 어떤 행동은 단지 그 행동만을 관찰한 이에게 이따금 이해할 수 없는 것으로 보이기도 하는데, 왜냐하면 그들은 어떤 특정한 행위자의 이유들과 일들, 목적들, 그리고 긴장들에 대한, 또는 그가 행동하는 속에서 전후 관계에 대한 필요한 정보가 부족하기 때문이다. 만일 그런 정보가 보충된다면 그 행동은 명료한 것으로 이해되어질 것이다. 그러나 모든 관련된 정보가 이용할 수 있게 만들어졌을 때에도 어떤 행동들은 정말 이해할 수 없는 것으로 판명될 수 있다. 그래서 예를 들어 만일 의사와 환자 사이의 대화과정에서 어두운 방에서 환자의 눈병들에 대해서 예후(豫後, prognosis)를 주고 영양적인 충고를 하는 중에 그 의사가 "빨간색 양귀비들(poppies)이 수레국화들(cornflowers)에 기대어 서 있다"라고 한다면 그의 발언은 최소한 명백히(*prima facie*) 이해할 수 없는 것이 될 것이다. 반면에 만일 같은 사람이 다른 누군가와 더불어 창문 밖을 바라보면서 경치에 대하여 말한다면 그 같은 발언은 충분히 이해할 수 있는 것이 될 것이다.

21 내가 이제까지 제시한 것은 색깔과 관련된 판단들에 대한 우리의 사용들과 이해들은 교정성, 비인격성, 이해할 수 있음의 사회적으로 확립된 표준들에 의해 채워진다는 것이다. 그리고 만일 어떤 사회적으로 확립된 언어들에 참여하고 숙달하는 것은 색깔들에 대한 어휘의 어떤 문제가 되지 않는 사용과 적용을 위한 필요조건들이라는 결론이 따른다고 보일지도 모른다.

22 예를 들어 일어났던 어떤 것을 생각해 보자. 어딘가에 유일한 인간 언어의 사용자가 있었는데 아주 어릴 적 유년기 때부터 다른 인간공동체에서는 벗어나 있었지만 스스로 언어를 만들어 사용

하고 있다고 가정해 보자. 만일 그런 사람이 색깔들과 관련된 순수한 판단들을 만든다면, 그것들이 교정할 수 있음에 틀림없어 보인다는 것은 이제까지 말해온 것들로부터이다. 그러나 어떻게 그런 고립된 사람이 자신의 경험들에 지나지 않는 것을 기초로 한 색깔의 판단들의 측면에서 그 스스로 바로잡을 수 있는가? 그리고 만일 그런 사람이 자신의 색깔에 대한 경험들을 바르게(*correct*) 보고한다면, 그런 보고들은 정직한 보고임에 틀림없을 것이기 때문에 사람들에 관계 없이 받아들여져야 한다. 그러나 누군가가 어떻게 자신의 경험을 제한할 수 있으며, 어떤 일종의 확실히 하기 혹은 바로잡기를 위하여 다른 사람들을 참조하는 것을 하지 못하게 하여 그런 비인격성을 획득할 수 있는가? 그리고 다시 그런 사람이 단지 그 자신에게 말할 수 있고 스스로 말할 수 있게 된 이후에 어떻게 우리는 그녀 혹은 그의 경우 사이에서 어떤 반복된 경험들에 의해 이끌어내진 단지 소리들의 어떤 연속들의 되풀이로부터 색깔에 대한 판단의 이해할 수 있는 발언을 구별할 수 있는가? 무엇이 우리로 하여금 그의 언어 행동들을 이해할 수 있는 것으로 생각하는 것을 가능하게 하는가? 그러면 어떻게 그런 고립된 사람이 교정성의 조건, 판단의 비인격성의 조건, 발언의 이해할 수 있음의 조건이라는 세 가지 조건들을 연대적으로 만족시키는 것이 가능한가?

23 이것들은 더 이상 수사학적인(rhetorical) 질문들이 아니다. 그것들에 대답하기 위해서 일종의 언어 사용이 충분하게 풍부하고 반복적인 색깔 경험들을 한 그런 고립되고 유일한 개인에게 가능할 것이라는 데 대하여 우리는 철학적으로 충분히 고려할 필요가 있다. 우리에게는 다행스럽게도 이것은 이미 비트겐슈타인에 의해 탐

구된 영역인데, 그의 고려가 경쟁적이고 양립할 수 없는 해석들에 열려 있다는 것이 판명되었다 할지라도 우리가 접할 수 있는 최고의 철학적 성찰임에 틀림없다.

II

24 비트겐슈타인은 『철학적 탐구』에서 확실하고 명백하게 그것이 의미했던 것이 언어가 한 사람에 의해서 사용된다는 것뿐만 아니라 그런 개인적인 사물들을 언급하는 표현들로 구성된다는 것에 의해서라면 사적인 언어란 있을 수 없다는 결론을 내렸다. 우리가 이미 살펴본 것처럼 색깔들은 그렇게 개인적인 사물들이 아니며, 따라서 이 결론은 나의 질문들과 관련이 없다. 관계가 있는 것은 더 나아간 결론인데, 어떤 해석자들은 비트겐슈타인에게서 기인하는 것으로 보았던 것으로 혼자의 유일한 개인은 언어로 부를 만한 가치가 있는 규칙을 따를 수 없다는 것이다. 비트겐슈타인은 다음과 같이 말했다.

> 우리가 말하는 규칙을 "따른다"라는 것이 오직 한(*one*) 사람이 할 수 있고 그의 인생에서 오직 한 번(*once*)만 한다는 것인가? … 거기에서 오직 한 번의 경우에만 어떤 사람이 규칙을 따랐다는 것은 가능하지 않다. 오직 한 번의 경우에만 주어진 혹은 이해되어진 어떤 명령으로 보고되었다는 것은 가능하지 않다. 기타 등등. 규칙을 따른다는 것, 보고한다는 것, 명령을 내린다는 것, 체스

> 게임을 한다는 것은 모두 관행들(*customs*)이다[사용들, 관례들(institutions)이다] ….
>
> 「철학적 탐구」, 199

> 그는 또한 그것은 말할 것도 없음을 의미한다고 적었다. 즉 인류의 역사에서 단지 한 번 게임이 발명되었고, 그 게임은 어떤 사람에 의해서 즐겨진 적이 없다는 것 … 오직 아주 명백한 환경 속에서 '게임을 발명하고' '게임을 즐기고' 하는 것이 이해된다. … 같은 방식으로 단지 한 번 인류의 역사 속에서 어떤 사람이 폿말을 따랐다는 것도 말해질 수 없는 것이다. …
>
> 「수학의 기초에 대한 비평들 VI」, 43

25 이와 같은 것들에서 많은 사람들이 합의하는 것은 비트겐슈타인이 오직 한 번의 경우에만 따랐던 규칙이 '의미심장하게 사용된 표현', '적용을 주는 개념'의 경우가 될 수 있다는 것을 부인한다는 것이다. 합의될 수 없는 가장 첨예한 부분은 오직 한 사람이 특정한 규칙을 따르고 특정한 표현을 의미심장하게 사용하며 특정한 개념을 위한 적용이 가능한 경우가 될 수 있는지 없는지에 대해(*to*) 비트겐슈타인이 취했던 대답에 관해서 나타난다.

26 맥긴(Colin McGinn)*은 『철학적 탐구』 199쪽에서 비트겐슈타인이 "만일 거기에 단지 한 사람이 있다면 그는 그의 규칙들을

---

*영국의 철학자로 현재 마이애미 대학교에서 활동하고 있으며, 마음에 대한 연구로 알려져 있다.

한 번 이상 따라야만 하는데, 그러나 만일 거기에 많은 사람이 있다면 각각(*each*)" 그 규칙을 단지 한 번 "따르면", 혹은 전혀 하지 않아도 "충분할 수 있다는 것"을 주장하는 것이라고 해석하는데, 왜냐하면 요구되는 것은 비트겐슈타인의 관점에 따라서 해석된 것에 근거하면 규칙을 따르는 경우들이 많은 것이지 반드시 규칙을 따르는 사람들이 많을 필요는 없다는 것이다.[10] 그래서 비트겐슈타인이 "관행들", "사용들", "관례들"이라고, 그리고 다른 곳에서는 "관습들"이라고 말할 때 맥긴은 그 단어들이 "절대 '사회' 혹은 '공동체'로 제한되는 것이 아니며", 그렇게 그것들을 제한하는 것은 "올바르지 않다"[11]고 지적한다. 그래서 그의 결론은 비트겐슈타인이 "기호는 오직 어떤 방향 속에서 (되풀이하여) 사용된 것에 의해서 의미를 가지며, 이 주제는 본질적으로 의미는 사회적으로 고립되어서는 상상할 수 없는 것이라는 어떠한 제안도 하지 않는다"(*This thesis doesnot in itself carry any suggestion that meaning is inconceivable in social isolation*)[12]라고 주장했다는 것이다.

27 맥긴 스스로는 더욱 그 이상으로 나아간다. "비트겐슈타인은 규칙을 따르는 것을 오직 규칙들은 반복되는 경우들을 따라서 가능한(*can*) 것들이지, 반드시 그들이 반복적으로 따를 필요는 없다는 분별 속에서 관습 혹은 관행으로 묘사한 것은 옳다 … ."[13] 그래서 비트겐슈타인이나 맥긴은 모두 오직 그녀 자신 혹은 그 자신과 색깔들의 단어들을 말하는 속에 고립된 사람이 발명하고 사용하는 개념들 안에서 어떤 것을 개념적으로 불가능한 것이라고 추측상으로 보지 않는다. 맥긴은 유년기의 전방으로부터 완전한 고립의 조건들에서 생존하여 후에도 여전히 고립된 동안 풋말들을 발명하고 날씨의 기록을 보존하며[14] 색깔을 구별하기 위한 바로 그런 종류의 과업

들에 시간을 쓰는 어떤 사람을 상상한다.

28 말콤(Norman Malcolm)*은 그런 사람에 대한 맥긴의 상상의 고려를 구성하는 속에서 맥긴은 푯말들을 발명하는 것을 수반하는 그런 것으로서의 활동은 이미 언어를 소유하고 있는, 이미 규칙을 따르는 사람들인 그들에 의한 것을 제외하면 성취될 수 없다는 것을 인지하는 데 실패했다고 반론해 왔다.[15] 그래서 고립되어 규칙을 따르는 사람이라는 개념은 이해할 수 없는데, "왜냐하면 규칙에 대한 관념은 가르침과 검사와 교정의 환경 속에서—거기에는 '규칙을 따르는 것'이라고 불리는 방법 속에서 활동하는 한에서 동의가 있는 공동체 내부에서—깊이 새겨지는 것이기 때문이다. 그 환경을 철회한다는 것은 규칙을 따르는 개념을 철회한다는 것이다."[16]

29 말콤은 맥긴[17]이 말한 고립되어 규칙을 따르는 사람의 예시는 그런 규칙을 따르는 사람은 이미 언어를 소유했다는 것을 전제로 하고, 추측상으로 그는 다른 누군가로부터 배워왔으며, 그래서 그 예시는 결국 다른 사람들로부터 고립되어 규칙을 따르고 사용하는 것을 발명한 사람의 어떤 것이 아니라는 논의를 계속한다.[18] 맥긴에 대한 말콤의 응답과 함께 문제는 만일 확실하고 일반적이라면 그것이 너무나 많은 것을 증명한다는 것이다. 왜냐하면 만일 이제껏 아무도 언어의 새로운 규칙을 따르고 사용하는 것을 제공함에 의하여 혁신할 수 없었다면, 만일 그 또는 그녀가 이미 언어를 소유하지 않

*1911–1990, 미국의 철학자로서 일찍이 무어(G. E. Moore)와 비트겐슈타인을 만났으며, 비트겐슈타인 연구로 알려져 있다.

았다면 언어는 도대체 어떻게 시작될 수 있었는가? 만일 말콤의 논의가 확실하다면 그것은 언어 최초의 소개 가능성에 관한 어려운 문제들을 제기한다. 언어 사용의 처음 시작이라는 것은 참으로 있음직한 것인데, 그것이 언제였든 그리고 어디였든 거기에는 진심으로 규칙을 따르는 것이 있기 전의 언어 사용과 비슷한 행동들이 있었다. 그러나 거기에는 확실히 어떤(*any*) 언어 이전의 시간이 있었고, 진심으로 언어가 사용되는 때 시간은 이미 시작되었다. 그리고 그런 변이가 어떻게 발생하였는지가 말콤의 관점에서는 수수께끼로 보인다. 그러면 철학적 본질의 요점에서 맥긴은 옳은가? (비트겐슈타인에 대한 해석에 관해서 옳은 것이 말콤이든지 맥긴이든지 하는 것은 당장은 내가 열어놓은 채 남겨놓은 의문이다.)

30 맥긴의 관점이 직면하는 어려움들은 만족되어야만 하는 세 가지 조건들이 만일 유일하고 고립된 사람이 색깔에 대한 순수한 언어를 소유하고 있음을 주장하였다면, 그리고 색깔에 대한 순수한 언어의 사용이 가능하다고 한다면 연대적으로 만족될 수 있는지 어떤지의 질문을 되돌림에 의하여 최대한 분명히 할 수 있다. 그러나 만일 우리가 단지 우선 이들 중 두 가지, '색깔 어휘에 대한 순수한 사용들은 교정할 수 있는 것임에 틀림없다는, 따라서 고립되고 유일한 사람은 그녀 혹은 그의 언어 오용과 자신의 잘못된 판단들을 모두 바로 잡아주기 위하여 반드시 필요한 그 자원들을 소유해야만 한다는 요구'와 '색깔에 관한 판단들이 비인격적이어야 한다는 요구'를 고려함에 의하여 시작한다면 그것은 맥긴의 입장 안에서 무엇이 위태로운지 밝혀줄 것이다.

31 일찍이 나는 색깔에 대한 판단들이 교정되어야 하는 필

요와 그것들의 비인격성을 규칙을 따르는 것의 예증들로서 연결시켰다. '그런 판단들을 통해서'와 '어떤 것이 단지 외견상 규칙을 따르는 것보다["어떤 것을 믿는(*believe*) 것이 한 규칙을 따른다는 사실이 곧 그 규칙을 따른다는 의미는 아니다." 말콤에 의해 해석된 『철학적 탐구』, 202] 실제적인 경우인 좀 더 대체로 특정한 판단을 만드는 것을 통해서'의 양쪽 모두가 우리에게 보증하는 것은, 내가 주목했던 것처럼 그들의 입장이 어떠하다 해도 그것은 필수적인 자격과 완전함과 더불어 누군가(*anyone*)에 의해 그렇게 되어 판단될 것이라는 점이다. 공평하고 비인격적인 관찰자는 그것을 관련 있는 것으로 판단할 것이다. 그것은 단지 우리가 비인격적인 특성과 그것들을 규칙들(*rules*)로 대우하는 규칙들을 위하여 상응하게 비인격적인 권위를 일치시키는 한에 있어서이다.

32 색깔에 대한 판단들의 경우에 '극복되어야 되는 왜곡된 불공평들은 지각(知覺)의 입장들의 것들'이고, '고쳐져야 되는 무능력들은 색깔의 시각 혹은 어휘의 부족들로부터 박탈된 것들'이다. 판단의 다른 유형들과 함께 그것은 어떤 유사한 비인격적 관점으로부터 확인되어야만 하고 극복되어야만 하는 불공평과 무능력의 다른 유형들이다. 따라서 질문은 다음과 같다. 우리가 일반적이고 색깔과 관련된 판단들의 측면 모두에서 자신의 판단들로 간주함과 더불어 완전하게 비인격적 입장을 취하는 것이 어떻게 가능한가?

33 만일 비인격적인 입장이 다른 실제적 사람들의 주장들과 흥미 사이의 중립적인 어떤 것이라면 그것은 맥긴의 사회적으로 고립된 사람의 입장이 될 수 없다. 그러나 맥긴은 물론 규칙을 따르는 것의 비인격성은 오직 다른 사람들에 의해서 언제나 교정 가능성

(*possibility*)이 열려 있는 것을 요구하는 것이며, 이런 다른 사람들은 단지 가능한(*possible*) 다른 사람들임을 요구하는 것이라고 대답할 수 있다. 맥긴의 유일한 개인은 따라서 모든 실제적인 다른 사람들로부터 고립되어 있어도 이런 가능성들에 대비할 수 있을 것이다. 그녀 혹은 그는 가능한 다른 사람들을 상상함에 의하여, 그것은 사실 그 자신에 의해 가능한 다른 사람들의 역할을 상상함을 통하여 자기 교정의 가능성에 열려져 있다. 그녀 혹은 그가 어떻게 반응하는지를 상술하여 만일 다른 사람에 의해 바뀌게 되었다면 일련의 가상적인 것들(counterfactuals)은 그에게 진실이 될 것이다. 그러나 그것들은 규칙을 따르는 사람으로서의 그의 지위에 손해를 끼침이 없이 가상적인 것으로 남아 있을 것이다.

34 이것이 분명히 나타내는 것은 맥긴 입장의 발전 속에서 그 방법은 계속적으로 증가하는 개념상의 상상을 요구한다는 것이다. 맥긴은 동맹을 맺은 지점에 대해서 말한다. “나는 단지 논리적 가능성에 대한 나의 직관들에 대해 보고하는 것이며”, 다른 철학자들이 그의 직관들을 공유하지 않는 것을 인정하지만, 그러나 “그들은 모두 형태상의 물음들을 해결하는 것을 계속해야만 하는 한 사람이다”[19] 라고 주장하는 것이다. 따라서 공식화된 그의 입장은 경험적인 연구에 의해 드러난 우연적인 불가능성들과 가능성들을 결정하는 것과 관련된 개념상의 조사들 속에서 거기에는 멈추는 장소가 없는 순수하게 논리적인 가능성 사이에서 수반하는 것으로 보인다. 이것이 틀렸다는 것은 색깔들의 언어를 사용하기 위한 세 가지 조건들의 유일하고 고립된 언어 사용자에 의한 공통의 만족성에 대한 질문을 재개함에 의해 제안되었다.

35 첫 번째 교정 가능성의 더 나아간 측면을 첫 번째로 고려해 보자. 피어스(David Pears)*는 비트겐슈타인은 유일한 언어 사용자의 가능성을 부인하지 않았을 것이라고 논의하는 가운데 실제 언어공동체들 속에서 언어 사용자들은 두 가지 "안정된 자원들"에— "표준적인 사물들과 재보증하는 대화자"—대한 참조에 의해 그들의 판단들을 바로잡을 뿐만 아니라, 이런 자원들에 대한 그들의 사용은 한 사람에게 호소하는 것이 다른 사람에게 호소하는 것과 독립적인 것이 아니라는 점을 지적해 왔다.[20] 우리가 확신하기 위하여 우리 공동체의 다른 구성원들의 사용에 호소하거나 자신의 것을 바로잡을 수 있는 것은 오직 우리 공동체의 다른 구성원들이 같은 물체들에 대하여 같은 단어들을 사용하는 것을 계속해 왔다는 것을 가정하기 때문이며, 그런 가정에 한에서이다. 물론 우리가 그렇게 호소할 수 있는 것은 오직 그런 물체들이 그것들에 대하여 같은 단어들을 사용하는 것을 바로잡게 만들어 주는 그 특징들을 소유하는 것을 계속해 왔다는 것을 확신하게 되었기 때문이며, 그런 확신에 한에서이다. 우리의 보통의 절차들에서 재보증하는 대화자들에 호소하는 것과 표준적인 사물들에 호소하는 것은 함께 서 있거나 함께 떨어진다.

36 우리가 상상하는 유일하고 고립된 사람과 그것은 완전히 다르다. 왜냐하면 그녀 혹은 그의 경우 거기에는 재보증하는 대화자들이 없었다. 그래서 표준적인 사물들에 호소하는 것은 대화자들에게 호소하는 것으로부터 분리되었을 뿐만 아니라, 독립적으로 만

*1921–2009, 영국의 철학자로서 비트겐슈타인 연구로 명성이 있다.

들어짊에 의하여 그것 자체로 약화되었다. 이런 보다 약화된 형태 속에서 그것은 아직도 요구된 정도와 일종의 교정성을 제공할 수 있는가? 내가 이 질문에 대한 대답을 제안하기 전에 거기에는 고려해야 하는 어려움의 다른 유형이 있다.

37 내가 일찍이 지적했던 것처럼 색깔 어휘에 대한 사용과 적용에 대한 규칙에 근거한 확장의 최소한도 이상을 수반하는 색깔 어휘의 사용은 그것들이 첫 번째로 사용되었던 속에서의 상태들과 상태의 유형들을 넘어선다. 즉 이해할 수 있는 발언을 이룬 색깔 어휘의 사용은 색깔들에 관한 판단들을 위한 표현들을 제공해 주는 속에서의, 이해할 수 있는 언어 행동의 어떤 범위(*range*)의 실행을 요구한다. 확장의 어떤 정도와 어떤 정확한 영역에 대해서 나는 열린 채로 남겨놓는다. 비록 그렇다 해도 거기에는 이런 두 가지 요구들의 만족과 교정성 조건의 만족 사이의 긴장이 있다. 왜냐하면 사용의 그런 확장들의 정도가 커지고 이해할 수 있는 언어 행동들의 영역이 더 넓어질수록 보여주기 위한 필요는 더 커지고, 교정성의 조건은 충분히 강하며, 그리고 충분히 만족되었다는 것을 보여주는 것 속에서 어려움도 더 커지기 때문이다. 그래서 언어 행동들의 매우 좁은 영역 속에서 표현된 오직 가장 제한된 판단들을 할 수 있는 고립되고 유일한 화자는 보통의 언어공동체 속의 화자가 하는 것보다 근원적인 교정을 보다 덜 필요로 할 것이다.

38 이런 것이 어려움에 처한 맥긴의 주제를 구하는가? 나는 그렇다고 생각하지 않는데, 왜냐하면 결정적인 이유 때문이다. 맥긴의 고립되고 유일한 화자를 마음 속에 그리면서 색깔들에 대한 언어들의 화자로서든지 혹은 보다 일반적이든지 우리는 언어 사용의

실제성들로부터 너무 멀리 벗어나 이동해 왔는데, 우리가 그것들을 알고 있기에 무엇이 가능하고 무엇이 불가능한지 어떤 꼼꼼함 혹은 확신과 더불어 말할 수 있을 것이다. 그렇게 주장하는 속에서 맥긴의 것과는 매우 다른 가능성 개념에 의존하고 있다.

39 가능한 것의 모범이 되는 예시는 실제적이다. 어떤 경우 특정한 유형 속에서 우리는 사고를 통하여 실제적인 것으로부터 떠나는 것과 같이 주의 깊게 그것으로부터 그것의 특징들을 하나씩 제거하면서, 우리가 "비록 사람의 실제적인 이 유형이 절대 없다 해도 사건들의 일 혹은 상태는 명백하게 가능하다"고 분명하게 말할 수 있는 속에서의 상상된 경우들로부터 벗어날 수 있는데, 왜냐하면 우리는 다른 것들에 대한 경우가 되어야만 하는 어떤 것이 너무나 많이 제거되어 온 속에서 그것들을 위한 중간물의 경우들을 통하여 단지 실제적인 되는 것이 가능하다는 것을, 비록 우리가 논리적으로 불가능한 한계의 경우에 도달하지 못하였기에 우리가 말할 어떤 것을 더 이상 알지 못한다 할지라도 어떤 꼼꼼함과 확신을 가지고 상술할 수 있기 때문이다. 그리고 내가 제안하길 원하는 것은 이것이 색깔들에 대한 언어들의 상상된 유일하고 고립된 사용자의 경우에 대해 우리가 어떻게 응답해야만 하는가라는 것이다.

40 게다가 거기에는 가능성에 관한 이 입장이 맥긴이나 말콤에 의해 미리 가정된 것보다 비트겐슈타인에 의해 미리 가정된 것에 보다 가까울 것이라고 믿는 어떤 이유가 있다. 맥긴은 비트겐슈타인의 물음들을 적어놓았으나 그 질문에 대답하지는 않는다. 즉 "우리가 '규칙을 따른다는 것' 라고 부르는 것은 단지 한 사람이 하는 것이 가능한 어떤 것인가?" (『철학적 탐구』, 199) 그러나 비트겐슈타인에게

답을 돌리는 것은 계속된다.[21] 말콤은 비트겐슈타인의 질문을 해석한다. 즉 "교역을 계속하는 것이 공동체를 전제로 하는 것과 같이, 역시 그렇게 계산하고 규칙을 따르는 것이다"[22]라고 주장함으로써 "거기에 계산상 오직 한 명의 인간이 있는 것이 가능한가? 거기에 규칙을 따라는 오직 한 명이 있는 것이 가능한가? 이런 질문들은 이 '한 사람이 홀로 상업에 종사할 수 있는가?' 와 어느 정도 비슷하지 않은가?" (『수학의 기초에 대한 비평들 VI』, 45)라고 말한다. 그래서 각각 질문들을 주제들로 전환한다. 그러나 아마도 이런 유형의 경우에 의해 개념상의 상상이 이 지점으로 뻗쳐왔을 때 우리가 할 수 있는 모든 것은 쉽게 해결하기 어려운 질문을 던지는 일일 것이다. 우리는 대답하기 위한 질문들을 넘어서기 위한 이전의 자원들이 없으며, 이것을 인정하는 것 속에서 우리의 최초의 질문은 그것의 해답을 찾는다. 언어에 대한 유일하고 고립된 화자의 개념은 색깔들과 관련이 있든지 혹은 보다 일반적이든지, '인간의 분명하게 가능한 유형' 도 '인간의 분명하게 불가능한 유형' 도 아니다. 그 대신에 누군가의 본성과 상태라는 개념은 본질적으로 불확실하다는 것이다.

41 그녀 혹은 그 자신의 어떤 언어 자리 속에서 가진 혹은 만들어낸(fabricate) 공통 언어의 공유된 동의들로부터, 어떤 사람이 최초로 고립되거나 혹은 뒤에 어떻게든지 하여 관계가 끊어지는 것에 대한 가능성 혹은 실제성을 주장하거나 미리 가정하는 모든 주장들을 따르는 것이 버려지는 것이 틀림없는가? 늑대들에 의해 길러진 그들 자신의 언어를 말하게 되는 유아들의 이야기들, 혹은 자기중심적으로 규정된 현상주의자(phenomenalist)의 언어 우화들의 이야기들은 언제나 버려지는가? 그렇게 근본적으로 따를 것은 없다. 따를 것은,

그 부담이 그것들이 오직 인정될 수 있는 일반적인 용어들 속에서 분명히 말해졌을 때에도 우리가 거의 만들 수 없는 이런 특정하게 상술된 환경들의 가능성들 속에서 어떻게 그리고 왜를 보여주기 위한 그런 주장들을 만든 사람들 위에 있다는 것이다.

42 왜냐하면 그 세목이 명확히 설명될 때까지 가능한 것과 불가능한 것을 분명히 하기 위하여 우리에게 요구되는 것이 무엇인지 정확하게 알지 못하기 때문이다. 그때까지 우리는 주소를 위한 우리 양식의 직관들을 위하여 충분하지 않은 재료들을 제공받아 왔다. "늑대들에 의하여 길러진 언어를 발명한 유아"는 가능한 적용과 더불어 개념을 상술한다는 점에서 아직까지 성공 혹은 실패가 아니다. 가능성의 이 관점에 근거해서 '어떤 것이 가능하다'고 주장하는 것이 '그것은 아직 불가능하다는 것을 보여주지 않았다'라고 주장하는 것보다 더 멀리 나아간다는 것에 주의하라. 전자의 주장을 만들기 위하여 우리가 많은 그 이상의 것을 알아야 할 필요가 있다는 것은 후자의 경우 속에서 요구되는데, 맥긴의 예시 속에서 어떻게 개인적이고 유일한 언어 사용의 전제들이 공급되어질 수 있는가에 관한 보다 많은 것들이 있다. 비트겐슈타인이 말한 것처럼 공유된 언어들의 합의는 공유된 관행들, 사용들, 관례들을 위한 표현을 제공한다. 그런 합의들로부터 스스로 분리하거나 혹은 분리된 개인은 맥긴이 인지한 것처럼 그의 고유한 관행들, 사용들, 관례들을 발명해야만 하는 것이다. 그러나 그런 발명 속에서 맥긴의 이야기들이 인지한 것보다 더 많은 것이 수반되어야 한다. 나의 주장은, 그런 발명이 불가능하다는 것을 보일 수 있다는 말콤의 것이 절대적인 것이 아니라는 점이다. 관행들, 사용들, 관례들에 관하여 우리가 알고 있는 모든 것은 다른

경우의 유형들 속에서, 그리고 종종 충분히 매우 복잡한 조건들이 만족되어진다는 것을 우리에게 말한다. 그리고 그것들이 어떤 특정한 예증 속에서 만족될 수(*could*) 있는지 없는지는 그 특정한 예증에 대해서 보여져야 할 필요가 있다는 것을 말한다. 그리고 보다 일반적인 것을 주장하는 것은 또한 색깔들에 대한 언어의 유일하고 고립된 사용자들에 관한 질문들도 수반한다.

43 이런 비트겐슈타인 논의들에 대한 검토는 어떤 사람이 무관계한 여담(餘談, excursus)을 해왔다고 성급하게 항의할 수도 있는 이 지점에서, 매우 다른 고려들로부터 그릇 인도하는 혼란은 이 소론의 첫 번째 부분의 논의들이 우리들을 지도해야만 했었다는 쪽으로 향한다. 그 첫 번째 부분에서 나는 사회적인 합의들의 특성은 색깔들과 관련된 우리의 언어 사용들 속에서 구체화되거나 그것에 의해 미리 가정되어진다고 확인했었다. 이 두 번째 부분에서 나는 그런 합의들은 공유된 사회적 사용들, 관행들, 그리고 관례들의 강요들을 예증한다는 것을 그것들이 그러했다고 비트겐슈타인이 주장했던 바로 그 방법 속에서 보여주기 위해 시도했으며, 색깔들에 관한 언어의 이런 측면들에서 진실이 무엇인지는 일반적인 언어들의 진실이 무엇인지라고 보여주기 위한 시도였다. 그러나 내가 상상하는 반대자는 색깔들에 대한 어휘의 사용과 응용 속에서 그 동의는 그 단어에 대한 특정한 방법 속에서, 즉 색깔과 그것의 지각에 대한 과학적 사실들에 호소함에 의해서 완전히 다르게 설명되어질 필요가 있다고 불평할 것이다.

44 웨스트팔(Jonathan Westphal)은 "거기에는 다른 진동수들(frequencies)과 서로 관련되어 같은 색깔들이 생기는 어떤 종류의 '일

반적인 공식'이 있다"는 강한 흥미를 돋우는 논의를 해왔는데, 공식에 따르면 무엇이 노란색 사물들을 노랗게 만드는가 하는 것은 "다른 색깔들의 빛이 반사하는 것과는 상대적으로(*relative to lighe of the other colours*) 적은 양의 푸른빛"이고, "녹색의 사물은 … 녹색을 포함하는 다른 색깔들의 빛과는 상대적으로 중요한 비율로 빨간빛을 반사하는 것을 물리치는(*refuses*) 사물이다."[23] 빛의 진동수들, 반사와 밝게 함 및 어둡게 함의 사실들이 따라서 색깔을 정의하는 방법을 제공한다. 하지만 우리가 상상하는 관찰자는 물리적인 사실들은 변하지 않는 것인데, 지각을 위한 색깔의 방법에 의해 제시되는 것은 모든 지각자들을 위한 것과 아주 똑같은 것임에 틀림없다고 계속 주장할 것이다. 색깔의 인식에 대한 신경생리학 역시 일반적으로 한결같다. 거기에는 물론 소수의 불완전한 지각자들이 있다. 그러나 대부분의 사람들에게 색깔 인식의 변하지 않는 사실들과 색깔 물리학의 변하지 않는 사실들이 주어지면 색깔 구분 속에 있어 동의는 물리적이고 신경생리학적으로 결정되어 버린다.[24] 그리고 이런 사실들이 색깔 어휘 속의 동의와 색깔 판단 속의 동의를 지지하고 설명하는 것이다. 그런 동의의 그 사회적인 특징들은 기껏해야 두 번째이다.

45 그러나 만일 이 마지막 결론이 정당화된다면 우리는 특정한 문화적·사회적 체계들 내부에서 뿐만 아니라 다르고 이질적인(異質, heterogeneous) 문화적·사회적인 체계들 사이에서도 색깔 어휘에 대한 완전한 동의에 접근하는 어떤 것을 찾을 것을 기대할 수 있다. 그래서 우리의 다음 질문은 이것이 되어야만 한다. 실제로 우리는 그런 동의를 찾고자 하는가?

III

46 그래서 다른 언어 속에서 전개된 색깔 확인과 분류의 다른 도식들 속에서 구체화된 변화들과 불합의들의 영역들보다 더 두드러진 것은 없다는 점이 드러난다. 그래서 만일 우리가 비트겐슈타인 혹은 어느 다른 논의들로부터—물리학과 신경생리학의 사실들로부터 논의들과 같은 것들—색깔들의 측면에서 우리는 모두와 같이 혹은 거의 모든 인간이 하는 것과 같이 말해야만 한다고 결론내렸다면 우리는 잘못 생각하고 있는 것이다. 참으로 이 지점까지 대명사 "우리"(we)에 대한 나의 사용은 지금 의문에 빠진다. 비트겐슈타인이나 많은 다른 철학자들과 같이 나는 이제까지 "우리"가 누구인가에 대한 물음도 없이 이 대명사를 되풀이하여 사용해 왔다. 그러나 하나의 사회적·문화적인 체계의 "우리"는 어떤 다른 체계의 "우리"와는 매우 다른 것으로 드러난다.

47 그러면 색깔들의 어휘의 측면에서 다른 문화적·사회적인 체계 속에서 말해진 언어들 사이의 차이점들의 영역을 고려해 보자. 뉴기니(New Guinea)의 다니족(Dani)에게는 단지 두 색깔 단어들이 있는데 검은색, 녹색, 파란색으로 사용되는 "*mili*"와 하얀색, 빨간색, 주황색, 노란색, 유사한 색깔들로 사용되는 "*mota*"가 그것들이다.[25] 아일랜드의 디닌(Dinneen)의 사전은 형용사 "*gorm*"이 "파란색, 유리와 같이 선명한 녹색(rich green), 거무스름한 엷은 빛깔(negro tint)", 말하자면 "고상한"과 같은 것을 의미한다고 말한다. 타라후마라족(Tara-

humara)에서는 우토아즈텍(UtoAztecan)의 언어로 "*siyóname*"가 우리가 부르는 "파란색"과 "녹색"으로 사용된다.[26] 베르베르(Berber)의 커바일족(Kabyle)은 "azegzaw"를 파란색, 녹색, 회색으로 사용한다.[27] 벌린(Berlin)*과 카이(Kay)**는 색깔 어휘들의 발달에 대해서 다니족과 같은 오직 두 용어만을 가진 언어들로부터 동시대의 일상적인 미국 영어의 11개의 용어들 혹은 주니족(Zuni)의 11개의 용어들, 그리고 헝가리 사람들과 러시아 사람들의 12개의 용어들까지의 범위를 모두 여덟 단계들로 구별할 수 있었다.

48 그러나 차이점은 어휘를 넘어 확장된다. 어떤 특정한 색깔 어휘의 학습자들이 모범이 되는 예시들에 의하여 그것의 사용으로 가르침을 받을 때, 그들이 성공적인 학습자들인 한에서 그들은 또한 그들이 이미 배워온 표현들의 사용과 적용을 그 이상의 예시들의 정해지지 않은 영역으로 확장하기 위한 능력을 획득한다는 것을 우리는 보다 일찍 주목했다. 이것을 위해 우리는 이제 '특징적 · 일반적으로 이 확장된 일련의 사용들은 다양한 은유적인 적용들을 포함한다는 것'과 '어느 하나의 사회적 · 문화적인 체계 내부의 은유 속의 합의는 일반적으로 색깔 단어들의 사용 속에서의 합의만큼 두드러진다는 것'을 더해야만 한다. 은유들이 죽은 은유들일 때 현재의 영어 속에서 우리가 파란색을 느끼고 붉은색을 보는 것을 말할 때와 같이 이것은 명백하면서도 참으로 인상적이지 않다. 그러나 특정한 언

* 미국의 인류학자로서 폴 카이(Paul Kay)와의 색깔에 대한 연구로 유명하다.

**캘리포니아 대학 언어학 명예 교수로 인류학자인 벌린과의 색깔에 대한 연구로 유명하며 구조문법으로도 알려져 있다.

어 사용 속에 살아 있는 은유들은 동일성, 유사성, 관계성에 관한 믿음들의 다양함을 위한 표현을 주며, 따라서 은유들은 그것들을 물체들과 특징들과 사건들의 분류에 이용할 수 있게 만드는 방법 속에서 분명히 말해질 수 있다. 참으로 그런 경우들 속에서 글자 그대로와 은유적인 사용 사이의 구별은 오직 어떤 외부적인 관찰자의 관점으로부터 관찰된 언어 속에서라기보다, 오히려 관찰자의 언어 속에서의 글자 그대로의 사용 혹은 은유적인 사용으로 생각되어지는 것에 의하여 특징적으로 끌어내어진다. 그래서 만일 우리가 관찰자들로서 프랑스 혹은 영어를 말하는 것은 커바일족 안에서 "*azegzaw*"의 사용과 같이 분류될 것이다. 그리고 물론 삶과 강력한 은유들은 언어로부터 언어로, 그리고 문화로부터 문화로 일반적으로 색깔 용어들의 대한 은유적인 사용 속에서 양쪽 모두 변화한다.

49 차이점의 세 번째 측면은 어떻게 색깔의 단어들이 표현의 다른 유형들과의 연합 속에서 경험의 개념적 조직으로 들어가는가 하는 것인데, 즉 특정한 문화 내부에서 만나게 된 것으로서의 실제성들은 다른 것보다 한 가지 방법 속에서 분류된다. 결론적으로 색깔들은 다른 실제성의 표시들로서 기능하고, 경험에 대한 개념상의 그리고 범주에 속하는 조직 속에서 색깔 어휘들의 특성과 색깔들의 위치는 모두 그것들이 할 수 있는 어떤 종류의 표시에 강제들을 둔다. 그래서 커바일족 안에서 언어 "*azegzaw*"는 봄에 신선하고 가공하지 않은 것으로 먹는 야채들과 허브들, 그리고 소에게 먹이는 사료에 사용되는 것이며, 봄 또는 아침과 관련되며 행운의 표시이니, 그래서 특별히 아침에 녹색의 어떤 것을 선물로 만드는 것은 받는 이의 행운에 기여하는 것이다.[28] 그러나 다른 사회 속에서 녹색은 완전히 다르

게 기능하거나 그들의 문화 기호 코드 속에서 전혀 기능하지 않을 것이다.

50 여기에서 우리는 세 번째 종류의 차이점을 가지는데,—비록 한 가지는 두 번째 종류의 것과 밀접하게 관련이 있다 할지라도—어떤 사회적·문화적인 체계들 속에서 색깔들의 언어가 쓰이는 것을 통하여, 다른 체계들 속에서 쓰이는 것으로부터 그 방법들을 구별한다. 따라서 그것은 우리가 다른 사회적·문화적인 체계들의 언어 사용을 위하여 색깔들에 대한 어휘의 사용과 응용 속에서의 합의에 관한 비트겐슈타인의 주제를 상대적으로 다루어야만 한다는 것으로 보일지도 모른다. 각각의 체계 내부에서 색깔들과 관련된 판단들 속의 합의는 그 주제가 색깔들에 대한 언어 사용의 피할 수 없는 특징이었다고 말했던 바로 그것이다. 그러나 서로 다른 언어들의 사용 사이에서 색깔 어휘들, 은유적인 확장, 그리고 범주에 속하는 조직의 차이점들은 그것을 하나의 사회적·문화적인 체계의 피할 수 없는 합의들이 어떤 다른 체계들의 피할 수 없는 합의들과는 같은 것이 아닌 경우로 만든다. 거기에는 우리(*we*)가 말하는 색깔들에 대한 한 가지 언어만이 있는 것이 아니다. 즉 거기에는 가지가지의 우리들이(*we's*) 있는 것이고, 우리들 각각은 자신의 고유한 언어를 가진다.[29)]

51 다른 언어들의 색깔 어휘들과 관용구들 사이의 차이점들의 범위를 발견하기 위한 한 가지 대답은 그것들이 표면상의 특성을 가진다고 제안함으로써 그런 차이점들의 중요성을 최소로 하려고 시도해 왔다는 것이다. 이것은 아마도 내가 일찍이 상상했던 관찰자의 응답이라고 할 수 있을 것이다. 색깔의 시각에 관한 물리학과 신경생리학은 참으로 그렇게 하는데, 그래서 거의 모든 인간이 색깔

들과 미묘한 차이들의 같은 스펙트럼을 인식하고 구별한다는 것이 확실하다고 관찰자에 의해 주장된다. 스펙트럼이 다른 지점들에서 분열되는 것은 바로 다른 언어들 속에 있는 것인데, 예를 들어 어떤 언어들 속에서는 파란색과 녹색을 모두 포함하는 영역을 위한 단 하나의 이름이 있는 반면, 영어와 같은 다른 언어에는 두 가지 이름이 있어 하나는 파란색을 위한 것이고 다른 하나는 녹색을 위한 것이다. 그러나 거기에는 이 응답에 대한 대답이 있다. 왜냐하면 색깔 인식과 구별 속에서 차이점들에 관한 사실들은 이 주장이 허용할 수 있는 것보다 다소 더욱 복잡한 것이 있음을 드러내기 때문이다.

52 물론 색깔의 인식과 구별 속에서 물리학과 신경생리학에 의해서 발견된 동일성에 기인하는 중요한 불변의 것들이 있으며, 또한 색깔 어휘들 속에서 상응하게 중요한 일치들이 있다. 근원적이든 근원적이 아니든 '중심 색깔들' 의 영역은 확인되어지며, 다른 사회적 · 문화적인 체계들로부터 매우 다른 색깔 어휘들과 더불어 화자들은 여러 가지 방법들로써 확인하는 것에 어려움 없이 동의할 수 있다. 그러나 즉시 자주색, 주황색, 갈색과 같은 바로 '근원적이 아닌 중심의 색깔들' 은 다른 문화들 속에서 다른 색깔 어휘들과 더불어 다른 '근원적인 중심의 색깔들' 로 흡수된다는 데 주목하라. 그래서 갈색은 한편의 예로 노란색에 흡수될 것이며, 다른 한편의 예로 검은색에 흡수될 것이다. (우리는 어떤 유형의 언어도 고려하지 말고 여러 가지 다른 이유들을 가지고 다음과 같은 비트겐슈타인의 질문에 응답할 수 있을지 생각해 보자. "'갈색은 노란색에 가깝다' 라고 말하는 것이 무슨 의미인가?" 『색깔에 관한 비평들 III』, 47) 그리고 두 개의 근원적인 중심의 색깔들이 때때로 파란색과 녹색이 함께 하는 경우처럼 단 하나의 이름을 부여받는 경우

속에서, 거기에는 토착의 화자들에 의해 제공되는, 그렇게 이름붙여진 색깔의 모범이 되는 예는 중심의 파란색이 될 것이고 다른 것들은 그것이 중심의 녹색이 되는 어떤 문화들이 있다. 그래서 이런 경우의 유형 속에서 차이점은 단지 스펙트럼 분할의 문제가 아닌 것이다. 색깔 시각의 신경생리학은 따라서 다소 중요한 정도로 색깔의 구별과 그것의 세심한 인식을 결정하지 못하며, 다른 문화들의 다른 색깔 어휘들은 순수하게 사회적으로 확립된 관습들 속에서 구체화되어 온 구별과 주의 속에서 차이점들을 위한 표현을 제공하는 것으로 보인다.[30]

53 게다가 내가 일찍이 주의했던, 영어의 화자들이 “파란색”이라고 명명하는, 그리고 영어의 화자들이 “녹색”이라고 명명하는 것을 모두 포함하는 색깔을 지칭하는 “*siyóname*”의 언어의 타라후마라족의 화자들은 영어의 화자들과 어울린다는 실험 속에서, 거기에는 타라후마라족의 화자들이 처음으로 소개되었던 것에 대한 구별하는 과업의 어떤 유형의 수행 속에서 두 집단 사이의 중요한 차이점들이 있으니, 색깔 어휘 속의 차이점에 기인하는 안에서 증거가 우리들에게 보장하는 차이점들이다. 그래서 언어는 그 자체로 최소한 어느 정도 주의와 구별을 결정하며, 언어들의 어느 정도 최소한 속에서 내가 언급했던 때—동시대의 영어 혹은 그 문제에 관해서는 동시대의 주니족의 언어를 포함하지 않는(*not*)—색깔에 대한 경험의 특정한 조직은 어떤 특별한 방법 속에서 경험의 다른 측면들을 위한 색깔과 연결시키는 언어의 은유적인 사용들과 그 언어의 화자들을 위한 일반적으로 조직화되는 경험을 통하여 범주에 속하는 도식 모두로 통합되니, 저 특정한 언어로 말하는 “우리”는 어떤 경우들 속에서

그들의 언어들의 서로 해석할 수 없음에 의해 그들 자신의 특유한 통합하는 도식들과 더불어 어떤 다른 대안적인 언어들의 화자들로부터 분리된 그들 자신을 발견할 것이다. 왜냐하면 그런 경우들 속에서 그들의 특정한 언어 문장들과, 거기에 있는 다른 것들에 대하여 어떤 점에서 전혀 동등하지 않은 것들을 위한 일련의 문장들 속에 있을 것이기 때문이다. 그리고 두 가지 서로 해석할 수 없는 언어들의 한 편의 화자들은 종종 진실되고 때로는 잘못된, 다른 편 안에서는 만들어질 수 없는 판단들을 만드는 데 그런 문장들을 사용할 것이다.

54 신경생리학적 자극에 의한 언어의 부분적인 불충분 결정(underdetermination)에 대해서 말한다는 것, 그리고 결과의 부분적인 해석할 수 없음(untranslatability)에 대해서 말한다는 것은 콰인(Quine)의 입장이 발전된 것과 같은 어떤 것을 제안하는 것이다. 그러나 콰인과의 차이점들은 결정적이다. 콰인의 주제들은 개념적이다. 그 주제는 라코프(George Lakoff)*에 의해서 제의되었으며, 다른 이들은 경험적이다. 그리고 색깔에 관한 어떤 판단들은 신경생리학적 사실들에 의해서 불충분하게 결정된다고 보여주는 증거의 같은 유형은 또한 색깔에 관한 다른 판단들, 예를 들어 근원적인 중심의 색깔들과 관련이 있는 그것들은 그런 사실들에 의해 충분하게 결정된다는 것을 보여준다. 그래서 해석할 수 없음과 관련된 논쟁들은 콰인에 의해서 제기된 그런 것이 절대 아니다.

---

*미국의 인식 언어학자이자 언어학 교수로서, 인간의 사고에 대한 은유의 중심성에 대한 연구로 알려져 있으며 특히 '구체화된 마음' (embodied mind)이라는 개념으로 유명하다.

55 그런 해석할 수 없음이 보증하는 것으로 보이는 것이 당연한 것은 경험적으로 상대주의에 근거한 종류의 어떤 것이다. 만일 거기에 때때로 색깔에 대한 해석할 수 없는 언어들이 올바른 사용이, 그리고 진실과 거짓이 그것과 내면적으로 관계하는 그것의 고유한 표준들과 함께 각각 서로 다르게 구체화된 확인과 분류의 대안적인 도식들이 있다면 한 가지 도식이 다른 것이 일으킬 수 있는 것보다 우수하다고 판단하는 것에 의심이 없어 보이는 것은 당연하다. 왜냐하면 판단의 오직 적절한 표준들은 각각의 도식 속에서 구체화된 것들이기 때문이다. 두 가지 근본적으로 다른 문화들 사이의 경계에서 색깔에 대하여 독특하게 다른 언어들과 함께 살고 있는 어떤 사람은 말하기 위하여 두 가지 언어들 중에서 선택해야만 할 것인데, 그러나 이것은 표준들의 선택이지 표준들에 의해 이끌어진 선택은 아니다. 바로 이런 일종의 상대주의적인 결론은 라코프[31]에 의해서 도달되었는데, 그것은 라코프와 선행자들로서 벌린과 카이 같은 이들이 해왔던 아마도 상대주의자 입장의 토대를 침식한(undermine) 작업이다.

56 왜냐하면 거기에는 라코프가 불충분하게 유의했던 것처럼 색깔들에 대한 적어도 한 가지 언어가 있기 때문이다. 그것은 그의 고유한, 즉 동시대의 영어이다. 그리고 비록 유일무이한 것은 아닐지라도 그것으로 그에게 상대주의를 위한 증거를 제공해 준 모든 언어들을 해석할 수 있기에—또는 필요할 때 해석의 작업을 위하여 대신하는 설명들을 제공해 주었기에—그의 고유한 언어는 독특하다. 라코프는 아마도 이것은 관계 없는 것이라고 생각할 수도 있는데, 왜냐하면 그는 만일—특히 아마도 순수하게 다른 그런 것들을 이해하

기 위한 하나의 언어 화자들의 능력 혹은 무능력에 의해 제공되는—네 가지 다른 기준의 어느 것 위에서 그런 개념적인 구조들이 같은 표준으로 잴 수 없는 것(incommensurable)이라면, 두 개 혹은 그 이상의 언어들의 "진리조건들을 보존하는 해석할 수 있음"은, 그것들이 주는 표현을 위한 "개념적인 구조들"이 순수하게 같은 표준으로 잴 수 있는 것(commensurable)이라는 점을 보여주는 것이 전혀 없다고 주장하기 때문이다.[32] 그러나 이 대답은 초점을 놓친 것인데, 그것은 라코프가 그의 해석과 설명들의 결합을 통하여 제공하려고 하는 것은 높은 정도의 해석할 수 있음 뿐만 아니라 높은 정도의 이해인 것이다. 즉 라코프와 같은 언어의 사용자들로서 우리는 색깔 단어들에 대한 우리의 사용들과 적용들을 이해하는 데 필요한 자원들이 부족한 화자들의 어떤 언어들의 색깔 어휘들의 사용들과 적용들을 이해할 수 있다. 이해의 관계는 불균형적이다. 이것은 우리의 언어와 라코프의 술어(terminology)를 사용하기 위한 개념적 도식이 그들의 것보다 우수하다는 것을 본질적으로 보여주는가? 전혀 그렇지 않다. 왜냐하면 그런 경우가 되기 위해서 또한 그런 이해가 우리가 달성할 수 있는, 그러나 제한된 색깔 어휘들의 어떤 유형들과 함께 하는 그런 것들은 필연적으로 거절되는, 어떤 좋은 것에 도움이 된다는 것을 보여주어야만 하기 때문이다.

57 그러나 만일 이것이 보여야만 하는 것이라면 우리는 상대주의에 다시 의탁하는 자신을 간단하게 발견할 수 없을 것인가? 왜냐하면 라코프의 기준 위에서 다른 개념적 구조들이 같은 표준으로 잴 수 없는(incommensurable) 차이점과 색깔들의 측면과 마찬가지로 좋음의 측면에서 차이점을 드러내는 것, 그리고 하나의 그런 구조의 표

준들에 의해 예를 들어 라코프와 그의 의도된 독자들에 의해 공유되는 이 일종의 높은 이해는 좋음으로 생각되는 반면에 어떤 다른 그런 구조의 표준에 의해서는 그것은 그렇게 생각되지 않는 것이 나타나는 것은 당연하기 때문이다(라코프 스스로는 물론 좋음에 관해서 아무 것도 말하지 않는다).

58 그것은 만일 같은 표준으로 잴 수 없는 차이점들과 다양성의 사실들이 인정된다면 이 결론의 옹호를 방해할 수 있는 것은 아무 것도 없다는 것은 당연한 것이며, 그리고(*and*) 어떤 사람이 어떤 것이 좋은 것인지 그렇지 않은지의 판단 속에 호소할 수 있기 위한 유일한 기준들은 각각의 특정한 집단의 보통 언어들 속에서 구체화되는 기준들이며, 라코프가 '개념적 구조'라고 부르고 내가 문화적이고 '사회적인 체계의 언어 사용'이라고 불러왔던 것 속에서 구체화되는 기준들이라는 것 또한 허용된다. 그러나 내가 지금 부정하길 원하는 다음 논쟁이 이것이기도 하다.

IV

59 어떤 표준을 위하여 우리가 우연히 살게 되고 우연히 말하는 언어의 특정한 문화적·사회적인 체계에 반대를 외치는가? 어떤 관행 혹은 관행들은 저 체계 내부에서 성장했고, 그것 혹은 저것의 독립적인 평가의 표준들로 어떤 중요한 정도로 발전했다. 내가 의지하고 있는 관행의 개념은 『덕 이후에』(*After Virtue*)[33]에서 소개한

것이다. 관행들은 구체적인 인간 활동의 형태들이고, 각각은 그것의 고유한 좋음과 함께 그것과 내면적인 관계를 가진다. 관행들은 시간을 통하여 각각의 내면적으로 관계하는 성취의 개념들에 의해 지시받은 방향들 속에서 발전하며, 성취는 관행의 각각의 특정한(particular) 유형을 위한 특정한(specific) 좋음들과 그런 좋음들의 추구 속에서 탁월함 양쪽 모두의 성취이다. 관행들의 예는 농사짓기, 고기잡기, 건축과 같은 생산적인 활동들뿐만 아니라 놀이들 및 예술들, 과학적 조사들의 활동들도 포함한다. 색깔에 대한 어휘들을 사용하고 필요로 하며 확장하는 관행들은 자연과학적 연구들의 다양함을 포함하는데, 라코프의 작업 속에서 예증되는 비교언어학, 그리고 이제까지 논의 속에서 거의 주목받지 않은 회화에 대한 연구들도 포함된다. 관행은 종종 어학적으로 혁신하기도 하지만 그렇게 하는 것이 없이 그들의 목적들을 향하여 전진할 수는 없다. 색깔들의 측면에서 어떻게 이런 혁신들은 특정한 관행이 계속되어 온 내부에서의 어떤 문화적·사회적인 체계에서 확립된 언어 사용과 관련되는가?

60 확립된 언어 사용들은 그것 자체로 정적이지 않다. 나는 어떤 특정한 언어 속에서 사용되었던 "그"(the) 색깔 용어들 혹은 "그" 색깔 단어들을 말하는 속에서 지금까지 브렌트(Brent)와 카이를 따라왔다. 그러나 그들의 작업이 의도했던 것은 그런 어휘들의 다양성에 관한 것은 물론 그 역사적 발전에 대한 교훈들을 가르치는 것이었다. 그리고 많은 언어 사용들 내부의 현저하게 획일적이며 체계적인 경향들, 색깔 시각에 대한 물리학과 신경생리학에 의해 가능하게 만들어진 구별들의 사회적인 사용을 반영하는 그 경향들 속에서 색깔 어휘들이 발전해 왔다는 것은 그들의 고려로부터 분명해진다. 구

별하는 과업들 속의 의심할 바 없는 변화들과 증가는 여러 방법들을 통하여 그런 발전을 진전시킨다. 브렌트와 카이는 비록 그들이 문화의 복잡성으로서 그런 개념들의 부정확에 관하여 상당히 주의 깊다 할지라도 "일반적인 문화의 복잡성과 [기술의 발달에 대한 수준 및/또는 (and/or)] 색깔 어휘들의 복잡성 사이에서 긍정적인 상호관계가 나타난다"[34]는 데 주목한다. 그런 증대되는 복잡성이 입증된 한 구역은—브렌트와 카이는 여기에는 주목하지 않았다—어떤 특정한 체계의 일반적인 문화와 다양한 관습들의 발달 사이의 관계 속에 있는데, 왜냐하면 그런 관행들에 의해 요구되는 언어의 혁신들이 일반적인 언어 사용 이전의 어휘들을 넉넉하게 하거나 제거하거나 다른 것으로 변형시키기 때문이다. 회화의 관행에 대한 혁신적인 필요들의 예를 위하여 색깔 어휘들의 관계를 생각해 보자.

61 내가 호소하고 있는 예들은 유럽의 회화 역사로부터 끌어내었는데, 그러나 이것이 회화의 "그"(the) 역사에 대해 말하는 것을 부적당하게 만들지는 않는다. 나는 말하자면 일본인 회화의 역사에서 쉽게 끌어올 수가 있었다. 관행들의 확인을 위한 기준들은 문화를 초월한 중요한 측면들 속에 있다. 물론 최초에 그것은 그것이 어떤 특정한 문화의 내부에 위치한 것처럼, 그리고 저 특정한 문화에 의해 제공된 자원들로부터 발전된 것처럼 각각의 관행 내부에 있는데, 부패 혹은 위배보다는 오히려 관행 혹은 그것의 확장의 예로 고려되어진 것을 위하여 저 기준들은 발전되었다. 그것은 르네상스 시기 플랑드르(Flanders) 지방의 화가들과 르네상스 시기 이탈리아 지방의 화가들이 서로 상호 인식을 일치시켰고 서로의 혁신들로부터 배웠던, 그리고 서로의 성취들 속에서 보다 나아지기 위한 새로운 표준들 속에

서 발견했던 그런 기준들에 의해 제공된 관점 속에 있었다. 훨씬 뒤에 일본인 화가들이 서구의 회화를 발견했고 얼마 뒤에 저 서구의 화가들이 일본인의 예술을 발견했던 때 각각이 서로 같은 종류의 인식을 따랐다는 것은 비록 좀 더 복잡할지라도 다른 것이 아니다. 예술의 작업들에 관한, 그리고 예술의 관행과 미적 평가를 관리하는 표준들에 관한 양쪽 모두의 만들어진 같음과 다름에 대한 문화를 초월한 판단들을 가능하게 해주는 표준들로서 공유된 표준들이 발견된 것은 각각의 경우 속에서 회화의 관행 내부(*within*)로부터이다. 관행의 넓은 유사성들에서 유래하는 표준들의 확인은 이따금 매우 다른 문화들과 사회들 속에서 편하게 그런 다른 것들을 위한 공통의 근거를 제공한다. 만일 제한된다면 그것들은 그것에 의해서 그것들의 고유한 사회적 · 문화적인 체계의 어떤 실제적인 독립성을 획득한다. 이것은 특정한 사회적 · 문화적인 체계 내부에서 어떻게 관행이 발달하였는지는 저 체계의 다른 특징들에 의해서 영향을 특징적으로 받은 것이 아니라는 것을 의미하는 것은 아니다. 그럼에도 불구하고 관행들이 번영하는 한에서 그것은 항상 어떤 자율성을 획득하였고, 그것이 발달하는 제도화된 관행으로 끌어들이는 위에서 그것의 실행자들이 그것의 고유하고 특유한 역사를 가졌다. 그런 실행자들이 배워야만 하는 것은 연구의 특정한 형태를 위한 특유한 판단의 표준들인데, 그런 표준들을 재공식화하는 것 속에서 만들어진 호소를 위한 표준들을 포함한다. 새로운 진리들의 측면에서 발견을 위한, 그리고 주장들을 정당화하기 위한 지금까지 어떤 것이 진실로서 받아들여져 왔는지 우리의 이해를 바로잡기 위한 능력들이 획득되는 것은 이 배움을 통해서이다. 그런 능력들과 우리들로 하여금 그것들을 소유한 이들과 그렇지 못한 이들을 구별하는 것을 가능하게 해주는 기준들의 획득은 관행에 대한 판단들을 위한 객관성의 상태와 회화 속에서 색깔 구별의 능력들 속에서 부분적으로 특징적으로 표현되어진 그런 능력들의 소유에 따르는 전제조건이다.

61 비트겐슈타인은 "윤기 나는(shiny) 검은색과 윤기 없는(matt) 검은색은 다른 색깔의 이름들을 가지지 않는가?"(『색깔에 관한 비평들 III』, 152)라고 물었다. 반 고흐(Van Gogh)는 그의 동생에게 "프란스 할스(Frans Hals)*는 스물일곱 가지의 검은색들을 가지고 있다"라고 썼다. 같은 체계에 대한 구별과 주의에 의해 할스가 어떻게 보았고 무엇을 보았는지, 그리고 할스가 표현한 것처럼 어떻게 표현하는지로부터 배울 것이 필요한 어떤 사람만이 그 스스로 그림을 그리거나 화가의 눈으로 그림을 보기 위해 그렇게 구별할 필요가 있다. 그리고 만일 거기에 그들의 시각의 관찰들을 전하는 데 종사하는 사람의 수가 충분하다면 그들 스스로 그 이상 전달하기 위해서 다른 검은색들을 위한 아마도 스물일곱 가지 이름과 더불어 확장된 색깔 어휘를 필요로 할 것이다.

62 화가들이 요구하는 색깔 어휘의 어떤 유형과 그들이 저 어휘들을 두기 위한 사용들의 영역은 부분적으로 회화의 다른 기간들에 대한 특정한 과업들에 부분적으로 의존한다. 비트겐슈타인은 "색깔의 특징들에 관한 괴테(Goethe)의 비평들은 화가를 위한 어떤

*1581(?)-1666, 네덜란드의 화가로서 초상화에 능하였으며, 대담한 필치로서 모델의 감정과 심리를 교묘하게 묘사한 것으로 유명하다.

사용이 될 수 있다”(『색깔에 대한 비평들 III』, 90)고 의심했다. 그러나 터너(Turner)*는 그의 삶의 목적을 향하여 색깔의 이론적 개념들을 발전시켰으며, 그의 왕립미술원(Royal Academy)의 강의들 속에서 해설해 왔고 그 자신의 회화들 속에서 작업을 하는 양쪽 모두는 괴테의 고려에 대한 비평 속으로 향했을 뿐만 아니라, 그의 그림 「그늘과 어둠 : ‘대홍수의 밤’과 ‘빛과 색깔’ (괴테의 이론) : 대홍수 이후의 아침에 모세는 발생에 대한 책을 쓰다」[*Shade and Darkness : The Evening of the Deluge and Light and colour* (*Goethe's Theory*) : *The Morning after the Deluge Moses Writing the Book of Genesis*]가 전시된 1843년에 괴테의 이론에 대한 시각적 비평도 제시했다. 터너는 1840년에 괴테에 대한 이스트레이크(Eastlake)의 번역을 읽었으나 이미 친숙한 괴테 이론의 범위를 벗어나지 않았다. 그리고 우리는 회화들 속에서 터너의 관행이 색깔들에 특징지은 것을 어떻게 생각하고 말하는지 볼 수 있다.

64 터너와 괴테와의 가장 근본적인 불화는 뒤의 단지 빛의 부재로서의 어둠[『색깔의 이론』(*Farbentheorie*), 744]을 다루는 법이다. 색깔들은 그림자들이라는 괴테의 주제는 터너의 이스트레이크의 복사본의 여백에 있는 논평을 환기시켰다. “그림으로서(Pictorially) 혹은 시각적으로, 그늘과 그림자(Shade)로서의, 그림자 혹은 그늘(Shadow)에 관하여 아무 것도 없다.”[35] 이 시점의 내 논의는 터너와 괴테와의 생산적인 불일치에 대한 상세함도 아니고 누가 옳은가도 아니며 다만

---

*1775–1851, 영국의 화가로 수채화와 판화에 능하였으며, 14세 때부터 왕립 미술원에서 수채화를 배우고 24세 때 준회원, 27세 때 정회원이 되었다. 빛의 묘사에 특히 능하였다고 알려져 있다.

'다양한 회화들의 장점들과 단점들에 근거한', 그리고 '그의 회화들 속에 묘사되는 자연 세계에 근거한' 양쪽 모두의 그의 반성들을 발전시키는 것인데, 왜냐하면 회화에 대한 그의 관행의 필수적인 부분으로 터너는 색깔들과 색조들의 영역의 확인이 요구되는, 그리고 확장된 색깔 어휘 없이는 달성될 수 없는 빛과 어둠에 관한 색깔들에 대한 이해를 발달시켜야만 했기 때문이다. 구별들이 반드시 모든 다른 색조의 미묘한 차이에 대해 이름붙이는 것을 요구하는 것은 아니다. 예를 들어 터너의 노란색들의 범위는 색깔에 대한 어휘의 범위를 초과한다. 그러나 이름들의 사용은 터너의 반성들에서 필수적인 부분으로서 작용했다. 그들이 그랬던 것처럼 역시 시냐(Signac)*과 몬드리안(Mondrian)** 같은 그 뒤의 반성적인 화가들도 그렇게 하였다.

65 거기에는 그들이 세운 혹은 세웠던 것처럼 회화—회화가 유럽인의 것이든 일본인의 것이든 혹은 무엇이든—속에서의 성취의 탁월함에 의해 드러난 가능성들에 열려 있지 않은 문화들이 있다. 그런 가능성들에 대한 개방상태로부터 문화들의 거주자들을 제외하는 것은 부분적으로 너무나 빈약한(meagre) 색깔의 어휘들 속에서 구체화된 구별의 표준들이다. 물론 풍부하고 복잡한 색깔 어휘들의 성취는 위대한 그림의 색깔 구별을 위해 필요했던 자원의 부분들로서, 비록 단지 부분일지라도 그것의 원인이라기보다는 언제나 부

* 1863–1935, 프랑스의 화가로서 신인상주의 화가로 불리며 큰 점을 이용한 모자이크 풍의 묘사법으로 풍경화를 많이 그린 것으로 알려져 있다.

**1872–1944, 네덜란드의 화가로서 칸딘스키와 더불어 추상화의 선구자이며 화풍이 수평과 수직의 순수 추상으로 향하였다.

분적으로 특정한 사회적·문화적인 체계의 언어 사용에 근거한 그림과 같은 관행의 충격의 결과이다. 그럼에도 불구하고 엄격하게 제한된 어휘들로서 표현되는 너무나 곤궁하게 된 일련의 구별의 관행들은 가능성 부족의 신호이다. 그래서 어떤 문화의 거주자들은 오직 관행에 대한 어떤 특정한 유형 속에서, 그리고 그것을 통하여 완수할 수 있는 좋음과 탁월함에 대한 입장으로부터 지금까지 존재해 왔던 그들의 문화는 어떤 다른 것들과 부적당한 관계에 있다는 것이 판단되어야 한다는 것을 인지해야만 할 것이다. 혹은 그들은 이것을 인지할 수 없을 수도 있는데, 왜냐하면 그들의 문화는 어떤 이유로 인해 저 관행의 특정한 유형을 수용할 수 없기 때문이다. 혹은 다시 관행에 대한 지식은 그들의 외부 관점으로부터 관행의 좋음은 순수한 좋음이라는 것을 그들이 부정하게 이끌 것이며, 그리고 구상주의의 예술이 어떤 문화들로부터 신중히 그리고 완전히 배척된 것처럼 그들의 문화로부터 관행을 배척하게 이끌 것이다.[36] 그러나 그 관행에 의해 제공된 입장으로부터 그런 문화는 곤궁하게 될 것이다. 사회적·문화적인 체계의 위대함이 보이는 것은 아마도 하나의 고유한 문화들의 그 빈곤들과 결함들을 인지하기 위한, 그리고 그 과정 속에서 본래 모습(integrity) 속의 저 문화를 버리는 것 없이 가능한 한 그것들을 고치는 방향으로 이동하기 위한 능력 속에 있다.

66 사회적·문화적인 체계들에 관한 상대주의는 따라서 실패했는데, 회화의 관행과 같은 관습들에 의하여 제공된 표준들에 한해서 그것들의 평가에 미치게 될 수 있다. 어떤 사회적·문화적인 체계들의 언어 사용들은(*are*) 이러저러한 측면에서 어떤 다른 것들의 그런 것들보다 더욱 적절하다. 어떤 사회적·문화적인 체계들의 색깔

에 대한 어휘들은 회화의 관행에 의하여 정해진 색깔 구별의 과업들의 측면에서 어떤 다른 것들의 그런 것들보다 더욱 적절하다. 그런 체계들의 거주자들에 의해 만들어진 색깔 판단들이 진리의 측면에서 실패한다는 것이 아니라, 그런 판단들을 채우는 개념적 도식이 회화의 관행에 의해 드러난 색깔의 실제성들에, 그리고 또한 아마도 색깔의 본성에 대한 과학적이고 철학적인 연구들에 의해 드러난 그런 것들에도 부적절하다는 것이다.

67 따라서 거기에는 무엇보다도 우리의 고유한 사회적·문화적인 체계 속에서 색깔에 관하여 확립된 언어의 일치와 그것이 우리의 색깔에 대한 판단들에 부과하는 강요들과 의견을 달리하는 것으로서의 가능성이 있는데, 그녀의 혹은 그의 고유한 방식 속에서 색깔 언어들의 개인적인 사용에 수반된 언어 사용의 일종의 특이성들(idiosyncrasies)을 통한 것이 아니라, 어떤 관행의 제도화된 개념들에 의해 제공된 타당함과 타당하지 않음의 표준들에 의지함을 통한 것이다. 우리는 물론 그것이 단지 다른 사회적·문화적인 체계들 속에서 발견된 차이의 영역을 깨닫게 되는 것에 의한 것과는 다르게 되었을지도 모를 어느 특정한 색깔 어휘와 다양한 방법들의 가능성을 깨닫게 될 수 있다. 그러나 그 깨달음은 본질적으로 하나의 어휘든 혹은 부분적으로 다른 것보다 더 나은 어휘를 통해 표현된 하나의 개념적 도식이든 판단을 위한 좋은 이유를 제공하지 않는다. 그런 어휘들과 개념적 도식들의 타당함 혹은 타당하지 않음에 관한 질문들이 대답되는 것은 말할 것도 없고, 이해할 수 있게 제시되는 것은 회화의 관행과 같이 관습들에 의해 제공되고 관행들과의 내면적인 관계의 그 입장으로부터, 오직 그 입장으로부터이다. 그리고 만일 그들이 근본

적으로 그들의 고유한 문화에 대한 어휘와 개념적 도식에 의문을 제시한다면, 물론 관련된 관행에 참여하는 그런 이들이 특징적으로 제시하기 위해 찾는 것은 어떤 새로운 일치의 성취—언어의 사용과 판단에 대한 그것의 고유하고 새로운 일련의 강요들과 함께—이다.

※ 나는 멘도사(Wilson P. Mendoça)와 콰인(Philip L. Quinn)에게 이 소론의 초안에 대해 비평해 준 것에 대해 감사의 마음을 전하고 싶다.

Chapter_3

Moral relativism, truth and justification

도덕적 상대주의, 진리와 정당화

도덕적 상대주의 대답의 가장 그럴 듯한 해석들은 무엇인가?

1 언제나는 아니지만 종종 도덕적 상대주의는 경쟁하는 도덕적 관점들의 주창자들(protagonists) 사이의 체계적이고도 명백한, 제거할 수 없는 불화에 대한 하나의 해답이다. 그들 각각은 스스로의 고유한 입장에 대해 합리적인 정당화를 주장하며, 자신들의 고유한 기준에 의한 것이 아니면 경쟁적 관점들의 주장에 반박하는 것이 어느 것도 가능해 보이지 않는다. 그런 체계적인 도덕적 갈등의 예들을 발견하는 것은 어렵지 않다.

2 예를 들어 결혼과 이혼에 관한 어떤 종류의 불화를 생각해 보자. 17세기 일본의 영향력 있는 신유교주의자(NeoConfucian)

카이바라 에켄(Kaibara Ekken)*은 남편이 아내와 이혼하기 위한 충분한 근거들로 아내가 성적으로 부정(不貞)할 뿐만 아니라, 어버이의 풍습(parents-in-law)에 순종치 않고 혹은 임신을 못 하거나, 시샘하거나, 심각한 병을 가졌거나, 여러 차례 험담과 비방에 연루되거나, 도둑일 경우를 포함한다는 논의를 통하여 유교의 전통을 따랐다. 신유교주의자들에 의해 이해되는 것으로서 이런 근거들이 제공하는 것은 아내의 사회적 역할을 유지하는 데 필요한 무력함의 증거이다.[37] 게다가 이런 주장들의 정당화는 '가족 내에서 아내와 어머니의 역할에 대한 위치' 및 '사회적·정치적인 명령과 방법을 위한, 이것들 모두가 제시하는 질서 있는 명령을 위한 표현 속에서 가족구조의 관계'를 고려함에 의해 제공되었을 것이며, 각각의 역할에 어울리는 것으로 구체화되었다는 이해를 통하여 미덕들의 관습으로 인지되었을 것이다.

3 그러나 여성이 임신을 못 하거나, 시샘하거나, 험담에 연루되는 것이 남편이 그녀와 이혼하는 것에 대한 충분한 근거를 제공한다고 주장하는 것은 다른 관점에서 보면 커다란 오류를 포함하고 있다. 그 중에서도 스토아 철학(Stoicism)과 로마법에서 발달한 자연법의 입장으로부터 토마스 아퀴나스(Aquinas)에 의해 가장 분명하게 되었으며[결혼과 이혼에 관하여 『주석서』(*Commentary on the Sentences*) IV 26, 1과 39, 6을 보라], 현대의 토마스 아퀴나스주의자들(Thomists)에 의해 발전된 자연법에 관한 논의가 주목할 만한 다른 관점이다.[38] 에켄의 지지자들은 자연법의 개념을 아퀴나스로부터 끌어낸 이들과 논

*1630–1714, 일본의 신유교주의 철학자이자 식물학자이다.

쟁해 왔는데, 관습적 결론들에 관한 불합의들은 관습적 전제들에 관한 불합의들, 더 나아가 관습적 전제들과 관련된 본성과 상태들에 관한 이론적인 불화들에 의해 강화되어 왔음이 판명되었다.

4 확실히 정당화하는 이유에 대한 어떤 표준들과 전제들은 경쟁적인 전통들 모두에 의해 공유될 것이며, 그렇게 되지 않을 수 없다. 그러나 이들 각각의 두 거대한 전통들을 위한 내부의 합리적인 정당화의 도식들 속에서 기본적인 주제들과 개념들에 대한 차이점들의 정도는 아주 커서 그들의 근본적인 불화에 대한 해결은 불가능해 보인다. 왜냐하면 그것은 불화들이 평가되고 해결되기 위한 중대한 (정도의) 표준들이며, 그것들 자체로 불화의 주체가 되기 때문이다. 자연법 전통에 의해 이해되듯이 이성에 대한 양심의 관계는, 유교의 도식이 제공하지 못한 자리에 대하여 일종의 근본적인 관습적 가르침들의 지식으로서 받아들여지는 것을 제공한다. 그리고 유교는 자연법의 시각에서 평가될 때 질서 있는 명령으로서의 자연법에 대한 통찰력이 공유되기 위해 받아들여지는 것은, 유교가 정당화하기 위하여 받아들이는 것을 정당화하는 데 실패할 것이라고 호소한다. 그래서 어떠한 입장도 명확히 스스로의 입장에 대하여 합리적인 정당화를 세우기 위한 수단들과 정당화가 경쟁적인 입장들에게 합리적으로 강제할 수 있는 수단들을 소유하고 있지 못하는 것으로 보인다. 그래서 나타난 것처럼 거기에는 양쪽 전통들 사이에 단지 합리적인 사람으로서(*qua*) 어떤 사람들에 대해서도 이용할 수 있으며, 두 도덕적 입장들 사이에서 논의되는 의문들을 결정하기 위한 좋은 이유들을 제공하기에 충분한 중립적인 정당화 기준이 없다. 그리고 이런 식으로 해결할 수 없는 것으로 보이는 것이 단지 유교주의자와 자연

법 이론가들 사이에서의 논쟁만은 아니다.

5 결혼과 이혼에 대한 불화는 결국 유교주의자와 자연법 이론가들 사이의 싸움을 넘어 확대되었다. 영국에서 18세기로부터 20세기까지 정성들여 만들어진 공리주의는 이것과 다른 문제들에 대하여 유교주의자와 자연법 이론가 모두와 더불어 근본적으로 불화하는 결론들을 이끌어낸다. 그리고 공리주의자에 의한 정당화는 비개인에게 호소하는 것인데, 손익(損益)에 대한 가장 중요한 측정법은 유교주의자와 자연법 이론가들이 논의한 것으로부터의 관습적이고 이론적인 전제들과 매우 근본적인 불화를 수반한다. 공리주의는 각각 근본적인 불화들을 해결하기 위하여 호소하는 그 원칙들이 '근본적인 불화가 있음에 관한 그런 원리들 사이에 있다는 것' 이 판명된다는 것을 그의 반대자들과 공유한다. 그런 불화들은 따라서 처리하기 어려우며 합리적인 해결 가능성이 없음을 나타낸다.

6 그래서 그런 경쟁하는 도덕적 입장들이 관련되는 곳에서 어떤 이들이 모든 근본적인 합리적 정당화는 단지 각각의 특정한 입장의 표준과 본질적으로 관계되어 있다는 결론을 내려야만 했다는 것이 어쩌면 놀라운 것이 아니다. 이로부터 그것은 때때로 더 나아가 언뜻 보면 그럴 듯하게 진리를 위한 어떤 주장들도 없다는 것이 유지될 수 있는 범위 안에서, 이것은 판단의 영역이며 따라서 합리적인 사람은 최소한 합리적인 사람으로서(*qua*) 집에서도 똑같이 각각의 이런 입장들의 도덕적 도식들에 의하여 알려지는 삶의 양식들 안에 있을 수 있을지도 모른다고 추론한다. 그러나 이것은 실수이다. 사실 그렇게 결론내렸던 상대주의자들은 집에서는 그런 입장이 아닐지도 모른다. 왜 안 되는가?

상대주의자로 하여금 자신들이 진술하는 것들과 빗나가게 하는 것은 무엇인가?

7 거대하고 구조적인 불화들을 일으키는 그런 입장들의 주창자들은 일반적으로 인류의 도덕적 공동체의 일원들과 같이 결코 스스로 상대주의자들이 아니다. 그 결과로서 그들은 그들 자신의 입장에 대한 합리적인 정당화가 단지 정당화의 어떤 지역적 도식에 대해서만 관련이 있다는 것을 지속적으로 인정할 수가 없었다. 그들의 주장은 신뢰할 수 없는 정당화를 요구하는 종류의 것이다. 아리스토텔레스는 기원전 4세기에* "그들 자신의 좋은 양육과 자유는 자신들 사이에서 뿐만 아니라 모든 장소에서 이루어져야 하지만 야만인들의 좋은 양육은 오직 그들의 집에서만 이루어져야 한다고 생각하며, 존재의 무제한적인 좋은 양육과 자유는 한 가지이고, 존재는 그렇게 다른 것들을 제한한다는 것을 받아들이는" [『정치학』(*Politics*), 1225a33–36] 그리스 사람들에 대해 말함으로써 그들의 주장을 분명히 표현한다. 그리고 21세기 자바에서는, 클리포드 기츠(Clifford Geertz)** 에 따르면 사람들이 "인간이 되기 위해서는 자바인이 되어야 한다"[39]고 단호하

---

* 본문에는 단지 fourth–century라고 되어 있으나, 역자가 아리스토텔레스의 생몰 년도를 고려하여 기원전을 덧붙인 것이다.

**1926–2006, 미국의 인류학자로서 인도네시아 연구의 권위자이며, 『자바의 종교』로 널리 알려져 있다.

게 말한다. 고대의 그리스 사람들과 현대의 자바인들은 이런 점에서 전형적인 인간이다. 그러면 이런 주장들에 관련하여 인간 문화들 사이에서 보편에 가까우며 도덕적 상대주의자들의 관심에서 벗어난 무제한적인 도덕적 헤게모니(hegemony)는 무엇인가? 그것들이 진리(*truth*)를 위한 주장들이라는 것은 사실(fact)이다. 각각 특정한 도덕적 입장의 측면에서 그것의 경쟁적 관점들과의 갈등들을 통해 주장되는 것은 전적으로 명백하든지 부분적으로 암시적이든지 '도덕성의 본질과 상태 그리고 내용에 대한 것'과 '어떻게 좋음, 덕, 의무, 옳은 행동의 개념들이 정확하게 이해될 수 있는가'와 '좋음들 혹은 좋음, 덕들, 의무들, 옳은 행동의 유형들이 사실 무엇인가'라는 양쪽 모두에 대한 그 특수한 이유가 진실(*true*)이라는 것이다.

8 진리를 위한 이 주장의 두 가지 양상들은 처음에 주목하는 것이 중요하다. 첫째로 그들 자신의 도덕적 입장의 중심적인 주제들을 위하여 진리를 주장하는 사람들은 그것에 의하여 또한 합리적인 정당화에 대한 일련의 주제들에 전념한다는 것이다. 왜냐하면 그들은 경쟁적이고 양립할 수 없는 일련의 주제들의 도움으로 발전되는 논쟁들은 건전하지 못하다는 주장에 사로잡혀 있기 때문이다. 그들은 단지 이런 저런 일련의 표준들과 관계하는 것에만 실패하는 것이 아니며, 그들의 전제들은 거짓이거나 모순된 추리들이다. 그러나 진리를 위한 주장 역시 그 이상의 주장을 수반한다는 점에 있어서 그것은 합리적인 정당화에 대한 상대주의자의 것이 아닌 개념을 지지하는, 또 거기에는 어쨌든 합리적인 정당화의 다른 적절한 표준들, 즉 이런 저런 입장에 대한 내부의 표준이 아닌 그 자체로 합리적인 정당화의 표준들이 있을 것이 틀림없다는 믿음을 지지하는 그들에게

위임한다.

9 둘째로 이것이 단지 그렇기 때문에 진리를 위한 주장을 만드는 것은 그 주장이 실패할 수 있는 가능성 및 최초에 그 주장을 입증하기 위하여 설계된 어떤 조사의 성과가 대신에 그 조사를 시작했던 그들의 중심적인 도덕적 주제들이 잘못되었다는 종결로 마무리될 수 있다는 가능성을 열어놓는다. 혹자는 상대주의자들이 그들의 결론의 근거로 취해왔을 경쟁적인 입장들 사이의 근본적인 불합의들의 이유로부터, 단지 각각의 관점들이 호소하기 위한 그 표준들은 각각의 입장과 중요한 정도로 내면적인 관계이므로 다른 이들에 의하여 자신의 입장에 대한 논박으로 인지되었을지도 모를 무언가의 어떤 가능성은 배제되었다라고 결론을 내릴 수도 있을 것이다. 왜냐하면 각각의 경쟁하는 관점은 오직 자신들의 표준에 의한 판단들만 인지하며, 각각은 적어도 중심적인 논쟁점들에서는 오직 그들의 편 속에서 판단들의 확인이 이루어지는 것으로 보이기 때문이다. 그러나 혹자가 각각 경쟁하는 무리에 의해 만들어지는 주장이 진리를 위한 주장이라는 점에 주목할 때 이런 추론은 의문에 빠진다.

10 내가 여기서 의문으로 여기는 것이 '경쟁하는 관점들' 및 '상대주의자들을 잘못 인도했던 합리적인 정당화 양상' 사이의 관계에 대한 최초의 설명이 아님에 주의하라. 이 설명은 어떤 지점들에서 수정 혹은 바로잡아져야만 할 것이다. 그러나 본질적으로 그것은 근본적인 도덕의 불일치에 대한 결정적인 특징들을 획득한 것으로 보인다. 또한 그것은 '각각의 입장들의 지지자들이 그들의 최종적인 호소를 만들기 위한 표준들이 실제로 각각의 입장들과 내면적으로 관계하기 위한 범위'와, '다른 입장의 사람들 사이의 사실상의(*de fac-*

to) 근본적인 불합의의 제거할 수 없는 성질을 설명하는 어떤 것' 및 '종종 다른 문화들로부터 그들 모두는 동등하게 합리적인 판단을 할 수 있는 것으로 나타난다는 점' 을 포함한다.

11 그러나 만일 '무엇이 그것 자체로 상대주의자의 관심에 영향을 주었던가' 라는 것이 중요하다면 '무엇이 상대주의자의 주목을 피했는가' 역시 동등하게 진리를 위한 주장이다. 함께 취해진 이런 두 가지가 문제를 구성하며 이 문제들이 내가 이 논문에서 관심을 가지려는 것이다. 명백한 관계를 끌어오는 것이 가능한가? 그리고 만일 가능하다면 '어떻게 특정한 도덕적 입장들의 모든 합리적 정당화에 대한 승인은 내가 제시해 왔던 범위의 그런 입장들과 내면적으로 관계' 하고, '어떻게 진리를 위한 주장의 설명은 보편적으로 혹은 거의 보편적으로 그런 입장들의 각각의 주창자들에 의해—암암리에 혹은 명백히—발전' 하며, '어떻게 그 자체로(*as such*) 합리적인 정당화에 호소하는 것을 수반하는, 즉 특정한 입장들의 한계들을 넘어서는 정당화의 어떤 양상을 위한 주장이 가능' 한가? 이 질문에 대답하기 위해서 우리가 관심을 가지게 되어야만 하는 것과 더불어 진리의 개념을 연구하는 것으로 시작해야만 한다.

합리적인 정당화와 관련된 근본적인 도덕의 논쟁들 속에서 어떻게 진리 개념이 전제되었는가?

12 진리가 관련된 이해가 각각의 특정한 입장의 도식에 관

하여 합리적으로 정당화된 것과 진리가 동일한 어떤 것일 수 없다는 점은 이미 명백하다. 왜냐하면 그것은 틀림없는 유일한 진리를 위한 주장은 그런 정당화를 위한 주장보다 더욱 그리고 또 다른 문제가 제기되는 것을 포함하기 때문이다. 진리가 관련된 이해가 어쨌든 진리와 합리적인 정당화를 동일화하는 어떤 것일 리가 없다는 것이 아마도 덜 명백하지만 그러나 중요한 것이다. 당연히 아무도 "진실"(true)이 "합리적으로 정당화된" 것으로서와 같은 것을 의미한다고 주장한 적은 없다. 그러나 실용주의자를 계승한 사상가들은 "진리는 단지 이상화된 합리적인 만족에서 오는 것일 뿐이며", 또는 "진리는 이상화된 정당화와 동일시되는 것"[40]이라고 주장해 왔다. [퍼트남(Hilary Putnam)은 『표상과 실재』(*Representation and Reality*)[41]에서 그의 관점을 재공식화한 이후로 자신의 입장은 "진리와 합리적인 정당화는 서로 의존적인(*interdependent*) 개념들이다"라는 것을 제시하기 위한 것이었다고 말한다.] 거기에는 그런 동일시를 거절하는 세 가지 이유가 있다.

13 첫 번째는 호소된 이상화의 개념이 결코 적당한 내용을 제시해 주지 못해왔다는 것이다. 사실 합리적인 정당화들은 특정한 연구들의 특정한 단계들에서 특정한 사람들에 의해 특징적으로 발전되어 왔던 반면에 진리는 영원한 것이다. 연구의 어떤 초기 단계에서 어떤 이에 의해 만들어진 주장이 잘못되었다는 후대의 발견은 전혀 그 사람이 그런 주장을 한 것이 정당한 것이 아니었다는 발견이 아니다. 그래서 진리에 기인하는 것들(ascriptions)과 실제 정당화하는 관습 사이의 개념적인 거리는 자연과학들 속에서든지 또는 다른 곳에서든지 매우 크다. 그리고 초기 저술들 내에서의 퍼트남과 같은 이들은 진리와 이상화된 합리적 정당화를 동일시하였고 언제나 그것

을 인식해 왔다. 그러나 그들이 하지 않았던 것은 그들의 주제가 요구하는 것을 제공할 이상화의 이유를 보충하지 않은 것이다. 왜냐하면 진리의 적절한 개념과 같다고 할 수 있는 합리적인 정당화의 유일한 유형은, 그녀 혹은 그의 주장들이 문제의 상황 속에서 합리적으로 정당화된 이 이상화의 방법을 통해 합리적으로 정당화되었으나, 사실이 아니라고 실제로 혹은 상상으로 누구에게도 말할 수 없는 그런 것들에 의한 한 가지일 것이기 때문이다. 그것은 합리적인 정당화의 어떤 유형 중 한 가지만 유지할 수 있을 것인데, 합리적인 정당화의 어떤 보다 나은 방법에 의해서 결코 제거되지 않을 것이며, 제거될 수 없을 것이라는 주장들을 위한 주장들은 상이하고 공존할 수 없는 결론들을 제공한다. 그것은 합리적인 정당화의 어떤 유형의 개념을 포함하는데, 그것의 특징들은 관련된 영역 안에서 연구의 최종적인 종착역으로서의 그것의 상태들을 확실히 한다. 그러나 이것을 어떤 방법으로든 아무도 지금까지 설명하지 못하였다.

14 그러나 이 문제가 나타나지 않았다고 가정해 보라. 두 번째 종류의 어려움이 남아 있을 것이다. 왜냐하면 내가 설명해 왔던 유형의 근본적인 도덕적 불화들이 의문에 빠지는 곳에서 각각의 경쟁하는 입장들은 그것 자체의 도식 및 합리적인 정당화의 양상들과 내면적인 관계를 가지며, 물론 어떤 중요한 특징들을 경쟁적 관점들과 공유하는 것도 있지만, 그러나 그것에 대하여 특정하고 적어도 그것의 경쟁적 관점들의 어떤 입장들로부터는 허용할 수 없는 핵심적인 지점들에서 그것은 원칙들과 토대의 원칙들의 양상들에 호소하기 때문이다. 그리고 이것이 그런 정도로 합리적인 정당화의 이상화를 구성하는 것 또한 특정한 전통의 입장에 대하여 특정하고 특이하게

될 것이다. 따라서 신유교주의의 이상화는 질서 있는 체계, 사회적 체계를 보다 보편적으로 구성하는 본성의 명령의 원리들에 호소하며, 특히 가족체계는 자연법의 인식론, 양심, 관습적 이유에 관한 토미즘적 아리스토텔레스주의(Thomistic Aristotelian)의 관념적으로 충분한 근거와는 매우 다르다. 그리고 양쪽 모두는 어떤 공리주의자라도 취할 이상의 합리성과도 다르다.

15 만약 이것을 위한 응답이 이상의 합리적인 정당화가 독립적인 입장으로서 고안된 것이 틀림없다는 것이라면, 다시 한 번 합리적인 정당화의 사실들과 제안된 이상화 사이의 개념적 거리가 우리에게는 너무나 커서 어떤 종류의 이상화가 구성되어야 적당한지 이해할 수 없다. 그리고 세 번째 고려사항은 우리가 이 사실 때문에 놀라지 말아야 한다는 것이다. 왜냐하면 합리적인 정당화를 위하여 진리를 받아들이는 계획은 진리를 정당화의 보장된 만족 내로 정리하는 것은 말할 것도 없고, 진리에 대하여 뿐만 아니라 합리적인 정당화에 대해서도 우리의 이해를 왜곡하는 불행한 영향을 가지기 때문이다. 합리적인 정당화들은 어떤 것들이 체계적인 연구들이 되며 될 수 있었는가의 문맥 속에서 특징적으로 발전된다. 어떤 주제에 대한 진리가 논쟁 중일 때, 그리고 오직 그러한 때 그것들을 발전시키고 평가하는 과정 속에 요점 혹은 목적이 있다. 그리고 그 주제에 관한 진리가 성취될 때 그것과 관련된 일련의 합리적 정당화는 그것의 목적을 채우게 된다.

16 따라서 합리적인 정당화의 관행은 고안되며, 오로지 진리를 목적으로 하는 모든 인간 활동의 부분들로서 완전히 이해될 수 있다. 질문하기, 의문갖기, 가설 구성하기, 순응하기, 거절하기, 기타

등등. 이것이 진리에 대하여 단지 합리적인 만족 혹은 합리적인 정당화, 이상화된 혹은 다른 것들로 설명하려는 시도들이 실패에 매이는 이유이다. 그리고 한 종류 혹은 다른 종류의 합리적인 정당화들이 호소·금지·수정되는 등등의 과정 속에서 활동들이 확장된 형태와 장기 기간의 연구로 구조적으로 조직될 때, 그것들은 과학의 관행 속에 있기 때문에 그것들의 목적 방향성이 합리적인 정당화의 어떤 특정한 형태 이상의 다른 것으로 향한다는 것은 더욱 더 분명하다.

17 아리스토텔레스는 "진리는 이론적 탐구의 목적(*telos*)(『형이상학』 II 993b20-I)이고, 합리적인 정당화를 제공하는 활동들은 진리에 도달되기까지 불충분하다"고 말하였다. 진리에 도달한다는 것은 무엇인가? 연구가 끝난 완전한 이해는, 어떤 특정한 일련의 지각자들과 관찰자들 혹은 연구자들의 특정하고 부분적이고 제한된 입장으로부터 그것이 어떻게 보인다는 것보다 어떤 정신(mind)이 연구해 온 것에 관하여 최종적으로 그 주제에 대하여 적절한 때 상태가 어떠한지 말할 수 있는 것에 핵심적인 부분이 있다. 연구의 진전은 진리를 향한 움직임 속에서 특정하고 부분적인 입장의 한계들을 초월함에 있다. 그래서 우리가 사실 속에서 그것이 어떻게 보이는가 혹은 각각 제한되고 부분적인 입장들로부터 어떻게 보여지는가에 대하여 판단할 수 있는 능력을 획득할 때 우리의 판단들은 더 이상 그런 입장들의 한계들에 의해 왜곡되지 않는다. 따라서 그런 한계들의 초월 가능성이 없는 곳에서는 진리의 개념을 위한 응용이 없다.

18 성공적인 연구는 진리 속에서 종결한다. 만일 우리가 어떤 특정한 진술이 진실이라고 주장한다면 당연히 그것의 합리적인 정당화에 관해 부합하는 주장에 전념하게 되는 것인데, 다시 말하

자면 그 진술의 부정을 위한 논리적 옹호를 제공하는 합리적인 정당화의 어떤 유형은 어떻게든지 불완전함이 틀림없다. 그러나 합리적인 정당화에 의하여 진리를 설명하는 것은, 만일 아리스토텔레스 학파의 근거에 대한 이 유형의 어떤 해석이 충분하게 방어될 수 있다면 그것들의 관계를 뒤집어놓게 될 것이다. 도덕적 상대주의에 대한 논의를 위하여 이것이 가지는 중요성은 무엇인가?

19 그것은 우리로 하여금 한편으로 근본적인 도덕적 입장들의 다양한 주창자들과 다른 한편으로 도덕적 상대주의의 지지자들 사이에 어떤 것이 논쟁 중에 있는가 하는 점을 더욱 정밀하게 확인 가능하게 한다. 왜냐하면 만일 그런 주장차들에게서 때로는 명백하고 때로는 함축적인 좋음, 규칙, 덕, 의무, 도덕적 관행의 각각의 특정한 유형으로 구체적으로 표현되는 옳음의 근거로서의 진리(*truth*)를 위한 어떤 주장이 기인하는 것이 정확하다면, 그리고 만일 그것이 내가 개략적으로 진술한 바로 그런 종류의 진리에 대한 이해를 전제로 하는 주장이라면 그런 주창자들은 그들이 그것을 인식하든 인식하지 못하든 다음 세 가지 주제들을 방어하는 것이기 때문이다.

20 첫 번째, 그들은 자신들이 제시하는 도덕성의 근거는 그 자체로서 적어도 그것의 중심적인 논쟁들 속에서는 한계들과 불공평들, 단지 편협한 관점의 일방성으로부터 괴로워하는 것이 아닌 반면, 어떤 경쟁적이고 양립할 수 없는 입장의 근거는 그런 한계들, 불공평들, 일방성에 대해 중대한 정도로 괴로워해야만 한다고 주장하는 것에 전념한다. 만일 이런 경우라면 그들은 단지 어떤 특정한 입장으로부터 혹은 한 가지 특정한 시각 속에서 어떻게 그들이 나타나는가보다는 그들의 근거는 상태가 어떠한지의 하나라고 주장하는 것이라

고 칭해지게 된다. 그리고 이 주장은 이 특정한 근거는 참이며 그것의 경쟁자들은 틀렸다는 주장을 위한 내용을 제공하는 것이다.

21 두 번째는 그런 주창자들은 그것에 의해서, 또한 만일 자신들의 도식과 경쟁하는 어떤 도덕적 입장의 합리적인 정당화 방법이 자신들의 근거에 대한 어떤 중심적인 주제와 양립할 수 없는 결론을 제공한다면, 그 도식과 방법은 어떤 중요한 방법과 합리적으로 우수한 도식 및 정당화의 방법에 의해서 대체되어질 수 있기에 결함이 있음에 틀림없고 어떠한 결론도 제공하지 않을 것이라고 주장하는 것에 전념한다.

22 그것과 유사하게 세 번째로 그들은 만일 현재 그들의 고유한 도덕적 삶에 대한 이유를 구성하는 그 결론들을 제공하기 위하여 호소하는 그 도식과 정당화의 방법이, 더 진전된 연구의 결과로서 그 경쟁적 관점보다 논쟁적인 우월성을 드러내기 위한 자원을 제공할 수 없음이 판명된다면, 그것은 '그 근거의 중심적 주제들과 양립할 수 없는 결론들을 제공하는 어떤 도식과 정당화의 방법' 보다 '그들의 고려를 위한 적절하고 합리적인 후원을 제공하고 그것의 합리적인 우월성을 드러내기 위한 자원들을 모두(*both*) 소유한 어떤 도식과 정당화의 방법' 에 의해 대체될 수 있는 것임에 틀림없다는 것을 주장하는 것에 전념한다. 왜냐하면 만약 그렇지 않으면 진리를 위한 주장은 계속될 수 없을 것이기 때문이다.

23 그래서 거기에는 모든 거대한 도덕적 전통의 입장으로부터 어떤 상대주의자가 그 입장을 단지 편협한 입장으로 특징짓는 것에 저항하기 위한 요구가 있다. 진리(*truth*)를 위한 어떤 주장이라도 전제하는 것은, 니체가 잘 이해하고 있듯이 관점주의에 대한 어떤 해

석의 부정이다. 반대로 진리를 위한 주장들의 포기는, 비록 진리에 대한 우리의 개념 수정의 모습이라 해도 진리는 단지 합리적인 만족 혹은 정당화의 이상화로서 이해되고, 관점주의자의 결론들에 저항하는 것을 어렵고 불가능하게 만들며, 명백하게 그렇게 근본적인 도덕적 입장들이 논쟁 중에 있는 경우의 유형이 된다. 왜냐하면 어떤 특정한 도덕적 논쟁 혹은 상황이 어떻게 특징을 이루고 이해되며 합리적으로 평가되는가는—참으로 어떤 특정한 상황이 중요한 도덕적 논쟁들을 제기하는 것으로서 간주되든지 아니든지—우리 자신의 도덕적 관용구가 구성되는 것과 관련되는 특정한 개념상의 도식에 의존할 것이고, 그것은 틀림없어 보이기 때문이다. 그러나 만일 경쟁하고 논쟁하는 관점들로부터 만들어지는 그 주장들이 진리를 위한 주장들이 아니라면, 논쟁 중인 다른 입장들의 지지자들은 논리적으로 그런 경쟁자들의 주장들과 양립할 수 없는 것으로서의 그들 자신의 특정한 입장의 그 중심적인 주장들을 이해할 수 없을 것이다.

24 각각의 경쟁적인 입장의 내부로부터 만들어진 근본적인 주장의 성질을, 만일 그것이 진리의 어떤 실재적인 개념에 의해서가 아닌 오직 합리적인 정당화와 만족에 의하여 공식화될 경우를 고려해 보자. 그 주장은 다음 형태가 될 것이다. "합리적인 정당화가 주어진다는 것은 이 특정한 전통이 그것을 그렇게 취하는 것이고, 그래서 좋음, 규칙, 의무, 덕, 옳음의 성질과 상태들도 이러이러한 것이며, 따라서 우리는 그것에 따라서 도덕적 삶을 살아야만 한다." 그러나 이런 형태의 주장은 내부로부터 발전했으며, 이를테면 유교 전통은 같은 형태의 자연법의 입장 혹은 공리주의의 해석 어느 쪽이든 내부로부터 진전된 형태의 어떤 주장과 모순되지 않았다. 그것은 단지 어

느 하나의 전통에 대한 주장들이 경쟁적인 도덕적 입장들이 논리적으로 양립할 수 없는 것으로서 이해될 수 있는 합리적인 만족 혹은 정당화의 어떤 개념보다 더욱 그리고 다른 진리의 개념에 의해서 세워지는 한에 있어서이다.

25 따라서 만일 그런 진리에 대한 개념을 거절한 어떤 사람들이 각각의 경쟁적 입장들에 의해 만들어진 주장들을 재해석한다면, 그래서 진실 혹은 거짓과 같은 개념들에 의해 제공되는 판단 속에서 그런 주장들이 더 이상 생각되어지지 않게 되면 그 사람은 참으로 관점주의자뿐만 아니라 결과적으로 상대주의자의 결론들도 이끌어냈다라고 평가될 것이다. 그런 경쟁적 입장들의 주창자들이 각각 자신들과 구별되는 주장들을 위한 진리를 주장하고 있는 것으로 이해되는 한, 그들 각각 혹은 모두가 마침내 합리적으로 패배할 가능성은 열려 있는 채로 남아 있다. 그러나 그 가능성이 더 이상 존재하지 않을 때—왜냐하면 그 경쟁하는 주창자들이 더 이상 발전된 논리적으로 양립할 수 없는 주장들로서 이해되지 않기 때문에—그것들 사이의 논쟁은 비록 있다 해도 더 이상 합리적으로 그것의 경쟁자들보다 우수한 질문을 향할 수 없다. 그리고 이렇게 말하는 것이 상대주의의 요점을 인정해 온 것이 될 것이다.

26 도덕적 입장들 사이의 근본적인 불일치들에 관한 사실들과 관계하는 전제들로부터 상대주의자의 결론을 위한 추리가 이끌어내어질 수 있는가 그렇지 않은가 하는 것은, 그것이 실제로 옳은지 옳지 않든지 간에 내가 주장해 온 것처럼 '그런 전통들의 지지자들에게서 기인하는 본성, 상태, 도덕적 관행의 배경들과 판단의, 그들의 근거들을 위한 실재적인 진리에 대한, 만일 명백하지 않다면 함축

적인 주장들'에 따라서 첫 번째로 의존하며, 그리고 '호소하기 위한 진리의 개념이 따라서 합리적으로 유지될 수 있게 만들어졌는지 그렇지 않은지'에 두 번째로 의존한다.

근본적인 도덕 주제들에 관한 주장을 포함하는 주장행위는 진리와 어떻게 관련되는가?

27 어떤 잘 발달된 도덕적 입장들의 경우에 그런 입장들의 지지자들이 진리(*truth*)를 위한 주장을 만드는지 만들지 않는지에 대한 의문은 별다른 논쟁 없이도 해결된다. 왜냐하면 바로 그런 주장은 어떤 단계에서 그런 입장들을 특징짓는 믿음들의 체계적인 구조를 명확히 표현되게 하는 동안에 만들어져 왔기 때문이다. 자연법 전통과 공리주의는 양쪽 모두 예시들을 제공한다. 그러나 우리는, 만일 거기에 진리를 위한 주장이 있다면 그것은 그런 특정한 입장들의 주창자들에 의해 발전된 이유들 속에서 함축적일 것이며, 상세히 설명된 것이 아니고 철학적으로 명료하게 되거나 방어된 것도 아닌데 어떻게 그런 경우들을 판단할 수 있는가? 이 질문에 대한 대답은 어떻게 우리가 그런 주창자들의 주장의 행동들을, 평가하기 위한 그들의 고유한 독특한 대답들과 관습적인 질문들과 그리고—가깝게 관련된 문제—그들이 지지하는 자신들의 주장에 의한 논증의 성질이 발전하는 속에서 해석하는가의 문제라는 것이다.

28 진리와 주장이 밀접하게 연결되어 있다는 것은 상식적

인 것이다. 그러나 거기에는 당연히 그런 주장행위의 표면적인 보증에 지나지 않는 것으로 진리를 해석하는, 즉 어떤 본질적인 진리 개념에 대해서도 신뢰하지 않는 이해방식이 전제되어 있다. 그런 시도들이 성공하려면 그런 주장을 펼치는 사람의 태도를 표현하는 방식으로 주장이 이루어져야만 하는데, 왜냐하면 진리란 그 주장을 하는 주체에 의해 이해된 것과 주장을 진실되게 만드는 것 사이의 관계일 뿐이기 때문이다. 물론 이것은 표면으로는 어떻게 주장과 진리 술어들(truth-predicates)의 사용이 '실제로 이해되는가'와 '어느 자연스러운 언어 속에서 사용되는가'에 대한 그럴 듯한 이유가 아니다. 따라서 그런 시도들에 대한 가장 설득력 있는 설명은 '어떻게 진리 술어들이 지금까지 사용되고 이해되어 왔는지'로서의 분석이 아닌, '자연스러운 언어들 속에서 표현들의 사용들과 선(先)가정들의 어떤 것에 대한 근본적인 수정과 재해석을 위한 제의로서 제시된 것들'이다.

29 그런 제안의 훌륭한 예시는 어떻게 진리와 믿음이 이해되는지의 "혁신적인 재고"(innovative rethinking)로서 진리에 대한 실용주의자의 고려들을 다룬 로버트 브랜덤(Robert Brandom)*의 「실용주의, 현상학, 그리고 진리 이야기」(*pragmatism, phenomenalism, and Truth Talk*)[42] 이다. 그 재고의 근저에 있는 주제들은 "진실을 위한 어떤 주장을 말한다는 것은 그것을 승인하는 것 혹은 그것 자체를 언명하는 것이다"와 "어떤 주장을 승인한다는 것은 행동을 위한 지침으로서 그것을 승

---

*미국의 철학자로 언어 철학, 정신 철학, 논리학에 관심을 두며 이와 관련된 주제들의 체계적이고 역사적인 정리에 관심이 있는 것으로 알려져 있다.

인한 것으로 이해된다 … "(p. 77) 등이다. 자연적인 언어들의 담화 속에서 그런 재고를 막는 것과 그것의 제안자들을 위해 제거 혹은 재해석하는 것은 무엇인가? 그 대답은 바로 피터 기치(Peter Geach)*가 어떻게 주장의 본질에 대한 다양한 오해들을 피해갈 수 있는지에 대한 그의 결정적인 고려 속에서 그런 행동들에 의해 주장된 제안들을 위한 성질들 및 행동들의 관계의 성질들에 대해 설명하면서 제시했다.[43] 기치에 의한 이것과 차후의 논의들이 확실하게 만들어 온 것은 주장의 개념이 진리의 개념과 독립적으로 해석될 수는 없다는 점이다. 그런 까닭에 주장에 선행하는 그리고 진리에 대한 고려와는 독립적인 고려를 제공하기 위한 어떤 시도든 그 경우는—이것은 기치의 결론들로부터 이끌어낸 나의 추론이기 때문에 내가 덧붙인 부분에 대해서 기치가 책임질 이유는 없다—마침내 실패하고 만다는 것은 틀림없다. 그러나 그런 고려 없이 주장에 의한 진리의 설명은 공허하다. 동시대 신실증주의자(neopramatist)의 대답은 그의 주제를 "주장을 승인하는 것은 행동을 위한 지침으로서 그것을 채택하는 것이며, 다음에는 역할에 관하여 이것이 이해되어지는 곳에서 승인된 주장은 관습적인 추리 속에서 활동한다"(pp. 77-79)라고 상술한 것 속에서 브랜덤이 말한 것에 대하여 아마도 조금 더 나아간 확장이 될 것이다. 그러나 여기에서 그 책임은—그리고 아직 면제되지 않은 것—지금까지 단순히 주장의 표현들로 대체되지 않은 것으로서 이해되어져 온 무엇을 보여주어야 하는 신실증주의자에게 있다.

---

*영국의 철학자로서 역사 철학과 논리학에 관심이 있는 것으로 알려져 있다.

30 그런 대체가 진정한 대응물을 가질 수 없었다는 것은 내가 제안한 확실하고 견고한 추리를 지닌 주장과 연결되는 그런 특징들이고, 특징들은 이미 "주장"(Assertion) 속에서 확인되지만 그것의 중요성은 나중의 예시들의 발달 속에서 더욱 분명하게 되는데, 기치가 편협한 연계를 수반하는 문장들의 유형들에 대한 해석이라고 보여준 것[44]에 호소함에 의해 특정한 선언명제들(選言, disjunctions)과 조건명제들(conditionals) 속에서, 오직 진리상태들에 의하여 설명되는 의미의 개념과 우리가 명료하게 밝힐 수 없을 한편으로는 직설법 문장들의 무제한적인 주장과 다른 한편으로는 같은 문장의 선언명제와 조건명제의 사용 사이의 차이점이 없는 해석을 요구한다. 이것을 보여주는 속에서 기치는 "주장" 속에서 그가 우선 "그"(The) 프레게(Frege) 지점이라고 불렀던 것의 중요성을 되풀이하였으며, "하나의 그리고 같은 사고는 단언적 문장과 보다 긴 문장 속에서 단지 절(節) 속에서 모두 표현될 수 있다"(que uno yel mismo pensamiento peude ser expresado tanto en una sentencia asertórica, como en una mera clausula dentro en una sentencia mas larga, p. 84)라는 프레게의 지점을 아리스토텔레스에게 더하여, 하나의 같은 전제는 변증법적인 논의 속에서 단언적인 약속 없이도 주장되거나 사용될 수 있다고 하였다[『분석론 후서』(*Posterior Analytics*) 72a 8-11]. 그것은 문맥의 다른 유형들 속에서 변증법적 · 선언적 · 조건적으로 사용되는 문장들의 의미가 그것들이 단언적인 사용들에 놓일 때와 같음에 틀림없는 반면, 단언적인 문맥의 한 유형 속에서 다루어지는 사고는 그런 유형이 아닌 다른 곳 속에서는 단언성(assertibility)에 관하여 의미가 이해될 수 없고 보증될 수도 없으며 다른 것도 아니기 때문이다. 그리고 그것이 진실한 전제들로부터의 확

실한 추리를 통해 전해진 정확한 진리이고, 그런 논의 속에서 전제들의 의미와 결론의 의미 사이의 관계는 논리적인 조작자들의 진리 기능적인 의미들에 근거한 것으로서 방어되며, 양쪽의 진리상태들로부터 떨어져서는 이해될 수 없는 것이기 때문이다.

31 사이먼 블랙번(Simon Blackburn)은 도덕과 판단의 어떤 다른 유형들의 경우에 단언적인 형태는, 보기에 따라서는 "프레게 지점"을 완전히 고려한 단지 표현하는 내용을 제시하는 것으로서 해석될 수 있다는 그의 고유한 정서주의(emotivism)[45]의 투사주의적 해석의 입장으로부터 기치에 대항해 논의해 왔다. 그러나 기치의 주제에 대한 이 도전은 지금까지 불명료하게 남아 있는 어떤 것에 대하여 강력한 설명이 준비될 때까지 응답하기 어렵고 불필요한 양쪽 모두를 위한 어떤 것인데, 다시 말해 정서주의자 혹은 투사주의자의 관점에 근거하여 그 태도들이 도덕적 판단들 속에서 어떻게 주장에 의하여 명시되고 표현되는가 하는 것은 적절한 유형의 문장들의 주장과 관련된 것이다. 그런 태도들이 그런 주장들에 앞서서, 그리고 독립적으로 충분히 확인되고 특징지워지는 심리학적인 상태들로서 이해되는가? 만일 그렇다면 투사주의자의 주장은 경험의 심리학적인 것으로 판명되며, 그러면 그 주장은 내가 믿기에 실패이다. 만일 그렇지 않다면 그런 주장들은 기치가 실로 그것들의 특징을 나타낸 것처럼 어떤 기능의 표현과는 독립적으로 특징을 나타낸 것임에 틀림없다. 나는 정서주의를 이따금 그럴 듯하게 여겨왔다고 다른 곳에서 주장했다. 왜냐하면 어떤 종류의 사회적 상황 안에서 본래 참 혹은 거짓의 도덕적 판단을 나타내는 것으로 사용되었던 문장들의 유형들은 순수하게 목적들을 나타내기 위하여 사용되어 왔기 때문이다.[46] 그러나 그

것들이 오직 심리학적인 잉여물로 이해될 수 있는 감정을 위한 표현을 주는 것으로 사용될 때, 그런 문장들의 의미는 그 표현의 사용에 의해서는 설명될 수 없다. 기치의 주제는 우리가 가지고 있는 주장에 관한 고려에서 여전히 중요한 비중을 차지한다.

32 나 자신의 전반적인 주장에서 이것은 어떤 의미를 갖는가? 기치의 결론들이 보충하는 것은 우리가 진리를 위한 주장을 경쟁하는 도덕적 입장들의 주창자들에게서 기인하는 것이라고 할 권리가 있다고—그런 주장들이 명백히 표현된 것이 아닐 때에도—생각하는 것을 위한 이유들인데, 왜냐하면 다양하고 양립할 수 없는 관점들에 대한 그들의 주장들은 참으로 무제한적인 주장들이기 때문이며, 그리고 지지받기 위해 그들이 호소하는 그 추리들은 자연스러운 언어들 속에서 문장들의 표준적인 사용에 의해 공식화된 추리들이기 때문이다. 또한 진리를 위한 주장들은 이미 그런 주장의 행동들과 추리들에 대한 믿음 속에서 나타나기 때문이다. 이 결론을 옹호하는 기치의 논의들 중 어떤 것(*some*)은 심지어 진리와 정당함에 관하여 현재 논쟁에서 근본적으로 다른 관점을 취하는 그들 중 일부에 의해 받아들여져 왔는데, 가장 주목할 만한 것은 마이클 더미트(Michael Dummett)*의 「진리 개념의 근원」(*The Source of the Concept of Truth*)[47)]이다. 왜냐하면 거기에서 비록 더미트가 기치가 선언명제들에 관하여 강조해온 것들을 부정했다 할지라도—비록 기치의 고려가 정서주의자라

---

*영국의 철학자로서 수리철학, 논리학, 언어철학, 형이상학 등 다양한 분야에 업적이 있는 것으로 알려져 있다.

는 비판들을 받기 쉽다는 가능성을 인정한다고 해도—그는 조건명제들에 관하여 기치에게 동의할 것인데, "비록 거기에는 오히려 진리보다 정당함에 의하여 설명되어질 수 있는 조건명제들을 이해하는 방법이 있지만, 그것은 자연스러운 언어 속에서 조건명제의 실제 사용을 위한 그럴 듯한 접근조차도 밝히지 않으며, 그것이 우리에게 진리의 함축적인 형태를 강요하는 점이 그것들의 사용인 이유이다"(p. 9).

33 진리에 대한 사실주의적 개념과 진리상태들에 관한 의미의 개념들은 따라서 우리의 언어 사용 속에서 "깊게 묻어진다." 그러나 이것이 그런 것은, 그럼에도 불구하고 "사실주의적으로 고안된 진리 개념에 대한 방어(*defence*)가 없는 것이다"(p. 14). 왜냐하면 이 진리 개념은 더미트가 주장하는 필수의 방법들 속에서 정당함의 개념을 넘어서기 위해 "개념상의 도약"이 요구되는데, 왜냐하면 어떤 정당화도 아직 제대로 이루어지지 않았기 때문이다. 진리에 관한 현실주의자는 여전히 더미트의 관점에 근거하여 진리에 대한 그런 개념들은 불가피한 모순을 수반하지 않는다는 것을 보여주는데, 그 모순은 자신의 인식능력을 문장 사용과 관련해 정당화하는 조건의 만족과 더불어 "사건들에 관한 어떤 상태는 우리의 지식과는 독립적으로 획득된다"(p. 12)와 관련된 조건을 만족시킬 수 있다는 주장을 수반한다.

34 더미트가 기치의 논의들에 대하여 인정한 것은—더미트의 입장들[48]에 대한 비판은 말할 것도 없고 적절한 진술은 이 논문의 범위를 넘어선다—아마도 최소한 그가 현실주의의 진리 개념들에 대하여 부정한 것만큼 중요하다. 더미트가 부정하는 것에 대해서,

어떤 이는 개념상의 도약에 대한 은유에 관한 인식의 가까이 하기 어려움에 대한 그것의 암시와 더불어 의문을 제기함으로써 최초로 응답할 수 있을지도 모른다. 확실히 내가 이미 논의한 것처럼 진리의 개념은 "사실주의적으로 고안되든지" 또는 적어도 고안되면 반(反)사실주의자(antirealist)의 해석은 배척되며, 물질적인 물체의 개념이 감각 자료 밖에서 환원 혹은 해석될 수도 없고, 고통의 개념이 고통에 대한 몸의 표현들의 밖에서 환원 혹은 해석될 수도 없는 것과 마찬가지로 그 정당함의 밖에서는 환원될 수 없고 혹은 해석될 수 없다. 각각의 그런 경우들 안에서 철학자들은 더미트에 의해 전진되어 온 것과 유사하게 환원주의자에게 이의를 제기하려고 준비해 왔다. 그러나 그 환원주의자는 자신의 내부에서 기인하는 개념적 비약 문제에 직면한다. 고통에 대한 몸의 표현들은 이미 고통에 관한 이해됨이 있어야만 하는데, 만일 그것들이 고통에 대한 표현들 또는 어떤 다른 것으로서가 아니게 이해된다면 그 역은 성립하지 않고 감각 자료도 똑같이 이미 물질적인 물체의 개념에 관한 이해됨이 있어야만 하므로 그 역은 성립하지 않는다. 그래서 정당함 역시 이미 진리에 관한 이해를 전제해야만 하는데, 그 역은 성립하지 않는다. 거기에는 가로지르기를 허용하는 개념상의 틈이 없다.

35 이것이 내가 앞에서 진리를 어떤 특정한 주제 또는 문제와 관련된 체계적인 합리적 탐구의 목적이고 종점인 이해유형의 속성으로서 특징지을 때 제시한 이유이다. 우리는 이 혹은 저 문장의 주장에 대한 합리적 정당화를 그 목적을 향한 움직임 속에서 제공하고, 그런 정당화에 대한 평가와 재평가는 그 목적의 성취라는 관점에서 이루어진다. 모든 경우는 아니지만 바로 이런 이유로 모든 진리

주장이 정당화로서의 의미를 진리에 대한 정의 또는 정당화의 관점에 의거한 재정의의 필요성 속에서 발견하는 것이다. 왜냐하면 만일 내가 "p"가 진실이라고 주장한다면 나는 그것으로 다음을 주장할 것이다. 그것이 "p"이든지 "−p"이든지 진실을 발견하기 위한 것과 관련된 어떤 일련의 연구들의 역사를 통하여 "−p"는 어떤 도식과 합리적인 정당화의 방법에 의해서도 결코 지지되지 않거나, 혹은 만일 그것이 그렇게 지지된다면 연구의 어떤 특정한 단계에 있는 그 도식과 합리적인 정당화의 방법은 "−p"는 결국 합리적으로 의심되어질 것이라는 그 결론을 위한 원조를 제공하기 위해 나타난다는 것이다. 그리고 "p"는 진실이라고 주장하는 상황 속에서 나는 그 p를 인식하기 위한 탐구주제를 감당할 만한 지적 능력을 인정하게 된다.

36 이런 종류의 응답에 대한 초보적인 논의조차 더미트의 입장에 대해서든지 반사실주의자의 입장에 대한 브랜덤과 같은 신실증주의의 제안자들에 대해서든지, 최근의 철학적 논쟁 속에서 제기되는 진리와 지금 아퀴나스의 논의들에 관하여 무엇이 보다 잘 이해되고 있는가[49]와 관련된 그 문제들을 모으는 '지성과 사물의 일치'(*adaequatio intellectus ad rem*)로서의 진리에 대한 고려를 요구할 것이다. 그런 발달이 계획된 것은 무엇을 달성하기 위해서인가? 그것의 본래 목적은 그것의 실체(*res*)를 위한 지적 능력의 충분함으로서의 진리와 그런 지적 능력의 특색을 이루는 판단들을 표현하는 그런 문장들의 진리상태들의 관계를 보이기 위한 것이었을 것이다. 아퀴나스적 숙고에 근거하여 어떤 특정한 사람의 지적 능력이 어떤 특정한 주제 문제에 집중하는 데 충분한 경우에 한하여 그 숙고의 대상은 사실상 숙고의 내용 자체가 된다. 그래서 그 특정한 주제 문제에 관한 정신의

활동은 그것의 대상들이 무엇인지에 의해 특징지워지고 그 정신은 그 대상이 무엇인지로 인해 형식적인 것이 된다. 그것의 대상들에 대한 지적 능력의 충분함은—그리고 그것의 본래의 대상들은 예를 들어 화학자의 연구들에 관한 화학 나트륨(sodium) 혹은 염소(chlorine)의 실제의 표본들, 또는 지질학자의 연구들에 관한 실제 지층들(strata)이 아닌 정신에 대한 그렇게 많은 후대의 고려들 속에서처럼 그런 표본들, 지층들에 대한 관념들 혹은 표현들(presentations)이다—그런 물체들에 관한 진실 판단들을 만드는 속에서 표현되었다. 그리고 진리 판단은 그런 문장들의 진리조건을 만족시키는 문장의 활용 그 자체이다.

37 탐구의 이런 조건들은 정신영역에서는 그 목적(*telos*)이 그것이 무엇인가(*what is*)에 관한 관계의 충분성에 의해 성취되는 개념에 의해 제공되는 탐구 쪽으로 옮겨간다. 그런 관계를 달성해 온 정신은 여기에서 그리고 지금 어떤 특정하고 편협한 일련의 환경들의 한계들 아래에서 그 경우가 되는 것으로 보이는 어떤 것(*what seems to be the case*)에 관하여, 전에는 판단들을 위하여 그것을 제한했던 시각과 인식수단의 그런 한계들을 이겨낼 수 있게 된다. 그리고 그런 한계들이 왜곡되었는지 어떤지, 얼마나 왜곡되었는지 하는 것은 그것이 극복되었을 때 오직 인지되어 왔다. 따라서 내가 앞서 말한 것처럼 진리를 위한 주장들은 고안되어 어떤(*any*) 단지 편협한 입장의 한계들을 초월해 온 주장들이다. 더미트는 1972년의 “발문”(跋文, postscript)에서 그의 1959년의 “진리”[50)]에 대하여 진리에 관한 사실주의자들과 반사실주의자들 사이의 합의들과 불합의들은 인지되어야만 했다고 특성을 기술하는데, “만일 그것이 원리 속에서 사실이라고 알려진 존

재가 될 수 없다면 진술은 사실이 될 수 없다"는 데 양쪽 모두 합의해야만 한다는 것이다. 그러나 '반(反)사실주의자는 "알려진 존재가 될 수 있는" 것이 "우리에 의해(*by us*) 알려진 존재가 될 수 있는"의 의미라고 해석하는 데 반하여, 사실주의자는 그것을 "지적인 능력들과 관찰의 힘들이 우리 자신을 넘어서는 어떤 가상의 존재에 의하여 알려진 존재가 될 수 있는"(pp. 23–24)의 의미라고 해석한다고 말한다. 토마스 아퀴나스주의적 사실주의자는 반대로 정신이 아직 그것 자체에서 일방적이고 불공평한 한계들에서 자유로워지지 않은 속에서의 조건으로부터 이해의 충분함을 향한 혹은 위한, 실제적 혹은 가능한 진행에 의하여 이 차이점의 특성을 기술했을 것이다. 토마스 아퀴나스주의적 관점에서는 더미트의 가상의 존재의 그 지적인 능력들과 관찰의 힘들은 충분한 지적 능력에 의해 활용된 능력들과 힘들로서 이해되어야만 한다.

38 그러면 우리는 어떻게 한편으로 진리를 위한 무제한적인 주장은 그것들을 사실 이것은 상태가 어떠한가라고 주장하는 것으로 만드는 그들에게 위임하고, 다른 한편으로 어떤 명백하기도 하고 함축적이기도 한 삽입구의 조건을 통하여 단지 이것은 어떤 특정하고 한정된 관점으로부터 나타나게 되는 상태가 어떠한가라고 말하는 그런 제한적인 주장들 사이의 그 관계를 마음 속에 그려야만 하는가? [우리가 어떻게 어떤 특정한 관점으로부터 보이는 상태가 어떠한가 말하는 것으로부터, 그것들은 어떠한가 말하는 것으로 이동할 수 있는가와 관련해서는 아리스토텔레스의 『행복의 윤리학』(*Eudemian Ethics*) VII, 1235b 13–18을 보라. 어떤 특정한 관점으로부터 그것들이 어떻게 보이는가 말하는 것을 넘어서 이동하지 않는 것의 결과들과 관련해서는 『형이상학』 XI, 1062b 12–1063a 10을

보라.] 어떤 물체가 어떻게 보이는가와 관련된 주장이 우리가 이미 논의한 것처럼 어떤 특정한 관점에 한정된 것임을 인정한다면 이것도 역시 어떤 특정 관점에 근거한 것임을 인정해야만 한다. 그리고 상태가 어떠한지 아는 것의 일부분은 다르고·제한되고·한정된 관점으로부터 결과적으로 어떻게 그것들이(*are*) 나타난 것이 틀림없는지 말할 수 있다는 것이다. 좀 더 정확히 말하면 만일 우리가 상태가 어떠한지 알 때 우리는 그런 한정되고 부분적인 관점으로부터 상태가 어떠한지를 설명할 수 있음에 틀림없는데, 사실 그것들이 어떠한지 호소함에 의한 중요한 부분 속에, 그리고 오로지 우리가 이미 편협하고 불공평한 관점의 한계를 초월함으로써, 그런 관점들로부터 나타나는 것은 틀림없는 상태가 어떠한지에 관한 무제한적인 주장들을 만들 자격이 있을 것이다. 그래서 그것은 최소한 그것들이 진리를 위한 주장들이 옹호되기 위한 그런 설명들을 제공할 수 있기 위한 범위에 의하여 제한된다.

39 그래서 나는 도덕적 상대주의에 대한 논박은 더욱 발전된 방향으로 향하였고 진리의 개념에 대한 합리적인 정당화는 진리에 관한 두 가지—그것들은 양쪽 모두 그러나 매우 다른 방향 속에서 자연적인 언어들에 대한 화자들의 표준적인 어휘의 사용들에 수반된 실행의 근본적인 수정들을 수반하는데—거대한 동시대의 일련의 철학적 주제들과 불일치하였음을 주장해 왔다. 그래서 이런 아직까지 불안한 철학적 논쟁들에 종사하는 이들 때문에 거기에는 매우 건설적이고 비판적인 작업 모두가 가능해진다. 그러나 그 도덕적 입장의 신봉자들은 진행하는 도덕적 공동체들의 다양한 삶들을 구체화하였고, 자연적인 언어들의 다양함을 말하며, 그들이 주장하는

진리 개념과 밀접한 관계가 있는 그런 단언들과 실행들을 지속할지 어떨지 결심하기 위하여 그런 논쟁들의 결과를 기다릴 필요는 없다. 그들이 물어야만 하는 모든 것은, 만일 변호된다면 그들이 다양하고 논쟁하는 전통들에 관하여 만든 주장의 토대를 침식할, 진리에 대한 그런 이론들의 지지자들에 의해 아직까지 그들을 위하여 제공되고 있는, 그렇게는 계속되지 않을 어떤 종류의 결정적인 이유이다. 그리고 여기에 그들이 전념해 온 진리의 개념에 관하여 이미 말해져 온 것의 힘이 있는데, 한 방법으로는 저자들에 의해 토마스 아퀴나스주의적 전통 속에서, 그리고 다른 방법으로는 기치에 의해 양쪽 모두 그것을, 그렇게 계속되지 않을 결정적인 이유와 전혀 닮지 않은 것이 여전히 발전하고 있다고 명백하게 만들기에 충분하다.

그렇다면 어떻게 하나의 도덕적 입장이 그 반대되는 입장들에 대항하여 합리적으로 변호될 수 있는가?

40 그러나 진리와 합리적인 정당화 사이의 관계에 대한 이러한 관점은 그 자체로 극복할 수 없는 난점을 포함하는지 모른다. 나는 합리적인 탐구의 목적(*telos*)으로서의 진리를 취하는 속에서 아리스토텔레스를 따라왔는데, 그렇게 고안된 합리적인 정당화는 합리적인 정당화의 보다 적당한 형태에 의한 교체를 통해 목적인을 향한 진행을 수반해야만 한다. 그래서 인간의 좋음, 의무, 덕, 옳음에 대한 본성과 상태와 관련된 합리적인 연구 속에서 초기의 편협하고 불공평

하며 일방적인 관점으로부터 어떤 중요한 방법 속에서 그런 편파와 한계들로부터 자유로운, 그리고 그것을 설명할 수 있는 자원들을 지닌 이해의 유형을—그리고 관습의 도덕적 삶의 유형의 경우에서—향한 움직임으로 진행되어야 한다. 이런 식으로 달성된 이해의 관점에 바로 그것들이 편협하고 불공평하며 일방적인 관점들의 제한된 시각들로부터, 그것들의 한계가 이제 초월되는 다른 것으로 전환되는 이유가 포함된다. 그러나 내가 초기에 진행했던 거대한 도덕적 관점들 사이의 명백하게 해결할 수 없는 근본적인 불일치 때문에 도덕적 삶의 본질과 관련된 합리적인 연구 속에서 그런 진행은 나타날 수 없다는 것은 틀림없어 보인다. 왜 그런가?

41 각각 그것들의 고유한 합리적인 정당화 표준들, 그것들과 내면적인 관계를 가지는 그런 경쟁하는 입장들 때문에 각각은 그것 스스로의 합리적인 정당화 방법과 그 방법이 주는 표현을 위한 개념적 도식에 가두어지는 것이 틀림없어 보인다. 그러나 만일 그것이 참으로 그렇다면 거기에는 확실히 각각의 경쟁하는 입장의 지지자들이 그들의 고유한 특유의 관점들의 한계를 넘어설 수 있는 아무런 방법이 존재할 수 없는데, 왜냐하면 그들에게 이용할 수 있는 유일한 판단기준들이 각각의 특유의 관점의 표준들이기 때문이다. 그러나 합리적인 연구 속에서 진행을 위한 중심은 내가 그것의 특징을 기술한 것처럼 그런 한계들을 넘어설 수 있고 그렇게 하는 속에서 확인하며, 그들의 시각은 그들에 의해 정의된다고 스스로에게 강요한 불공평하고 일방적임을 설명하는 능력이다. 만일 합리적인 연구 속에서 진행이 그렇게 이해되는 것이 불가능하다면 근본적이고 도덕적인 불일치에 관한 사실로부터 도덕적 상대주의자의 결론들을 향한 추리를

막는 진리의 개념은 그것의 응용을 잃게 된다. 왜냐하면 진리는 언제나 제한되고 강제되어 한정되게 남아 있는 연구의 목적이 될 수 없기 때문이다.

42 그러나 이런 방향의 논의는 잘못되었다. 왜냐하면 심지어 내가 그것들을 묘사한 것처럼 도덕적 입장들 사이의 근본적인 불일치에 관한 사실들이 있는 그런 경우들 속에서도 각각의 경쟁하는 전통들은 합리적인 정당화에 대한 그것의 고유한 표준들과 내면적인 관계를 가지기 때문인데, 그런 표준들의 한계들을 넘어설 가능성은 지금까지 형식화되고 이해되어진 것처럼 도덕적 삶의 본질을 향하는 사실상 불가능하지 않은 합리적인 연구의 진행을 통하는 것이다. 예를 들어 이것이 어떻게 그리고 왜 자연법 전통[51]의 역사를 재시험하는 것이 되는가를 이해하기 위한 한 가지 접근은, 그것의 고유한 내면적인 연구들과 다른 전통들에 대한 그것의 비판적인 관계들의 발달 안에서의 한 단계 이상에서, 합리적인 정당화의 고유한 표준들에 의해 지금까지 그것에 부여된 한계들을 넘어섬의 도전은 성공적으로 만났다. 그러나 이것은 어떻게 그런 특정한 경우들 속에서 그런 한계들이 극복될 수 있는가의 보다 일반적인 이유로서 가능할 수 있는가 이해하는 것을 요구한다. 거기에는 만일 그것이 그런 극복 속에서 어떤 성공의 예상을 가지는 것이라면, 출발점이 도덕적 입장의 이 유형 안에서부터인 어떤 연구의 발달을 위하여 필요한 독특한 특징들이 있다.

43 그 첫 번째는, 정당화의 무거운 짐이 그들과 같이 진리의 실재적인 개념에 전념하는 누군가에게 부과한 그것에 종사하는 그들에 의한 받아들임이다. 어떤 짐이 그것인가? 그것은 그들이 할

수 있는 한에서 만일 그 경우에 한해 그 진리가 참으로 그들이 그렇게 주장하는 것이라면, 또한 그것이 적절함에 틀림없다고 그들이 말하는 방법 속에서 합리적으로 적절하다면, 각각의 경쟁하는 도덕적 입장의 경우에 그 입장이 이론적으로 관습 속에서 정성들여 만들어지고 구체화된 상황 속에서, 어떻게 역사적 · 사회적 · 심리학적 · 지적인 환경들이 주어지는지 충분하게 이해할 수 있다는 것을 보여주는 각각의 특정한 경쟁하는 전통의 지지자들에게 부과된 부담인데, 우리는 이것이 그런 다른 입장들의 지지자들에게 있어 상태가 어떠한지 보여야만 한다는 것이라는 것을 이해할 수 있다. 상태가 어떠한지의 관점에서 그것들이 단지 한정적이고 제한된 관점으로 설명되어지는 것으로부터, 상태가 어떠한지 그들에게 보이는 것이다. 그러나 이 부담은 진리가 요구되는 그들의 도덕성 고려에 대하여 모든 입장의 지지자들에게 동등하므로, 비록 어느 정도까지는 설명과 명료함의 다른 표준들이 각각의 경쟁하는 도덕적 전통 속에서부터 호소된다 할지라도 다른 입장들은 그 성취와 관련된 설명을 기준으로 비교될 수 있다. 왜냐하면 그런 설명들에 의해 생기는 이해의 유형은, 만일 그것이 정당화하는 짐을 면제하는 것이라면, 그리고 진리를 위한 주장이 유지될 수 있도록 용납한다면 광대하고 다양한 지점들에서 왜곡(falsification)에 개방되어 있기에 충분하고 특수하게 상술(詳述)되어 있음이 틀림없기 때문이다. 그리고 그 상술과 특수성은 우리가 직면하게 되는 도덕적 불일치의 다른 유형들이 다른 조건들과 환경들 아래에서 어떻게 발생되는가를 이해하는 것을 가능하게 한다. 어떤 형태들이 그런 설명들을 취하는가?

44 이 질문에 답하기 위해서 우리는 자신에게 모든 중요한

도덕적 입장의 중심적인 특징들을 상기시킬 필요가 있다. 인간 존재의 도덕적 상태, 그리고 도덕적 성공과 실패의 표준들의 종합적인 고려를 제공하기 위함을 취지로 하는 어떤 깊이 있는 이론상의 모든 입장은 그것 자체의 독특한 주제들과 논의들뿐만 아니라 그것 자체의 독특한 문제들과 어려움들, 이론적 · 관습적이거나 혹은 모두와 내면적 관계가 있다. 그리고 그것 자체의 입장에 의존하고 있는 한계들을 넘어서게 계획된 어떤 연구에 필수적인 다른 특성은, 출발점에서 무엇이 가장 미심쩍으며 특정한 도덕적 입장에 대하여 가장 어려운 태도를 취하는지의 체계적인 조사와 공들임이다. 특정한 입장은 그런 지지자들에 의해 그리고 그들을 위해서 변호되거나 변호되지 않는데, 그것은 물론 그런 문제들을 해결하거나 혹은 부분적으로 해결하거나 혹은 최소한 재공식화하는 상황 속에서 진행을 만들기 위한 그것의 지지자들의 능력의 정도에 의한 것인데, 첫째는 모순 혹은 자원이 없음에 처한 영역들을 확인함에 의해서이고, 그 다음은 이것들에 대한 치료들을 공급함에 의해서이다. 왜냐하면 우리가 여기에서 무엇이 문제이며 혹은 최소한 문제가 되어야만 하는가 말하는 것은 이런 논쟁들이 발생하는 그 지지자들을 위한 입장의 표준들에 의한 것이기 때문이다.

45 그래서 예를 들어 공리주의 안에서 이론적이기도 하고 실제적이기도 한 물음인 어떤 특정한 개인의 행복이 어떻게 일반적인 행복과 관련되느냐 하는 문제는 최초에 벤담(Bentham)에 의해 한 가지 방법 속에서 대답되었으며, 그리고 벤담의 응답 속에서 공리주의의 고유한 기준들에 의한 명백한 결점들을 보완하기 위한 공식화 속에서 밀(Mill)에 의해 다른 방법으로 대답되었고, 그후 밀을 바로잡

고자 시도하는 속에서 다시 시즈위크(Sidgwick)에 의해 대답되었다. 17세기와 18세기의 일본 유교에서 우리는 순응하기 위한 명백한 요구와 가족의 관계들에 대하여, 가족과 한 집안의 새로운 질서를 위한 오래된 명령들의 교정과 유사한 일련의 새로우면서도 구식인 명령들에 대한 계속적인 요구 사이에서 계속되면서도 풀리지 않는 긴장을 발견한다. 그러나 그런 문제들을 다루기 위한 그런 시도들의 역사 속 어떤 지점에서 그것은 영속할 뿐만 아니라 처리하기 어려우며 그렇게 고칠 수는 없는 것이라는 점이 명백하게 될 수 있다.

46 우리가 영속하고 처리하기 어려운 문제의 이런 유형에 직면한 특정한 도덕적 입장의 지지자들이 오로지 모순을 희생으로 하여 자원이 없음을 피할 수 있다는 것을 발견할 때, 만일 그것이 실제로도 유용하다고 주장하려면 너무 많은 정당화 근거들이 필요하게 된다. 이때 의문은 항상 그것에 의해서 그런 모순들을 낳고 그것들의 해결을 막는 양쪽 모두의, 그것들 자체의 개념적 · 논쟁적인 구조에 의해 부과되는 한계들에 대한 정도에 관해서 그들이 그것을 인지하든 못하든 그 특정한 도덕적 입장의 지지자들에게 제기된다. 이것이 그렇게 확립될 수 있는 한에 있어서 왜 그리고 어떻게 정확히 이런 특정한 문제들이 그 특정한 구조와 그것들을 해결하는 데 있어 장애물들, 우리의 원인 분석(diagnosis)이 우리로 하여금 확인하는 것을 가능하게 해온 바로 그런 장애물들 속에서 불가피하게 발생해야만 하는지 설명함에 의해 그 특정한 입장과 그것의 특정하게 확립된 도식과 합리적인 정당화 방법의 한정된 한계들의 정도에 대해서 넘어설 것이다. 그러나 어떻게 이것이 성취될 수 있는가?

47 그것은 이제까지는 그 구조 속에서 가능하지 않았으나

지금은 그것이 가능하게 만들어진 논쟁적인 자원들의 활용에 의하여 구조 그 자체 속에서부터 그 특정한 입장의 개념상의 구조에 의문을 제시할 능력을 요구할 것이다. 그것은 무엇보다도 오직 그런 한계들이 확인될 수 있는 어떤 다른 경쟁적인 도덕적 견해의 입장으로부터 있을 것이다. 그러나 어떻게 그 자신의 특정한 관점의 개념들과 표준들에 의해 모두 채워지고 제한된 도덕적 믿음들과 관습을 가진 어떤 이가 어떤 형식적이고 경쟁적인 우월한 지점으로부터 자신의 입장을 이해하기 위한 능력을 얻을 수 있는 것이 가능한가? 그 대답은 철학적 · 도덕적 상상의 훈련을 통하여 어떤 이가 이따금 어떤 대안적인 입장과 경쟁적인 입장으로부터 생각하고 느끼고 행동해야 할 것을 배우고, 그렇게 하는 속에서 그 경쟁자에 의해 제공된 시각 속에서 자신의 고유한 전통을 이해하는 능력을 획득한다는 것이다. 여기에서 인류학자의 능력과 유사점은 선택적이고 매우 다른 문화에서 어떻게 사는가 뿐만 아니라, 이질적인 시각으로부터 그녀 혹은 그 자신의 문화를 어떻게 보느냐를 배운다는 것이다.

48 어떤 형식적이고 이질적인 관점으로부터 누군가의 고유한 근본적인 도덕적 입장들을 이해하기 위한 이 상상의 능력 훈련은, 그러면 다시 어떤 하나의 특정한 도덕적 입장 속에서 시작하고 우선은 확인하기 위하여, 게다가 그것의 한계들을 극복하기 위하여 갈망하는 연구에 종사하는 그런 이에게 필요한 또 다른 특징이다. 이 능력이 이따금 획득될 수 있는 것은, 어떤 확장된 영역으로 넘어가는 어떤 이의 고유한 입장이 내용의 빈약함을 다루는 상황 속에서 의문들 · 어려움들 · 모순들과 자원이 없음을 발견할 수 있기 때문인데, 그것은 특정하고 편협한 불공평들과 어떤 이의 고유한 전통의 일방적

임들에 의해 야기될 어려움과 의문들의 유형들로서 어떤 다른 경쟁적 입장으로부터 이해되고 설명될 수 있다. 만일 그 선택적인 경쟁적 입장이 그것의 고유한 어려움들과 문제들과 유사하게 내용의 빈약함을 입증하지 않는다면, 그 연구자는 이제까지 자신이 가졌던 그 입장 속에서 지금까지 제한한 것을 드러냄에 의하여 상태가 어떠해 보이는지의 진술로부터, 그리고 특정하고 편협한 관점으로부터 그것들은 사실상 합리적으로 움직이기 위한 자원들을 제공하는 상황 속에서 좀 더 강력한 것으로서 선택적인 경쟁적 입장을 다루는 데 있어 훌륭한 이유들을 가진다.

49 그래서 비록 모든 그런 이유들이 어떤 특정한 도덕적 입장의 한계들과 강제들의 인정으로부터, 그리고 최초의 인정으로부터 시작해야만 한다 할지라도 진리의 어떤 적절한 개념과 논리, 그리고 철학적 · 도덕적 상상력의 훈련에 의해 제공되는 자원들은 이따금 연구가 그것을 방해하거나 빈약하게 만드는 그런 한계들과 강제들을 확인하고 넘어서는 것을 가능하게 하기에 충분하다. 그러나 합리적인 논쟁의 이러한 진행에서 하나의 입장은 어떤 것이 다른 것에 대하여 처리하기 어렵고 미심쩍은지에 대한 이해와 설명을 위한 자원들을 제공함으로써 다른 입장을 극복할 수 있는데, 이때 극복된 그 입장의 지지자들은 자신들의 패배를 인정할 수 없는 채로 남아 있을 것이다. 왜냐하면 그런 지지자들은 경쟁적인 결론들의 부인을 옹호하기 위한 그들 자신의 특정하게 설립된 도식의 표준들과 합리적인 정당화의 방법에 호소하는 것을 위하여, 그들이 정밀하게 가졌던 모든 이유들을 여전히 가지고 있을 것이고, 그들은 외부의 입장으로부터 그들 자신의 입장들을 이해하기 위한 능력을 절대 획득하지 않을 것

이기 때문에 그들이 자신의 고유한 입장의 논박으로서 인지해야만 하기에 제공된 것들이 아무런 필요가 없게 된다. 기껏해야 그들은(*they*) 어떤 계속되는 오랜 기간의 문제들에 대해 처리하기 어려움을 겨우 인정하지 않을 수 없었다. 이것이 그 경우인 한에 있어서 갈등 상황의 두 가지 입장들 사이의 관계는 따라서 불균형이 되고, 이것은 두 가지 방향 속에서 드러난다. 첫째, 이런 두 개의 경쟁적인 도덕적 입장들 중 한 개는 철학적 · 도덕적인 상상력 훈련을 통하여, 단지 그것의 경쟁자에 대한 정확한 설명이 아닌 경쟁자의 표준들에 의해 처리하기 어려운 미심쩍음을 알아차리기 위한 그 개념적 자원들을 얻게 될 것이다. 반면 그 경쟁자들은 바로 그 자원의 유형들을 결핍하게 될 것이다. 그리고 둘째, 그것은 그것의 고유한 방식으로 왜 무엇이 그렇게 처리하기 어려운 미심쩍음이 되는가에 대한 강제적인 설명을 제공하게 될 것이다. 그러나 그 설명들이 만들어지는 상황 속에서 그 용어들이 거의 그리고 어쩌면 모든 경쟁적인 입장에 있는, 지지자들에게 접근하기 어려운 채로 남아 있다는 것은 당연하다. 그래서 근본적인 문제들에 있어 도덕적 · 철학적으로 계속되는 불일치의 존재는, 심지어 매우 지적인 사람들 사이에서조차도, 우리를 '거기에는 그런 불일치의 합리적인 해결을 위하여 이용할 수 있는 적당한 자원들이 없다는 점을 생각하는 것' 으로 이끌지 않는다.[52)]

Chapter_4

Hegel on faces and skulls

관상학과 골상학에 대한 헤겔의 비판*

I

1 『정신현상학』(*The Phenomenology of Spirit*)은 성급히 쓰여졌다. 이 성급함의 결과로 논의들이 축소되었고, 한 가지 논의의 다른 논의를 향한 관계가 종종 불분명하며, 거의 헤아릴 수 없는 불명료함의 절들이 되풀이되고 있다는 것은 주지의 사실이다. 이런 이유로 주석을 다는 사람들은 헤겔의 의도를 읽어내는 과정에서 자유로움을

*이 글에서는 character가 많이 등장하는데, 문맥에 맞추어 '성격' 혹은 '특징'이라고 하였다. 특징 혹은 특성과 관련된 trait, feature 등이 같이 쓰이는 경우도 있어 문맥에 맞추어 다른 용어로 쓰기도 하였음을 밝힌다.

느낄 수 있지만 이 자유는 언제나 잘못된 해석의 가능성을 동반하고, 특히나 오늘날의 쟁점과 관련될 때 그 위험성이 커진다. 그럼에도 불구하고 그 위험은 때때로 가치 있는 것인데, 왜냐하면 비록 역사의 철학에 무지하게 되는 것이 그것을 반복하는 것으로 운명지어져 있다는 것이 진실이라 할지라도 재미있는 것은 우리가 얼마간 그것을 반복하는 것으로 운명지어져 있기 때문이며, 이것은 단지 매우 많은 철학적 문제들의 원천이 인간의 본성과 언어의 영속하는 특성들과 가까이 있기 때문이다. 내가 두 가지 나쁜 과학들—관상학(physiognomy)과 골상학(phrenology)—, 그리고 인간의 특성(character)과 행동을 해명하고 설명하기 위한 그들의 주장 및 어떤 동시대의 쟁점들에 대한 논의들의 적절성(relevance)에 관하여 헤겔의 논의들을 고려하기 원하는 것은 이런 생각 때문이다.

2 관상학은 18세기에 약간 살아났던 고대의 과학으로서 특히 요한 카스퍼 라바터(Johann Kaspar Lavater)*의 글들 안에서 드러난다. 관상학의 중심적인 주장은 한 인간의 특성은 얼굴 특징들 내에서 구조적으로 드러난다는 것이다. 특성은 일련의 결정된 특색들(traits)로 구성되며, 얼굴은 일련의 결정된 특징들(features)로 구성된다. 어떤 경우에는 얼굴 상태의(as it is) 원인이 현재의 그 특징 자체이지만, 다른 경우에는 어떤 직업 내에서 겪은 경험들과 같은 것들이 특성과 얼굴 모두에 경험의 표식을 남긴다. 이 후자의 경우에 얼굴의 특색들은 성격 특징들의 결과가 아니라 드러난 성격 그 자체이다.

*1741–1801, 스위스의 신학자이자 인상학자로서 알려져 있다.

3 관상학에 대한 논의에서 헤겔은 관상학 지지자들이 자신들의 과학이 예를 들어 점성학(astrology) 지지자들과는 다른 유형의 주장을 만든다고 단언하는 점에 주목하면서 시작한다. 점성가들은 행성의 움직임의 유형들과 인간 행동의 유형들은 어떤 규칙적인 방향 내에서 서로 관련이 있다고 주장한다. 그 연결은 순수하게 우연적이고 형식적인 것이다. 그러나 얼굴은 사람의 성격의 표현(*expression*)이다. 인간은 그의 얼굴에 드러난다. 이어서 헤겔은 관상학자에 의해 만들어진 이런 주장과 일상적인 삶에서 만들어진 주장의 차이점에 대해서 지적한다. 평범한 인간관계의 부분은 서로의 얼굴들, 생각들, 기분들, 반응들을 읽어내는 것이다. 그러나 우리가 인간의 행동 안에서 손의 움직임을 어떤 다른 것의 표시나 행해진 것 안에 담겨진 의미 또는 그 의도로 다루지 않는 것처럼 우리는 얼굴의 표현을 어떤 다른 것의 표시, 어떤 내부적인 것의 표현으로서의 외부적인 것으로서 간단하게 다루지 않는다. 우리는 얼굴의 표현과 손의 움직임을 자신의 행동 혹은 행동 양상의 부분들로서 다룬다. 이 연결에서 헤겔은 네 가지 지적을 한다.

4 얼굴이란 어떤 것인가는 그것의 뼈의 구조 혹은 눈이 배치된 방향이 아니라 성격 또는 행동의 표현이다. 얼굴이 하는 것은 그런 표현이다. 따라서 우리는 단지 신체적인 형태들에 관심을 갖는 것이 아니라 이미 해석된 움직임들에 관심을 갖는다. 이것은 헤겔의 두 번째 지적으로 이끈다. 인간의 성격은 그의 행동과 독립적인 어떤 것 또는 그의 행동과 독립적으로 접근하기 쉬운 것이 아니다. 그의 성격에 대해서 그가 행동하는 것의 총괄보다 더한 것은 없다. 헤겔은 여기에서 그것들을 증명하는 행동들의 원인으로서의 성품 개념에 적

의를 품는 『마음의 개념』(*The Concept of Mind*) 안의 라일(Ryle)*을 지지한다. 이 두 지적들의 결합된 힘은 다음과 같다.

5 얼굴에 슬픈 표정을 지닌 어떤 사람을 볼 때 우리는 얼굴 특징들의 그 물리적인 배치와 내면의 슬픈 상태 사이의 관찰된 상호관계를 기초로 하여 그가 느끼는 내면의 슬픔을 추론하지 않는다. 우리는 그 표현을 얼굴의 표현들을 해석하는 데 대한 문화 내의 관례의 관점에서 하나의 슬픔으로 읽거나 해석한다. 우리는 다른 문화들에서는 이것을 어떻게 해석하는가에 대하여 배워야만 한다는 점에 주의하라. 그리고 규칙성에 유의하면서 다른 문화와 더불어 관찰할 수 있는 특질로서 관련 있는 것이 전혀 없다는 것은, 우리가 그런 배움의 과업을 할 수 있게 도울 것이라는 점에 주의하라. 따라서 일련의 물리적 특징들을 보는 것과 얼굴로서, 그리고 특정한 표현을 가진 얼굴로서의 집합을 보는 것 사이에 있는 차이점은 바로 일련의 물리적 형태들을 보는 것과 영어 문장으로서 그리고 특정한 의미를 지닌 문장의 집합을 보는 것 사이에 있는 차이점이다. 어떻게 얼굴 혹은 문장을 읽는가를 배우는 것은 물리적 특징들 혹은 형태들 중 하나인 항목들의 두 가지 집합들 사이의 상호관계로 구체화되는 관찰에 의해 정당화되는 규칙들을 따르는 것이 아니다.

6 이제까지 행해진 헤겔의 논의는 '성격을 표현하는 것으로서의 얼굴에 대하여 관상학자들이 다루는 법'과 '(최소한 때때로)

---

*1900–1976, 영국의 철학자로서 일상 언어학파의 형성에 큰 영향을 미쳤으며, 『정신의 개념』으로 널리 알려져 있다.

성격의 영향으로서의 얼굴에 대하여 관상학자들이 다루는 법' 은 파괴적인 모순 없이는 결합될 수 없다는 것을 보여주는 것이다. 헤겔의 다음 두 가지 지적들은 얼굴 표현의 과학발달 이전의 이해가 그 표현에 근거하여 주장하는 바에 의한 인과관계들(causal relations)의 과학적 이해로 넘어가는 관상학의 주장에 대하여 더욱 파괴적이다. 그는 우리가 매일 얼굴 표현을 해석하는 데 사용하는 규칙들이 얼마나 틀리기 쉬운가를 날카롭게 지적한다. 우리는 헤겔의 지적을 이런 식으로 표현할 수 있다. 만일 누군가가 명백히 나를 노려본다면, 그래서 그가 나에게 화를 낸다고 비난한다면 그는 어떤 것을 전혀 다르게 생각하고 있었다고 반론하기만 하면 되며, 그러면 나는 얼굴 표현의 해석에 대한 어떤 일련의 규칙들에 호소함에 의해서는 그에게 반박할 방법이 없다. 헤겔은 리히텐베르크(Lichtenberg)*를 인용한다. "만일 누군가가 '당신은 정직한 사람처럼 행동하고 있지만 나는 당신의 얼굴을 보고 당신이 억지로 그렇게 꾸미고 있을 뿐 당신은 악인보다 아래에 있음을 볼 수 있소' 라고 말한다면 그렇게 환영하던 모든 훌륭한 동료들이 빰을 때리며 답할 것이라는 점에는 아무런 의문도 없다."

7 마지막으로—이것이 헤겔의 앞선 논의에서 이미 다루어졌지만—우리의 성격 특질들은 우리의 행동들, 말들, 얼굴 표현들 내에서 드러나는 것과 같은 물리적 특징들이 주어지는 것처럼 그렇게 간단하게 주어지지 않는다. 나의 뼈 구조는 수술이나 폭력에 의해

*1742-1799, 독일의 물리학자이자 계몽주의 사상가로서 심리적 인간 관찰로 유명하다.

바뀔 수 있으며, 어떤 주어진 순간에라도 그것은 간단하게 그렇게 된다. 그러나 나의 성격은 나의 뼈 구조처럼 같은 방법으로 결정되는 것이 아닌데, 이는 두 가지 점에서 그렇다. 첫째, 어떤 특정한 방향으로 행동하기 위한 경향(disposition)은 항상 어떤 특정한 문맥 내에서 구현되어야만 하고, 그 경향을 명백하게 하는 행동의 특징(nature)과 의미는 자세하지 않은 많은 경우에는 그 문맥으로부터 떨어져 나온다. 만일 어떤 이가 나를 흉악하게 공격할 때 내가 그를 쳐서 죽게 했다면, 나의 행동은 기분이 나빠 폭발하여 불필요한 공격으로 내가 사람을 쳐서 죽게 만들었을 때와 같은 특징과 의미를 지니지 않는다. 전후 상황과 독립적으로 나타나는 경향들은 재채기 또는 강박감에 사로잡힌 행동들을 하는 버릇과 같은 것이다. 그것들의 표현은 그것들이 문맥으로부터 독립되어 있는 덕택에 아마도 신경질적인 버릇들을 제외하고는 이해할 수 있는 행동으로 보일 수 없는 해프닝이 될 것이다. 그러나 문맥 내에서 발생하는 나의 행동에 관해서 우리는 그런 문맥 내에서 이해할 수 있는 행동으로 규정하는 기준들의 관점에서 그것이 적당한지 적당하지 않은지 물을 수 있다. 참으로 이것은 어떤 행위자라도 그 자신의 행동들에 관하여 물을 수 있는 질문들이다. 이것을 물어보면서 그는 자신의 행동들을 '그가 자신이 하는 행동에 관하여 자의식적으로 되는' 그런 방향으로 특징지어야만 한다.

8 예를 들어(나의 예이지 헤겔의 것이 아닌) 한 행위자는 일련의 잡다한 개인적 행동들을 취하는 그 자신을 발견할 것이다. 이런 것들의 특징들에 대하여 의식하면서 그는 자신의 모든 행위가 시샘하거나 혹은 이를테면 소심하다는 것을 깨닫게 된다. 그러나 이제 그는, 그의 행위는 헤겔이 "주어진 환경들, 상황들, 버릇들, 관습들, 종

교 등등"이라고 부르는 것들에 관하여, 즉 기준들과 그의 문화의 반응과 관련됨에 관하여 시샘 혹은 소심함으로(*qua*) 한다고 판단할 수 있다. 그러나 이렇게 하는 것은 스스로에게 결정적인 이유들을 제공하는 것인데, 왜냐하면 그런 기준들과 응답들, 그리고 자신의 목표들의 관점에서 그의 행위를 변경하는 것이기 때문이다. 그것들은 절대 고정적이거나 결정적이지 않다는 것이 합리적인 행위자의 성격 특징들의 본질(nature)이다. 그러나 그들이 의식적인 행위자로서 자신의 개체성에 관하여 발견하기 위한 행위자라는 것은—즉 그들이 자신의 개인적·사회적인 문맥 내에 있다는 것은—현재는 아닌 자신으로 변화될 수 있는 가능성이 열려 있다는 것을 의미한다.

9 더욱이 자신의 특성들을 바꾸지 않으려는 행위자는 아마도 자신의 표현들을 바꾸어야 할 것이다. 참으로 그가 어떤 특징들을 명백히 하고 어떤 관점 속에서 그렇게 나타내는 것을 의식한다는 것은 그를 바로 그렇게 하도록 이끄는 것이다. 얼굴 표현을 포함하여 외적인 표현의 성격에 대한 관련성은, 어떤 외부적인 표현은 성격의 어떤 유형의 표시로서 취해진 것이라는 발견은 한 행위자가 그 다음에는 그의 성격을 감추기 위하여 이용할 수도 있다는 그런 발견이다. 그러므로 『관상학을 넘어서』(*Über Physiognomik*)에서 헤겔 역시 인용하고 있는 리히텐베르크의 다른 말은 다음과 같다. "관상학자는 언제나 그의 이해 내에서 인간을 파악하고 있다고 생각하라. 그것은 수세기 동안 이해할 수 없었던 것에 대해 자신을 그 인간의 한 부분으로 인지하는 용기 있는 해결책을 요구할지 모른다."

II

10 그럼에도 지금 누가 관상학의 주장들에 감명받을 것 같은가? 라바터의 『인간 이해와 인간 사랑을 향하는 관상학의 단편들』(*Physiognomische Fragmente zur Beforderung der Menschenkenntniss und Menschenliebe*)을 읽어보면 그것의 신비적이고 기발한 표현에도 불구하고—예를 들면 라바터는 젊은이의 교제의 기초로 혜안(piercing eyes)과 기억능력을 연관시킨다—누가 그런 주장들에 감명받아 왔는가 묻는 것이 당연할 것이다. 그 답의 일부는 유익한 것들과의 대비를 밝히기 위해서라도 우리는 나쁜 과학들에 흥미를 가져야만 했다는 것이다. 점성학, 관상학, 골상학에 대한 공부는 그것이 우리가 화학과 심리학의 특성을 이해하는 데 도움을 줄 수 있는 한에서 정당화된다. 그러나 그 답의 다른 부분은 어떤 논쟁이 마치 유전학(genetics) 혹은 신경생리학(neurophysiology)과 같은 유익한 것에 의해서처럼 관상학과 골상학 같은 나쁜 과학들에 의해 바로 그 같은 방식으로 제기되었을 때의 방향과 관련된다.

11 골상학의 경우에는 중심적인 주제들이 실제로 생리학의 역사를 통하여 현재까지도 유지되고 있다. 예를 들어 활동의 다른 유형들은 뇌의 다른 구역들에 배치된다는 것은 골상학의 중심적인 주제였다. 비록 우리의 현대의 국부화에 대한 이해는 골상학의 그것과는 매우 다른 형태일지라도 이 주제는 다소 다른 형태로 유지되었다. 독특한 골상학의 두 번째 주제가 있는데, 뇌의 다른 영역들은 두

개골(頭蓋骨, cranial bone)의 다른 영역들과 대응한다는 것, 그리고 골상학자들의 그 유명한 두개(頭蓋)의 융기(bump)는 이 영역의 형태들이 뇌의 각 영역 발달의 다른 정도를 드러낸다는 것이다. 이 경험주의의 논쟁이 잘못되었다는 것은 말할 필요가 없다. 마지막 주제는 뇌의 부분적 활동은 행동의 충분한 원인과 설명이라는 것, 따라서 두개골(cranium)의 형태는 우리가 행동을 예측할 수 있도록 한다는 것이다.

12 이런 의심스러운 논쟁 속에서 묻힌 것이 하나 있는데, 그것은 보다 덜 두드러지게 의심스러운 것으로 참으로 친숙하고 널리 인정되고 있다. 물론 나는 그 주제에는 생화학적인 또는 신경의 상태들, 과정들, 그리고 사건들, 인간 행동들의 충분한 원인이 되는 사건과 특징(nature)이 있다는 것을 인정한다. 이 주제는 1807년에 골상학의 옷을 입었다. 오늘날 그것의 옷은 그때만큼이나 유행하는데, 그것들이 단지 유행들로서만은 아니다. 더욱이 헤겔이 관상학과 골상학의 주장들에 논박을 시도했을 때, 만일 그의 논박이 성공적이었다면 그것은 그 주제의 과학적 옷이 무엇이든지 내가 바로 말했던 그 주제에 대항했던 것이며, 그는 그런 방식으로 그렇게 하였다.

13 이 지점에서 어떤 이는 나의 은유(metaphor)에 반대할 것이다. 그래서 그 주제는 단지 과학적 옷을 입은 것이 아니라 그 자체로 과학의 부분인데, 왜냐하면 그것은 과학적 주제이자 경험적 질문이고, 그것이 참이든 거짓이든 순수하게 경험적인 질문이기 때문이라고 이의를 제기할 것이다. 이 지점에서의 나의 대답, 그리고 내가 취하는 이 지점에 대한 헤겔의 대답이 이 소론(小論) 나머지의 대부분을 차지할 것이다. 그러나 '인간의 몸에 대한 해부학(anatomy), 생리학, 화학에 관한 우리의 경험적으로 발견된 신념들을 통하여 그 주제

골상학_ 슈푸르츠하임의 심적 특성 분류

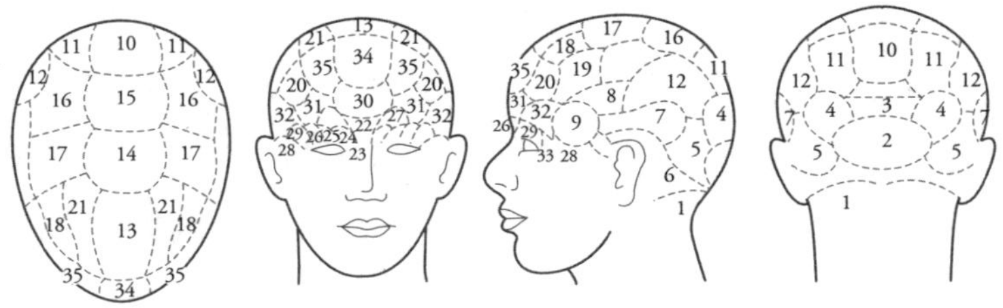

1. 성욕 2. 소아애 3. 거주성 4. 우애 5. 투쟁성 6. 파괴성 6a. 음식 7. 비밀성 8. 획득성 9. 구조성 10. 지존성 11. 자부심 12. 경계심 13. 인혜 14. 숭경심 15. 양심 16. 강의 17. 희망 18. 영묘성 19. 이상 20. 기지 21. 모상성 22. 개성 23. 형상 24. 대소 25. 경중 26. 색채 27. 위치 28. 계수 29. 질서 30. 사실 31. 시간 32. 음조 33. 언어 34. 비교 35. 추인

는 매우 주목할 만한 변화로 살아남아 왔다는(*has*) 것', 그리고 '만일 그것이 자연과학적인 주제라면 그것은 뇌의 형태는 부분적으로 두개골의 형태와 같다거나 핵산(核酸, nucleic acids)은 재생의 특정한 부분에서 활동한다는 것으로서의 논쟁과 같은 수준의 것이 확실하게 아니라는 것' 은 재론의 여지가 없는 것이다.

14 19세기 초 골상학에 관한 논쟁에서 그 주제에 도전하기 위한 시도는 헤겔과는 매우 다른 다수의 저자에 의해 떠맡아졌고, 헤겔의 계획은 그들의 것과는 날카롭게 구별되어질 만한 가치가 있다. 골상학적 입장의 기본적인 진술은 프란츠 조셉 갈(Franz Joseph Gall)* 과 갈의 학설을 발달시키고 나중에 사실은 그가 시작했던 기본적인 개념들의 일부와 갈의 학설은 매우 다르다는 것을 주장했던 갈의 제

*1758–1828, 프랑스의 해부학자로서 뇌신경을 연구하였으며 골상학으로 널리 알려져 있다.

자인 요한 슈푸르츠하임(J. C. Spurzheim)**의 저술들과 편지에 의해 이루어졌다. 갈과 슈푸르츠하임은 뇌의 다른 부분들 내에서 성격의 특성들뿐 아니라 능력의 위치를 정하는 두개(頭蓋)의 지도와 그들이 두개골의 부분들과 대응된다고 간주했던 표시들을 그렸다. 특성들의 예들은 숨김, 투쟁, 탐욕 등이고 능력들의 예는 말하는 힘과 상상의 힘 등이다. 갈은 그의 비평가들에 의해 결정론, 유물론, 더 나아가 무신론 등의 혐의를 받았다. 갈과 슈푸르츠하임은 모두 이런 혐의들을 부인했는데, 슈푸르츠하임은 비평가들이 갈의 골상학의 소견이라고 주장하지만 슈푸르츠하임 자신의 소견은 아니라는 것을 보여주기 위해 시도한다. 문제의 비평가들, 특히 논설위원인 프란시스 제프리(Francis Jeffery)와 법률가인 브로엄(Brougham) 등은 그들의 주의력을 진위가 의심스러운 근거들에 집중시켰는데, 즉 정신적인 것은 물질적인 것을 지닐 수 없다거나 혹은 더욱 특정한 생리학적인 이유를 보여주기 위하여 시도한다. 이것을 보여주기 위하여 제프리와 브로엄은 물질과 정신의 간단한 이원론에 의지하며, 그래서 갈과 슈푸르츠하임 과학의 지루한 고지식함은 오직 제프리와 브로엄 철학의 지루한 고지식함과 어울린다.

15 그들의 골상학에 대한 공격의 정신(spirit)은 할 수 있었던 어떤 것이든 헤겔의 공격의 정신과 다르다. 헤겔의 데카르트 이원론에 대한 반대는 그가 제프리와 브로엄의 공격의 전제들을 모두 거부했을 정도의 철저한 종류의 것이다. 헤겔은 거기에는 골상학자들

**1776-1832, 독일의 의사로 골상학으로 널리 알려져 있다.

에 의해 인용된 유형의 생리학적인 이유들이 될 수 없다는 것을 보여주는 것에도 관심이 없었다. 그의 전체적인 주의력은 진위가 의심스러운 이유들의 존재 또는 비존재가 아닌, 그들의 진위가 의심스러운 결과들의 특성에 맞추어졌다.

16 헤겔은 "그것은 의식적인 삶의 실제성으로서 두개골을 다루는 데 있어 완전히 부정적인 이유로 간주됨에 틀림없다 … "는 자신의 결론을 위하여 관상학에 저항하는 그의 논의들과 면밀하게 결합된 많은 논의를 전개한다. 이것에 의해 헤겔이 의미하는 것은 그의 "우리가 단지 외부적인 것으로부터 내부적인 것에 대하여 추측만 하고 있다고 말하는 것은 소용없는데, 그것은 무언가 다르다 … "라는 더 나아간 논쟁을 지적하는 것이었다. 헤겔은 만일 우리가 합리적인 행위자의 특징들을 해부학적 · 생리학적 · 화학적인 상태들과 순수하게 인과관계 속에 세울 수 있는 유형의 항목으로 간주한다면, 우리는 합리적인 행위자의 특징들을 오인하고 있는 것이라는 점을 말하고 싶었다. 어째서 헤겔은 이렇게 생각하는 것일까? 우리는 헤겔이 그의 관상학에 대한 논의에서 하지 않았던 지점으로부터 효과적으로 시작할 수 있다.

17 특징들은 결정적이거나 고정되어 있는 것이 아니다. 그것들이 결정적이지 않다는 것은 무슨 의미인가? "예를 들어 심하게 생각했을 때 혹은 많은 것을 생각했을 때에도 머리에 괴로운 긴장을 느끼면 대부분의 사람들은 불평하는 것처럼, 훔치는 것 · 살인을 범하는 것 · 시를 쓰는 것 등등의 각각은 그것의 고유한 느낌이 수반되어질 수 있다 할지라도 그것의 고유한 위치를 가지는 것에 매이는 것 그 이상일 것이다." 헤겔의 느낌의 국부화에 대한 논의는 물론 동시

대의 골상학과 관계가 있다. 그러나 그가 구역의 느낌에 대해 말하려고 하는 것은 그것이 쉽게 특정한 경향들에 관한 주제들로 바뀔 수 있다는 것이다.

> 일반적으로 느낌은 불명확한 어떤 것이고, 머리 안에서 그 느낌은 중심적인 것으로서 모든 고통을 수반하는 일반적인 느낌이 될 것이다. 그래서 도둑, 살인자, 시인의 기쁨 혹은 고통은 머리 내에서 뒤섞이고, 거기에는 다른 느낌들 역시 있을 것이다. 그런데 그것들은 다른 것 혹은 우리가 단순한 육체적인 느낌들이라고 부르는 것들로부터 구분될 여지가 있는데, 만일 우리가 그것의 의미를 단순하게 육체적인 요소로 제한해 버린다면 작은 아픔은 두통의 징후로부터 결정되어 버릴 수 있다.

18 경향들이 있음에 대하여 이런 것들에 대응하는 것은 무엇인가? 헤겔의 예시들 중—살인자와 시인—두 가지로부터 생각해 보자. 예를 들어 어떤 살인자는 자신의 사랑하는 이를 잃음에 의한 그 스스로의 굴욕을 두려워하기 때문에 살인을 저지른다. 만일 우리가 그의 행동에서 명백한 특성들과 다른 자질들을 보려고 한다면 그는 살인을 저지를 경향을 포함하지 않고, 아마도 괴로움에 대한 일반적인 불관용, 특정 종류들의 굴욕을 피하기 위한 경향, 그의 젊은 여자에 대한 사랑 등등의 것들을 포함할 것이다. '같은 경향들' 은 같은 젊은 여자에게 감동을 주기 위한 가치 있는 이유를 제공하면서 정확하게 '같은 정도' 로 '같은 사람' 의 '비싸게 값이 매겨진 다른 것들' 을 설명할 수 있을 것이다. 그러나 바로 이 사실은 그 "설명"(explain) 이라는 단어의 사용을 의문스럽게 한다. 헤겔은 이 지점을 골상학과

의 관계에서 증명한다. “그리고 다시 그의 살인 경향은 어떤 융기 혹은 움푹 꺼짐과 관련될 수 있을 것이다. 그리고 다음에는 어떤 마음의 성질과 관련될 수 것이다. 왜냐하면 그 살인자는 살인자의 추상이 아니기 때문이다.”

19 이에 대한 대답을 생각하면 같은 주어진 일련의 경향들이 완전히 다른 행동들을 산출하는 것은 당연하다는 것인데, 그러나 이것은 행위자가 전혀 다른 상황으로 대응하기 때문이다(비록 어떤 감각 속에서, 나의 예를 보면 그 상황들이 확실하게 같다 할지라도). 그래서 우리는 특정한 행동을 일련의 성향들과 상황의 어떤 특징들의 결합과 관련하여 설명하는데, 이어서 우리는 그 행동을 “이러저러한 일련의 경향들과 이러저러한 유형의 상황들이 결합할 때 이러저러한 행동들이 생길 것이다”라는 형태의 일반화에 호소함으로써 아주 친숙하고 문제가 없는 방향으로 설명한다. 그런 설명들 안에서 인간의 특성들을 인용한다는 것은 물리적인 사건들을 설명하는 안에서 물리적인 물체들의 경향적 성질들을 인용한다는 것과 정확하게 평행하는 것이다.

20 그러나 이것은 행위자가 반응하는 것은 특성들의 어떤 결합이지 매우 특수하고 특정한 역사적 상황은 아니라는 점을 생각하기 위한 것이다. 이 대조를 그리는 준비가 되어 있을 경험주의자는 없을 것이다. 그에게 있어 어떤 특정한 역사적 상황은 없으나 일련의 특성들은 있으며, 그것들의 결합은 반복적인 우발적 사실의 문제가 아니라 그것은 사실상 반복적이다. 그러면 어째서 헤겔은 그 대조를 주장하고 이 특징적인 경험주의자의 주장을 부인했을까?

21 헤겔의 관점에서 어떤 특정한 역사적 상황은 일련의 특성들로 용해될 수 없다. 이에 대한 한 가지 이유는 그런 상황은 보다

일찍 특정한 사건과 상황들과 관련에 의하여 특징지워져 있는 것이 틀림없기 때문이다. 거기에는 그것의 역사로 구성되는 사건들 및 상황들과의 본질적인 관련이 있다. 그래서 영국인들이 찰스 1세에게 반란을 일으킨 중요한 특징은 찰스 1세의 특정한 행동들에 대한 반응일 뿐만 아니라, 가까운 과거로는 엘리자베스 여왕의 행동들과 먼 과거로는 대헌장(Magna Carta)과 노르만 정복이라는 사건들과 상황들에 대한 반응인 것이다.* 특정한 상황 및 사건 또는 형세에 반응한다는 것은 같은 혹은 비슷한 특성들을 가지고 어떤 상황 및 사건 또는 형세들에 반응한다는 것이 아니다. 그것은 '상황에 반응하는 행위자들' 과 '그들의 행동들이 그것을 특정한 것으로서 구성하는 사람들' 모두에 의해 이해되는 그(*that*) 상황에 반응하는 것이다.

22 이 견해에 대하여 어떤 경험주의자는 다음과 같이 반응한다는 것을 생각해 보자. 행위자들은 상황을 특정하게 다루고, 그 상황은 특정한 사건들과 상황들에 대한 관련에 의해 부분적으로 구성되고 규정지어지며, '설명과 관련된 모든 것은 반복되는 특성들에 의하여 표현될 수 없다는 것' 을 보이지 못한다. 그러나 이 응답은 핵심적인 지점에 주목하는 데 실패한다. 헤겔은 비분석적이며 비분석적일 수 있는 특성들의 궁극(ultimacy)을 주장한 마지막 사람일 것이다 [러셀(Russell)의 논리적 원자(logical atoms)처럼]. 그러나 그는 우리가 구체

*찰스 1세(1625-1649)는 스튜어트 왕조 시대의 영국 왕으로 여러 가지 악정으로 국민들에게 원성을 샀으며, 그로 인해 권리 청원(Petition of Right)이 제출되자 이를 인정하기는 하지만, 의회를 해산하고 11년간 의회를 소집하지 않는 등 여러 가지 실정을 저질렀다.

성의 궁극이라 부를 수 있는 것을 주장한다. 구체성의 궁극이란 존재(existence)가 실질(property)이 아님을 주장하기 위한 좋은 개념적 이유들이 있는 것처럼 어떤 특정한 시간과 장소에서의 사건은 실질이 아님을 주장하기 위한 좋은 개념적 이유들이 있다는 의미와 상통한다.

23 실질(property)에 의해 나는 적합한 구체성의 실체가 (그 구체성의 속성에 적합한) 소유 혹은 소유하지 않을 수 있는, 주어진 실체가 한때는 소유하지만 다른 때는 그렇지 않은, 그리고 한 실체보다 더 많은 실체에 의해 소유되어질 수도 있는 (비록 그것이 필요는 없다 할지라도) 일종의 속성(attribute)을 의미한다. 그런 성질들 때문에 존재(existence)는 실질로서 간주되지 않는데, 왜냐하면 적합한 구체성의 실체는 그것을 소유하거나 소유하는 데 실패하거나 할 수 없으며, 또한 적합한 구체성의 실체는 그것을 한때는 소유하지만 다른 때는 소유하지 않거나 할 수 없기 때문이다. 같은 이유로 어떤 특정한 시간과 장소에서의 사건도[예를 들어 1776년 오후 3시 템스(Thames)의 남쪽 제방의 그리니치(Greenwich) 자오선이 교차하는 지점] 실질로서 간주되지 않는데, 왜냐하면 어떤 적합한 구체성의 실체는(사건들, 상황들, 형세들) 이 속성의 어떤 특정한 예시를 한때는 소유할 수 없고 다른 때에는 그렇지 않을 수 없으며, 또한 이 구체성의 속성의 어떤 특정한 예시는 한 실체보다 더 많은 실체에 의해 소유될 수 없기 때문이다.

24 그것은 우리는 구성한 (CΦxΨx)와 (CΦxΨy)와 같은 그런 형태들의 순수한 경험적인 일반화에 대한 성질들로서, Φ와 Ψ의 구체성들의 변화하기 쉬운 것들의 유용성들(values)은 성질에 기인하는 술부들(述部, predicates)이라는 것이다. 그러나 헤겔의 관점에서 그것은 우리가 행동들을 통하여 응답하기 위하여 그 구체적인 사건 안

에서 열거된 보편적인 것—우리의 신념들, 태도들, 그리고 감정들의 계획적인 목적들로서 실제의 세계 속에서 우리가 만나는 항목들—들이다. 시인은 그가 쓴 이러이러한 종류의 성질들을 가진 어떤 작품을 자랑하지 않으며 이 시 자체를 자랑한다. 살인자는 우연히 이러이러한 성질들을 가진 사람에게 주먹을 휘두르는 것이 아니라 이(*this*) 사람에게 휘두르는 것이다. 왜냐하면 이 구체성은 단지 성질들의 수집들에 의해 구성되는 것이 아니기 때문이며, 그것은 인과의 일반화를 벗어나서 골상학적이든지 신경생리학적이든지 관계없이 인과의 설명을 만들기 때문이다.

25 헤겔이 말하지 않은(*not*) 것에 주목하라. 헤겔은 살인자의 손과 시인의 손의 움직임들은 인과의 설명들을 가지지 않는다고 주장하는 것이 아니다. 또한 헤겔은 오직 추상적인 보편화와 비(非) 구체화를 위한 응답들을 가진 행위자가 되는 것이 불가능하다고 주장하는 것도 아니다. 그것은 바로 어떤 이가 성질들의 표현들에 대해, 인과의 보편화 구조를 보장하는 한결같음의 정도로 응답하는 한에 있어서 그는 전혀 우리가 실제적으로 알고 있는 것 또는 실제적으로 존재하고 있는 것으로서 특징적 인간 행위자 같이 되지 않을 것이라는 점이다. 그들은 그들일 뿐 다른 것이 아니라는 것은 인간 존재들에 관한 우연한 경험적 사실인데, 그러나 헤겔의 철학에서 그런 우연한 경험적 사실들에 대하여 주목하는 것에 반대는 없다. 그러나 헤겔은 이유를 가지기 위한 어떤 인간 행동이 논리적으로 가능하다는 것을 부정하지 않으며, 또한 어떤 인간 행동은 생리학적인 이유들을 가지거나 가질 수 있다는 것을 부정하지 않는다. 다른 유형의 경우와 비교해 보자.

26 마법을 믿는 어떤 아프리카 사람들은 지적한다. 질병의 시작을 박테리아 혹은 바이러스 감염에 관련지어 설명하는 것은, 존이 스미스와 다툰 이후에 즉시 그런 감염에 의해 괴로워하게 되는 것과 같은 설명되지 않는 그런 사실들을 남긴다. "그 결합의 원인은 무엇인가?" 그들은 물어보고, 서양의 과학이 아무런 답도 주지 못한다는 점을 지적한다. 이제 만일 실제로 모든 사건에 이유가 있었다면 '존이-스미스와-싸운-이후에-그날-홍역에-걸린' 그 사건은 추측할 수 있는 이유를 가질 것이다. 비록 '존은-홍역에-걸린다'는 그 사건은 확실하게 이유 혹은 설명을 가진다 할지라도, 이것은 이유 혹은 설명을 가지는 사건이 아니라는 주장에 의해 모욕을 느끼게 될 자연 과학의 설명의 힘을 옹호하는 사람은 없다. 그래서 또한 헤겔이 어떤 종류의 인과 설명이 우리에게 의식적이고 합리적인 활동에서 요구하는 이해를 주지 못할 것이라는 점을 인정했을 때, 그의 논의는 스스로에게 행위자들의 활동들과 관련되는 많은 성질들은 그런 설명들을 가질 것이라는 점을 부인하는 것을 요구하지 않았다.

27 나는 이제 헤겔의 '특성들은 결정적이거나 혹은 고정되어 있지 않다는 지적'으로 돌아간다. 나는 특성들의 불명확성은 어떤 행동 혹은 주어진 일련의 행동들과 마주보고 있는(vis-à-vis) 불명확성이라는 점을 논의해 왔다. 행위자는 주어진 특성을 가진다는 사실로부터 우리는 그는 어떤 주어진 상황에서 그렇게 행동할 것이라는 점을 추론할(*deduce*) 수 없으며, 그리고 특성은 그 자체로서 그 특성이 산출할 어떤 결정된 일련의 행동들에 관하여 자세히 쓰일 수 없다. 특성들이 고정적이지 않다고 말하는 것은 무엇을 의미하는가? 자의식에 대한 결정적인 사실을 되풀이해 보면 이미 헤겔의 관상학에

대한 논의에서 분명히 하였다. 즉 그것의 자기 부정적 속성이다. 나라는 것에 대해 인식한다는 것은 개념상으로 내가 아닌, 그러나 될 수 있었던 것에 직면하는 것과 분리할 수 없다. 그러므로 특성을 가지기 위한 자의식적인 행위자를 향한다는 것은 그 특성을 발전시키는 것, 수정 혹은 폐지하는 것의 무한히 넓은 일련의 가능성과 직면하는 그 행위자를 향한다는 것이다. 행동은 고정적이고 결정적인 성향으로부터 나오는 것이 아니라, '내가 아닌 어떤 것'에 의해 '나라는 어떤 것'에 대한 의식과 직면함으로부터 나오는 것이다.

28 본성에 대한 탐구를 통하여 인간 존재들에 대한 공부 속에서 같은 역할의 관찰을 제시하길 열망하는, 과학이 되려고 하는 그것들은, 헤겔의 관점에서 무엇보다 강조하는 이것에 주의를 기울이는 것에 실패한다. 왜냐하면 우리가 본성 내에서 관찰할 수 있는 것은 말하자면 발견하기 위한 모든 것이지만, 우리가 인간 존재 내에서 관찰할 수 있는 것은 합리적인 활동의 표현이고 그것은 단지 관찰하는 행동들의 총계로서 이해될 수는 없기 때문이다. [헤겔 학파(Hegelian)에게 있어 개인 주체성으로서의 인격의 발견에 대한 흄의 실패는 방법과 관찰의 기준에 대한 그의 충실성의 결과이다.] 헤겔의 입장으로부터 실험에 의거한 심리학에 대한 근본적인 주제들이 계속된다.

29 광범위한 종류의 심리학적 실험들에 대하여 실험의 성공을 위하여 필요한 조건은 통제된 자극 혹은 행위자가 직면하게 된 상황이 그 상황에서 행위자의 반사작용에 독립적으로 영향을 가지는 것이다. 상황 혹은 자극은 모든 실험의 대상자들에 대하여 같은 것임에 틀림없다. 그래서 한 피실험자(subject)의 특정한 방향으로 상황을 상상하는 것은, 어떤 아주 다른 방향으로 상황을 상상하는 피실

험자를 위한 것과 그 상황을 다른 어떤 것으로 구성하는 것이 아님에 틀림없다. 이제 거기에는 자극이 순수하게 물리적이고(예를 들어 빛의 격렬한 변화) 반응은 순수하게 생리학적인(예를 들어 동공의 수축) 실험을 제외하고 이 요구는 사실상 항상 만족될 수 있을지에 대한 실제적 물음이 있다. 그러나 이 질문을 나는 제쳐놓을 것이다. 헤겔이 주장하려는 것은 비록 그런 실험들이 가능하다 하더라도 그것들은 합리적인 행위자들이 작동하는 핵심적인 상황들과 다르다는 점, 또한 그런 피실험자들의 행동으로부터 실험적 상황을 벗어난 행동에 이르기까지 어떤 추론들이라도 우리를 잘못으로 이끌기 쉽다는 점이다.

III

30 이 소론 내에서 다른 논의들이 확립되든지 그렇지 않든지 그것들은 인간 행동을 이해하는 헤겔 학파의 방법과 신경생리학, 유전학과 같은 과학과 관련된 것에 대한 특징적인 현대적 사고를 지배하는 방법 사이의 기본적으로 양립하지 않는 성격을 보여주는 것으로 보일 것이다. 그러므로 관련된 점들에서 헤겔 철학(Hegelianism)의 반박은 사고의 방법뿐만 아니라 헤겔이 종종 받아왔던 일종의 실증적 반박에 대한 선행조건이 될 것이다. 더욱 충분한 반박이 가능하든지 그렇지 않든지 나는 여기에서 논의하지 않을 것이다. 결론적으로 내가 하고자 하는 것은 헤겔의 인간 행동 연구를 이해하는 대안적 양식의 특징을 기술해 보려는 것이다.

31 헤겔의 설명이 갖는 세 가지 특징에 주목해 볼 수 있다. 첫 번째는 합리적인 행위자의 행위과정 각 단계 속 방향이 오직 활동 그 자체의 과정 내에서 연관된 목적들을 향한 활동으로서 보인다는 것이다. 인간의 행동은 맹목적이거나 무목적적(無目的的, goalless)이지도 않으며, 단지 이미 결정된 목적을 위한 방법의 이행이지도 않다는 것으로 특징지을 수 있다. 적합한 방법들에 의해 그런 목적에 대해 해내는 행동은 확실하게 위상을 지니지만 그러나 인간의 행동 내에서 부수적인 위치이다. 활동의 목적들이 유기적으로 관련되어 있음은 오로지 활동의 과정 중에 있다는 것, 그것이 왜 우리가 오직 사건 이후에 인간의 행위들을 이해할 수 있는가 하는데 대한 이유이다. 후에 헤겔이 덧붙인 것처럼 미네르바의 올빼미(The owl of Minerva)는 오직 황혼에만 난다. 인간에 대한 이해는 자연과학에서 하는 방법으로 예측되는 것이 아니다.

32 헤겔의 설명이 갖는 두 번째 특징은 미래의 출현에서 현재의 합리적인 비평의 역할이다. 헤겔은 미래가 현재로부터 그것의 이성적인 귀추(sequel)로서 간단히 따라나올 것이라고 믿지 않았다. 이는 그가 볼테르(Voltaire)*만큼이나 강하게 부인한 사실이다. 그러나 그것은 미래는 만들어진다는 성경(canons)상의 이유를 만족시키기 위한 현재의 실패를 통하여 작동중이다. 이것은 헤겔이 연쇄들(sequences)로서 구성되는 역사를 보는 데 있어 수반하는 것이고, 연쇄들

*1694-1778, 18세기 프랑스의 작가이자 대표적 계몽사상가로 고전주의를 계승한 인물로 널리 알려져 있다.

의 뒤의 단계들을 구성하는 활동들이 참고하는 데 수반하는 것이며, 따라서 같은 연쇄들의 더 이전의 단계들로 구성되는 활동들의 발생을 전제로 하는 것이다. 역사를 구성하는 그 연쇄들은 그 자체로 분리된 것이고, 단일한 연쇄의 단계들이라 할 수 있는 서로에 대하여 같은 논리적 관계 안에서 세울 수 있다. 역사의 모든 연쇄들은 절대정신(absolute spirit)이라는 전체적인 인식의 목표를 향한 단일한 활동들로 구성된다는 그 학설은 헤겔의 전체적인 학설을 위한 열쇠로서 그 스스로에 의해 확실하게 고수된다. 그러나 인간 역사에 관한 헤겔의 다른 주제들의 일부는 내가 논의했던 것들도 포함하여 어느 방향이든지 절대정신에 관한 그의 학설을 필요로 하지 않는 것으로 보이며, 헤겔의 다른 주장들에 대비되는 편견의 원천이 되지 않게 하기 위해서 그 주장의 진실을 인정하는 것을 내키지 않아 하는 것으로 보인다.

33 헤겔의 설명이 갖는 세 번째 특징은 그의 관상학과 골상학에 대한 비판과 밀접하게 연관된다. 역사적 이야기들은 헤겔에게 있어 그런 자칭 과학들에 의해 이론상의 형태로서 던져지기 위한 자료의 원천이 아니다. 대신에 헤겔은 우리의 우연적인 규칙성들에 대한 이해를 항상 어떤 종류의 역사적 이야기의 구성을 위해 공헌하는 것으로 본다. 철학적 이해에 의해 채워지는 역사는 자연과학들의 그것으로 설계되는 이론적 구조의 탐구들보다 더 궁극적인 종류의 인간에 대한 지식을 제공한다. 이 문제에 대한 헤겔의 관점을 발전시키거나 혹은 접근하는 것은 이 장의 범위를 넘어가는 것이지만 그러나 끝맺는 말로서 적절할 것이다.

34 이것은 질문과 관계된다. 만일 역사가 일반적인 규칙들과 이론들의 문제가 아니라면 그것이 우리에게 주는 모든 이해는 어

떤 의미인가? 헤겔 철학의 대답은 자의식적이고 합리적인 행위자의 자기 지식은 항상 역사적인 형태로 던져진다는 것이다. 과거는 자신 안에서 많은 그리고 중요한 방법으로서 현재이며, 역사적 지식이 부족하면 우리의 자기 지식은 치명적으로 제한될 것이다. 게다가 이 유형의 자기 지식은 생리학적인 구조들과 과정들에 의해 행동을 설명하길 열망하는 이론적인 과학들에 의해서는 절대 생기지 않는다. 사실 '우리는 무엇인가'와 같은 광대한 질문의 범위에서 역사가 우리를 구성하기 때문에, 골상학과 신경생리학이 했었고 또 하고 있는 설명들과 같은 그 역사를 참조하는 것을 생략한 어떤 설명이든, 인간 육체의 경향들(aptitudes)과 상태들은 설명할 수 있어도 인간의 정신과 같은 것은 설명할 수 없다.

Chapter_5

What is a human body?

인간의 몸이란 무엇인가?

1 "인간의 몸이란 무엇인가?"라는 질문에 대하여 나는 일곱 가지의 예비 답을 제시할 생각이다. 그것은 어느 정도는 자발적이고 어느 정도는 규제된 여러 가지 활동의 힘을 가진 동물의 몸이고, 그것은 그것에 의해서 어떤 방향성을 가지는, 의도와 목적을 위한 표현을 주는 활동들의 몸이다. 또한 그것은 표현하는 몸으로서 다른 사람들에 의해서 해석될 수 있고 다른 사람들에게 응답하는 몸이고, 그것은 해석할 수 있는 몸으로서 여러 가지 특성들은 다른 사람들이 이해할 수 있는 의미를 지닌 표시들이다. 그것의 방향성은 기능의 통일성을 가진다. 그것은 다른 사람들과 관계되고 타인들도 이와 관계하는 사회적 문맥들에 대해 알지 못하면 충분히 이해될 수 없다. 그리고 그것은 어떤 점들에서 수수께끼 혹은 당혹스러움의 원천인데, 왜냐하면 그것은 동물적 몸들 사이에서 홀로 가끔 "인간의 몸이란 무엇

인가?"라는 질문을 제기하고 그것의 힘들을 그 질문에 답하는 방향으로 이끌기 때문이다.

2 부주의한 독자는 이런 답들을 제시하면서 내가 철학적 주장을 하고 있다고 생각할 것이다. 그리고 그것들이 어떤 일종의 몸에 대한 설명을 하거나 혹은 수반하는 어떤 철학적 이론의 표준유형들을—즉 플라톤주의든지 혹은 데카르트주의든지 어떤 이원론의 설명을 취하는 이론의 유형들, 그리고 유물론 혹은 물질주의의 설명을 취하는 이론의 유형들—거부하기 위하여 내가 근거들로서 취할 것들을 제공할 것이라는 것은 사실이다. 힘들, 활동들, 그리고 인간 몸의 표시들을 특징짓는 데 있어 내가 의존하고 있는 여러 철학자들에 의해 정성들여 만들어진 특징들과 관용구들을 끌어냈다는 것 또한 사실이다. 그러나 "인간의 몸이란 무엇인가?"라는 질문에 대한 나의 답을 철학적 진술들이 습관적으로 방어해 왔던 것처럼 논의에 의해 방어가 되는 일련의 철학적 진술들로 발전시키지 않는다. 왜냐하면 내가 이끌고자 하는 것은 논쟁적인 동의(assent) 혹은 부동의(dissent)가 아닌 인지이기 때문이다. 나의 주장은 누구라도 가지고 있는, 더 정확히 말하면—주어진 나의 답변들—인간의 몸이라는(*is*) 것이며, 그것이 무엇인지 반성하면 그녀 혹은 그는 이런 답변들의 진실을 알게 될 것이라는 점이다. 즉 나의 주장들은 철학적이라기보다 오히려 선(先)철학적(prephilosophical)이다. 그것들이 우리가 철학적 탐구를 위한 문제를 가지게 될 표현들을 제공하는 것은 오로지 우리가 그 사실들을 인지했을 때이다.

3 이런 대답들의 어느 정도의 사실성에 대해 물론 나는 틀릴 수 있다. 그리고 만일 분명히 비철학적 혹은 아직 철학적이지 않

은 사람이, 심지어 충분한 반성 이후에도 내가 주장하는 것의 사실성을 인지할 수 없다는 것을 입증한다면 나는 틀릴 수 있음을 보여주게 될 것이다. 나의 목적은 인간 몸의 정체 모를 특성에 대한 주의를 끌어냄으로써 철학적 탐구를 위한 출발점을 제공하는 것이다. 그런 탐구가 어떻게 진행되어야 하는가는 오직 그 뒤에 제기될 질문인 것이다.

4 그러면 인간의 몸이란 무엇인가? 가장 처음의 대답은 그것은 일종의 동물의 몸으로서 상처입거나 질병에 걸리기 쉬운 것이며, 상처나 질병 어느 것이든지 몸을 무능력하게 한다는 것이다. 그러면 인간에게 특유한 능력들과 힘들이란 무엇인가? 우선 첫째로 그것들은 도달하고 집는 팔과 손의 움직임, 걷고 꿇고 차는 다리의 움직임, 서거나 일어나 앉고 눕거나 앉는 전체적인 몸 혹은 몸의 많은 부분들의 움직임, 머리의 움직임, 그리고 안면의 움직임 등과 같은 활동하는 움직임을 위한 능력들이다. 그런 움직임은 세 단계들로 분류되는데, 나는 두 부분으로 나누어 시작한다. 어떤 것은 자발적이고 계획적인데 어떤 것은 그렇지 않다. 그것들은 행위자에게 그의 몸은 "네가 그렇게 하는 것은 어떤 이유 때문이었는가?"라고 물어보는 것이 적절할 때 그런 경우들에 수행된다. (행위자의 대답은 아마도 이렇게 될 것이다. "특별한 이유가 없기 때문에") 우리는 "가방을 집는다"와 같은 행동을 구성하는 것으로서 어떤 팔과 손의 활동들을 이해한다. 그리고 우리가 그렇게 이해하는 한에서 "내가 가방을 집은 것은 어떤 이유들 때문이었는가?"라고 물어보는 것은 적절하다. 그리고 우리는 그런 움직임들을, 이런 것들을 사이에 포함되는—갑작스런 빛에 눈을 깜빡거리는 것, 제어할 수 없는 재채기와 같은 자극에 대한 반사적인 응

답, 어떤 이가 잠들 때의 움직임들, 그리고 강제적으로 부딪친 결과로서 몸이 넘어지거나 앞으로 나아갈 때의 움직임들—행동들을 구성하지 않는 그런 움직임들과 대조한다.

5 그러나 자발적이고 의도적인 종류의 육체적인 움직임들(bodily movements)은 자발적이고 의도적인 행동들(actions)을 구성하는 움직임들의 종류보다 폭이 넓다. 왜냐하면 어떤 이가 비의도적으로 무엇을 할 때 실수로 소금 대신에 설탕을 넣어 비의도적으로 수프를 달게 만들 때와 같이, 한 가지를 하려고 의도하는데 그러나 사실 다른 것을 하는 경우 그녀의 행동은 비의도적이었지만 그녀의 육체적 움직임들은 의도적인 것이다. 그것은 육체의 부분들과 관련된 움직이거나 혹은 움직이지 않기 위한 행위자의 힘 안에 있을 뿐만 아니라, 그 관련된 육체의 힘들은 의도된 행동의 구체화들로서 발휘된다. "로서"(as)에 주목하라. 그것은 "그 의도된 행동을 일으키기 위하여" 대신 쓰인 실수였다. 행동(action)은 단 한 가지가 아니며, 육체의 움직임들은 또 다른 것인데, 그래서 한 가지 산출은 다른 것의 산출을 의미하는 것이다. 행동은 단지 육체의 움직임들이라기보다는 오히려 행위자의 의도에 의해 특징지워지는 육체의 움직임들이다. 그래서 그런 의도로부터 분리하여 육체의 움직임들을 특징짓는다는 것은 그것들을 잘못 특징짓는 것이다. 왜냐하면 그것은 그런 움직임들의 결정적인 중요성을 빠뜨리는 것인데, 그것들의 방향성은 행동의 목적을 향하며 그 목적의 방향성은 행위자의 의도에 의해 특징지워지기 때문이다.

6 팔과 손의 똑같은 움직임들에 대하여 영사막 뒤에서 보는 외부의 관찰자 입장으로부터 나타나는 세 가지 종류를 고려해 보

도록 하자. 같은 근육들이 작동한다. 같은 폄과 쥠이 발생한다. 이런 세 가지 종류의 첫 번째는 갑작스럽게 발생하는데, 이 몸이 바로 우연히 만들어낸 움직임이다. 두 번째는 자발적인 움직임을 공부하는, 그리고 그의 실험적인 주제들에 대해 말해온 생리학자의 명령에 순종하여 발생한다. "당신의 팔을 정확하게 2.53인치 펴고 당신의 손을 쥐시오." 세 번째는, 그것에 대한 생각함이 없이 실험적 주제로서 그의 경험에 대하여 기사를 쓰기 위하여 펜을 집어드는 움직임으로서 행위자를 통하여 발생한다.

7 그런 움직임들의 첫 번째는 완전히 비지시적인 것이고, 두 번째는 바로 그 행동을 하도록 지시되었으며, 세 번째는 움직임의 방향성에 의해 구성되는 행동의 완성을 위한 움직임을 넘어서(beyond) 지시되었다. 그것은 비록 움직임들의 전부는 아닐지라도 많은 움직임들의 방향성의 본질로서 그것의 '특유한 힘들을 발휘하는 인간의 움직임'을, '예를 들면 숨 쉬면서, 소화하면서, 혈액이 순환하면서 움직이기는 하지만 그러나 어찌되었든 지시된 움직임을 나타내지 않는 혼수상태의 매우 못 쓰게 된 몸'으로부터 구별짓는다.

8 물론 못 쓰게 된 인간의 몸 역시 인간의 몸이다. 그러나 인간의 시체(corpse)는 더 이상 인간의 몸이 아니다. 이것을 말함으로써 내가 지적하고자 하는 차이점은 무엇인가? 시체는 인간의 몸이 아닌데, 왜냐하면 그것은 더 이상 인간 몸의 통일성을 가지지 못하기 때문이다. 인간 몸의 통일성은 한편으로는 그것의 자발성과 지시된 움직임들의 통합의 증거가 되고—그것은 눈과 손에 의한 다른 일련의 움직임들이 하나의 같은 목적으로 지시되는 그런 방향이며, 다른 목적들의 범위를 향한 움직임도 지시되는 그런 방향인데—또 한편으

로 그것의 비자발적이고 비의도적인 움직임들의 통합의 증거가 된다. 그런 목적론도 없고 방향성도 없으며 확실하게 자발성이 없는 것이 시체의 움직임들의 특징인 것이다.

9 우리는 이것을 인간의 몸은 구체화된 정신(mind)이고 시체는 정신이 없는 몸(body)이라고 말함으로써 표현할 수 있다. 즉 비록 그것의 움직임들을 이런 식으로 표현하는 것이 모두 그런 것은 아니라 할지라도 몸은 정신의 표현이다. 그러나 비록 정신이 육체를 그것을 향한 외부로서, 단지 정신의 독립적인 목적의 도구로서 볼 수 있다 할지라도, 몸이 정신에 대해서 위치한 것이 예술가들에 대해서 그들의 표현방법으로서 위치한 것과 같은 것은 아니다. 비록 유일한 표현은 아닐지라도 정신의 주요한 표현들은 육체의 표현들이고, 인간의 정신들은 이것 혹은 저것의 특정한 몸의 정신들로서 존재하는 것이다. 정신의 특수성은 우선적으로 정신의 몸의 특수성인 것이다.

10 인간의 몸은 표현이라고 말하는 것은 그런 몸들은 다른 몸들에 대한 그것들의 사회적 관계에 의한 것이라는 것이다. 모든 표현은 잠재적인 교제 혹은 실제적인 교제이다. 어떤 이가 미소짓든지 몸짓을 하든지 침을 뱉든지 하품을 하든지에 의해, 천천히 다가가든지 갑자기 떠나버리든지에 의해, 앉든지 꿇든지에 의해 그 또는 그녀가 혼자 내는 소리에 의해 표현하려고 하는 것은 그런 몸의 움직임들에 의해 표현된 의미를 다른 사람들에게 전달하고자 하는 것이다. 그래서 다른 사람들이 움직임으로 표현함에 의해 전달하고자 하는 것을 각각 해석할 수 있는 것은 사회적으로 확립된 해석의 관례들을 공유하고 있기 때문이다. 나는 인간들 사이에서 고통의 울음, 웃음, 고양(高揚, flight)과 같은 보편적이거나 혹은 보편에 가까운 어떤 표현의

움직임들이 있다는 점을 부인하는 것은 아니다. 그러나 중요성이 문화로부터 문화로, 어떤 일련의 해석의 관례로부터 다른 관례로의 이런 다양함에 부속된다. 그런 해석의 네 가지 특징들은 주의를 끈다.

11 첫째, 해석의 객체인 다른 사람은 해석자에 의해 소유된 그런 것들과 같은 종류의 지각과 지적인 힘들을 가졌다는 것, 그리고 그런 힘들은 해석자의 그런 것들처럼 같은 종류의 의도된 행동들을 통해 훈련된다는 것은 미리 가정된다. 당신은 나의 웃음에 의해 내가 즐거움을 표현하고 있다고 이해하는데, 왜냐하면 당신은 나에게 바로 이러이러한 것들이 발생한 것을 보아왔고, 그래서 당신은 왜 그리고 어떻게 나와 같은 어떤 사람이 재미있는 일들을 발견하는지 이해하였기 때문이다.

12 둘째, '해석되었던(interpreted) 다른 사람'은 곧 '해석하는(interpreting) 다른 사람'이라는 것이 미리 가정되는데, 내가 당신 육체의 움직임들을 특정한 의도들과 반응들의 표현으로 해석하는 동안 당신도 육체의 움직임들을 비슷한 표현으로 해석할 뿐만 아니라, 우리들 각각은 다른 사람들의 해석자로서 다른 사람들을 해석한다. 그래서 나는 당신이 나의 반대 의견을 받아들인 것에 대한 당신 태도의 관대함을 완전하게 감지하지 못하여 분노를 표현하고 있는 것으로 당신을 이해한다. 그리고 그런 경우들에 당신에 대한 나의 응답으로서의 행동은 오로지 당신의 몸의 움직임들에 의해 표현된 것들에 대한 나의 해석의 결과로 적절하게 이해할 수 있는 것이 당연할 것이다. 만일 그렇다면 나의 행동의 방향성과 나의 행동의 구체화인 그런 육체의 움직임들의 방향성은 오직 당신 몸의 움직임들에 의해 표현된 방향성에 대한 나의 해석이 이해되는 한에서 바르게 확인되는 것

이다.

13 따라서 나의 응답에 대한 당신의 태도와 행동을 깨닫지 못하는, 따라서 나의 몸의 움직임들을 통하여 구체화되는 의도를 이해할 수 없는 외부 관찰자는 그런 움직임들의 방향성을 분간할 수 없다는 것이 판명된다. 예를 들어 나의 눈이 움직인다. 매일 관찰자는 눈의 움직임을 주시할 수 있다. 해부학적 · 생리학적으로 어울리는 기구들을 가진 훈련된 관찰자는 근육과 신경의 변화를 관찰할 수 있다. 그러나 움직임의 방향성은 오로지 다음과 같은 어떤 연속적 질문들에 답할 수 있는 이들에게만 그 자체로 나타날 것이다. 이 움직임은 윙크인가? 깜빡거림인가? 만일 윙크라면 그것은 다른 사람과 변화를 시작하는 것인가? 아니면 미소나 관심 혹은 다른 사람의 윙크에 답하는 것인가? 또는 그것은 아마도 오직 암호가—한 번의 윙크는 하나의 의미를, 두 번의 윙크는 둘째의 의미를, 그리고 셋째의 의미는 전혀 윙크가 없이 주는—준비되어 있는 그들에게 메시지를 전하는 신호인가?

14 이러저러한 여러 질문들에 대한 대답이 없이는 우리는 특정한 눈 움직임을 지시하던 목적이 있다면 그것이 무엇인지에 대해서 결정할 수 없다. 그리고 어떤 목적을 향하여 그것이 지시되는지 그렇지 않든지의 앎이 없다면 그것이 지시되는 목적에 대하여 우리는 그것의 발생이 이해될 수 있게 만들어지기 위해 참조되어야 하는 어떤 선행사건들을 발견할 수 없다. 우리는 방향성의 개념 없이는 눈을 깜빡이거나 혹은 무의식적으로 재채기하는 것과 같은, 그것을 지니고 있지 않은 움직임들을 특징짓는 것조차도 해낼 수 없다는 점에 주목하라. 깜빡거리는 것과 같은 것을 확인하며 나는 그것을 윙크가

아닌 것으로 확인한다. 어떤 목적을 향해서도 지시되지 않는, 자발적이지도 않고 의도도 없는 인간의 움직임은 바로 그렇게 이해되어야만 한다. 그리고 우리가 어떤 몸의 어떤 특정한 일련의 움직임들을 이렇게 비(非)지시된 것으로서 해석할 때 그것들은 다른 사람들에 대하여 응답함에 있어 지시된 움직임들을 하는 것과는 매우 다른 목적들을 제공한다. 나는 이에 의하여 비자발적이고 비의도적인 움직임들이 때에 따라서 분개 또는 분노와 같은 그런 태도들에 있어 적절한 대상(target)이 되지 못한다는 것을 의미하는 것이 아니다. 왜냐하면 비자발적이고 비의도적인 재채기는 제어되었을 수 있으며, 나는 머리를 나를 깜빡거리게 하는 원인인 불빛으로부터 떨어지게 했을 수도 때문이다. 그래서 분개 또는 분노는 어떤 환경들에서는 이해될 수 있으며, 정당화될 수 있고, 단지 사건들(happenings)로 이끌어졌을 때 사건들은 행위자의 의도가 없음을 표현하는 것이 아니라 방어하기 위한 행위자의 힘 내에 있었다는 것이다.

15 셋째, 다른 사람 혹은 사람들 그들에게 나는, 내가 현재일 필요는 없다고 특징지어 온, 그리고 종종 현재가 아닌 이런 식으로 대답할 것이다. 그것들은 공간 안에서든 시간 안에서든 참으로 어느 간격에나 있을 것이다. 나는 몇 년 전의 사건을 기억하고 여전히 누군가가 한 일에 대하여 화 또는 감사를 느낄 것이다. 그리고 이런 감정들은 얼굴을 찡그리는 모양 등과 같이 나의 현재의 몸 움직임을 통하여 표현을 찾을 것이다. 혹은 나는 외국으로 가버린 친구에 대하여 생각할 것이며, 나의 친구에 대한 느낌들을 미소를 지으며 표현할 것이다. 그런 경우들에 나의 몸의 움직임들의 방향성은 오직 나 자신과 내가 움직임을 통하여 표현한 느낌들을 나타내는 그들에게

알려질 수 있다.

16 이런 것들과 나의 처음의 예시들이 나타내기 위하여 의도한 것은 어떤 몸의 움직임들이 어떤 사고, 느낌, 태도 또는 결정의 표현일 때 우리는 그 몸의 움직임을 어떤 분석적인 목적들을 위하여 표현한 것으로부터 구별할 수 있을 것이라는 점이다. 그러나 그것은 사건들 또는 현상들(state of affairs)의 두 가지 구분은 아니다. 예를 들어 생리학자가 미소와 관련된 근육의 수축을 공부하는 것은 그런 수축들은 미소이지 찡그림이 아니라는 그 사실을 고려함 없이도 확실하게 가능하다. 그리고 어떤 이가, 말하자면 만화가가 그 근육들에 어떤 주의도 기울이지 않고서도 미소를 고려하는 것은 동등하게 가능하다. 그러나 근육의 수축과(*and*) 미소는 두 가지 일들이 아닌데, 오히려 근육의 수축과(*and*) 미소, 그리고(*and*) 미소로서 기쁨을 표현하는 것은 세 가지 일들이 아니다. 기쁨은 그것의 표현으로부터(미소는 오로지 하나일 것인데) 떨어져서 존재하는 것이 아니며, 미소는(*is*) 단지 근육의 수축들이다. 그래서 만일 내가 이 특정한 근육들의 수축들을 그것들로 구성되는 미소로부터 독립적으로 이해하려 한다면, 혹은 그 미소를 그것으로 구성되는 기쁨의 표현들로부터 독립적으로 이해하려 한다면 나는 그것을 이해하는 데 실패할 것이다. 바꿔 말하면 생리학적 설명들은 기여할 것이지만, 따로 떨어져서 '미소에 의해 나의 기쁨을 표현하는 것에서 내가 했던 것은 무엇인가' 또는 '나는 왜 내가 했던 것 때문에 웃고 있는가'에 대한 이유들을 보충할 수 없다. 이런 과정에서 많은 이들은 다른 것들을 생각하고 싶어해 왔고, 분석적으로 구별되는 것은 사실상 별개의 것이라는 것을 가정한다. 그리고 이런 가정은 우리가 조금 뒤에 걱정해야만 하는 이유들 때문에 진

심으로 만들기를 원하는 것이다. 그러나 나는 표현으로서의 몸의 움직임들에 대한 해석의 네 번째 특징을 말하기 위하여 이 유혹의 고려를 잠시 미루겠다.

17 해석될 수 있는 것은 무엇이든지 잘못 해석될 수 있다. 우리는 언제나 실수할 수 있고, 때때로 표현으로서의 그들의 몸의 움직임에 대한 해석의 기초로서 우리가 다른 사람들에게 기인된다고 여기는 사고와 느낌을 통하여 실수해 왔다. 우리가 화라고 이해하는 것은 단지 참을 수 없는 것이다. 우리가 친절하다고 이해하는 것은 단지 예의바름인 것이다. 그런 실수의 원천은 일반적으로 다른 사람으로부터 하나의 감정 혹은 태도를 구별하는 우리 능력의 한계들 내에 있다. 우리들 중 일부는 다른 사람들보다 그런 구별을 잘하지만 그러나 우리는 모두 틀리기 쉽다. 그러나 우리 일상의 모든 일처리들과 사회적 관계들 안에서 대부분의 경우에 우리는 서로 바르게 해석할 수 있고, 그래서 적절하게 어떻게 응답하는지 알고 있다는 것, 이것은 공유된 선(先)가정(presupposition)이다. 때때로 우리가 다른 사람들에 의한 계획적인 속임수에 상처입게 되는 것은 해석에 대한 우리의 힘들 안의 이 확신 때문이다. 왜냐하면 다른 사람들이 표현하는 것은 슬픔이 아니라 슬픔의 가장일 수 있으며, 진심이 아니라 진심의 가면일 수 있기 때문이다. 그런 경우들에 몸의 움직임들은 참으로 행위자의 의도의 표현이지만, 그러나 그 의도의 부분은 그녀의 의도가 다른 사람들에 의해 잘못 해석되어야만 하는 의도인 것이다.

18 그러나 잘못된 해석은 언제나 의도적인 속임수의 결과는 아니다. 나는 아직 인간의 몸이란 무엇인가, 그것들은 어떻게 행동하는가에 대한 적절한 이해를 가지지 않았으며, 여전히 우리는 어떤

종류의 구조적인 오역(誤譯)의 원천으로서 이해하고 있다는 것을 제시하기를 원한다. 그러나 그런 원천들을 확인하기 위하여 필요한 개막사(prologue)는 세 가지의 더 나아간 일련의 두드러진 몸의 특징들에 주의를 기울이는 것이다. 나이와 함께 하는 그런 것들, 건강과 함께 하는 것들, 의복(clothing)과 함께 하는 것들이 이 세 가지인데, 왜냐하면 이런 세 가지 경우 모두에서 나의 몸이 나에게 어떻게 나타나는가와 그것은 다른 사람들에게는 어떻게 드러나는가 사이의 차이점들이 나타날 가능성이 있기 때문이다. 그리고 그런 차이점이 나타날 때 거기에는 오역과 오해의 결과적인 가능성들이 있다. 먼저 나이와 나이를 먹음을 생각해 보자.

19 그렇게 많은 시간 동안 시간의 이런 저런 순간에 모든 인간의 몸은 존재해 왔고, 시간의 이런 길이는 그것의 나이, 그것의 연대학적인 나이이다. 그러나 몸들은 매우 다른 비율로 노화하고, 그래서 같은 연대학적 나이를 가지고 있는 인간의 몸들도 나이를 먹음의 결과들과 표시들이라는 점에서 적지 않게 다를 수 있다. 당신은 35살로 보일 수 있으며 일반적으로 그럴 수 있으나 35살의 여성보다 훨씬 어리게 생각될 수 있다. 나는 45살로 보일 수 있으며 일반적으로 그럴 수 있으나 45살의 남성보다 훨씬 늙게 생각될 수 있다. 그리고 당신은 35살에 여전히 스스로를 "젊은"이라고 생각할 수 있는 반면에 같은 연대학적 나이의 다른 사람들은 스스로를 "중년"이라고 생각할 수 있다. 나는 45세에 스스로를 "이미 중년을 뒤로 남겨두기 시작"한다고 생각할 수 있는 반면에 같은 연대학적 나이의 다른 사람들은 스스로를 여전히 "중년의 문지방에 있다"라고 생각할 수 있다. (우리는 그런 표현들을 문화에서 문화로 여러 경로로 사용하는데, 그러나 적어

도 몇몇 문화들 내에서, 우리 고유의 것을 포함하여 거기에는 또한 개인에서 개인으로의 변화가 있다.) '우리가 다른 사람들에 의해 이해되는 나이' 라는 것은 부분적으로, 그러나 중요하게도 그런 사람들이 우리들에게 어떻게 답하느냐를 결정한다. '우리가 스스로 취하는 나이' 라는 것은 부분적으로 우리가 적절한 혹은 부적절한 그런 응답들을 찾을지 않을지를—그리고 이것은 차례로 부분적인데—결정하는데, 그러나 중요하게도 그런 반응들에 대한 우리의 응답들을 결정한다.

20 인간의 몸은 나이뿐만 아니라 다른 동물들의 몸과 같이 질병들과 상처들의 범주로부터 괴로워한다. 질병 혹은 상처는 정상적으로 기능함을 간섭하거나 훼방하기 때문에 중요시된다. 그리고 '정상적으로 기능함으로 간주되는 것' 과 '정상적으로 기능함으로 간주되는 것의 나이에 따라 다양함' 둘 다로 인해 질병 혹은 상처의 다른 유형들에 대하여 적절하다고 판단되는 종류의 응답은 괴로워하는 이의 나이와 더불어 다양하다. 그러나 인간의 몸들은 물론 질병과 상처의 유형들에 취약하며, 어느(*any*) 나이에서는 심각하게 무능력하게 되어버리는 것으로 인지되지 않을 수 없다. 그런 명백한 질병들과 상처들은 다른 사람들의 주의에 간섭하며 필연적으로 응답을 이끌어낸다. 왜냐하면 그것들을 모두 무시한다는 것은 그 자체로 응답이며, 대개의 상황에서 매우 두드러진 것이기 때문이다. 물론 다른 문화들은 다른 종류의 상황들 속에서 서로 다른 개인에게 응답하는 것에 대해서 어떻게 하는 것이 적절한 것인가 다른 지배적인 관례를 가질 것이다. 그러나 응답을 발생시키는 명백한 특징인 심각하게 무능력하게 만드는 질병들과 상처들은 어떤 문화에서라도 인간의 몸 그 자체에 속한다.

21 즉 인간의 몸들은 어떤 나이로서, 그리고 이런 또는 저런 건강의 상태를 통하여 스스로를 다른 사람들에게 제시한다. 시체도 나이를 가지고 상처들을 가질 것이다. 그러나 그것은 나이를 먹거나 또는 상처입은 그것 자체로 다른 사람들에게 제시하지 않는다. 살아 있는 몸은 그렇다. 그리고 단지 이것들만이 몸의 자기 진술(self-presentation)과 자기 인식(self-awareness)을 위한 중요한 특질들이 아니다. 인간의 몸들은 젊거나 늙었거나 건강하거나 아프거나 할 뿐만 아니라, 그것들은 옷을 입거나 옷을 입지 않거나 한다. 그리고 옷을 입지 않았다는 것은 단지 옷이 부족하다는 것이 아니다. 그것은 스스로 옷이 부족함을 제시하는 것이고, 그래서 누군가의 적나라한 표시이다. 정오에 더러운 상태에서 옷을 입지 않은 채 누워서 발견된 유아는 그 자체로 돌보아지지 않음을 제시하는 것이다. 의학 조사 동안 그녀 혹은 그의 옷들을 벗고 있는 어른은 같은 어른이 남편 혹은 아내와 잠자리에 들 준비를 하는 것과는 전혀 다른 방식으로 적나라한 모습을 스스로가 제시하는 것이다.

22 게다가 그 몸은 입고 있는 옷의 종류를 통하여 그 자체로 다른 사람들에게 제시할 것이다. 제복으로, 또는 다른 형식적인 의복 또는 비형식적인 의복으로. 밝은 색깔들, 그리고 인상적인 형태들로 또는 단조로운 그리고 둔감한 의복으로. 유행에 적합한 옷들로 또는 유행에 도전하는 옷들로. 다시 한 번 관습들은 문화에서 문화로, 그리고 문화들 내에서 다양해질 것이다. 그러나 모든, 또는 아마도 거의 모든 문화들의 옷은 나이와 건강의 나타냄이 의미하는 것처럼 의미할 것이다. 몸은 그것의 움직임들과 이런 다른 유형들의 특징들을 통하여 그 자체로 일련의 표시들을 제시한다. 이런 표시들에 대해, 그

리고 다른 사람들에 의해 그것들은 어떻게 해석되었는지에 대해 행위자는 깨닫거나 깨닫지 못할 수도 있다. 그리고 행위자가 알고 있는 그런 표시들의 일부는 그녀 혹은 그의 의도들을 표현할 수 있고, 의도의 표현으로서 취해지기 위하여 의도된 반면에 다른 사람들은 행위자의 제어 아래에 있지 않을 수 있다. 비록 의미되는 것이 공간의 문화적 관습들에 중요한 부분에 의존한다 할지라도 인간의 몸은 그것의 움직임과 나타냄 안에서 일련의 기표들(記標, signifiers)이며, 인간종(種, species) 그 자체에 관한 진실이라는 점에도 역시 주의하라.

23 이제 지금까지 열거된 것으로 몸의 특징들의 유형 목록들을 생각해 보자. 우리는 움직임에 대한 몸의 힘들과 움직임의 유형들, 비자발적인 것으로부터 자발적인 것, 비의도적인 것으로부터 의도적인 것의 구별들로 시작했다. ⇨ 그리고 우리는 자발적이고 의도적인 한에 있어서 그것들은 응답들을 요구하고 그 자체로 그런 응답들을 할 것이라는 점에 주목했다. ⇨ 몸들은 응답할 수 있고 응답들을 이끌어낼 수 있는데, 왜냐하면 그것들은 표현하기 때문이다. 바꿔 말하면 몸들은 해석에 열려 있고 그런 까닭에 또한 다른 것들에 의한 오역에도 열려 있기 때문이다. ⇨ 그러나 그런 해석은 몸의 움직임들을 넘어 나이를 먹음, 건강, 의복으로부터 끌어내는 몸의 특징들로 확장된다. ⇨ 그것들은 역시 해석할 수 있는데, 즉 그것들은 표시로서 다루어질 수 있고 표시 자체이기도 하다.

24 이 목록에서 그 항목들은 두 종류의 관계 안에 서 있다. 우선 항목들은 시간상 뒤의 항목들이 때때로 시간상 앞의 항목들을 미리 가정하고, 그런 경우들에 만일 전자의 것이 그것들이(*they*) 그것들로서 발생하지 않으면 후자의 것은 그렇게 발생하지 않는다. 의복

과 건강 및 나이를 먹음의 외부로의 표시들은 그것들이 그렇게 할 경우에 일종의 의미를 가진다. 왜냐하면 그것들은 응답들의 표현인 움직임들을 포함하여 의도들의 표현인 뜻을 취하는 움직임들에 대한 문맥을 제공하기 때문이다. 의도들의 표현인 움직임들은 그것들이 그렇게 할 때 기능을 할 수 있는데, 왜냐하면 우리 움직임들의 일부는 자발적이기 때문이고, 그렇지 않은 움직임들로부터 자발적인 다른 것들에 의해 움직임들을 구별할 수 있기 때문이다. 그래서 나의 의도들을 형성하는 것을 통하여 나는 그것들의 표현이 어떻게 해석되어야 할지 고려할 수도 있으며, 그리고 종종 고려해야 할 것이고, 그렇게 함을 통하여 나의 몸이 어떻게 그 자체로 나이, 건강, 그리고 의복을 통하여 제시하는가의 의의가 고려되어야만 할 것이다. 나이가 들고 그리고 약간 언짢으며 서 있고 그리고 그의 막대기를 들고 어떤 지점에서 대화하는 누군가에 의해 표현되고 전달되는 것은 젊고 대체로 같은 일련의 움직임들도 힘차게 만드는 어떤 젊은이에 의해 표현되고 전달되는 것과 매우 다를 것이다. 그리고 젊고 나이든 양쪽 모두 이것을 알지 않을 수 없다.

25 몸의 움직임들의 연속에 대하여 바꿔 말하면 그것은 언제나 "지시된 움직임들의 이 연속은 어떤 끝을 향해서인가?" 뿐만 아니라 "이 움직임들의 연속에 의해 무엇이 표현 또는 전달되는가?"를 요구하는 것으로 이해된다. 그리고 첫 번째 질문에 대한 답은 바로 언제나 "끝은 없으며, 그것은 방향성이 없는 움직임들의 연속이다"라는 것이며, 그래서 두 번째 질문에 대한 답은 언제나 "이 연속에 의해서 표현되고 전달되는 것은 아무 것도 없다"라는 것이다. 그러나 몸의 움직임 혹은 그런 움직임들의 연속이 방향성이 부족하거나 표

현하는 것이 아무 것도 없다는 것은 보기에 따라서 나뭇가지의 움직임들 안에서의 방향성 혹은 표현의 결핍은 아니라는 것에 관하여 두드러진 사실이다.

26 나는 시작에서부터 표현하는 움직임의 사회적 특징을 강조해 왔다. 다른 사람들에 의해 해석될 수 있는 누군가의 움직임을 제시한다는 것은 그런 다른 사람들의 존재를 미리 가정하는 것이다. '저것' 보다 오히려 '이런 식' 으로 해석되는 것에 의해 누군가의 움직임들을 제시한다는 것은, 그래서 그들이 '저것' 보다 오히려 '이런 종류' 의 응답들을 이끌어낼 것이라는 것은 그런 다른 사람들이 어떤 유형의 신념과 태도들을 가지고 있다고 미리 가정하는 것이다. 그러나 표현의 진실이란 것은 또한 지시된 진실을 가지고 있다. '나는 어떻게 나의 의도들을 세우는가', 그래서 '나의 몸의 움직임들의 방향성 안에서 표현되는 것은 어떤 의도인가' 하는 것은 내가 고려할 필요가 있는 다른 사람들에 의한 응답들의 특징에 의존하고 있다. 만일 어떤 의도가 있고 이것이 인간 행위자가 의식하게(aware) 되는 데 실패할 수 없었던 어떤 것이라면, 나의 것처럼 움직인다는 것은 단지 세계 안의 인간의 몸이 어느 정도 잘 계획된 약간의 도구를 통하여 움직이게 될 것이라는 것이다. 그러나 이것을 인정한다는 것은, 어떤 특정한 몸은 보통과 다르게 고립되어 있다는 것에 관한 두드러진 사실의 그런 드문 경우들을 제외하고, 한 인간의 몸의 움직임들은 다른 그런 사람들로부터 고립되어 있다는 것을, 우리가 설명은 말할 것도 없고 지적으로(intelligently) 묘사할 수 없음을 인정하는 것이다.

27 개미 또는 장수말벌 또는 돌고래와 같이 묘사하는 데 있어 최소한의 단위는 개별적인 인간의 몸이 될 수는 없으며 오히려

어떤 사회적 망(網), 물리적 · 사회적인 관계 안에서의 어떤 일련의 몸들이다. 인간의 몸들, 그것은 부분적으로 그들의 사회적 관계들에 의해 구성되는데, 왜냐하면 그들의 움직임들은 오로지 지적으로 특징지워질 수 있고 사회적인 상호작용에 의해 묘사될 수 있기 때문이다. 이것은 우리가 몸을 어떻게 생각해야 하는가에 대해 중요한 함의들을 지니는데, 그러나 만일 우리가 먼저 인간의 몸들의 특징들과 밀접하게 연관된—이제까지 말해져 온 것들 안에서 되풀이되어 언급된 자기 조회(self-reference)와 자기 인식(self-awareness)이라는—두 가지를 고려한다면 그런 함의들을 분명히 설명할 수 있을 것이다. 즉시 이미 많은 독자들에 의해 이끌어내어진 반대를, 심지어 성난 항의를, 말하는 것을 피하는 것은 불가능하게 된다. 과연 당신은 그런 독자들이 물어볼 자기 조회와 자기 인식은 몸들(*bodies*)의 특징이라는 것을 어떻게 주장할 수 있겠는가? 그들은 나의 몸이 그 자체로서 깨닫는 것은 아니며, 나의 몸을 아는 것은 바로 나(I)이고, 내 자신이 자기 인식을 아는 것이라고 주장할 것이다. 그런 독자들은 내가 때때로 몸을 말하면서 사용했던 "행위자"(the agent)라는 표현들을 포함할 것인데, 그러나 저 행위자들은 그들의 몸들과 동일시될 수 없으며, 다른 표현들 내에서—예를 들어 나의 "하나"(one)라는 사용—역시 그렇다는 것인데, 나는 '스스로'의 개념을 그 이상으로 어떤 다른 점들에서는 '몸'보다 더 전제해 왔던 것으로 보이는 반면 '몸'은 마치 그것이 '스스로'인 것처럼 말한다는 것이다.

28 내가 어떻게 이 불평에 응답해야만 하는가? 우선 무엇보다도 나의 고유한 것을 만듦에 의해, 내가 파괴적으로 모순적이게 나타낼 수밖에 없었던 것을 인식함에 의해서이다. 왜냐하면 한편으

로 나는 내가 나의 몸인 것처럼 말해왔고,—그리고 이런 감각에서 보면 나는 참으로 이것을 확언하고 있음을 의도적으로 주장하고 있는데,—다른 한편으로는 그것들이 일반적으로 해석되는 것으로 해석되는, 그리고 다른 것들을 함축하는 것으로 보이는 표현들을 사용해 왔다. 그리고 이런 담화의 양상들로부터 벗어나기는 어려웠을 것이다. "나"의 사용과 "나의 몸"의 사용 사이의 관계를 고려해 보자. 후자가 전자를 대신한다 할 수 있다 해도 감각의 전환 없이는 어렵다. 만일 "나는 그것을 했다"라고 말하는 대신 내가 "나의 몸이 그렇게 했다"라고 말하면 나는 농담을 했다고 간주될 것이다. 만일 당신이 "나는 당신을 거기에서 보았다"라고 말할 때 내가 "당신은 나의 몸을 거기에서 보았다"라고 반박한다면 당신은 당혹스러워 할 것이다. 우리는 "나의 몸"이라는 말을 종종 사용하는데, 즉 나의 몸의 사실이라는 것으로부터 나의 사실이라는 것은 구별되는 방식으로 사용하고 있는 것이다.

29 내가 나의 행동들과 소홀함들에 대하여 책임이 있으며, 내가 지각하는 목적들을 알고 있고, 나의 행동들과 표현들뿐만 아니라 나의 행동들과 경험들에 대한 나의 반성들에 대한 반성들을 반성할 수 있다는 것은 사실이다. 그러나 이것들은 그 어느 것도 나의 몸의 사실이 아니다. 그러나 흥미롭게도 나의 몸의 사실은 (일반적으로) 나의 사실이다. 만일 나의 몸이 6피트(foot)*라면 나는 6피트이다. 만일 나의 몸이 아프면 나는 아프다. 비록 친밀하게 관련이 있다 해도

*1피트는 약 30cm.

'나의 몸' 에 의해 언급되는 것과는 다른 '나' 에 의해 언급되는 어떤 것이 있다고 모든 것을 너무나 손쉽게 결론내릴 수 없다. 그러나 이것을 결론내린다는 것은 적어도 두 종류의 실수를 수반한다.

30 우선은 거기에는 나에게는 나의 몸 외에 무엇인가가 있다고 가정하는 것인데, 즉 육체에서 이탈된 인간의 정신(mind)이 있다는 것이다. 그러나 죽기 전 현재 인간의 상태, 거기에는 육체에서 이탈된 인간의 정신(*human mind*)과 같은 그런 것은 없다. 만일 인간의 몸이 정신이 구체화된 것이라면 인간의 정신은 유사하게도 그것들 자체를 몸을 통하여 표현하는 일련의 힘들이다. 그래서 그것들이 그렇게 표현되었을 때 철학자들이 "정신"(mental)으로서 생각한 것과 철학자들이 "육체"(physical)로서 생각하는 것이 아주 똑같은 지시된 일련의 움직임들 안에서 융합된다. 내가 어떤 물체를 집어들어 당신에게 그것을 넘겨줄 때, 거기에는 누군가에게 무언가를 주는 것의 의도적 행위로서 특징지어지는 한 가지와 팔과 손의 근육들과 신경들 안의 어떤 일련의 변화로서 특징지어지는 다른 한 가지의, 즉 두 가지 일들이 진행 중인 것이 아니다. 거기에는 하나의 행동 혹은 연속적인 행동들, 하나의 변화 혹은 연속적인 변화들이 있다. 준다는 것은 팔과 손의 움직임들이다.

31 만일 우리가 정신은 그것의 육체적 표현들로부터 분리되어 존재한다고 가정한다면 정신과 몸의 관계에 관하여 일련의 설명할 수 없는 문제들에 직면할 것인데, 왜냐하면 우리는 경우에 따라서 정신과 관련된 외부의 기구로서의 몸을 생각하지 않을 수 없기 때문이다. 따라서 나는 발생될 문제들에 관해서 여기에서 더 이상 말하지 않을 것이지만, 단지 말할 것은 이렇게 그릇 인도된 방향으로 정

신과 몸을 생각하는 한 가지 중요한 동기는 내면의 삶과 관련된 현상학(phenomenology)의 반성에서, 그리고 특별히 사고가 무엇으로서 드러나는가에 관한 사유에서 제시되어 왔다. 사고가 말과 글에서 표현될 때 우리는 바로 그들의 몸의 표현을 통하여 활동하는 정신의 힘들에 대한 한 가지 이상의 예시들을 가지고 있는 것으로 보인다. 그러나 확실하게 그런 표현이 없는 곳일 때 정신이 반성들, 표상들, 느낌들의 내면의 극장으로서 그 자체를 위하여 그 자체를 제시할 때 사고의 에피소드들(episodes)이 나타난다. 그리고 이런 에피소드들은 정신의 힘들이 그들의 몸의 표현으로부터 독립적으로 활동되어질 수 있음을 제시한다.

32 이런 제안에 한 가지 잘못된 응답은 그런 에피소드들 내에서 생각의 육체적 표현이 뇌 안의 일련의 해프닝을 통한 것이라고 제안하는 것이다. 물론 우리가 생각할 때마다 뉴런(neuron)들이 뇌의 특정한 지역들에서 반응하는 것은 사실이다. 그러나 우리의 사고들이 말 혹은 글 내에서 표현될 때 뉴런들은 반응한다. 그리고 우리가 우리의 손으로 물체를 집어들 때 뉴런들은 반응한다. 물론 '말과 글 안에서 표현되지 않은 생각'이란 것도 신경의 사건들을 수반하는 것이지만, 그러나 그것은 소리의 현들(弦, chords) 혹은 손들의 움직임을 향하여 서 있는 '말과 글 안에서 표현된 생각'으로서의 뇌 안에서의 사건들과 같은 관계 안에 서 있지 않다. 외부로의 육체적 표현이 없이 나아가는 사고는 몸 안에 특정한 일련의 움직임들로 표현된 사고가 있는 그런 방법으로 국한하지 않으며, 머리 속에서 떠오르는 것처럼—우리가 암산을 배우는 아이에게 "너의 머리 안에서 덧셈을 시도해 보아라"라고 말하는 것처럼—사고에 대한 우리 사고의 습관은

모호하기 쉬운 어떤 것이다. 그러면 우리는 어떻게 답해야만 하는가?

33 우리 내면의 삶과 관련된 현상학적 사실들을 무시하거나 부정하는 것은 동등하게 부적절한 응답이며, 그런 사실들은 외부의 표현을 받는 것이 없는 그런 내면의 사고들, 상들(images), 느낌들에 대하여 집중되어진 주의력에 의해 드러난다. 대신에 필요로 하는 행동은 내면의 극장에서 발생하는 일들의 특징에 대하여 보다 신중하게 주의하는 것이며, 각각의 사건들을 특별한 사건으로 만들어 주는 것은 바로 무엇인가를 물어보는 것이다. 무엇이 이 클레오파트라(Cleopatra)에 대한 불완전한 사고들을 오히려 클라우디아(Claudia)보다는 클레오파트라에 대한 사고로 만들었는가? 무엇이 이 상을 오히려 군함(軍艦, frigate)보다는 범선(帆船, schooner)으로 만들었는가? 무엇이 이 느낌을 오히려 흥분의 느낌보다는 화의 느낌으로 만들었는가? 만일 그것이 몸의 표현에서 받은 것이라면 각각의 경우에 오직 답은 '이 사고, 상, 그리고 느낌은 무엇이겠는가' 라는 말에 의해서이다. 클레오파트라에 대한 사고는 만일 말 혹은 글에서 표현되었다면, 클레오파트라에 관한 나의 사고가 "클레오파트라"의 이름을 발언함에 의해 단지 표현되어질 수 있었기 때문이다. 범선의 상이 말이나 그림으로 표현되었다면 나의 상이 범선에 대한 묘사 혹은 그림으로서 표현되었을 것이기 때문이다. 표현되지 않는 어떤 것은 항상 표현할 수 있고 우리가 거기에 기인한다고 생각하는 특징들은 표현되었을 경우 갖게 될 그 특징들로부터 비롯되는 것이다.

34 우리 내면의 표현되지 않는 사고와 상, 느낌들을 특징지으려면 은유를 사용해야 하고 반드시 그렇게 해야 한다. 나는 조금 전에 은유와 가까운 것을 사용하여 우리 내면의 삶의 극장에 관하여

말했다. 그리고 우리가 기억 속에 저장된 것은 무엇인지에 대해, 혹은 사고의 선(a line of thought)을 추구하는 것에 대해 말할 때 우리는 너무나 친숙해서 스스로 그것들은(*are*) 은유들이라고—공공의 사회적 세계 안에서 발생하는 것에서 유추하여 사고와 상, 느낌을 위치지우는 것을 통한 은유들—생각나게 해야만 하는 다른 은유들을 사용한다. 다시 말하면 우리가 마음의 그 내면의 삶을 확인하고 특징짓는 데 사용하는 용어들은 그것들의 의미를 그것들의 앞선 사용들, '사고와 상 혹은 느낌들이 몸의 표현을 통하여 표현되어진 안에서 특징지은 활동들' 혹은 '이름을 붙이거나 묘사한 공공의 세상의 다른 특징들' 로부터 취한다. 우리가 마음의 그 내면의 삶을 확인할 수 없고 반성할 수도 없다면 그런 어학적 표현의 사용들은 이 앞선 일련의 사용들에 부차적인 것이고 의존하는 것들이다.

35 비록 사고가 언제나 외부의 공공의 세상으로부터 끌어내진 물질들로부터 시작하고 의존한다고 해도 그것은 순수한 자율성(autonomy)을 획득한다. 그것은 스스로의 목적들을 정하고, 다양한 문제들과 불명확함으로 얽힌 그 자체를 발견하며, 논리적 · 개념적 필요성에 의해 부과된 강제들을 확인하다. 그리고 그것은 그것의 목적들을 향해서 또 넘어가기 때문에 항상 이 특정한 사색가의 사고로서의 '나의' (*my*) 사고와 구별된다. 그것은 나의 생각이라고 말하는 것은 나의 특별한 몸에 의해 산출된 경험들로부터 이끌어내어진 물질들로부터 시작하고 의존하는 생각이라고 처음으로 말하는 것이다. 그러나 나의 생각은 나의 몸의 정체성으로부터 이끌어내어진, 그러나 나의 몸의 정체성으로부터 독립하는 중요한 방향 속에서 나의 것으로서의 정체성을 획득한다. 이런 자율적인 사고의 존재는 다른 것

들보다 다소 더 알게 되는 어떤 것으로, 그들의 육체적인 힘들이 실패할 때 자신의 삶을 향하여 스스로 철회할 수 있고 그들의 사고 안에서 보다 덜 무력하게 되는 어떤 것이다.

36 사고는 인식(perception)과는 다른데, 인식의 대상들은 몸의 인접한 공간적 환경에 속한다. 이와 다르게 사고는 그것의 대상들을 공간과 시간 어디에서라도 찾을 수 있다. 몸과 다르게 그것은 물리적 위치에 의해 결정되지 않는다. 그래서 그것은 동시에 나의(*my*) 사고, 이 특정한 몸을 가진 특정한 사색가의 구체화된 사고로서 그 자체로 이해하지 않을 수 없으나 또한 나의 몸의 시공(時空, spatio-temporal)의 위치 제한을 넘어서는 사고는 인식을 기만한다. 이것은 우리에게 몸이 없는 사색가가 되고 싶은 느낌을 준다. 우리는 실제로 그런 사색가가 될 수 있었는가? 이것이 생각해 볼 수 있는 가능성이라는 것을 신랄하게 부정할 그런 이들이 있다. 그들의 부정에 대한 충분한 근거를 제공하기 위한 그 부담은 그들에게 있고, 그리고 그들은 이제까지 그렇게 해오지 않았다.

37 그러면 내적인 삶의 사고에 대한 사실주의의 현상학적 고려가 중요한 질문들로 제기된다. 그러나 이것을 인식하기 위한 자발적임(willingness)이 우리를, 현재의 상태 안에서 단지 사색가들로서의 우리 자신을 알고 있으며, 그들의 위치는 이 특정한 몸이고 그들의 사고는 이 몸에 의하여 제공된 매개물들(media) 안에서, 그리고 그것을 통하여 표현된다는 그 사실에 대하여 가리지 않을 것임은 틀림없다. 그리고 우리는 플라톤주의든 데카르트주의든 이원론자의 사고 양식들에 항복하려는 어떤 유혹에도 저항해야만 한다. 그 유혹에 굴복하여 지불하는 비용은 정신의 자율성에 대한 오해와 그것으로 인

서, 행동하고 괴로워하고 응답하는 누군가로서 말하는 것이다. 나 스스로는 책임을 지고 응답함으로써 다른 사람들과 관계하고 표현한다. 내가 "나의 몸"을 사용할 때 나 스스로는 다른 사람들과 전혀 다른 방식으로 관계하고 표현한다. 왜냐하면 '나'는 나의 행동들에 대하여 책임이 있다고 말해질 수 있고, 몸의 이러저러한 움직임을 조절할 수 있다고 혹은 없다고 말해질 수 있지만 나의 몸은 그렇게 책임이 있다고 말해질 수 없기 때문이다. 나는 이러저러한 몸의 움직임들을 의식하든지 의식하지 않는다. 나의 몸은 의식하지도 의식하지 않지도 못한다. 나의 몸은 그 자체로서 다른 사람들에게 자신을 드러낸다. 그것은 그 자체로 나에게 제시하지는 않는다. 우리는 자기 조회의 두 가지 양식들이 필요하고, 우리가 일종의 몸이라는 데 대하여 두 가지 양식들을 필요로 한다는 것이 그 자체로 두드러진 사실이라는 것은 우리가 본질적으로 인간의 몸들, 즉 구체화된 정신들이기 때문이다.

42 나는 지금까지 내가 어떻게 "나"와 "나의 몸"을 사용하는지 말해왔다. 그러나 만일 당신 역시 사용하는 "나"와 "나의 몸"을 같은 감각들 안에서 내가 이해하지 못한다면 나는 이런 표현들을 이해하지 못할 것이다. 그러나 완전히 다른 언급들보다는 나는 이해할 수 있다. 그래서 당신은 당신의 몸을 나에게 제시함으로써 스스로를 책임지고 응답함으로써 제시할 것이며, 나는 당신이 자신을 알고 있다—혹은 알지 못하고 있다—라고 이해할 것인데, 왜냐하면 나는 자신을 알고 있고 혹은 알지 못하고 있기 때문이다. 이 공유된 이해는, 오직 해석자들과 해석할 수 있는 사람들 양쪽 모두의 그런 사람들 사이에서 발생할 수 있는 교환들 안에서 미리 가정되었다. 그리고

좀 더 정확히 말하면, 오히려 되풀이하면 인간의 몸들은 오로지 같은 종류의 힘들을 소유하고 있다고 인식되는 다른 사람들과의 관계 안에서 잠재적으로 그리고 실제적으로 이해할 수 있다. 인간의 몸들은 본질적으로 사회적이지 우연적으로 사회적인 것이 아니다. 그러나 해석되는 것으로서의 외부의 물질들은 사회적인 것이 아니다. 근육들과 신경들의 움직임, 피의 순환, 소화체계의 변화들은, 비록 그것들이 사실은 다른 사람들에 대한 반응에 의하여 수반되든지 혹은 이끌어내졌다 할지라도, 사회적 해석에 대한 참조 없이도 모두 충분하게 특징지을 수 있다. 어떤 사람의 모욕에 대한 화는 혈압상승의 원인이 될 수 있으나 혈압상승 현상은 충분하게 생리학적 · 생화학적인 용어들로 특징지을 수 있다.

43 더욱 명백하게도 모든 인간 몸의 그런 분자 움직임들은 물리학적인 항목들과 법칙만으로도 특징지워질 수 있으며 설명되어질 수 있다. 구성된 항목들의 관점에서 몸에 대하여 배타적으로 설명하려는 어떤 시도든 실패하지 않을 수 없는 결과가 따르는데, 왜냐하면 사회적 특징에 의해 그것에 속한 모든 몸의 특징들은 생략되어 왔기 때문이다. (나는 이것 또한 돌고래들과 원숭이들과 같은 다른 복합적인 동물의 몸들에서 사실이 될 수 있다고 생각한다.) 몸의 물리적인 구성에 호소함으로써 몸의 사회적인 성질들과 관계들을 이끌어내고 설명할 것을 기대하여 인간의 몸에 대하여 환원적으로 설명하려는 어떤 시도든, 만일 극복할 수 없다면 극복할 수 있는 존재의 표시가 없음을 보여주는 이제까지 이원론자의 정신과 몸에 대한 설명이 무엇이 잘못되었는지 이해해 온 그들에 의해 제시된 장애물들에 직면하는 결과가 따르게 된다. 그들은 그것들에 대하여 오로지 왼쪽으로 변화를 일

으키는 것은 유물론자의 일원론(monism)의 어떤 유형이라고 말한다. 몸의 표현 의도, 몸의 해석 가능성, 그리고 몸의 사회적인 차원들에 의하여 우리가 몸에 관하여 이해하는 것과 그것이 구성된 물리적인 물질들에 관하여 이해하는 것 사이의 관계는 '특징지우기'를 필요로 한다. 그러나 그런 '특징지우기'를 시도하는 두 개의 고전적인 철학적 시도는 어느 것도 그럴 듯함을 유지하지 못한다.

44 따라서 "인간의 몸이란 무엇인가?"라는 질문에 대하여 우리가 지금 할 수 있는 가장 적절한 이유를 제시해 왔을 때 그것은 어떤 수수께끼, 인간의 몸인 우리 모두에 대하여 당혹의 원천을 남기고 있는 것으로 보인다고 대답하는 것이 필요하다. 그리고 인간의 몸이 된다는 것이 이 당혹스런 특성을 가진다는 것은 그 자체로 인간 몸의 보다 흥미로운 특성들 중 하나일 것이라고 대답하는 것이 필요하다. 왜냐하면 우리가 당혹스러워하는 것이 무엇인가는, 어떻게 인간의 몸으로 그것이 가능한가와 어떻게 인간의 몸으로라는 것에 대하여 당혹스러워하게 되는가이기 때문이다. 당혹스러워하게 된다는 것과 어떤 난제 혹은 일련의 난제들을 풀거나 해체하려는 시도는 어떤 목적을 향하게 되는 것인데, 그것은 우리가 지금은 이해할 수 없는 미래의 어떤 지점에서의 이해의 목적이다. 우리가 이 목적을 이루기 위하여 활용하는 힘들은 육체적 · 정신적인 힘들이며, 그것들의 통합은 능력들의 통합을 드러내는 것이다. 더욱이 우리는 이해의 이 계획으로 다른 사람들을, 그들과 우리의 당혹함의 본질을 이야기함으로써, 그리고 그들의 육체적 · 본성적인 힘들의 활동에 의하여 제공될 수 있는 자원들을 끌어옴에 의하여 새 회원으로 끌어들이려고 시도한다. 그리고 바꿔 말하면 일련의 인간 몸들은 그것들의 활동 안에서,

그것들의 구조들과 힘들의 목적론적인 조직과 각각이 지시되어지는 이런 종류의 성취를 향한 공동의 목적을 되풀이하여 드러낸다. 이해의 성취를 향하여 겨누어진 계획들은 물론 몸의 활동에 대한 그런 목적론적인 형태를 주기 위한 계획일 뿐만 아니라, 그것들은 그런 계획들의 모범이 되는 예시들인 것이다.

45 그러나 우리는 이제 스스로 인간의 몸은 물리적 물체이고 일련의 법칙의 지배를 받는 분자들이며, 그리고 목적론적인 개념들은 그와 같은 물리적인 분자들에 적용되지 않음을 발견한다는 것을 생각나게 해야만 한다. 그리고 우리는 또한 스스로 비록 생리학적으로 구축된 것으로서 인간의 몸이 일반적으로 어떤 평형상태를 향하는 경향이 있는—심장혈관의, 소화의, 그리고 그 밖의 같은 것 등등의—일련의 체계라 할지라도, 그런 구조의 자기 유지(self-maintenance)에 수반된 목적론은 어떤 새로운 목적을—목적은 그것을, 아마도 비슷하게 지시되는 다른 사람들과의 무리 속에서 처음으로 홀로 정하는데—향하여 움직이는 유기체의 목적론과는 매우 다르다는 것을 생각나게 해야만 한다. 그 자체를 이해하는 것으로 시작되는 복합적인 전체로서 인간 몸의 목적론적 방향성은 그것의 물리적 혹은 생리학적인 구성으로부터 유도할 수 있는 혹은 이해되어질 수 있는 어떤 것이 아니다.

46 그러면 이런 것들이 어떻게 관련되는가? 우리는 마침내 철학적 질문에 도달했고, 더 정확히 말하면 "인간의 몸이란 무엇인가?"라는 질문을 철학적으로 만들어 주는 것을 발견했다. 그것이 일종의 철학적 질문이라는 것을 나타내기 위하여 그 질문을 제시하는 한 가지 방식은, 그것이 아리스토텔레스의 네 가지 유형의 동기*가

인간 몸의 활동과 구조들, 통일성, 방향성에 어떻게 적용되는지 찾는가에 관한 질문이라고 말하는 것이다. 그것은 유물론적인 그리고 최종적인 인과율(因果律, causality)에 관한 그 질문에 대하여 초기의 답변을 제시하는 것이 상대적으로 간단하게 보인다. 우리는 몸이 무엇으로 만들어져 있는지를 상세하게 말할 수 있다. 그리고 우리는 몸들의 활동이 지향하는 그 목적들을 확인할 수 있다. 그러나 우리가 어떻게 답변해야 할지 알 수 없는 것은 이 물질적인 구성이 어떻게 합목적성을 가질 수 있는가 하는 질문이다.

47 중세의 철학자들은 이 문제에 대해 충분하게 생각하지 않았는데, 왜냐하면 그들은 인간의 몸이 구성되는 물질들에 관하여 제대로 알지 못했기 때문이다. 현대의 철학자들도 이 문제에 대해 충분하게 생각하지 않았는데, 왜냐하면 라메트리(La Mettrie)로부터 인공지능(AI) 프로그램에 이르기까지 철학자들의 이론화는 최근의 신경생리학과 생화학의 발견들에 의해 대체되어 왔기 때문이다. 또한 그들은 만일 우리가 육체가 구성되는 물질들에 관하여 충분히 알기만 한다면, 어떻게 우리가 목적론적 개념들의 적용을 찾는가 하는 문제는 어찌되었든 풀리거나 혹은 사라질 것이라고 가정하는 경향이 있어왔기 때문이다. 그러나 어쩌면 이제 인간 몸의 물질적 구성을 이

*아리스토텔레스는 네 가지의 제일 원인 혹은 원리라고 하는 네 가지 관점에서 존재에 접근하였는데, 이 원리들 안에서 존재를 유동하게 하고 생성·형성하게 하며 세계의 전 과정을 만들어내는, 즉 존재를 해명케 해주는 그런 근거와 원인들이 드러난다. 그것은 각각 '실체와 형상', '질료', '운동의 원인', '목적'이다(요한네스 힐쉬베르거 저, 강성위 역, 『서양철학사 상』, 대구 : 이문출판사, 2002, p. 236. 참조).

해하는 것의 진보는 이 질문에 대한 답변에 우리를 더 가까이 데려가지 못했고, 또한 우리를 조금 더 거기에 가까이 데려간다는 표시도 보여주지 못하였다는 것을 우리가 인식해야만 할 때의 시간이 되었는지 모른다. 그러면 여기서부터 우리는 어디로 가는 것인가? 이 장의 요점은 단지 우리가 지금 어디에 있는가를 확인하고, 그렇게 함으로써 완전히 다시 시작할 필요가 있다는 것을 제안하는 것이다.

Chapter_6

Moral philosophy and contemporary social practice : what holds them apart?

도덕철학과 동시대의 사회적 관행 : 무엇이 그것들을 분리시키는가?

1 현대의 분석적 도덕철학은 상대적으로 발달된 분과학문이다. 그 내부의 논쟁들은 하나의 수준 이상에서 진행되는데, 어떤 것들은 도덕적 주장의 의미론이나 인식론과 관련되고 어떤 것들은 실재적이고 규범적인 것과 관련되면서 서로 경쟁하는 관점이 된다. 그리고 다른 철학적 유형들에서—예를 들어 개인적인 정체성, 규칙을 따르는 것 또는 능력의 성질과 관련된—나타나는 토론 문제의 세 번째 유형은 실재적이고 평가적인 문제들에서 영향을 받게 된다. 그러나 모든 세 가지 수준들에서의 초점은 제한된 일련의 중심 개념들에 의해 제공되는데, 그것은 그녀 혹은 그의 관심 문제와 관련된 도덕철학의 이론화를 제공하는 옳음과 좋음, 특히 정의와 권리들, 유용성과 덕들 사이의 상태 혹은 관계이다. 그러나 물론 학문적인 도덕철학이 우리가 그런 개념들을 만날 수 있는 오직 혹은 가장 중요한 장

소는 아니다. 왜냐하면 그 개념들은 관용구들과 많은 일상적인 사회적 관행양식을 포함하기 때문이다.

2 가족 그리고 자발적인 조직들의 범위 속에서와 마찬가지로 작고 큰 규모로 조직된 집합적인 영역들 안에서 대부분의 일상이 이루어지는데, 권리들에 대한 침범들에 의해 불평들은 만들어지며, 동료들과 부하들, 상관들은 덕들과 악덕들을 기인함에 의하여 평가되고, 정책들은 유용성의 어떤 수단을 수반하는 비용과 편익조건들(cost-benefit terms) 속에서 옹호되거나 비난받는다. 그러나 이 이상으로 다양한 환경들 속에서 삶의 형식적·비형식적인 많은 절차들은 '덕들에 대한 정의와 권리들 모두 혹은 그 어느 하나의', 그리고 '유용성에 대한 정의와 권리들 모두 혹은 그 어느 하나의' 어떤 꽤 상세히 설명된 개념 위에서 일종의 관행적인 합의를 전제하는데, 개념들은 관행의 수준에서 잘 표현되지만 어떤 거대한 범위에 대해서 반드시 그런 것은 아니며, 혹은 이론의 범위에서도 결코 아니다. 따라서 우리는 두 가지 매우 다른 방향 속에서 덕들과 유용성에 대한 정의와 권리들의 개념들과 만나게 된다. 즉 도덕철학의 내부에서 학문적인 이론가들을 위하여 어떤 주제 문제를 제공하는 것이 그 하나이고, 사회적 관계들과 기준들, 그리고 좋음들(goods)을 규정짓는 사회적으로 구체화된 실재들로서의 그것이 완전히 다른 하나이다.

3 어떤 외부의 관찰자는 따라서 도덕철학자들이 그들이 종사했던 이론적 연구의 다른 유형들뿐만 아니라, 그들에게 이론화를 위한 주제 문제와 개념들의 사회적으로 구체화된 대응물들(counterparts)을 제공하는 그런 개념들 사이의 관계들의 특징에도 직업적으로 관심을 갖길 기대할 수도 있었을 것이다. 그런 관계들과 관련된

두 가지 논쟁을 고려해 보자. 어떤 부류의 도덕철학자들은 도덕성의 규칙들이 어떤 합리적인 사람에 의해서 무엇이든지 인정되지 않을 수 없는 그런 규칙들이라고 주장해 왔다. 그것들은 어떤 관점에서는 영리하면서도 관행적으로 자기 이익을 추구하기 위해 필요한 규칙들이고, 다른 어떤 관점에서는 진정으로 개인을 넘어서는 관행적인 판단을 위하여 필요로 하는 규칙들이다. 두 가지 모두의 관점에서 그것들은 물론 관행의 규칙들이다. 그러나 그것들은 언제나 현실의 관행에 대한 사실로부터 분리된 속에서 도덕철학자들에 의해 특징지어진다. 반대로 군사적인 전술과 전략의 이론가들은 적용되기 위한 교훈 또는 격률을 위하여, 오직 실제의 군사행동 또는 전쟁상황들 속에서 그것의 사실적 적용들 혹은 적용의 실패에 대한 학습을 통하여 어떤 것이 이해될 수 있다는 것을 알고 있으며, 또한 어떻게 특정한 교훈이 새롭게 그 같은 교훈 혹은 격률의 과거의 적용들 또는 적용의 실패들에 대한 명확하고 자세한 이해를, 그리고 만일 가능하다면 경험을 요구하는 아마도 아직 예견되지 않았던 상황으로 확장될 수 있는가 아는 것의 필요한 조건을 알고 있다. 대체 어째서 그것은 도덕적 규칙들, 격률들, 그리고 교훈들과 어떤 차이점이 있는가? 이 질문에 대한 어떤 대답들이 주어짐에 의해서가 아니라 그것을 요구하는 데 있어서 일반적인 실패에 의해 흥미로운 논쟁이 제기된다. 철학자들의 도덕 이론은 대부분 일상적인 삶의 구체성으로부터 분리되어 추구되었기 때문에 그런 이론은 마치 막 패배하려고 하는 군대들의 그런 참모들의 전략전술과 비슷하다.

4 관행의 상세한 부분에 대한 언급이 이루어지기를 기대할 수 있는 두 번째 입장은 주로 도덕적 직관에 의존하는 도덕철학자

들의 저술에서 드러난다. 아마도 그런 도덕철학자들 사이에서 그것은 어느 합리적인 사람이라도 무엇이든지 동의해야만 하는 것이 틀림없을 것에 관한 도덕의 규칙들을 확인하는 그들의 계획 실패에 영향을 받았는데, 그런 규칙들이 무엇인지와 참으로 합리성이 그런 철학자들에게 요구하는 것이 무엇인지의 위에서 합의한다는 것은—만일 충분히 멀리 닿고 그리고 돌이킬 수 없다면 불합의의 유형은 그 자체로 그 계획을 포기하는 강력한 이유들을 제공한다—대신에 그들이 때때로 우리의 도덕적 호소들, 즉 명료하게 하고 통일성 있게 되기를 갈망하는 선(先)철학적인(prephilosophical) 도덕적 판단들이라고 말하는 것에 호소해 왔다. 그래서 그들의 과업은 '합리적인 행위자들 그 자신의 도덕성과 관행적인 평가들의 고려' 를 제공하는 것이 아닌, 오히려 '어떤 사회적 집단이든지 그들의 직관이 그들에게 주제 문제를 제공할 그 일원들의 도덕성과 관행적인 판단' 을 제공하는 것이 되었다. 이것은 그들이 스스로 정의한 과업으로 주어졌으며, 어떤 외부의 관찰자는 그들이 곧 두 가지 관련된 논쟁들에 직면하게 될 것이라고 예측할 수 있었을 것이다.

5 이것들 중 첫 번째는 어떻게 그 관련된 사회적 집단의 특징을 나타내는가 하는 것이다. 그러나 도덕철학가들은 사실 이 점에서 최소한을 시도한다. 그들은 전혀 직관력을 명쾌하게 만듦이 없이 어떤 이는 포함되어지고 어떤 이는 이 특정한 "우리"(we)로부터 배척되어진 "우리의"(our) 직관력을 말하는 경향이 있다. 그리고 그들이 이것을 넘어설 때 특징적으로 그것은 단지 그들이 높은 수준의 원칙에 대하여, 추상적이고 일반적으로 정치적이며 법률적인 용어들 속에서 그들의 계획을 상대적으로 다루기 위하여 그 집단을 상술하

는 것이다. 이 문제가 왜 발생하는가? 이 질문에 대한 대답이 두 번째 논쟁을 일으킨다. 규칙들과 격률들, 그리고 교훈과 같은 것들로서 너무나 쉽게 취해지는 것들은 언제나 그러든지 혹은 때때로, '그것들이 어떻게 해석되는지' 와 그리고 '관습 속에서 다른 사회적 전후 관계들과 다른 집단들의 삶들 내에서 그것들의 응용은 무엇이 되는지' 모두에서 적지 않게 변화한다. 예를 들어 사회적 관계들의 서로 다른 연결망들 내에서 거짓말의—더 정확히 말하면 고의적으로 화자에 의해 거짓으로 믿어지는 어떤 것을 주장하는—다른 기능들을 고려해 보자. 대화의 기준들이 일반적으로 최소한 뜻밖의 공격으로부터, 그리고 아마도 모든 혹은 거의 모든 공격으로부터 보호되는 개인들 혹은 작은 집단들의 삶 속에서 사생활의 결정적인 영역들인 곳에서는, 대화의 연구에 의하면 대화는 모든 사람들이 화자들이 진실이라고 믿는 것이 이야기되길 합리적으로 기대하는 그런 것이 될 것이고, 그리고 거짓말은 그런 기대들에 대한 불필요한 방해가 될 것이다. 사회적 상황 속에서 반대로 어떤 결정적인 영역들, 혹은 심지어 모든 결정적 영역들이 대화의 받아들인 기준들을 방해함이 없이 공격에 열려 있는 것으로서 다루어지는 곳에서는 거짓말의 어떤 유형들은 그런 공격에 대한 유일하게 쓸모 있는 최소의 보호를 줄 것이고 정당화로서 이해되어질 것이니 정확히 그것들이 그렇게 작동할 것이기 때문이다.

6 사회적 관계들의 연결망에 대하여 전자의 유형에서 살고 있는 사람이라면 모든 거짓말은 나쁘다고 주장함으로써 그들의 도덕적 판단을 표현할 것인 반면에, 후자의 유형에 살고 있는 사람이라면 어떤 거짓말은 허용할 수 있거나 심지어 필수적인 것이라고 주

장함에 의하여 그들의 명백하게 양립할 수 없는 도덕적 판단을 표현할 것이다. 만일 우리가 전자의 연결망 속에 사는 사람이 자신의 사회적 관계들에 대하여 전혀 아는 것이 없이 모든 거짓말은 나쁘다고 판단하는 것을 엿듣는다면, 그리고 비슷한 무지 속에서 후자의 연결망 속에 사는 사람이 어떤 거짓말은 허용할 수 있다고 판단하는 것을 엿듣는다면 우리는 이제야 비로소 그들이 도덕적 불합의 속에 있다는 것을 알게 될 것인가? 확실하지 않은데, 왜냐하면 우리는 아직 각각의 경우들 속에서 그들의 사회적 환경들이 단지 그런 화자들에게 어떤 환경들 내에서 어느 사람에 대하여 무엇이든 확인하는 것이 준비된 어떤 판단을 확인하는 속에서 사회적 전후 관계를 제공하는 것인지 아닌지 알지 못한다. 대신에 그들의 특정한 사회적 환경들의 어떤 특징들이 그들의 판단들 속에서 미리 가정되는지 아닌지, 그리고 그 판단들을 옹호하기 위해 그들이 제시하는 이유들 속에서 인용되어지는지 아닌지 알지 못하기 때문에, 만일 그것들이 상세히 설명된다면 또는 참으로 설명된다면 어느 한 쪽이든지 양쪽 모두이든지의 화자들의 판단은 이런 두 가지 가능들 사이에서 불확실해진다.

7 듀갈 스튜어트(Dugald Stewart)*는 만일 우리가 이 유형의 질문에 대해 충분히 자세하게 관련된 모든 것을 상세히 설명함에 의하여 정확하게 묻고 대답한다면, 우리는 기본적인 도덕적 불합의의 모든 현상은 환영[53]이라는 것을 발견하게 될 것이라고 믿으며 그 증거에 대한 그의 탐구는 이 결론을 지지하기 위하여 설계되었다. 물론

*1753-1828, 스코틀랜드의 철학자이다.

이렇게 해서 모든 문제가 해결되지는 않지만 그의 시도가 놀랄 만한 개방성을 갖고 있는 것은 분명하다. 그러나 직관들에 호소하는 동시대의 이론적인 철학자들 사이에서—스튜어트 또한 사실 그랬던 것처럼—그는 거의 추종자들이 없었다. 이것의 중요성은 내가 이미 제시한 것처럼 어떤 특정한 도덕적 판단이 나타나는 어떤 집단 그리고 일종의 어떤 사회적 관계들로부터 확인하는 것뿐만이 아니다. 그것은 또한 단어들에 대한 동일한 형태의 발언들을 인식하는 것이고, 명백히 도덕적 판단의 아주 동일한 목적을 도와주는 것이니, 다른 전후 상황들 속에서 충분하게 해석될 때 매우 다른 의미와 효용을 산출하는 것이다.

8 이것에 대해서 어떤 사람은 스튜어트는 그 자신과 그의 동료 스코틀랜드 사람들(Scots)의 도덕적 판단들 뿐만 아니라 이누이트 사람들(Inuit)과 폴리네시아 사람들(Polynesian)과 같은 이국 사람들의 도덕적 판단들과도 관련되어 있지만, 그러나 도덕적 직관들에 호소하는 동시대의 이론적인 도덕철학자들은 오직 그들 자신과 그들과 도덕적으로 동의하는 사람들에 의해 확언되어진 판단들에만 관련되어 있으며, 확실하게 그런 사람들은 그들 자신의 발언들의 의미와 효용에 대하여 최소한 권위 있게 대우받을 수 있다고 대답할 수도 있다. 그러나 여기에서 우리는 사람들이 도덕적이고 다른 관습적 논쟁들에 대하여 그들이 믿는다고 스스로에게 말하는 것들 사이에서 때때로 주목할 만한 차이점에 주의할 필요가 있다. 즉 그들이 혼자 힘으로 추상적이고 일반적인 방향 속에서의 방법으로 착수할 때—가장 이론적인 철학이 기록되는 상황—그러면 바로 그 사람들은 그들이 믿는 것을 보여주며, 그들이 활동의 표준 형태들의 다양함 속에

서의 방법으로 착수할 때 그 사람들은 특정한 도덕적 판단들의 다양함을—그러나 뚜렷이 만들지는 않은—말하고 때로는 미리 가정하는 것을 수반한다. 개인들은 그들이 상황의 첫 번째 유형 속에서의 자신들의 방법을 기초로 하여 믿고 확언하기 위하여 스스로 취하는 것과 그들이 상황의 두 번째 유형 속에서 실제로 믿고 확언하는 것이 동시에 가능할 정도로 다양하다. 다른 것들과 같이 이 자기 지식(self-knowledge)은 단지 주어지는 것이 아니다. 즉 그것은 때때로 어렵게 얻어지고, 그 획득은 종종 그리고 아마도 특징적으로 다른 사람들에 대한 관찰들로부터 우리 자신에 관하여 배우는 것을 수반한다.

9 참으로 우리의 자기 지식이 다른 사람들에 대한 관찰들로부터 끌어내어진 것이 아닐 때, 그것은 어떤 이가 관찰자 안으로 자신의 일부와 더불어 스스로를 만들어 온 것의 결과이며, 그는 숙련된 외부의 관찰자인 것처럼 자신과 어떤 이의 행동들이 관련된 측면들을 향하여 행동한다. 어떤 사람의 자신에 대한 1인칭 지식은 따라서 다른 사람들에 대한 관찰로부터 이끌어내지든지 모방되는 것이다. 그리고 관찰되어진 어떤 것은 다른 사람들에 의해서든지 혹은 자신의 부분에 의해서든지 다른 사람들을 관찰하는 것이 되고, 특징적으로 그리고 일반적으로 고립 속의 개인 자신이 아니라 사회적 관계들의 어떤 특유하고 특수화된 연결망 속에서 수반되어진 개인으로, 그런 관계들 속에서 그의 관계의 방법들은 그녀의 혹은 그의 도덕적 실행들을 표현한다. 그러므로 그것은 사회적 관계들의 연결망의 관찰로부터이지 그들 스스로를 반영하는 개인의 내성적인 자기 음미(introspective self-scrutiny)로부터가 아닌데, 만일 어떤 이가 관련 도덕철학자들처럼 도덕적 직관에 호소한다면 그들을 통해 그의 도덕적 판

단들의 지식은 획득되는 것이다. 그것은 따라서 도덕적 직관들에 호소하는 도덕철학자들이 그들의 동료들이 하는 것처럼 사회적·관습적으로 도덕적 개념들을 구체화하였던 것에 거의 관심이 없으며, 순수하게 이론적인 주제 문제로서 고안되고,—내가 제시해 왔듯이—심지어 그들의 고유한 관습을 포함하여 관습의 실제들로부터 분리된 도덕적·관습적인 개념들에 대한 연구에 그들 자신을 완고하게 제한하는 것을 보여준다는 것은 인상적인 사실로 남아 있다.

10 우리가 최근 30년 동안의 도덕철학의 역사를 고려할 때 두 가지 측면을 가져왔다는 것은 더욱 더 놀라운 것이다. 한편으로 거기에는 정의와 권리, 덕, 유용성의 표준 이론들 속에서 논쟁해 왔던 작업이 있었는데, 이론들은 학문적인 분석적 도덕철학에 대한 성취를—매우 대단한 성취—구성했고 그것의 실천자들을 계몽과 계몽을 넘어선 사색가들, 즉 벤담, 흄, 칸트로부터 시즈위크까지의 가장 최근의 후계자들로 만들었다. 그러나 거기에는 또한 반대로 이질적(異質的, heterogeneous)인 집합의 저자들로부터의 일련의 기여들이 있어왔는데,—이 저자들은 종종 학문의 주류파에 의해 낙인이 찍히지 않은 애송이들로 간주되어 왔다—그들은 이 계몽의 상속을 의심하거나 적대시하는 태도들로 보았다. 그들 사이의 근본적인 불합의는 여전히 논쟁거리이지만, 그것들 중의 어떤 것은 그럼에도 불구하고 때때로 적어도 미국에서는 지금 학문의 지배적인 도덕철학의 유형에서 그 비판의 방향과 초점에 대한 동의가 이루어지고 있다. 이런 비판적인 동의는 학문적이고 분석적인 도덕철학이 도덕 개념과 관행 개념 사이의 차이를 설명하지 못하는 한계를 넘어선다. 즉 사회적이고 실제적으로 구체화되고 그 개념들이 사회적 맥락에서 구체화될

때 이론적 탐구의 특성을 감추고 실제로부터 추상화할 수 있게 되는 것이다. 다시 말해 실제의 우선성이라는 점에서 하나가 된다. 즉 그들은* 사실 그런 개념들에 대한 우리의 이해를 불가피하게 왜곡시킬지 모를 뿐만 아니라, 왜곡시키는 작업을 하는 속에서 도덕적 개념의 연구는 정치적·사회적인 전후 관계들로부터 분리되었다고 주장한다. 물론 거기에 순수하게 이론적인 조사를 위한 특정한 과업들이 없는 것은 아니다. 그러나 이론적인 연구가 시험하기 위하여 필요로 하는 것은 정확히 어떻게 도덕적이고 다른 관행적 개념들이 사회적 전후 관계에 대한 서로 다른 유형들 속에서 활동을 위하여 지도하고 응답하는 속에서 작용하는가 하는 것인데, 그래야 관행의 주요한 특징들과 관련시키기 위한 부주의에 의해서 이론이 관행으로부터 분리되는 것이 왜곡되지 않는다. 그런 주요한 특징들에 관한 것은 거대한 부분의 불합의 속에서 이루어지는 비판들인데, 그러나 그것들은 몇몇 경쟁적인 가정들을 공식화해 왔으며, 그 어떤 것도 우리 시대 도덕철학의 지배적인 경향 속에서 의문에 싸이지 않은 것은 없다.

11 두 가지 매우 다르면서도 상호적인, 상반되는 비판적 입장들은 그런 가정들의 예시들을 제공한다. 하나는 푸코(Foucault)와 들뢰즈(Deleuze) 등에 의해 니체에게 돌려져 왔던 일종의 사용에 의해 정의되며, 다른 하나는 나 자신을 포함하여—조지 웨이겔(George Weigel)**이 우리에게 요청하는 것으로—몇몇 최신 토마스주의에 의해

* 이론적인 도덕철학만을 주장하는 이들을 가리키는 것으로 보인다.
**정치적이고 사회적으로 활동하는 미국의 가톨릭 작가이다.

만들어진 아리스토텔레스와 토마스 아퀴나스에 호소하는 유형에 의해 정의된다. 포스트 니체주의자들(post Nietzscheans)의 계보학적 가정들은 '표준의 관행적인 전후 관계들'과 '전통적인 도덕적 판단들' 속에서 특징적인 반발로서 권력에의 의지를 위한 부도덕한 표현들을 제공하는 반면에 또한 위장하는 발언을 나타내기 위한 주장들일 뿐만 아니라, '그런 판단들을 지지'하고 '그것들을 그 액면(額面, face value)에서 취하는' 도덕철학은—니체 자신의 저술들 속에서 주요한 예시들은 독일의 칸트주의자들(Kantians) 및 포스트 칸트주의자들(post Kantians)의 도덕철학, 그리고 영국 공리주의자들의 도덕철학으로부터 이끌어내지며, 푸코와 같은 이들은 그들의 후계자들 중 일부에 의해 이끌어내진다.—그런 같은 반발의 힘들의 이론적인 표현인데, 진리에의 의지는 힘에의 의지의 변형으로 다시 한 번 위장되어 있다는 것을 보여주기 위한 요지들로서의 이야기에서 비롯된다. 이런 포스트 니체주의자의 주제들을 다른 관용구(idiom)로 해석해 보자.

12 그들이 주장하는 것은 거기에는 한편으로는 도덕적 개념들과 판단들의 의미와 표면상의 대응하는 사용, 그리고 다른 한편으로는 사회적 관행의 전후 관계 속에서 그것들의 실제적 사용 사이의 체계적인 불일치가 있다는 것이다. 의미와 표면상의 사용은, 도덕적 개념들과 판단들의 사용 요지는 옳음 혹은 좋음에 대한 어떤 비인격적인 표준, 흥미들 · 태도들 · 선호들(preferences)과 사람들의 의지 사이의 중립에 호소한다는 것을 수반하는 그런 것이다. 실제적 사용은 매우 특정한 흥미들, 태도들, 선호들, 의지의 인지하지 못한 도움에 의해서 한다는 것이다. 이렇게 요약되는 비인격성에 대한 호소는 사람들과 상황들에 그들이 사실 소유하지 않은 특징들을 투사함으로써

그럴 듯하게 만들어진다. 이런 포스트 니체주의자들의 주장들을 이 관용구로 해석한다는 것은, 그런 주장들과 스티븐슨(C. L. Stevenson) 및 사이먼 블랙번에 의한 다른 설명들 속에서 발전된 현대의 이론적인 도덕철학 속에서의 이론 유형들과의 유사점들과 차이점들 모두를 즉시 인지한다는 것이다.[54)]

13 그 유사점들은, 지금까지 이해되어진 도덕성은 사실 어떤 것은 매우 다른 모습으로 제시된 개인적인 태도와 선호들의 표현들로서의 심리학적인 현상이라는 점에 있어 포스트 니체주의자들과 분석적 정서주의자 또는 투사주의자 모두의 동의를 반영한다. 그 차이점들은 그 결론 속에서 이것으로부터 끌어내지는데, 왜냐하면 정서주의자들과 투사주의자들은 그들의 이론들 속에서 지금까지 사용된 것으로서 도덕적 개념들과 판단들의 사용을 포기하는 좋은 이유를 전혀 제공하지 않는다고 믿는 것으로 보이는 반면, 포스트 니체주의자들은 어떤 이가 그 스스로 도덕이 사실 어떻게 기능하는가를 인식하는 것을 가능하게 해줄 수 있는 변화를 경험했던 어떤 이든지 그렇게 하는 속에서 그런 개념들과 판단들을 계속 사용할 수 없게 될 것이라고 확언한다. 근원적인 이 차이점은 도덕성에 대한 사회적 · 심리학적인 설명에 대한 좀 더 근본적인 차이점이다. 스티븐슨과 블랙번 모두 최소한 도덕성에 대한 자신의 저술들 속에서는 사회적 · 심리학적으로 흄(Hume)과 매우 유사한 입장을 담고 있다. 포스트 니체주의자들은 일반적으로, 그리고 푸코는 더욱 상세히 대조에 의해 원한와 좌절, 그리고 비뚤어진 상태에 대한 심리학과 사회학에 의하여 도덕성의 발생을 이해하고, 검증되지 않은 흄 학파의(Humean) 가정에 의문을 제시할 뿐만 아니라 도덕성을 그 자리에 남기는 일종의 도덕

철학은 원한과 좌절 그리고 비뚤어진 상태에 대한 같은 힘들의 결과로서, 그것의 지적인 입장들을 오직 확립된 사회적 관행의 전후 관계 속에서 도덕적 개념과 판단의 지배적인 실제적 사용들을 위한 맹목성 때문에 지지할 수 있다고 확언한다.

14 외부의 관찰자는 따라서 본성에 근거하여 도전받고, 공식적·비공식적으로 사회적 관습으로 제도화된 속에서 도덕적 개념들의 사용으로 도전받은 이론적인 도덕철학의 실천자들은 그들의 숙고 속에 실제의 사회적 관습에 대한 연구를 포함해야만 했을 것이라고 다시 한 번 기대했을 수도 있다. 그 외부의 관찰자는 다시 한 번 실망하게 되었을 것이다. 왜냐하면 내가 이 질문에 대한 가능한 답변의 윤곽의 밑그림을 착수하기 이전에 그것은 최근의 이론적 도덕철학에 저항하는 다른 경우를 시험할 만한 가치가 있을 것이기 때문인데, 토마스적 아리스토텔레스주의의 매우 다른 입장으로부터 하나의 뼈대가 만들어진다.

15 『정치학』(*Politics*)과 『니코마코스 윤리학』(*Nicomachean Ethics*) 속에서의 아리스토텔레스에 대해 이런 작업들에 근거한 그의 주석서 속에서 아퀴나스는 합리적으로 충분한 관행적 · 도덕적인 개념들이 사회적으로 구체화될 수 있었던 것은 단지 정치적 · 사회적인 체계 안의 특정한 유형 이내에서라고 논의하였다. 이 주제는 발전되었고, 따라서 두 가지 측면을 갖게 되었다. 우리는 합리적으로 충분히 관행적·도덕적인 개념들을 구체화하는 사회적 관계들과 오직 왜곡되고 파편화되게 또는 그 반대로 그런 개념들의 다른 허위의 해석들을 구체화하는 것들 사이를 구별할 수 있고 구별해야 할 뿐만 아니라, 그것은 완전한 인격과 정신에 대한 습관들에 의해 그 속으로 교

육되어 왔던 오직 그런 이들이 사회적 관계들의 보다 이전의 유형을 위해 이런 두 가지 종류의 사회적 관계들 사이의 차이점을 충분하게 인지하고 확인할 수 있는 경우이다. 『정치학』과 『니코마코스 윤리학』 분석 속에서 폴리스(*poleis*)의 구성에 대한 논의를 위해 활용된 아리스토텔레스의 경험적·규범적인 이론화의 고유한 결합은 아리스토텔레스의 논제들을 동시대의 용어들 속에서 제시하길 열망하는 어떤 일종의 연구를 위한 패러다임(paradigm)을 제공한다. 그러나 그런 연구는 아리스토텔레스의 논제들에 대한 아퀴나스의 발전에 세심한 주의를 기울여야만 성공할 수 있고, 반대인 곳에서는 그리스 폴리스(*polis*)와 모든 다른 사회적 체계들 사이의 어떤 것보다 많은 다른 사회적 체계들 속에서 발견되어질 수 있는 사회적 관계의 유형들 사이의 어떤 것이 될 것이다.

16 사회적으로 구체화된 도덕의 개념들에 관한 이 아퀴나스주의적 주제의 중심, 거기에는 '실질적인 삶의 개념상의 조직이 충분하고 왜곡되지 않은 이론의 반영에 내용을 제공할 수 있는 사회적 환경의 유형들', 그리고 그와는 반대의 '덕들 및 규칙들의 어떤 충분한 개념과 관행 및 좋음의 성취의 분열이 오직 한쪽으로 치우쳐지고 불충분한 이론적 구조에 내용을 제공할 수 있는, 그렇게 해온 그런 것들로서의 사회적 환경의 유형들'의 구별이 있다. 그리고 아퀴나스주의적 관점에 근거하면 동시대의 전통적인 이론적 도덕철학은 바로 그런 구조들에 의해 지배된다.

17 내가 지금 포스트 니체주의자 혹은 아퀴나스주의적 유형의 어느 한쪽이든 찬성하거나 반대하는 것을 논의하는 것이 아니다. 나는 오직 그들이 최근에 이론적·분석적인 도덕철학에 진지한 도

전을 제시한다는 사실을 주목하기 위하여 그것들의 윤곽을 그리고자 하는 것이다. 왜냐하면 만일 그것이 도덕철학의 제안자들의 주장이라면 이론들 내부에서 정성들여 만들어진 개념들, 옳음과 정의, 덕들과 유용성에 대한 것들로서의 그런 개념들은 동시대의 사회적 실재 내부에서 구체화된 일련의 개념들이며, 그러면 그들은 그것에 의해 포스트 니체주의자든지 아퀴나스주의적 종류이든지 모든 전제들의 부정에 전념하기 때문이다. 그리고 우리는 그 부정을 위한 배경을 필요로 한다. 반면에 그들이 그것들의 이론화를 위한 그 중심 개념들이 그런 실재들에 대한 어떤 관계와도 전적으로 독립적으로 완전하게 이해될 수 있다고 주장한다면, 그들은 우리와 그들 스스로에게 '왜 이것이 그렇게 되는가' 와 그리고 '어떻게 그들이 왕국을 발견해 왔으며 실제의 사회적 관행과는 독립적으로 특징지을 수 있는가' 에 대한 근거를 빚지고 있는 것이다. 이런 대안들 중 어느 것도 받아들이지 않는 것은 물론 동시대의 이론적 분석을 지지하는 사람들에게 열려 있다. 그러나 대신에 아마도 그들이 윤곽을 그리고 분석하는 것 속에 관계되는 것은 일련의 규범적인 이상화들이라고 대답하는 것도 열려 있다. 그러나 만일 이것이 그 답변이라면 우리는 여전히 사회적 실재들을 구체화하기 위한 그런 개념적 이상화들의 관계에 대한 상술(詳述)이 필요하다. 우리가 말해왔던 것이, 소위 응용윤리학(applied ethics)과 관련된 아마도 그런 것들에 의해 거의 즉시 관행으로 해석되기 위하여 계획된, 관행을 위한 청사진인가? 또는 관행에 관하여 우리에게 가르치기 위한 유사점들과 같이 그것의 차이점에 의해 계획된 어떤 것이 관행으로부터의 분리인가? 혹은 그런 철학이 묘사하는 것은 그것과 현실의 세상을 연결시키기 위한 가장 쓸모없는 열망 이외에는 모두 순수한 자유로이 움직이는 개념상의 유토피아 인가?

18 이것들은 다시 한 번 일반적인 관점에서 되물어야 할 질문임에도 왜 그렇게 체계적인 물음이 던져지지 않았을까 하는 의문이 생긴다. 그것은 벤담과 흄, 라이드(Reid)와 스튜어트(Stewart), 또는 밀과 시즈위크에게서는 그렇지 않았다. 그런데 왜 지금 우리는 이런 문제에 직면하게 된 것일까? 내가 제시하려고 하는 것은 '고립된 현상으로서의 이론적인 도덕철학의 현재 상태를 고려함'에 의해서는 그 해답이 발견되지 않으며, 오히려 '동시대의 정치적·사회적·문화적 체계의 상태에 대한 하나의 측면'으로서 발견된다는 것이다. 선배 학자들로부터 그 체계가 구별되어야 하는 것은 한편으로는 가장 두드러지게 그런 사회적 삶의 영역들이고, 그러나 도덕적 개념들에 대한 추상적·이론적인 연구가 계속되어진 속에서 단지 도덕철학자의 그런 것이 아닌, 도덕적 개념들과 판단들이 들어가며, 실제의 절차들을 알려주고, 도덕적 개념들이 사회적으로 구체화된 형태들을 취하는 가운데 결정이 그런 규정된 관행들을 만드는 그런 다른 더 많은 광대한 영역들, 사이의 분열의 범위와 특성 모두이다. 18세기와 19세기에 도덕철학자들과 사회체계 사이에는 때로는 더욱 많이, 때로는 적게 대화와 상호작용이 있었으며, 어떤 특정한 사회적·정치적 체계의 방어자로서의 도덕철학자들과 그것의 반대자들로서의 그들 사이에 밀접하게 관련된 대화가 있었는데 거기에 지금은 장벽들이 있고 장애물들이 있다. 실제적이지 않은 철학적 이론화는 비이론적인 사회적 관행에 직면한다.

19 우리가 이론적 도덕철학에 어떤 일이 발생했는지 가장

잘 이해할 수 있는 것은 아마도 오직 우선 그 관행의 어떤 중요한 특징들에 대한 이해에 의해서일 것이다. 왜냐하면 그것은, 관행의 왕국 속에서 이론의 수준으로 그들이 정성들여 만들고 방어해 온 중심적인 개념들에 대한 응용을 시도하는 이론적인 도덕철학자들은, 동시대의 도덕철학의 특징들로부터 나타나는 것이 아닌, 동시대의 사회적 관행으로부터 나타나는 어떤 종류의 어려움을 만나게 되는 그 경우임이 판명되기 때문이다. 그것은 최소한 도덕철학자들이 이론상의 고립된 장소(enclave)를 위하여 그들 스스로를 제한한 것뿐만 아니라, 동시대의 사회적 관행들이 그것들 스스로 관행 속에서 동시대의 이론적 도덕철학을 위한 중심적인 개념들의 구체화 계획에 대하여 장애물들을 제공한 것이다. 그것들은 그런 개념들에 의해 알려지게 될 수 있었던 일종의 문제를 중요한 정도로 제공하지 않는다. 그것들은, 일상의 보통 사람들은 중심적인 중요한 방향들 속에서 이론적인 도덕철학의 개념들과 교훈들에 응답하고 그들의 행동을 그것들에 일치하게 고쳐 만들고 방향을 고치게 되게끔 할 수 없었던 그런 것이다. 그것들은 일상의 평범한 사람들이 따라갈 수 있는 수준을 넘어서는 학문적 도덕철학의 개념과 규율들이다. 이런 유형의 행위는 현대 도덕철학의 개념들을 왜곡시켜 흉내내는 정도에 그치기 때문에 적용의 가능성을 더 약화시킨다. 이런 흉내는 도덕철학의 이론화와 보통 사람의 행동 사이의 간극을 관행을 매개로 더욱 심화시키는 결과를 가져온다.

20 그러면 이론상의 개념들이 도덕철학 속에서 고유한 것에 정통하든지 혹은 최소한 도덕철학자들의 그것들과 가깝든지, 철학적 이론 내부에서 명확히 표현된 개념들의 순수한 관행적 응용들

을 위하여 그것들 자체를 바꾸는 사회적으로 구체화된 대응물들로 변형되는 것을 방해하는 동시대의 사회적 관행들의 독특한 특징들은 어떤 것인가? 나는 여기에서 그런 관습의 세 가지 예시들에 관심을 갖고자 하는데, 물론 그 이외에도 다른 예시들은 많다. 첫 번째는 내가 '절차들의 전문화' (*professionalization of procedures*)라고 부르려는 것으로, 나는 어떻게 이것이 어떤 도덕철학자들이 자율성과 권리를 지닌 사람의 합리적으로 정당화할 수 있는 개념으로서 제시해 온 것에 대해서 사회적으로 효과적인 왜곡을 하는 흉내를 제공하는가를 설명하기 위해 시도할 것이다. 두 번째는 내가 '역할구조적 활동의 구획화' (*compartmentalizaton of role-structured activity*)라고 부르려는 것으로, 여기에서 나는 병행하는 방법 속에서 어떤 다른 도덕철학자들이 제시해 온 덕들의 합리적으로 정당화할 수 있는 개념은 유사한 결과들과 더불어 유사하게 왜곡되었다는 것을 제안할 것이다. 나는 이런 첫 번째 두 번째 예시들을 동시대의 이론적 도덕철학에 대한 대조와 종종 반대되는 유형들로부터 선택하는데, 그것은 내가 원래 여기에서 관심을 가지는 것이고 그것의 내부에서 전혀 특정한 하나의 입장이 아니라는 것과 함께 도덕철학 그 자체의 조건임을 강조하기 위해서이다. 나의 세 번째 예시도 마찬가지로 첫 번째 두 번째 어느 쪽으로부터의 입장 및 방법들과 전혀 다른 도덕철학의 유형에 속해 있다. 그것은 비용들과 이익들에 의한 행동들 혹은 수단들의 결과들에 대한 평가와 관련된다. 사회적 관행의 특징은 많은 경우들에서, 내가 '비용과 이익의 승인된 집합체' (*the negotiated aggregation of costs and benefits*)라고 부르려는 최소한 어떤 중요한 이론상의 고려들의 응용을 막기 위해서 사이에 끼어든다.

21 그러면 나는 '절차들의 전문화'와 권리 및 그것과 밀접하게 관련된 개념들의 응용에 근거하여 전문화된 활동의 맥락에 대한 논의를 시작하고자 한다. 일상적인 사회적 삶의 더 낡은 형태들 속에서 종종 발견되는 상황의 유형으로부터 시작하도록 하자. 권리들은—그것들이 때때로 여전히 그런 것처럼—관행상의 규정화된 규범들에 의해 다스려지는 관계들을 위하여 필수적인 것인데, 관계들은 서로에 대한 신뢰와 "당신은 그렇게 할 권리를 가지고 있지 않았다"와 같은 특징적인 발언에 의하여 비난을 야기하는 위반에 의하여 채워진다. 때때로—비록 오직 때때로 일지라도—그릇되게 행해진 것을 바로잡기를 호소하는 것은, 과거에는 범죄자(perpetrator)에게 뿐만 아니라 어떤 신용되어 온 권위에 대해서도 만들어져 왔으니 가족 혹은 지역사회 내부에서 그것의 기능은 특정한 유형의 장점들에 근거하여 판단을 내리고, 또한 만일 가능하다면 그것의 이전 상태로 관계를 복구하기 위하여 관련된 사람들이 다시 한 번 서로를 신용하게 계획된 방향 속에서 그렇게 하는 양쪽 모두였다. 그러나 그런 권위가 더 이상 유효하지 않고 더 이상 신뢰받지 못했으며, 그 결과 거기에는 그릇된 것들에 대한 확실한 구제책이 전혀 없다. 부당한 취급을 받은 개인은 그런 까닭에 지금 일반적으로 지역적 관행의 특이성을 존중하는 것 혹은 신용하는 것을 거절해야만 하며, 대신에 특정한 역할의 점유자 혹은 특정한 상태의 소유자로서가 아닌 인간 개인의 자격으로서 그에게 속해 있는 어떤 권리들에 의한 표준들에 호소해야만 한다는 제안들에 응답하게 될 것이다. 이런 호소는 지역적이고 특정한 것으로부터 떨어져서 보편적인 요구들 바로 그런 일종의 보편의 개념으로 가야 하는데, 그것은 계몽 시대 및 계몽 시대 이후의 도

덕철학자들이 제공하려고 한 목표였다. 우리는 그런 철학자는 칸트 철학(Kantian)의 발견과 관련되든지 혹은 롤즈 철학(Rawlsian)의 구성과 관련되든지, 자신의 의도된 청중들에게 이런 종류의 호소로 응답하는 사람으로 인지할 것이라고 그럴 듯하게 가정할 수도 있다. 그러나 우리는 그 철학자의 순수한 발견 혹은 구성이 사회적으로 구체화된 보통 사람의 행동 속에서 실제로 유효한지 물어야 한다. 그래서 그것이 아니라고 판명되면 도덕철학자의 그 관련된 유형의 어떤 형태든 기꺼이 인정하려고 해야만 한다.

22 사실 유효하게 되는 것은 특징적으로 어떤 기관(agency), 의회(court), 법정(tribunal)의 관료화된 절차들이 지금까지 알려지지 않은 다른 이의 손에 스스로를 놓아두는 것을 수반함에 호소하는 것을 통하여 만들어지는데, 그래서 어떤 이는 적합한 상태에 지명될 것이다. 익숙하지 않은 종류의 문서들이 작성될 것이고, 자신의 본래의 것이 아닌 단어들이 누군가의 입으로 들어갈 것이며, 어떤 이가 이전에는 절대 사용한 적 없었던 관용구들의 사용이 필요하게 되고, 이것들은 어떤 이의 고유한 단어들이자 관용구들로서 정형화될 것이며, 어떤 중요한 방법 속에서 허위로 밝혀지기도 한다. 호소된 그릇됨의 본질과 무거움은 굳어질 것인데, 그런 관계들의 규범이 어지럽혀지는 것에 대한 내면적인, 일상의 공유된 이해들이 선재(先在)함에 의해서가 아니라 적절한 기술적 법률상의 정의들에 의해서이다. 구제책을 찾는 보통 사람은 그것에 의해서 중요한 정도로 단어들과 행동들로부터 소외되는데, 그것들은 따라서 법률적·관료주의적으로 그에게 죄를 지운다. 그리고 보통 사람은, 직업적 전문가의 의견은 그에게 요구된 대로 행동하게 공식적으로 허가된, 누군가에 대해 거의 가르

쳐지고 순종하는 의뢰인처럼 오로지 이런 모습 속에서 어쨌든 말할 수 있고 행동할 수 있다. 그래서 역설적이게도 사회적 관행처럼 가깝게 오는 것은, 자율적이고 권리를 지니는 개인의 상태를 가지는 어떤 사람이 너무나도 종종 새로운 종류의 소외된 의존, 충분히 값을 치르는 의존으로부터 벗어날 수 없다는 사회적 인식이 생겨난다.

23 더욱이 이 특정한 개인이 결국 잘못된 것에 대한 구제책을 얻는 데 성공했다고 생각하는 것은 이 기관이나 의회, 법정으로부터 비롯된다. 그러면 그녀 혹은 그가 발견할 것은 이 구제책을 획득하는 과정을 통하여—그리고 그 과정을 통하여 유사한 상황의 많은 다른 이들이 구제책을 획득하기 위하여 시도해 왔고 때때로 그런 구제책들을 획득하였다.—그 최초의 관계가 처음의 그것과는 전혀 다른 어떤 것으로 변형되어 왔다는 것인데, 그래서 그 불평의 성과와 그것의 관료주의식의 결과들은 한때 희망했던 신뢰의 최초 관계의 복구일 수가 없으나 대신에 강요될 수 있는 존경을 명령하는 규칙들에 의하여 채워지는 관계임에 틀림없으니, 규칙들은 항상 그리고 오직 누군가 다른 이의 직업적 전문가의 의견에 의존하는 믿음을 통하여 정확하게 이해된다. 왜냐하면 이런 규칙들이 보정(補整, compensatory)과 형벌의 구제책들을 규정하기 때문이다. 그러나 이런 규칙들이 어떠한 방법으로 복원시키는 것은 아니며, 그것들의 규정들은 그것들이 할 수 있는 한 미래의 신뢰에 대한 몰락들을 미리 고려하여 그것들에 의존하기를, 그리고 관행들의 특성을 바꾸기 위한 고려 속에서 활동함에 의해 개인들로서 그들은 최초로 관계들로 들어간다는 것을 가르치도록 이끈다. 그래서 아내와 남편의 관계는 이혼에 대하여 항상 인지되는 예상들이 아님에 의해서 처음부터 특징지워질

것이며, 그리고 의사에 대한 환자의 관계는 의료 과오(malpractice)에 대해 고려하는 걱정들에 대하여 항상 인지되는 예상들이 아님에 의해서 처음부터 특징지워질 것인데, 예상되는 결과에 대한 고려는 불가피하게 그 관계들에 부정적 영향을 미친다. 항상 정당화되는 것이 아닌 신뢰는 종종 그것에 정당화를 제공하는 듯해 보이는 바로 그 결과들을 가지는 의심에 의해서 대체된다.

24 그러나 나의 현재 논의를 위한 문제는 이런 전개들이 받아들여지든지 받아들여지지 않든지가 절대 아니다. 문제는 그렇게 넓은 실제적 형태 속에서 그 자체를 제시하기 위한 자율적이고 권리를 지니는 사람의 어떤 철학적 개념이 유효한 그 유일한 사회적 공간이 이런 가장된 대응물에 의해 이미 점유되었다는 것인데, 대응물의 우발적이고 우연적인 부정적 특징들은—우연적인, 즉 칸트 학파 혹은 롤즈 학파의 용어들 안에서 그 개념들에 대한 도덕철학자의 뚜렷한 입장에 관한 것이지, 현대의 사회적 삶을 결정하는 힘에 관한 것이 아닌—그것과 철학자들이 의도한 것을 날카롭게 구별한다. 그래서 그것은 단지 철학자의 개념과 사회적 삶에 남아 있는 실제성들 사이의 틈이 아니라, 철학자의 개념에 대한 대응물이 실제적인 활동을 위한 순수한 안내로서의 그 개념의 인지에 대한 어떤 가능성을 꺾는 것이며, 그렇게 효과적으로 철학자의 개념이 지금 실제로부터 분리된 이론의 왕국을 떠나는 것을 방해하는 것이니, 노동에 대한 이론적인 구분 속의 왕국은 도덕철학자를 너무나 안락하고 편안하게 만들어 주고 있다.

25 권리에 대한 도덕철학자의 개념에 대해 어떤 사람은 동시대 일상의 사회적 삶의 관행들 속으로 그것을 받아들이기 위하여

시도해야만 하며, 거기에서 그것을 위한 체계적인 응용을 발견하는데, 그 방향이 분명치 않다면 손상된 결과를 면하기 어려울 것이다. 그러나 이것이 포스트 칸트 학파 혹은 롤즈 학파의 이론상의 계획의 경과 중에 정성들여 만들어진 권리들에 대한 개념들의 유일한 사실인가? 나는 이것이 어느 하나의 특정한 입장으로부터 진보한 도덕철학이라기보다는 일반적인 동시대의 이론적인 도덕철학을 괴롭히는 것이라고 논의하길 원한다. 따라서 공인된 아리스토텔레스 학파든지 흄 학파든지 또는 무엇이든 덕 이론가들의 개념들의 또 다른 매우 상이한 예를 고려해 보자. 덕 이론가들의 앞서는 철학적 개념들에 대해서 완전히 다르고 이질적인 어떤 것으로 덕의 개념들을 변형시키는 동시대의 사회적 삶의 특징은 '역할들의 구획화' (*compartmentalizaton of roles*)의 어떤 유형이다.

26 구획화에 의해 나는 동시대의 사회적 삶의 구분은 뚜렷한 영역들 안으로 향함을 의미하고자 하는데, 각각은 성공과 실패의 고유한 높은 특정한 표준들을 지니고, 각각은 그것의 특정한 활동들과 고유한 높은 특정한 규범적인 기대들이 전수된 그런 것들을 제시하며, 각각은 그런 특정한 기대들을 만족시키고 그런 특정한 표준들에 적합한 속에서 효과적인 것을 만들기 위하여 계획된 습관들의 깨우침을 필요로 한다. 가정의 역할들 속에서 유효한 것으로 고려된 것은 일터의 역할들 속에서 그렇게 유효한 것으로 고려된 것과 전혀 같지 않다. 소비자의 역할들 속에서 유효한 것으로 고려된 것은 시민의 역할 속에서 유효한 것으로 고려된 것과 전혀 같지 않다. 역할들의 다양성 속에서 상술된 특이성은 번갈아 이런 역할들의 개인으로 살기 위하여 요구되는, 그러나 그 자체로는 그것들 중 아무 것도 아닌

것으로 완전히 확인되는, 자기를 위한 충분한 규정들과 같이 희미한 어떤 것의 결핍에 의해 조화된다. 그러나 이것은 지금 분명하게 현대의 자신의 구획화가 극도로 될 때 핵심 자아(core self)가 유령(ghost)의 상태로 접근해 가는 것을 약하게 했는데, 아마도 덕 이론가들의 발언들이 이제 제시되어야만 한다. 덕 이론가들에 의해 구상되는 통합된 자신보다는 각각 특정한 역할로 살고 있는 자신들의 다양성에 의하여 그런 발언들이 들릴 때 어떤 일이 생기는가?

27 너무나 종종 발생하는 것은 덕들의 교훈들이 이러저러한 특정한 역할 속에서 효과적인 것을 달성하기 위한 습관의 형성에 대한 규정으로서 이해되었다는 것이다. 그리고 그렇게 들리는 그리고 이해되었던 속에서 덕과 기술 사이의 결정적인 구별은 만일 지워지지 않았다면 흐릿하게 되었다. 각각의 역할 목적들의 범위 안에서 습관들의 형성은 수단으로서 배치되어 왔다. 과거에 이해되었던 것으로서 덕들은, 훌륭한 개인들은 그들 자신을 이끄는 것이라고 향한 그 목적들을 우리가 확인하는 것을 가능하게 하고, 기술들이 아닌 덕들은 우리들을 오직 좋은 목적들로 이끈다. 그러나 역할의 구획화에 의해 채워진 사회적 구조들 안에서 각각 역할의 목적들은 사회적 · 제도적으로 미리 결정된 것으로 이미 현저하게 동의하였으니, 그래서 덕들은 그런 미리 결정되어진 목적들의 성취를 위한 오직 거의 효과적인 수단들로서, 즉 사회적으로 관련되고 효과적인 기술들로서 이해된다. 그래서 덕 윤리학(virtue ethics)의 주창자들은 권리 이론가들과 같이 사회적 실제성의 왕국으로부터 큰 정도로 배척된 그들의 이론상의 완전함과 같은 어떤 것 속에서, 동시에 관행의 왕국 안으로 이론의 승인을 위한 장벽들이자 도덕철학자들이 제공하기 위하여

열망했던 것에 대한 대용물들(substitutes)인, 그런 대응물(counterpart)의 흉내에 의하여 그들의 개념들을 찾는다.

28 이제 일반적으로 "응용윤리학"(applied ethics)이라고 불리는 윤리학의 새로운 영역에서 이 문제를 확인해 보자. 응용윤리학자는 많은 영역에서 전문적인 직업으로 인정받고 있는데, 그들이 하는 것은 바로 동시대의 이론적인 도덕철학의 유력한 입장의 이론을 동시대의 사회적 삶의 관행들 속에서 떠오르는 논쟁들과 문제들에 적용하는 것이다. 따라서 응용윤리학적 기획의 그 넓고 풍부한 존재는 그 자체로 심각한 의혹을 내가 만들려는 주장들로 던지는 것으로 보인다. 한 가지는 그것은 내가 제시해 온 것으로서 초기 응용윤리학자들이 보여주었던 순수한 도덕의 이론을 배척하는 활동들의 바로 그런 공간들 내부에서부터이다. 그것은 내가 취해온 관점 위에서 '절차들의 전문화'와 '역할구조적 활동의 구획화' 현상들이 가장 명료하게 예증된 내부의 그런 사적이면서도 공적인 법인들 속에서 거대한 특징들로부터인데, 응용윤리학을 위하여 아낌 없는 기부가 흘러나왔다. 그럼에도 응용윤리학의 역사는 그것이 지난 수십 년을 통해 발전되어 온 것으로서 나의 중심 주제를 강하게 확증하게 해준다.

29 그것의 계획에 대한 두 가지 중심적인 측면들에 주목함으로써 시작해 보자. 첫 번째, 그것들은 아마도 독점적이지는 않고 그런 상황들의 특성을 결정하는 구조들보다는 규정화되고 전문화된 상황들 내부에서의 개인들이 직면하는 딜레마들 혹은 다른 곤경들에 초점이 맞추어졌을 것이다. 그 결과로서 다음과 같은 의문들이 제기된다. 즉 상황의 이런 저런 유형 내부에서 개인들은 어떻게 판단하는가? 그리고 그런 개인들은 무엇을 하는가? 사회적 삶의 지배적인 방

법들에 대한 근본적인 변화도, 그것들 밖의 행동방법들을 고안하는 가능성도 일반적으로 진지하게 선택권으로서 취해지지 않으며, 물론 바로 이해할 수 있게 급진적인 해결책들의 방법을 시도한 실패했던 역사도 주어지지 않는다. 그러나 결과로서 그것은 오직 상황들이 설명되었고 선택적인 해결책들이 제안되었던 '절차들의 전문화'와 '역할구조적 활동의 구획화'에 의해 강요된 한계의 내부와 압박의 아래에 있다. 따라서 응용윤리학의 과업은 문제상황의 특정한 유형을 개선하는 것 중 하나가 되었으며, 반면에 그 자리에 강조하는 이유들을 남긴다. 그렇게 하는 속에서 응용윤리학자들은 그런 같은 이유들에 의해서 형성되며, 응용윤리학자들의 역할이 다른 회사의 고문들(managerial consultants)과 정부의 도덕적 문제들에 대한 해결책들이라고 칭해지는 것을 제공하는 활동의 증가하는 전문화와 구별되지 않는 결과가 빚어진다. 도덕가(moralist)는 보다 기술적인 전문가가 되며, 다른 전문가들과 같이 돈을 받고 의견을 제시한다.

30 두 번째, 응용윤리학은 그 자체가 한 가지 이상의 일련의 전문화된 활동들로 변형되어 왔는데, 그런 전문가들이 그것 안에서 전문화된 특정 문제들과 관계가 있다고 말해야만 하는 것을 초래한다. 그래서 전문가의 한 가지 유형은 의료윤리학을 다루고 다른 유형은 기업윤리를 다루며 또 다른 유형은 정부윤리를 다루는 등이다. 각각의 특정한 범위의 영역 내부에서 전문가의 의견으로 인지하는데 필요한 관련된 자격증명서들에 관한 토론들이 그 영역 내부에서 일어난다. 그리고 다시 한 번 그것은 제한들(constraints)이라는 말로 응용윤리학이 구축된 구획화에 의해 제한되는데, 그런 구획화의 도덕적 영향들에 관하여 두 가지 다른 질문들이 제기되어야만 한다. 우선

규칙들의 본질과 관련되는 것으로, '규칙 혹은 일련의 규칙들의 적용이 규칙 혹은 규칙들에 대한 보편성 관점의 판단에 종속되어(subjected) 온 상황의 구체적인 특이성들인 그런 것이었던 속에서의 구획화된 상황'과, '규칙의 적용이 규칙이 대신에 그 상황의 특이성들에 의해 부과된 요구들에 맞추어(adapted) 온 것이었던 속에서의 구획화된 상황' 사이의 그 차이점을 확인하기 위해 우리는 어떻게 해야 하는가 하는 것이다. 그래서 규칙은 판단의 독립된 표준들이 아닌 활동의 현재 확립된 형태들을 위한 해명서(apologia)를 제공한다. 예를 들어 의사들을 위한 한 가지 방법, 법률가들을 위한 다른 방법, 판매원들과 회계원들을 위한 또 다른 방법 속에서 진실을 말하는 것과 드러남(disclosure)에 대한 책임에 관한 규칙들이 여러 가지로 해석되고 다시 쓰일 때, 이것들을 구별하기 위해 우리는 어떻게 해야 하는가?

31 문제는 단지 이 질문에 대하여 우리가 대안을 위한 근거와 공존할 수 없는 해답들을 찾을 수 있다는 것이 아니다. 그것은 우리를 위해 이용할 만한, 그렇게 식별하기 위하여 공유된 공공의 명백한 표준이 전혀 없다는 것이다. 우리가 응용윤리학에 대한 구획화의 두 번째 영향을 고려할 때 제기된 어려움들은 따라서 더 커졌는데, 그것은 내가 이미 보다 일반적인 방향 속에서 '어떻게 역할들의 구획화는 사회적으로 유효한 인격의 특성에 의해 덕의 개념을 대체하는가'에 대한 논의를 통하여 주목해 온 것이다. 그것의 전문화에 의하여 응용윤리학이 강화한 것은 부분적으로 효과적인 일련의 특성들로서의 인격의 개념이 사회적으로 구체화되었다는 것인데, 특정한 전문적인 전후 관계들의 다양성 속에서 수용성은 인격과 덕들에 대한 도덕철학자의 개념을 그것의 구획화된 역할들보다 스스로에게

그 자체로 속해 있는 것으로서 대체해 왔으며, 그리고 다르며 종종 크게 독립적인 영역들 속에서 추구된 선들보다 개인의 선(good)과 전체의 선 사이의 관계와 관련된 것으로서 대체해 왔다는 것이다.

32 그래서 소위 "응용윤리학"은 넓은 정도로 이론적인 도덕철학 이론들의 실제의 사회적 관행에 대한 적용을 조금도 하지 않으며, 그것은 대신에 그 자체로 그런 이론들에 대한 대용물이니, 도덕의 담론이 전개된 속에서 사회적 환경들의 한계들에 대한 어느 정도의 한계를 위한 위장된 관념학을 제공한다. 그리고 그 결과로서 분명하게 동시대의 사회적 관행의 왕국 속에서 이제는 듣지 않아도 될 수 있는 것은 단지 권리의 이론가와 덕 이론가만이 아니다. 즉 바로 그 같은 알아들을 수 없음(inaudibility)이 그 유용성의 이론가들을 괴롭힌다. 그런 경우들에서 유용성의 이론가와 그 이론들의 순수한 적용 사이에 끼어드는 어떤 것은, 도덕철학자에 의한 행동들과 정책들의 결과 평가에 대한 이론상의 개념들의 적용 위에서 '비용과 이익의 승인된 집합체' 에 의해(*by the negotiated aggregation of costs and benefits*) 구축된 사회적 관행의 영향이 있어 왔다. 일반적으로 그런 이론화를 채워온 것은 사회적 측정과 평가를 위하여 잘 다듬어진 순수하게 비개인적이고 따라서 이익중립적(interest-neutral) 도구들의 고전적인 공리주의로부터 물려받은 관념이었으니, 그래서 누구나 하나라고 간주해야만 한다. 이 관념의 성취는 특정한 경우들 속에서 다음과 같은 질문들에 대하여 합리적으로 정당화할 수 있고 비개인적인 답들을 요구한다. 첫째, 이 특정한 경우들 속에서 어떤 요인들이 비용들과 이익들을 주장하는 데 있어 관련된 것으로서 포함되는가? 숙고되고 측정된다는 것은 무엇인가? 둘째, 특별히 거기에 그것들에 상응하는, 그것들 중

어떤 것도 아님이 명백한 이용 가능한 근본적으로 다른 방법들이 있을 때, 비용들이든 이익들이든 평가하는 속에서 값어치(weight)가 요소의 다른 유형들에 의해 배당된다는 것은 무엇인가? 즉 당신은 비고용으로부터 이미 고통받는 지역의 약 1,000개의 전임 직업들과 공기오염에 의한 3명의 사망자를 어떻게 평가하는가? 혹은 4,000개의 직업과 올빼미 한 종(種)의 절멸은 어떻게 평가하는가? 그리고 셋째, 이익들을 넘는 비용들의 균형 혹은 그 반대는 종종 10년을 넘는 것으로서 30년을 넘는 것과 같지 않기 때문인데, 시간의 척도(time scale)는 이 특정한 경우 속에서 무엇을 측정하기 위한 것인가?

33 오늘날 이와 같은 질문들이 제기될 때 도덕철학 세미나들 속에서가 아니라 법인들, 사적이거나 공적인 기관들, 정부 내부에서 정책이 만들어지는 영역들 속에서 다양하고 대체로 조직화된 흥미들에 의해 발휘되는 힘과 영향력에 의존하는 접근 및 내부의 수단(leverage)의 협상과정을 통해 답들이 구성된다는 것은 중요한 것이다. 그래서 특정한 논쟁들 위에서 이 질문들에 대한 대안적이고 경쟁적인 답들로부터 어떤 일치에 일반적으로 도달될 것이니, 다른 결과로 결말이 되는 협상들을 가졌던 꼭 다른 그런 세트가—합리적인 정당화가 많고 적음과 더불어—하나 혹은 그 이상의 경쟁적인 결론들을 위하여 제공될 수 있었던 것처럼 일련의 정당화하는 이유들을 위한 어떤 것이 확실히 제공될 수 있다. 협상결과는 따라서 중요한 정도로 비용들과 이익들에 대한 비개인적 측정이 전혀 아니며, 다른 집단들의 협상하는 과정의 내부에서 상대적인 힘에 접근하는 색인(index)이다. 더군다나 비용편익 분석들(cost-benefit analyses)은 특징적으로 그리고 일반적으로 오직 사회적 삶의 하나의 특정하고 범위가 정해진 영

역 내부에서의 행동들 혹은 정책들의 영향들과 관련되기 때문에, 행동들 혹은 정책들이 그것들에 호소함에 의하여 정당화된다는 것이 전체의 사회적 · 정치적인 공동체를 위하여 비용들과 이익들에 의하여 평가되는 일은 있다 하더라도 극히 드물다. 그러나 그런 용어들 속에서의 평가는 고전적인 공리주의와 정통 후계자들이 언제나 요구했던 것이었다. 그래서 다시 한 번 그것은 관행의 왕국 속에서 적용을 찾아온 도덕철학자의 이론상 개념이 아니며, 대신에 그런 이론상의 개념들의 강요를 막는 것을 도와주는 관행의 방법을 알려주는 대용의 대응물이다.

34 예시들의 이 일람표가—거기에는 물론 다른 것들도 있다.—제시하는 것은 우리가 도덕철학의 입장으로부터의 비판에 중심적인 측면 속에서 저항하고 그 자체로 대부분 면역성을 지니게 되어온 확립된 사회적 · 문화적인 체계에 살고 있다는 것이다. 종합대학들과 단과대학들은 이 체계를 유지하는 이중의 방법 속에서 기능한다. 그것들은 한편으로는 응용된 자연과학이나 경제학 같은 교과들을 통하여 사적으로, 법인으로, 정부로서 추구되는 어떤 목적에 대해서라도 이바지될 수 있는 기술들에 대한 생산자들이다. 다른 한편으로는 인문학(the humanities)의 교과들과 사회과학들의 우아함은 도덕철학자의 것들과 같은 이론상의 추구가 추방될 수 있는, 그리고 그런 교과들이 발달시킬지도 모를 어떤 비판적인 힘의 내부에서 제한될 수 있는 예약들을 제공하는데, 따라서 도덕철학이 가졌을지도 모를 비평으로서의 어떤 힘이라도 '이론가들의 승리들과 패배들'이 '매일의 사회적 삶의 승리들과 패배들'에 대하여 부적절하게 되어온 영역에 소속됨으로서의 전문화된 이론으로서 그것의 상태에 의하여 무

효화된다.

35 동시대의 전문화된 이론의 도덕 개념들은 따라서 관행을 채우는 그런 것들과는 매우 다르다. 이런 후자들은 우리가 보아온 것으로 기능할 수 있을 뿐만 아니라 관행적 삶의 내부에서 도덕적 표현을 통제하기도 하는데, 왜냐하면 바로 그것들의 흉내내는 그리고 왜곡하는 기능들이 명석한 이론상의 형태로서 철학적 이론가들에 의해 인지되는 어떤 것 속에서의 표현으로부터 그것들을 보호하기 때문이다. 그리고 어떤 이가 자신의 사회적 관계들 속에서 이론의 통일성을 구체화하는 것을 진지하게 시도하려고 할 때, '절차들의 전문화'와 '역할구조의 구획화'에 의해, 그리고 '비용과 이익의 승인된 집합체'에 의해, 일반적으로 그리고 특징적으로 그녀 혹은 그의 행동들과 그 결과들은 효과적으로 형성될 것이고 구속복(strait-jacket)이 입혀질 것이니, 비록 그 사람이 한편으로 '도덕철학 속에서 그들의 정치적인 직업 혹은 그들의 입장'과 다른 한편으로 '동시대의 사회적 관행 속에서 실제적으로 발생하는 것들' 사이의 모순들을 깨닫게 된다 할지라도 그 깨달음은 그 자체로 문제들을 바꾸 데 있어 기껏해야 하찮은 힘을 가질 것이다.

36 나는 이것이 일반적·특징적으로 발생하는 것이지만 당연히 보편적·필연적인 것은 아니라고 주장한다. 어떤 조건들 아래에서 사회적 기형의 이 유형이 피해질 수 있고 벗어나질 수 있겠는가? 어떤 조건들 아래에서 그것은 벗어나게 되겠는가? 니체와 그의 계보학적 상속인들 및 토마스적 아리스토텔레스주의자들 모두 이런 질문들에 해답을 제공할 수 있다. 그러나 그들은 전혀 다른 방법들 속에서 그렇게 해왔다. 니체는 그의 지위를 바젤(Basel)에게 양도해야

만 했고, 푸코는 학계의 가장자리에서 유목민으로서의 어떤 지적인 삶을 위해 살았으며, 칼리지 드 프랑스(collège de France)에 있는 동안 "니체주의자 교수"는 모순어법(oxymoron)이 아니었다는 것을 확실히 하기 위해 노력했다. 그래서 니체의 출발점들로부터 지금까지 계보학적 계획들은 일종의 지적·사회적인 게릴라 전투에 의해 의표를 찌르기(outwit) 위해 노력해 왔고, 그것으로 이론과 관행 사이의 간격의 규정화와 양쪽 모두에 대응하는 기형들을 뒤엎기 위해 노력해 왔다.

37 반대로 토마스 아퀴나스주의자들은 그들 시대의 기형들을 피하는 방법으로 완전히(integrate) 지적·도덕적·사회적 구성을 시도하는 속에서 동시대의 사회적 체계로부터 어느 정도 고립된 선택적인 제도들을—학교 혹은 종교적인 명령들의 그런 곳 속에서의 삶들에서 뿐만 아니라 때때로 세속적인 공동체들 속에서도—종종 충분히 만들어 왔다. 오늘날 우리는 모두 너무나 쉽게 그들 속에서 작동했던 순수한 통찰력들보다는 그들의 계획들의 불완전성들을 강조하는 경향이 있다. 그 불완전성들은 실제적이었고 손해를 입히는 것이었음에도 불구하고 그 도덕은 통찰력을 포기하지 않았고 대신에 선택적인 제도들을 만드는 과업 위에 좀 더 강하게 다시 승선하였으니, 아리스토텔레스주의자와 토마스 아퀴나스주의자의 개념들은 선의 성취를 위하여 모두 체계화된 선들의—농부와 건설노동자 그리고 철학자의 생산적인 삶들의 그런 것들은 별개의 기획들 속에서와 개인적이면서도 공통적인 복합적인 과업에 종사하는 우리들로서 모두—다양성의 성취를 목적으로 하는 관행적 추론에 대한 규정화된 형태들로 구체화되었다.

38 계보학자의 관습의 전복들과 토마스 아퀴나스주의적

도덕철학자의 관행의 구성들은, 비록 각각 상대방으로부터 많은 것을 배울 수 있다 할지라도, 당연히 그것들 자체로 서로 반대되는 기획들이다. 그들이 공유하는 것은 그들 속에서 성공의 어떤 희망이 오직 우리들의 내용뿐만 아니라 사회적 삶의 유력한 경향들로부터 배척되거나 그것들에 의해 무시되기를 열망하는 그것들로부터 온다는 것이니, 그래서 그들은 그것과 이론적인 도덕철학 모두를 특징짓는 기형들을 벗어날 수 있다. 이 장의 목적은 이유를 설명하기 위한 것이었다.

제2부

철학적 탐구의 목적들

The ends of philosophical enquiry

Chapter_7

The ends of life, the ends of philosophical writing

삶의 목적들, 그리고 철학적 저술의 목적들

I

1 우리는 저녁식사에서 친구들과 앉아 있거나 영화를 보기 위해 표를 사려고 서 있거나 또는 빈둥거리며 잡담을 한다. 그때 갑자기 우리들 중 누군가가 사소한 것들임에도 스스로 억누를 수 없어서 어떤 존재에 관한 질문을 하기 시작한다. 그 질문은 우리가 나중에 교양 있는 용어들로 바꿔 말하게 될 "인간의 삶을 좋게 하거나 또는 나쁘게 하는 것은 무엇인가?" 또는 "어찌되었든 법이 우리에 대해 권위를 가지는가?"로 바꿔 말하게 되는 질문이거나 "우리의 삶 속에서 죽음의 의미는 무엇인가?"라고 바꿔 말할 수 있는 질문이다. 실제로 그러한 상황 속에서 갑자기 시작되는 질문들은 미숙하거나 세

련되지 못한 용어들로 표현될 수 있으며, 비명을 지르는 말과 마찬가지로 그것의 외침은 화나 고통의 표현으로 들릴 수 있다. 그리고 그 질문들과 그것들을 통해서 듣고 표현된 정서들을 받아들이는 사람들의 반응은 상당히 거북할 것이며, 그 주제를 바꿀 것을 강하게 바랄 것이다. 그리고 만약 그것이 받아들여지지 않는다면 그는 자신의 의지대로 행동할 것이다. 다음과 같이 생각해 보자. 무엇이 그에게 이와 같이 말하게 하는가? 그리고 어쩌면 그가 실패하게 될 것인가?

2 그러나 다른 상황 속에서 이것들과 상당히 유사한 질문들을 가정해 보자. 즉 철학 세미나에서 대학원생이 상당히 학문적인 목소리의 음조와 적당하게 정화된 어휘로 말한다면 그것들은 더 이상 미숙한 소리가 아니고 거북한 감정을 유발하지도 않을 것이다. 아리스토텔레스는 『정치학』(I권)에서 어떤 마을의 정치적인 목적과 마을 어떤 그룹의 정치적인 공동체의 목적을 대조하면서(1252b 27–30) 정치적인 공동체의 목적은 단순한 삶과 생존이 아니라 삶을 잘살게 하는 것이라고 말한다. 누군가 "아리스토텔레스가 의도한 것이 무엇인가?"라고 묻고, 또 다른 누군가는 "그래서 인간의 삶을 좋게 또는 나쁘게 하는 것이 무엇인가?라고 응수한다. 아리스토텔레스의 본 문장은(text) 우리에게 만약 그렇지 않으면 말 속에서 우리가 신경질적으로 더듬으면서 말하는 것을 질문하기 위한 이유(pretext)를 제공한다.

3 또는 우리가 아마도 법에 관한 철학 세미나를 하면서, 즉 법의 권위에 대해 회의적인 주장들과 그것들이 권위에 관한 아퀴나스의 이론들을(『신학대전』* Ia–IIae, in qqu. 90–108) 얼마나 많이 훼손시켰는지 토론하면서 누군가는 "그래서 어찌되었든 법이 우리에 대

해 권위를 가지는가?"라고 묻는다. 또는 수업시간에 하이데거의 『존재와 시간』[**] 46–53쪽 부분을 읽고 누군가 하이데거와 반대 이론을 제기하면서 "그래서 우리의 삶 속에서 죽음의 의미는 무엇인가?"라고 묻는다. 각각의 경우에 텍스트들은 상황(context) 또는 이유(pretext)와 관련된 질문들을 제공한다. 그리고 우리들 대부분은 텍스트들 없이 말하는 것이, 즉 상황과 이유에 관한 질문들만을 말하게 하는 것이 어렵다는 것을, 심지어 그것이 불가능하다는 것을 발견한다. 그런데 그러한 텍스트들의 저술가들이 하는 것은 무엇인가? 결국 그들은 자신들의 저술 속에서 그들 스스로 불안감이나 당혹감 없이 그러한 질문들에 관해 우리가 잘 묻고 답할 수 있도록 제시해 준다. 아리스토텔레스와 아퀴나스 그리고 하이데거는 그들의 학문적인 공장(mill)을 위해 곡물(grist)을 제공한 초기의 사상가들이 이전에는 어떤 적절한 텍스트도 없었는데, 그들은 긴 이야기 속에서 이러한 질문들을 제시함으로써 무엇을 하였는가? 어떻게 그들은 처음으로 우리가 삶의 목적들에 관한 질문들이라고 부르게 될 이런 종류의 질문들을 시작하는 데 성공했을까?

4 물론 지금의 우리는 이러한 질문들에 관한 초기의 대답들을 종교라고 부른다. 그것들은 신화나 의식 속에서, 특히 가장 두드

---

* 『신학대전』(*Summa Theologiae*)은 토마스 아퀴나스가 1272–1273년까지 3부로 저작한 것으로서 제자들에 의해서 보완되었다. 제1부는 유일신의 존재와 본질 및 창조, 천사와 인간, 신의 세계통치 등을 다루고, 제2부는 인간론을 다루었다. 그리고 제3부에서는 그리스도론을 비롯한 신학적 문제를 서술하였다.

**『존재와 시간』(*Sien und Zeit*).

러지는 것은 인간들이 들은 신들이나 하느님의 말씀들 속에서 발견된다. 그리고 종교들은 삶과 죽음, 희망과 절망에 관한 물음 속에서 어떤 한 종류의 상황(context)들을 끊임없이 제공한다. 이런 것들의 궁극적인 본성은 지속적으로 대답들을 수용해 왔다는 점이다. 비록 이런 종교적인 상황들이 더없이 중요하다 할지라도 나는 두 가지에 대해 말하는 것을 제외하고 이 글에서는 더 이상 언급하지 않을 것이다. 첫째, 종교적 상황들이 광범위하게 제거된 근대 유럽과 같은 세속화된 사회 속에서 삶의 목적에 관한 질문들이 종종 당황스러운 것들이어야 한다는 것은, 심지어는 때때로 정신과 질환의 조짐으로 받아들여야 한다는 것은 놀랄 만한 것은 아니다. 그리고 둘째, 초창기의 철학 이전의 이론들과 철학적 이론들에 의해 제기되었던 그러한 질문들에 대답하는 것은 물론 종교적인 대답들이다. 우리의 문화에 관한 오랜 역사적 사건들과 우리 자신들 개개인의 짧은 역사적 사건들 속에서 우리들 모두는 믿음들과 판단들에 관해서, 비록 가끔은 언제나 그런 것이 아니고 형식상 종교적이고 그러한 믿음들과 판단들에 관한 어떤 부분들이 질문으로 제기할 필요가 있음을 단지 나중에 인식하더라도, 더할 나위 없이 대체로 분명하게 말해진 믿음들과 판단들로 결정하기 시작하였다. 우리의 믿음에 관한 처음의 고착화된 습관에 대해 이러한 혼란을 이끌어낸다는 것은 그러한 믿음들이 분명하게 일치하지 않는 어떤 것에 관한 충격이다. 그래서 우리는 그러한 믿음들이 단지 질문들에 관한 대답들이고, 대안적이고 경쟁적인 답변들에 대한 질문들로 인식하는 경향이 있다. 그러나 현 시점은 많은 것들이 발생할 수도 있고 또는 그렇지 않을 수도 있는 순간이다.

5 그것을 깨닫지 못하고 우리는 처음부터 내내 대답들을

제시해 왔던 그러한 질문들을 명확하게 하려고 했는지 모른다. 그리고 다르고 경쟁적인 대답들을 고려하면서 우리는 "그것이 사실인가?", "우리가 그것이 사실이라는 것을 주장할 만큼 충분히 타당한 이유들을 가지고 있는가?", 그리고 "만약 우리의 질문에 대한 대답으로 그것을 선택한다면 그것에 의해 우리가 의도하는 것은 무엇인가?"라고 물음으로써 각각 다르게 대답할 수 있을 것이다. 그렇다면 "'진실'에 의해서 당신이 의도하는 것이 무엇인가?", "그러한 판단을 위한 충분히 타당한 이유들은 무엇인가?" 그리고 "우리는 어떻게 우리가 사용한 다양한 표현들의 의미를 이해할 수 있는가?"라고 물으면서 누군가는 문제들을 한 단계 더 깊게 생각할 것이다. 이러한 지나간 일련의 질문들과 함께 철학은 무대 위에 등장해 왔다.

6 다시 말하자면 철학은 우리가 이러한 일차적인 삶과 죽음으로부터 물러서 있는 상황에서 철학의 의미와 목적에 관한 많은 것을 제공해 주는 계속되는 질문들 이후로 바로 이러한 가장 최근의 단계에서 이루어졌다. 뒤로 물러섬으로써 우리 스스로가 그러한 질문들과 그러한 질문들을 하는 사람들로부터 거리를 둔다. 그러므로 그러한 질문들에 속박되어 피할 수 없고 고통스러운 이처럼 화나고 당혹스러운 발언들과, 철학 세미나의 전문적이고 특별한 탐구들(enquiries)과 관련된 사회적 · 학문적으로 수용할 만한 발언들과의 사이에서 차이가 발생한다. 종종 그러한 차이를 인정하는 데 실패하는 것은 그런 상황 속에서 우리 또한 자신들로부터 스스로를 멀리하게 한다. 철학은 어쩔 수 없이 자기 소외(self-alienation)에 관한 어떤 한계(measure)를 포함한다. 그리고 철학이 키에르케고르가 헤겔에 관해 숙고하면서 그랬던 것처럼, 그리고 내가 지금 하는 것처럼 일차적인 질

문자에 관한 실존적인 고통과 물러서 있으면서 거리를 두고 비개인적인 방식 속에서 그들 자신의 철학적 탐구들(enquiries)을 위한 이러한 주제에 관한 질문들에 대해 생각해 보는 사람들의 상황과는 현저한 차이를 만드는 것이 사실이다.

7 그렇다면 철학적인 저술이란 무엇인가? 나는 앞에서 텍스트들이 우리에게 삶의 목적들에 관한 질문들을 시작하기 위한 이유들을 제공한다고 설명하였다. 그러나 이것은 아주 다른 방식의 두 가지가 발생하게 하였다. 한편으로 어떤 텍스트 또는 일련의 텍스트들은 그것을 읽고 토론하는 사람들과 관계될 것이다. 그 결과 그들은 텍스트에 관한 가상세계의 거주자가 되고, 오직 텍스트 용어들 속에서의 질문들만이 공식화된다. 그렇게 된다면 그들의 세계는 텍스트가 되고, 심지어 그들의 탐구들이 질문 속에서 텍스트에 관한 주제일지라도 더 이상 삶의 목적들에 관한 것은 아니다. 그러나 오직 이러한 특별한 텍스트적인 세계 안에서 삶의 목적들로 생각되는 것만이 가능하다.

8 그러나 문제를 제기하는 이러한 방식이 전적으로 옳은 것은 아니다. 철학적 텍스트들을 위해 오직 텍스트들에 의해 훈련된 독자들을 얻기는 매우 어렵다. 우리가 텍스트들을 이해하게 되는 것은 당연히 교사들과 해석자들의 중재를 통해서이다. 그래서 세계는 텍스트가 되는 것이 아니고 누구누구에 의해 해석된 텍스트가 된다. 그리고 독자와 저자들이 제시한 질문들 사이에서 발생하는 것은 텍스트일 뿐만 아니라 해석해 놓은 사람들(layers)을 통해서 읽혀진 텍스트이다.

9 다른 한편으로 철학적 텍스트들과 때때로 약간 지체된

후에 텍스트에서 말하는 세계와 우리가 만나도록 텍스트로부터 우리를 뒤로 보내는 그러한 텍스트들에 관한 해석들이 있다. 이러한 것들은 그것의 독자들인 우리를 텍스트와 그것의 해석들로부터 멀리 떨어뜨리는 데 성공한 저자들과 해석자들의 텍스트들이다. 이것은 우리를 삶의 목적들에 관한 질문들로 되돌림으로써 초기에 우리는 그런 문제에 직면할 수도 없었고 마지못해 마주하게 되었다. 아마도 그들은, 즉 우리를 텍스트와 그것의 해석들로부터 멀리 떨어뜨리는 데 성공한 저자들과 해석자들은 너무나 고통스러워 질문을 하지 못하였기 때문에, 그래서 우리 스스로가 이러한 질문들을 하지 못하게 만들었고 끈기 있고 합리적으로 조사할 수 없게 만들었을 것이다. 그러한 텍스트들은 어떻게 이것에 성공했는가? 어떻게 텍스트들이 그것들의 저자들과 해석자들을, 그리고 그것들의 독자들과 텍스트적 세계 내에 구속된 거주자들과 다르게 되는가? 내가 이 장에서 다루는 것이 이러한 질문들이다.

10 어떤 사람은 이러한 것들이 잘못된 질문들이라고 대답할 것이다. 당신이 찾아야 하는 것은 텍스트들의 본질들과 저자나 해석자들의 본질들 사이의 차이가 아니라 오히려 독자들 사이의 차이이다. 철학적인 독서에 관한 이런 매우 다른 결과는 텍스트들에 반응하는 독자들의 여러 가지 방식 때문이다. 이것에 관해서 저자와 독자 사이의 협력이 철학적 텍스트에 관한 독서 속에서 일어난다는 점이 매우 중요한 사실이라고 나는 회답했다. 그럼에도 내가 주의를 집중하고자 하는 이러한 협력은 아마도 저자들과 해석자들의 공헌일 것이다.

II

11 첫 번째로, 자신들의 저술에 의해 철학 밖에서 우리를 삶의 목적들과 즉시 만나게 하는 두 철학자를 떠올려 보자. 나는 심사숙고하여 다른 시대와 장소에 있는 다른 입장의 철학자들을 선택했다. 그 두 사람은 존 스튜어트 밀(J. S. Mill)과 토마스 아퀴나스(Thomas Aquinas)이다. 나는 밀에 관한 이야기로 시작하려고 한다. 우리는 다른 저자들의 저작들, 특히 그 중에서도 벤담(Bentham)과 콜리지(Coleridge)*의 글을 읽지 않고는 밀의 텍스트들을 이해할 수 없다. 밀 그 자신의 견해들은 대화로부터 드러나고, 오직 그의 이러한 견해들과 관련된 대화들과 다른 사람들의 작품을 참고함으로써만 충분히 이해할 수 있다. 대화의 시작점은 그가 20살 때인 1826년에 그의 신경질적인 쇠약증세로부터 출발한다. 악명 높게도 그의 초기 교육은 질문보다는 오히려 대답을 제공했다. 그는 오직 자신의 삶의 목적들이 문제가 될 때만 질문들을 제시한다. 그는 스스로 "삶 속에서 당신의 모든 목적들이 실현되었는지를, 그리고 사회제도나 전문가의 의견들 속에서 당신이 기대하는 변화가 바로 이 순간에 완전히 효과적이었는지를 가정해 봐라"라고 묻는다. 그리고 그는 우리에게 "충동을 억제할 수 없는 자아의식(self-consciousness)은 명백하게 '아니오!' 라고 대답을

*1772-1834, 영국의 시인이며 비평가이다.

한다. 여기서 나의 심장은 내 안으로 떨어졌다. 나의 삶을 구성했던 모든 토대가 무너졌다"(『자서전』,* 5장)라고 말한다.

12 밀의 회복증세에 관한 자세한 것들은 우리에게 중요하지 않다. 그러나 그가 이 기간 동안 사회토론의 한 구성원으로서 처음에 참여하면서 벌였던 공리주의자들(Benthamites)과 콜리지안들(Coleridgeans) 사이에서의 논쟁들은 벤담과 콜리지에 관한 그의 논문들 속에서 분명하게 되는 주관적인 대화로 바뀌게 되었다. 그러나 이 대화는 그의 많은 작품들 속에서 숨은 의미였다. 그것은 밀의 독자들 스스로가 밀과의 대화 속에서 참가자의 역할을 했기 때문이다. 밀은 자신이 즉시 그의 독자들에게 다가가고 대답들을 재촉한다. 그러나 그는 질문과 관련해서 근본적으로 독자들이 그의 특별한 대답을 무엇이라고 생각하든지 간에 독자들에게 속박하는 그러한 방식 속에서 대답을 재촉한다.

13 밀의 생각 속에 틈과 분열들이 있다는 것은 진부한 말이다. 밀은 종종 부분적으로 문장 속에 자신의 저술들의 간결함을 숨겨놓아 그의 독자들에게 보다 명확하게 설명될 수 있는 것들을 남겨놓는다. 그리고 때때로 밀에 대한 비평가들은 이러한 것들을 밀의 주된 생각들의 일부를 반대하기 위한 근거들을 제공하는 것으로 구체화한다. 『공리주의』** 4장 속에서 이른바 공리(utility)의 원칙에 관한 증명은 적절한 사례이다. 이 문장에서 밀이 말하는 것은 상당히 압축

---

* 『자서전』(*Autobiography*).
**『공리주의』(*Utilitarianism*).

되고 너무나도 암시적이다. 그리고 밀이 이런 주장 속에서 단지 잘못된 오류로서가 아닌 명백히 노골적인 잘못된 오류를 범함으로 써 많은 그의 비판가들이 해온 것처럼—이런 측면에서 시즈위크(Sidgwick)와 무어(Moore)는 매우 나쁜 사례를 제공했다—우리가 밀을 해석하기 전에 밀의 주장[55)]을 재구성하는 대안적인 방법이 무엇인지 물어보아야 한다. 그리고 우리가 밀의 주장을 비난하기 전에 최선의 방법을 제시함으로써, 즉 가장 설득력 있는 재구성 가능성을 제시함으로써 우리는 밀의 협력자가 될 것이다.

14 결국 우리가 밀의 결론에 동의하게 되는 일은 일어나지 않는다. 그러나 비록 그의 결론과 불일치할지라도 우리는 여전히 밀이 스스로 제기한 질문들에 관한 설명들에 대답하기 위한 시도를 할 것이다. 밀은 자신이 제기한 질문들로 되돌리면서 우리를 그의 텍스트 너머로 향하게 한다. 그러므로 밀이 신경질적인 쇠약증세가 있을 때에 직면했던 그러한 삶의 목적들에 대한 문제들에 대해, 만약 가능하다면 우리는 그가 대답한 것보다 더 좋은 대답을 제공하는 과업(task)을 가지게 된다.

15 한편, 상당히 다른 철학자인 토마스 아퀴나스를 떠올려 보자. 아퀴나스의 방법은 밀의 대화방법보다는 명확하다. 어떤 질문에서 그는 자신이 인식하는 입장들의 다양성으로부터 광범위하게 이끌어진, 어떤 특별한 물음에 찬성하거나 반대하는 자신이 할 수 있는 모든 것을 포함하는 강제적인 논쟁들의 범위를 광범위하게 모아 정리하였다. 그리고 그는 오직 자신의 이러한 주장들과의 관련성으로부터, 그리고 이러한 주장들을 전개한 이후에 그 자신의 결론들을 이끌어냈다. 밀에게는 벤담과 콜리지 사이에서의 긴장감이 있었지만,

아퀴나스에게는 문학적 예술의 능력에 관한 유대교적인(Averroistic) 아리스토텔레스 학파 사람들과 파리의 대학에서 신학에 관한 능력을 지닌 아우구스티누스 학파 사람들 사이에서의 긴장감이 보다 중요했다. 원래는 구두의 논쟁들이었던 것들을 기록한 그의 가장 중요한 논문들 중 일부는 어떤 견해를 반대하는 것으로 발전된 대중적으로 옹호되어 왔던 주제에 관한 논쟁들을 보여준다. 그러나 심지어 이런 장르(genre)에 속하지 않는 논문들 속에서도 논쟁들에 관한 아퀴나스의 논법(treatment)은 텍스트들의 논평에 관한 연습에 의해서 뿐만 아니라 논쟁에 관한 연습을 통해 부분적으로 형성된 정신(mind)이다.

16 항상 더 많이 말할 수 있는 어떤 가능성에 관한 논쟁과 같이 특별한 문제들에 관한 아퀴나스의 논쟁은 보다 중요한 주장을 발견할 가능성을 열어놓는다는 점에서 중요하다. 그리고 적어도 명백히 설득력 있는 이런 부분에서 일반적으로 널리 알려져 왔던 결론과는 차이가 나는 어떤 다른 결론을 이끌어내게 하는 전제들에 관해서 지금까지 예상하지 못한 어떤 공식의 발견 가능성을 남겨둔다. 이런 가능성을 인식한 독자들과 "그 주장들이 지금까지 충분히 전개 되어 왔는가?"와 "우리는 다음에 뭐라고 말해야 하는가?"라는 질문들에 대답하기를 강요받는 독자들은 이런 가능성에 의해서 그들이 논쟁해 왔던 것처럼 논쟁에 참여하게 된다. 따라서 그들은 아퀴나스의 질문들을 그들 자신의 질문으로 만들고 아퀴나스가 대답한 것보다 나은 적절한 대답을 제시하려고 노력한다.

17 밀에서 그랬던 것과 같이 그 결과가 아퀴나스와 일치할 것이라는 점은 발생하지 않는다. 그러나 아퀴나스는 밀과 같이 우리를 그의 텍스트 너머 질문들 자체로 향하게 한다. 그리고 아퀴나스와

밀 모두에게 접근하게 된 독자들은 행복의 본성과 같은 논쟁들에서, 즉 삶의 목적들에 관련되는 논쟁들에서 그들의 매우 다른 두 가지 입장 사이에서 그들 스스로 어떤 새로운 대화형식을 구성하게 됨을 발견하게 될 것이다.

18 나는 밀과 아퀴나스를 특별한 철학의 종류에 관한 모범적인 실천가(practitioner)로 인용하였다. 그래서 그들이 보여준 예들은 우리에게 그 본질에 관해서 조금이라도 말해 줄 수 있다. 그들의 철학적 저술에 관한 세 가지 특징들이 그러한 본질에 관한 특징들을 정의한다. 첫째로, 단지 철학자들이 질문하는 것이 아닌 평범한 인간들이 질문하는 것과 같이 세 가지 모두 삶의 목적들에 관한 질문들과 관련되었다는 것이다. 초기의 철학자들이—혹은 다른 사람들—제기했던 그러한 질문에 대답하려는 태도를 취하는 것과, 아직 관련되지도 않은 그러한 질문들을 제기하는 어떤 좋은 방법을 발견하지 못한다. 그러나 인간들이 그들의 삶을 통하여 지속적으로 직면하게 되는 질문들인 삶의 목적들에 관한 것과 같은 유사한 질문들이 항상 똑바로 진전만 하는 것이 아니다.

19 두 번째로, 밀과 아퀴나스 모두 그들의 말과 저술을 철학적 대화(conversation)를 진행하는 데 공헌한 것으로 이해했다. 대화는 그들의 말과 저술이 철학적 대화의 일부가 되기 전부터 오랜 역사를 가지고 있었고, 그들이 침묵한 후에도 지속된다. 이러한 자기 이해(self-understanding)는 그들의 독자들과 청중들을 마찬가지로 대화에 공헌하는 사람으로 다루는 것을 가능하게 한다. 세 번째로, 밀과 아퀴나스 모두가 주장한 것과 같이 대화의 목적과 대화 속에 참가하는 사람들의 선(the good)은 진실하다는 것이 중요하다. 그러므로 진리와

선, 합리적 정당화, 그리고 의미의 본성은 그러한 대화의 주된 주제가 되어야 한다는 것이 중요하다. 그렇지만 이러한 쟁점들에 관한 형식적(technical)이거나 반(半)형식적인(semitechnical) 취급은 대화의 목적에 종속되어야 한다.

20 그렇다면 대화에 있어서 이러한 특징들이 부족할 때 철학의 역할은 무엇인가? 무엇보다 우선적으로 철학은 근본적인 것으로 이해되어야 하고, 때때로 배타적인 일련의 분석적·논쟁적인 기능들의 연습이다. 주제는 부차적이고 이차적이 된다. 철학을 시작한다는 것은 필수적인 기능들을 훈련하는 문제이다. 그리고 삶의 목적들에 관한 질문들은 그것들이 단지 그러한 기능들의 연습에 필요한 주제들을 제공하는 한에 있어서는 철학자들의 관심에 들어갈 것이다. 두 번째로, 철학은 그럼으로써 어떤 심각함과 관련된 삶의 목적들에 관한 질문들을 물어보는 것으로부터 전환(diversion)하게 될 것이다. 나는 “전환”이라는 용어를 파스칼(Pascal)이 사용한 것처럼 사용할 것이다. 파스칼의 견해에서 우리는 인간의 상태가 얼마만큼 절망적인지로부터, 그리고 얼마나 다급하게 우리의 관심을 돌리기 위해 잘 계획된 다양한 활동유형들 속에서 관계되는 삶의 목적들에 관한 질문들에 대한 대답이 얼마만큼 필요한지로부터 스스로를 감추려고 노력한다. 예를 들면 법정과 행정의 관행화된 제도들 속에서 관계되며, 사냥과 게임 같은 것이다.

21 우리가 종종 깨닫게 되는[56] 것보다 더욱 파스칼적인 특징을 지닌 흄(Hume)은 우리에게 다음과 같이 말한다. 삶의 목적들에 대한 고통스러운 숙고에 관한 그의 철학적 탐구들이 강요될 때—“나는 어디에 있고 또한 무엇인가? 나의 실존이 나온 원인들은 무엇인가

에서부터 내가 되돌아갈 수 있는 조건은 무엇인가? 나는 누구의 호의에 환심을 사야 하고 누구의 화냄을 두려워해야 하는가? 무엇이 나를 에워싸기 시작하는가? 그리고 내가 어떤 영향력을 누구에게 주고 또한 누가 나에게 영향력을 행사하는가?"—그는 스스로 "이런 철학적 우울증 또는 망상"을 치유할 것이다. 나는 저녁식사를 하고 주사위놀이를 하고 대화를 하면서 나의 친구들과 즐겁게 시간을 보낸다. 그래서 그의 사색들은 "차갑고, 긴장되어 보이며(strain'd), 우스꽝스럽다" (『인간 본성에 관한 논고』* I, iv, 7).

22 흄이 철학적 질문들로부터 저녁식사와 주사위놀이에 관한 전환들로 방향을 돌리는 반면에, 거기에는 흄에게 있어서 저녁식사와 주사위놀이가 그랬던 것과 같이 때때로 철학에 관계하는 사람들을 위해 작용하는 어떤 종류의 철학이 발전해 왔다. 그것은 모든 질문들을 형식적(technical)이거나 반(半)형식적인(semitechnical) 질문들로 바꾼다. 그리고 그것은 그러한 일차적인(first-order) 질문에 관한 이차적인(second-order) 철학적 질문들을 제기하기보다는 삶의 목적들에 관한 진지하고 체계적인 질문을 하게 하는 효과를 가지고 있다. 그리고 만약 그것이 차갑게 보이지 않는다면 적어도 긴장되어 보이고 또 우스꽝스럽게 보일 것이다.

23 세 번째로, 단지 이런 종류의 철학이 거리를 두고 삶의 목적들에 관한 질문들과 그들의 개인적인 계약으로부터 그것을 실천하는 개인들을 보호하기 때문에, 비록 개인들이 철학 속에서 그러

*『인간 본성에 관한 논고』(*Treatise*〈*A Treatise of Human Nature*〉).

한 질문들에 대답하는 것을 전제하지 않더라도, 그들은 자신들의 삶 속에서 보다 영향력 있는 모든 것들에 대답할 수 없게 된다. 왜냐하면 대답들은 당연하게 받아들여지고 철학적으로 탐구되지 않은 상태로 남기 때문이다. 사실 이런 종류의 철학을 실천하는 사람들의 삶 속에서 우리는 완전히 다른 방식들 속에서 삶의 목적들과 관계되는 질문들에서 두 개의 다른 종류의 본질을 발견할 것이다. 하나는 철학자의 자격으로, 그들은 그러한 질문들에 관한 두 번째 또는 세 번째(second–or third–order) 탐구들을 시작할 것이다. 다른 하나는 인간의 자격으로, 그들은 어떤 탐구되지 않은 첫 번째(first–order) 대답에 관한 유형을 그들이 정통한 문화적 풍조(ethos)의 모든 영향력 아래에서 당연하게 받아들일 것이다. 그리고 이러한 둘 사이의 관계가 인식되면서 그들의 문화적 환경과 함께 변화될 것이다.

24 잘 수립된 장르에 관한 언급을 설명해 왔다는 것이 지금은 철학자들에 관한 전기에서는 충분하다. 그러나 정작 수립되어야 할 장르는 철학에 관한 역사와는 대조적으로 철학자들에 관한 역사일 것이다. 그러한 전기들에 관한 저자들과 독자들, 그리고 거기에 기록되어 있는 역사들은 그 또는 그녀의 철학적 강연과 저술, 그리고 삶의 목적들에 관한 질문을 대하는 태도 사이에서 각각의 철학자에 관한 삶 속에서의 관계에 관심을 잘 기울이게 된다. 위대한 철학자로 존재하는 것은 모범적인 철학적 삶을 이끄는 것과 같은 것이 전혀 아니다. 오히려 철학행위의 주된 목적은 아마도 그들의 능력 안에서 철학이 존재하는 한, 사람들이 철학적 삶을 이끄는 것이 가능하도록 하는 데 있을 것이다. 그리고 물론 개개의 철학자들이 그들의 삶에 관한 세밀함 속에서 이루어내는 관계는 그들의 철학적 저술과 그들 삶

들의 목적들 사이에서 항상 무수한 우연들(contingencies)에 의존한다. 따라서 어떤 삶은 지금까지로 봐서는 상상될 수 없는 가능성들로 남게 된다. 이런 관점에서 누구에게라도 무수한 우연들은 잘 진행되거나 나쁘게 진행될 수도 있다.

III

25 그렇다면 그것들이 개인의 철학적 저술에 관한 목적들과 삶의 목적들에 관한 관계 속에서 어떻게 잘못 진행되는가? 나는 두 철학자들을 생각하면서 이런 질문에 대답하기 시작할 것이다. 그 둘은 각각 동시대의 인물들이고 보편적인 사람들이다. 각각은 스스로 어떤 특별한 철학적 사고의 도식(scheme) 안에서 구속되어 있는데, 삶의 목적들에 관한 질문들을 대하는 그들의 방식은 자신들이 질문을 위해 진실하게 대답에 도달하는 것을 좌절시켜 왔다. 그러므로 그들은 사고의 도식을 특징으로 하는 철학적 저술방식을 붕괴시켰고, 다른 목적들에 의해 알려진 새로운 저술방식을 발견해야 했다. 그래서 그의 저술목적들이 만약 부수적인 것이 아니라면 최소한 그가 추구하고자 하는 삶의 목적들과 일치하게 될 것이다.

26 20세기 처음 10년 동안 교육되어 왔던 모든 것에 관한 철학적 도식은 독일의 신칸트주의(NeoKantianism)이다. 그것은 오랜 기간 스콜라주의적(scholastic) 입장에 빠져 있었기 때문에 그것의 영향력 아래에서 잘 수립되어야 하는 학문적인 철학의 어떤 방식을 특

징적으로 일어나게 하는 것은 경쟁적인 목소리들을 듣지 못하거나 또는 만약 들을 수 있더라도 잘못 이해될 것이다. 이러한 것들의 결과는 신칸트주의 구조 바깥에서 생각한다는 것이 매우 불가능하다는 점이다. 그러나 철학 안에서 모두가 자신의 영향력(hegemony)을 확장하기 위한 다양한 계획들과 결합하면서 자연과학뿐만 아니라 역사적·사회적인 학문에 관해 설명할 수 있게 되었고, 신학과 사회학과 같은 다른 학문분야 속에서도 설명할 수 있게 되었다. 신칸트주의에 대한 철학적 대안에 대한 인식이 없었던 것은 아니다. 게다가 심지어 신칸트주의를 붕괴시키고자 하는 그러한 열망을 위해 그들의 퇴장을 만들고자 기획한 질문도 있었다. 그리고 그것이 단지 어떤 철학적 질문만은 아니었다.

27 신칸트주의는 제국주의적 독일 문화(*Kultur*)의 철학적인 외관이었다. 신칸트주의자들에게 칸트*는 철학의 영역과 한계를 정의했던 단순한 철학자가 아니라 제국(*Reich*)의 문화 영웅이었다. 신칸트 학파는 오토 리프만(Otto Liebmann)**에서부터 토마스 만(Thomas Mann)***에 이른다. 오토 리프만은 칸트 학파의 교수이고, 1870–

---

* 1724–1804, 독일의 철학자 여기서는 다른 학자들과의 비교를 목적으로, 칸트의 생존 연대의 필요성이 느껴지기에 기록한다.

** 오토 리프만(Otto Liebmann)은 독일의 신(新)칸트학파에 속하는 철학자로 예나대학교 교수를 지냈다. 1865년 『칸트와 그 아류(亞流)들』을 저술하고, 칸트에의 복귀를 제창하여 신칸트학파 부흥의 실마리가 되었다.

***토마스 만(Thomas Mann)은 독일의 소설가이며 평론가이다. 대표작 『마의 산』은 사랑의 휴머니즘으로 향해 간 정신적 변화과정을 묘사한 작품이다. 그는 독일의 소설예술을 세계적 수준으로 높인 임무를 다하였으며 1929년에는 노벨문학상을 수상한다.

1871년 기간에 프러시안 장교였다. 그는 1880–1890년까지 10년 동안의 논쟁을 통해 도덕법칙(moral law)에 관한 칸트의 개념이 현저하게 법치국가(*Rechtsstaat*)의 형태들에 관한 철학적인 토대를 제공했다는 논쟁 속에서 그 자신이 동일한 이상을 제공받았음을 알고 있었다. 그리고 토마스 만은 제1차 세계대전에서 독일인들이 전쟁을 일으킨 이유가 칸트에게 있음을 확인한다. 다양한 칸트주의 설명들 속에서 칸트주의 철학의 개념은 독일 철학이 넓게 가지고 있는 문화적 평판을 분명하게 하는 것이다. 그러므로 그것을 해체했던 철학자들은 또한 독일적인 것이 되는 어떤 관념들을 거부했다.

28 문제를 제기하는 두 철학자는 프란츠 로젠츠바이크(Franz Rosenzweig)와 게오르그 루카치(Georg Lukács)이다. 나는 다음과 같은 방식 속에서 그들을 비교할 것이다. 특별한 철학적 견해들과 로젠츠바이크의 논쟁은 최소한 추상적인 이론화에 관한 어떤 형식으로의 철학과의 논쟁으로 바뀐다. 그리고 그는 오이겐 로젠스톡(Eugen Rosenstock)*과 함께 일반적·추상적인 이론화가 특별하고 구체적인 것과의 연계로 대체되도록 의도한 어떤 대화의 유형을 고안한다. 특별한 철학적 견해들에 관한 루카치의 논쟁은 전체 독일의 철학적 전통과의 논쟁으로 바뀐다. 그는 마르크스주의로 전환했고, 그래서 그는 철학적 전통들이 철학에 관한 자신의 문제들을 해결해 줄 수 없는 이유를 믿었고 그 자신이 그것을 이해하도록 하였다. 그러나 이제야 그

*1888–1973, 독일 태생의 역사가이며 사회철학자로, 역사, 사회학, 신학, 언어학 등에 관한 저술이 있다.

들이 삶의 목적들이 되는 것을 성취하기 위해 노력하는 한, 그들 각각은 철학의 목적들에 기여하는 방식에서 더 이상 저술할 수 없었다. 왜냐하면 로젠츠바이크는 그의 목적들이 더 이상 철학적인 것이 아니었기 때문이고, 루카치에게는 자신의 마르크스주의가 철학적인 구속(straitjacket)이 되었기 때문이다. 나는 먼저 로젠츠바이크에 관한 것으로 시작하려고 한다.

29 로젠츠바이크는 나중에 그 자신이 비교적 짧게 신칸트주의에 몰입한 것에 대해 다음과 같이 말한다.

> 나는 칸트주의자들에 관하여 스스로를 괴롭히는 어떤 이유를 오랫동안 가지고 있었다. 심지어 내가 칸트를 읽을 때에 스스로 … 나는 그것에 의지해야 할 어떤 이유를 찾지 못했다. 나는 현재의 "학교들"(schools)이 단순히 학교로 존재하는 것에 관해 의미를 가져야 한다는 뜻으로 말하고자 한다. 한 사람은 반드시 여러 학교들 중 하나를 통과해야 한다.—내가 서양 독일 사람이다라는 것은 중요한 문제가 아니다.—그러나 결국 그는 단지 그 자신이 교사(Master)를 더욱 괴롭혀야 할 필요가 있다. "훌륭한 교사는 죽은 뒤에도 지속된다."[57]

30 로젠츠바이크는 1913년 라이프치히에서 오이겐 로젠스톡을 만났을 때 이미 그 자신이 독일적 이상주의로부터 벗어나 있었다. 그들 모두는 오래된 철학적 개념들을 대체시키려고 고안한 생각의 개념을 발전시켰다. 이 새로운 개념은 세 개의 차이를 특징으로 한다. 첫째는 로젠츠바이크와 로젠스톡이 오래된 개념들에 관한 단조로운 논리적(monological) 특징을 취하는 것과 대화로써 사고하는 그들 자신의 견해 사이에서의 차이이다. 이러한 대화는 예상되지 않

는 방식 속에서 발생하는 진실을 통해 이루어진다. 그들이 취하게 되는 전통적 방식에서 사고가 중요하고 언어는 부차적으로 사용되는 반면에, 그들의 견해 속에서의 사고는 언어의 전개(deployment)이고 일상의 삶에 관한 담화적인 언어이다. 이것이 두 번째 차이이다. 로젠츠바이크는 나중에 이러한 차이들을 다음과 같이 설명한다. "실제적인 담화에서 어떤 것이 발생한다. 내가 말하게 될 것을 심지어 나 스스로도 알지 못하기 때문에 다른 사람들이 나에게 말하게 될 것을 나는 미리 알지 못한다. 다시 말하면 아마도 내가 말하게 되는 어떤 것들에 관해 나는 전혀 알지 못할지도 모른다."[58]

31 세 번째 차이는 다음과 같다. 대부분의 전통적인 철학 속에서 사고(thought)는 한 가지이고, 사고자(thinker)는 전혀 다른 또 다른 것이다. 주장되어지는 것은 중요한 것으로 결론짓기 위해 주장되었다. 그것을 주장하는 사람들은 그것을 주장하고 역사적일 것이라는 결론에 도달한다. 그러나 그것은 철학적인 관심이 아니다. 한편 키에르케고르와 니체에 관한 로젠츠바이크의 이해는 자신을 그들의 사고를 구체화하는 사고자들에 관한 관념으로 이끌었다. 그래서 만약 한 사람이 담론으로 들어가지 않고 사고자들의 용어들에 다가가지 않는다면 사고에 관한 숙고는 불가능하다.

32 로젠츠바이크는 때때로 다른 사람들과 반대하는 하나의 철학적 입장을 채택하는 것과 같이 자기 스스로 사고하지만 때때로 반(反)철학자(antiphilosopher)와 같이 사고한다. 그가 철학에 관한 비판과 거절을 발전시켰던, 출판되지 않은 책은 독일어로 *Das Büchlein vom gesunden und kranken Menschenverstand*[영어 번역 제목은 독일어에 관한 매우 느슨한 표현이다. 그것은 『병과 건강에 대한 이해』(*Understanding*

the Sick and the Healthy)][59)]이다. 만약 "*und kranken*"라는 단어가 제목에서 생략되었다면, 그것을 자연스러운 방식으로 변환하면 『상식에 관한 작은 책』(*The little book of common sense*)이 된다. 그리고 로젠츠바이크가 그러한 단어들을 추가함으로써 전달에 성공하는 것은 일반적인 공통의 감각에 반대하는 것이 어떤 종류의 병에 관한 징후라는 점이다.

33 이런 병으로 귀착되는 일반적인 감각으로부터 멀리 떨어지려는 움직임은 삶의 흐름으로부터 스스로를 추상하는, 그리고 체계적으로 잘못 이끌어진 대답들에 관한 영원한 문제들에 스스로를 놓아두는 철학자들에 의해 받아들여진다. 철학자는 "강제적으로 사고의 '대상'(object)과 '주제'(subject)를 삶의 흐름으로부터 끄집어내왔다. 그리고 그는 그것들 안에서 자신의 입장을 견고히 했다"(p. 40). 추상 속에서 사물의 본질적인 본성이 무엇인지를 묻는 것은 사물들의 독자성(singularity)과 특별성(particularity)에 관한 자신의 이해를 잃어버리는 것이다. 본질적인 것에 대해 "철학자만이 이런 질문을 하거나 대답을 제시할 수 있다. 삶 속에서 이런 질문은 쓸모없는 것이다. 즉 이런 질문은 결코 제기되지 않는다"(pp. 40-42). 그래서 철학자들은 "의심하고, 그의 경이로움을 보호하여 둘러싼 범위로 침입하는 실재로부터 물러난다. 거기서 아무 것도 그를 방해할 수 없다. 그는 안전하다. 왜 그는 비본질인 다수의 것들에 관심을 가져야만 하는가?"(p. 42).

34 철학자는 독자성과 특별성과의 마주침으로부터 스스로를 보호한다. 그리고 실제로는 명백하고 다른 논쟁의 용어들과 방식들에 관한 그의 추상적인 사용을 통해서 그가 받아들인다는 점이 유

일한 결과이다. 그래서 그는 우리가 마주치는 세상, 인간들, 그리고 신에 대한 세 개의 실재들 사이에서 차이를 인식하는 데 실패할 것이다. 어떤 철학자들은 자연의 세계에 관한 어떤 측면보다 인류를 낮은 것으로 떨어뜨린다. 반면에 다른 사람들은 신을 본성 또는 영혼(*Geist*)* 과 동일시한다. 철학의 잘못된 개념들에 관한 최고조는 비록 1911년에 출판되었지만 1876–1878년에 쓰여진 바힝거(Vaihinger)**의 『만약으로서의 철학』(*Philosophie des Als–Ob*)이다. 이는 로젠츠바이크에 의해 "단순화된 칸트와 무의미하게 망쳐버린(stultified) 니체" (p. 44)로 묘사된다. "사슬 속에서 마지막 연결은 그것의 적절한 위치를 잘라버렸다. 신, 세상, 너 자신, 그리고 존재하는 모든 것은 '마치' 하나의 거대한 것처럼 얽혀 있다" (p. 45).

35 이런 병을 치유하는 방법은 철학자들이 제기했던 쟁점들을 다시 생각하는 것을 통해서가 아니다. "우리의 적은 그와 같은 이상주의가 아니다. 즉 반이상주의, 비합리주의, 실재주의, 물질주의, 자연주의, 그리고 그렇지 않은 것들도 동등하게 해롭다" (p. 57). 철학적으로 병든 인간을 위해 꼭 필요한 것은 그것들이 존재하는 것처럼 사물들을 보는 것을 배우는 것이다. 그리고 이것은 "1914년 8월에 '조국' (faterland)이라는 단어와 '본질' (essence)에 관한 모든 이론들이"— 즉 어떤 상태의 본질적인 본성에 관한 모든 이론들이— "아무 것도

---

* Geist는 감성 또는 지적 감수성이며, 한 시대의 정신이나 영혼을 의미한다.

**한스 바이힝거(Hans Vaihinger, 1852–1933)는 독일 철학자이자 칸트 학자이다. 그의 저서는 1911년에 출판된 『만약으로써의 철학』(*Philosophie des Als Ob, Philosophy of As If*)이다.

없음으로 해체될 때"(p. 56) 갑작스러운 충격에 의해 달성될 수 있을 것이다. 그러나 그것은 또한 보다 확장된 반(反)철학적(antiphilosophical) 치료법을 요구한다.

36 가장 중요하게 주목받고 그럴 가치가 있는 로젠츠바이크의 변화는 물론 철학에 대한 그의 거부를 의미하는 것은 아니다. 오히려 『구원에 관한 행운』(*The Star of Redemption*, trans. W.W.W. Hallo, Notre Dame University : University of Notre Dame Press, 1985)과 같은 특별한 책을 저술하도록 이끄는 유대교와의 담론을 의미한다. 그러나 로젠츠바이크 자신은 그의 철학에 대한 거부와 진실에 대한 그의 공개성 사이에서의 밀접한 관계를 보았다. "세상 위에 그 자신이 있고, 자신의 얼굴을 돌리는 그(He)는 모두에게 향한다." 그것은 유대교의 신이고, 로젠츠바이크가 『구원에 관한 행운』 속에서 "우리는 신에 관해 아무것도 알지 못한다. 그러나 이런 무지는 신에 관한 무지이다"(p. 23과 p. 93)라고 말한 그 신이다.

37 그렇다면 로젠츠바이크의 주장은 철학의 목적들에 관한 진실을 공개하는 방식 속에서 우리가 특별한 것과 구체적인 것에 관심을 가지는 철학 바깥에 있는 대화로 나아가기를 요구함으로써 삶의 목적들을 추구하는 것이다. 철학은 그 자체로 대화적이거나 대화적일 수 없다. 그것은 그러한 대화를 실패하게 하는 대안이다. 우리가 이런 주장을 하게 하는 것은 무엇인가? 우리가 그것을 검토하기 전에 게오르그 루카치에 의해 채택된 매우 다른 방향을 생각하는 것은 가치가 있을 것이다. 그들의 출발지점이 비슷하지 않은 것은 아니다. 로젠츠바이크처럼 루카치도 널리 행해진 신칸트주의 윤리학을 극복해야만 했다. 그러나 루카치의 지적인 발달은 로젠츠바이크와는

매우 달랐다. 나는 단지 발달에 관한 두 가지 측면에만 귀 기울일 것이다. 이것은 그가 철학적 이론가와 키에르케고르와 도스토예프스키에 관한 자신의 독서가 미치는 영향에 관한 라스크(Emil Lask)*의 역설적인 개념과 마주치면서 발전한다.

38 라스크는 신칸트주의 전통으로부터 최후의 위대한 사상가이다. 그는 루카치가 1912년에 하이델베르그에 갔을 때 만났던 사람으로, 생생한 경험 속에서 우리가 마주치는 실재들로서의 본성의 실재와 우리가 만든 그러한 실재들을 대조했다. 이때 우리는 개념화(conceptualizing)와 범주화(categorizing)를 통해 그것들을 과학적 탐구와 기계적인 통제에 따르게 하였다. 이론가들에 의해 이해되는 것으로서의 본성은 인위이고 존재하는 것으로의 본성을 위해 대체된 개념화된 추상이다. 철학자들은 또한 이론가들이며, 그들의 특별한 과업은 한편으로는 그들 자신의 이론화이고, 다른 한편으로는 그들의 생생한 경험 사이에서의 관계를 이해하는 것이다. 나는 루카치의 견해를 역설적이라고 부른다. 왜냐하면 그것은 철학자들을 이론가들로 소개하는데, 그들의 이론이 이론의 불완전함을 드러내고, 다시 말하자면 개념화된 추상적 용어들 속에서 실재들을 표현하는 것의 불완전함을 드러내기 때문이다. 한편 불완전한 그러한 추상적 개념화들을 사용함으로써 이론의 불완전함이 동시에 드러난다.

39 라스크를 공부하는 어떤 학생들이 그를 이러한 이론의

*1875-1915, 독일의 철학자로 서남 독일학파(바덴학파)의 신칸트주의를 대표한다.

개념 너머로 보낼 수 있는 어떤 이론화할 수 있는 방법을 찾기 위해 열망했다는 것은 당연한 것이었다. 그리고 이와 매우 유사한 어떤 것들이 루카치의 열망이었다. 그러나 그가 이러한 열망을 만족시키기를 희망하는 상황 속에서 그의 본분은 본성에 관한 연구가 아니라 오히려 도덕에 관한 연구이며, 폭넓게 해석되면 그것은 종교적 · 정치적인 것을 포함하는 것이다. 그가 초월하기를 희망한 사고의 이론가들은 키에르케고르와 도스토예프스키였다. 왜냐하면 이 단계에서 루카치는 모든 것에서 본질적이나 오직 기독교적인 보편은 아닌 도덕적 보편(moral universe)에 정통했기 때문이다. 어떤 기독교적인 보편으로부터 그것을 구별짓는 것은 신의 부재이다. 즉 그의 부재(absence)가 그의 비존재(non-exstence)는 아니다. 신이 없다고 말하는 것은 우리가 신의 구제(divine redemption) 가능성 그 자체를 드러내지 못하는 어떤 붕괴된 세상 속에서 산다는 것을 말함이다. 그러므로 악행(evil)에 대응하는 괴로움은 개개의 인간들에 의해 발생했다. 그리고 루카치는 현재의 시대, 그가 살고 있는 역사의 시대를 피히테(Fichte)가 "절대적인 죄의 시대"(an age of absolute sinfulness)라고 특징지었던 것에 호소했다. 1914년 전쟁의 발생으로 인해 루카치에 의한 이 명제는 확증되었다. 그렇다면 한 사람이 제1차 세계대전을 발생하게 했고 대량학살의 악행들을 지속시키는 힘에 대항하여 어떻게 도덕적 결정을 내릴 수 있는가? 악행에 맞서기 위해 인간은 도덕적으로 선(good)을 갖추어야 한다. 악행의 힘들은 그것들을 극복하기 위하여 도덕적으로 금지된 행동들을 사람들이 수행해도 좋다는 것이다. 키에르케고르는 아브라함에 대한 신의 요구(God required of Abraham)에서 "절대성에 관한 목적론적인 선고 중지"라고 말하면서 복종과 신념을 표현했다. 루카치는 선 속에서 복종하고 믿는 방식에 의해 그와 그의 동시대인들에게 요구되는 것이 무엇인가 물었다. 절대적인 도덕 금지들에 관한 목적론적인 선고 중지가 요구되는가?

40 루카치는 처음으로 헝가리 공산주의자들의 볼셰비즘(Bolshevism)을 거절했다. 폭력과 테러에 관한 행동으로부터 선이 나온다는 그들의 신념은 그가 형이상학적 가정 속에서 비이성적인 신념보다 좋게 볼 수 있는 것이 아니었다. 그러나 훗날 그는 부르주아(bourgeois) 문화와 부르주아 철학에 관한 사상과 행동 특성 방식 안에서 그 자신이 취한 회고적인(retrospective) 설명을 구속된 것으로 판단했다. 그는 인류의 미래에 관해 몰두하기보다는 그 자신의 양심적인 가책들에 몰두했다. 그래서 1918년 실존의(existential) 순간에 그는 초기의 헝가리 공산당에 가입했다. 그것은 그의 동료들에게 매우 놀랄 만한 일이었다. 절대론적인 것에 관한 목적론적 보류에 의해 루카치는 그 당시 그가 가능했던 것으로부터 관점을 옮기는 데 성공했다. 그래서 그는 존재하는 것으로 사물들을 본다는 것을 믿었다. 존재하는 것으로 사물들을 본다는 것은 그의 새로운 견해 위에서 사물들을 혁명적인 프로레타리아(proletarian)의 관점으로부터 본다는 것이다. 그러한 관점은 레닌주의 정당(Leninist Party)에 관한 이론화와 활동 속에서 명료화된 것이다. 그리고 삶의 목적들에 관한 그의 개념이 변화되면서 루카치는 이제 철학적 저술 속에서 다른 삶들의 관점에 관계한다. 그의 저술은 『역사와 계급의식』(*History and Class-Consciousness*)이 되었고, 철학에 관한 변형뿐만 아니라 그 자신의 자기 변형(self-transformation)에 대한 설명을 스스로 가능하게 했다.

41 그러나 다시 한 번 삶의 목적들과 철학적 저술의 목적

들에 관한 그의 개념들이 모순되는 것으로 드러났다. 그가 정교하게 만들었던 마르크스주의 해석에 관한 그의 임무는 그에게 공산당 지도부의 법령에 복종할 것을 요구했다. 그리고 지도부는 그가 정교하게 만들었던 마르크스주의 해석이 정당에 관한 마르크스의 해석과 모순되었음을 선언한다. 그러므로 루카치는 선택을 결정해야만 했다. 그리고 그가 선택한 것은 정당의 철학에 관한 이해였다. 정당 안에서 그는 처음으로 자신의 입장들을 지지하는 주장을 했다. 그러나 그가 선택하는 순간에—루카치가 당원으로 남게 되는 한 피할 수 없게 되자—스탈린주의의 선택이 되었다. 루카치의 스탈린주의는—다른 많은 사람들과는 달리—무엇인가가 그에게 강요한 것이 아닌 자기 의지(self-willed)였다는 것이 중요하다.

42 따라서 로젠츠바이크와 루카치는 신칸트주의로부터 전혀 다른 방향 속에서 존재했다. 지금까지 이해된 것으로 본다면 그 둘 모두는 철학으로부터 등을 돌렸다. 그러나 로젠츠바이크는 거대하고 일반적인 철학을 지지하는 것을 불가능하게 하는 것에 참여하면서 어떤 담론의 종류를 펼치기 위해 노력을 기울이는 반면에, 루카치는 하나의 거대하고 일반적인 학설을 또 다른 것으로 바꿔버렸다. 그리고 그가 스스로 언급한 마르크스주의는 담론을 위한 어떤 여지도 가지고 있지 않음이 밝혀졌다(보다 젊은 시절 루카치는 그의 동시대인들과 그가 참고했던 텍스트들의 저자들 모두와의 대화를 통해 발전하고 있었음을 우리는 주목해야 한다). 이것은 그 자체로 문제를 제기할 수 없다는 관점으로부터 루카치의 스탈린주의 저술이—가장 뚜렷하게 『이성의 파괴』*에서—과오들의 요목(syllabus)을 구성하게 되는 이유이다. 이 기간 동안 루카치는 철학이 반대되는 견해의 관점들과의 담론으로

부터 더 이상 발전될 수 없을 때 철학에서 발생한 극단적이고 비극적인 예를 제시했다. 그리고 이 기간 동안 루카치의 삶은 더 이상 삶의 목적들에 관한 물음이 없는 그러한 상황을 예증한다. 오직 침묵만이 있었고, 침묵에 대한 대답들만 있을 뿐이다.

43 물론 로젠츠바이크의 경우는 매우 다르다. 그러나 그 역시도 적어도 작은 책자(Büchlein)**를 통해서, 그리고 그 너머로 진행했던 생각의 흐름 속에서 철학의 망상을 추구했다. 루카치는 스탈린주의자로 타락하면서 우리에게 담론 없는 이론화를 제시했고, 반면 로젠츠바이크는 이론화 없는 담론을 제시했다. 그 담론은 우리가 구체적이고 특별한 것들과 마주치도록 계획되었던 반면에 보편적이고 일반적인 것으로부터 우리를 자유롭게 하였다. 그러나 삶 속에서나 탐구하는 상황 속에서도 보편적이고 일반적인 것에 관한 예들을 제외하더라도 구체적이고 특별한 것과 마주치는 것은 가능하다. 우리가 아리스토텔레스로부터 배울 수 있었던 것은 우리가 마주치는 모든 "이것"(this)이 바로 "그것"(this-such)이라는 것이다. 거짓 추상들(False abstractions)은 실제로 모든 철학적이고 실제적인 과실에 관한 하나의 근원이다. 그러나 추상화와 일반화는 모든 것들의 조건이고 어떠한 이해였다. 특별한 것들이 그 자체로 우리에게 이해할 수 있는 것으로 드러나면 추상화와 일반화가 거대하고 일반적인 이론들로 향하게 하는 그런 종류의 질문들에 대해서 우리가 묻고 답할 수 있게

* 『이성의 파괴』(*Die Zerstörung der Vernunft*).
**영어로 book · let로 번역되며 작은 책자, 팸플릿(pamphlet) 등을 의미한다.

하는 특징들을 지니고 있는 한, 추상화와 일반화는 가능하다.

44 그들의 철학적 저술의 목적들에 삶의 목적들에 대한 질문들이 관계되면서 로젠츠바이크와 루카치가 공유하는 것은 실패한다. 로젠츠바이크는 비록 일관적이지는 않더라도 삶의 목적들에 관한 질문들을 묻고 답하는 것에서 자유롭기 위해 철학적 이론화를 버렸다. 반면에 루카치는 삶의 목적들에 관한 모든 질문에 답을 이미 제시하는 측면에서 그의 철학적 저술의 목적들을 정의했다. 어느 것도 이해되지 않는 것은 양쪽 모두이다. 예를 들면 삶의 목적들에 관한 신념들은, 만약 그것들이 그들이 대답하는 질문들로부터 분리된다면 항상 불충분하고 오해를 불러일으킨다. 그리고 질문들에 대해 대답함으로써 그것들에 관한 생각을 지속하기 위해서 우리는 그러한 질문들을 개방적으로 유지하는 담론 속에서 질문을 묻고 또 묻는 것을 계속해야만 한다. 그러한 담론으로부터 분리된 삶의 목적들에 관한 철학적 질문들을 제기하고 대답한다는 것은 이미 제시된 대답들에 관한 어떤 포로가 되는 것이다. 반면에 한 사람의 철학적인 저술에 관한 목적들을 삶의 목적들에 관한 질문들을 묻고 답하기 위한 계획으로부터 명확하게 분리하게 만드는 것은 철학을 전환하게 하는 것이다.

45 그 이유는 무엇인가? 그것은 삶의 목적들에 관한 신념들과 판단들이 매우 다른 두 가지 종류들이 될 수 있기 때문이다. 나는 삶의 목적들에 관한 일련의 신념들을 지지할 것이고, 이러한 신념들에 관한 판단들을 나타내기 위해 처리하도록 할 것이다. 이것은 단지 내가 어쩌다가 그것들을 획득했고 이제는 그것들을 당연하게 여기기 때문이다. 나는 그것들을 질문들에 대한 대답들로 인식하지는 않

고 경쟁적이고 대안적인 답들을 가진 질문들에 대답하도록 따로 내버려 둔다. 나는 그것들을 질문으로부터는 면제된 것으로 취급한다. 또한 내가 부정적으로 대답을 알아낼 필요가 있는 어떤 질문 또는 질문들을 제공할 수 있고, 그러한 신념과 판단들이 그것에 대한 최선의 대답을 제시하는 한, 그리고 그렇기 때문에 나는 반대로 삶의 목적들에 관한 일련의 신념을 지지할 것이고, 판단들에 대응하도록 처리할 것이다. 첫 번째 본질에 관한 신념들이 관련되면서 일반적으로 질문 속에서 신념들을 제시하는 이유를 내가 발견하지 못할 뿐만 아니라, 또한 그것들의 진실 또는 거짓에 관한 쟁점들이 특징적으로 나에게 발생하지 않는다. 두 번째 본질에 관한 신념들이 관련되면서 나는 그러한 신념들이 의미 있는 대안적이고 경쟁적인 답들을 제시하게 하는 질문들에 대답들을 제공한다는 것을 어쩔 수 없이 약간 의미 있는 정도로 인식하게 되었다. 심지어 내가 그러한 신념들을 나타내는 근거들이 내가 선택할 수 있었던 최선의 판단 위에 존재한다면 그러한 근거들은 항상 충분하게 나의 보다 주의 깊은 검토를 요구한다.

46 이런 실제적이고 잠정적인 자기 성찰(self-questioning)은 우리가 다른 사람들과 철학적인 담론을 할 때 반성적인 삶에 관한 불가피한 특징이 되었다. 여기서 다른 사람들은 신념들과 신념들을 지키기 위한 일련의 근거들에 대해 동의하기도 하고 동의하지 않는 사람들이기도 하다. 그래서 담론은 신념의 근거에 관한 타당하지 못한 탐구로부터, 그리고 사실들에 관한 불충분한 인식 모두로부터 우리를 구조하여 질문들에 관한 우리의 대답들은 다른 사람들에 의해 논쟁된다. 그렇게 이루어진 담론은 그들 자신의 특별한 신념의 속박 속에서 무력한 것이 아니라, 오히려 반성적으로 질문하고 자기 성찰을

하는 동물로서의 상황으로 되돌아간다. 철학적 담론은 세속화된 사회 속에서 많은 믿음으로 특징되는 질문과 자기 질문에 관한 상실을 위한 어떤 구제책이다. 철학적 담론은 종교적인 믿음에 관한 암묵적·자기 만족적으로 거부하는 사람들에 관한 비반성적·자기 만족적인 불신이거나 모든 신념에 관한 근본주의자들의 비반성적·자기 만족적인 잘난 체하는 믿음이다.

47 그러나 내가 제기했던 주장은 즉시 날카로운 질문을 유발한다. 왜냐하면 나는 삶의 목적들에 관해 계속적으로 질문을 제기하기 위해서 사람은 철학적 담론과 관계됨으로써 철학자들이 하는 것처럼 생각해야 한다는 것을 함축해 왔기 때문이다. 그러나 만약 그렇게 된다면 평범한 사람들은 단지 그들이 철학자들이 아니기 때문에 가치 있는 방식 속에서 삶의 목적들에 관한 질문을 제기하는 것으로부터 배제되는 것처럼 보일 것이다. 실제로 이것이 나의 결론에 해당하는 결과인가? 그 대답은 '아니오'이다. 왜냐하면 평범한 사람들과 철학자들 사이의 차이는 그 자체가 혼란에 뿌리를 두고 있기 때문이다. 나는 다양한 곳[60)]에서 다음과 같이 주장해 왔다. 그들 자신의 일상적 삶 속에서 "무엇이 우리의 선인가?"에 관한 질문에 자신들 스스로 어떤 의미 있는 정도의 답을 추구하는 평범한 사람들은—우리 모두 평범한 사람에서 출발한다—반성적인 실천과 그들의, 아니 오히려 우리의 삶들이 지금까지 그렇게 해온 것에 관한 반성과 불가피하게 관련이 된다. 그들과 우리는 이미 철학적인 질문들이었던 그러한 삶들에 관한 질문을 제기한다. 비록 전문적인 철학자들의 방식 속에서는 아닐지라도 평범한 사람들은 철학적 질문들 모두의 잠재력이고 많은 것들에서 실질적인 철학자들이다. 그리고 전문적이거나 전

문적이지 않은 모든 철학자들은 평범한 사람에서 출발한다. 그렇지만 이것은 또 다른 논의의 문제이다.

48 철학적 담론의 진행에 관한 어떤 상황 밖의 삶의 목적들에 관한 질문들이 세속화된 문화 속에서 어떤 진지하게 의도된 말의 이유를 우리가 지금 이해할 수 있다는 것은 다시 언급될 필요가 있다. 그리고 그것이 철학적 텍스트들은 읽는 것과는 분리할 수 있음을 이해할 필요가 있다. 그것은 평범한 사람들의 외침과 같은 소리일 뿐만 아니라 어떤 내적인 혼란의 징후이다. 철학적 담론 밖으로부터 텍스트들을 읽기 위해서는 이러한 것들이 공허함을 설명했던 세속화된 질문들의 결과가 되어야 한다. 그 질문들의 절박함은 예상할 수 없는 답을 제시한다. 정신병학의 교본들은 때때로 정신병리학적 혼란의 전조에 관한 조짐들 사이에서 형이상학적 질문들을 제기하는 목록을 만든다. 왜 이것이 때에 따라서는 단순한 혼란이 아니라 혼란 속에서 구체화된 통찰력이 될 수 있는지를 제시하려는 것이 이 장의 우선적인 목적이었다.

IV

49 마지막으로 철학적 전기(biography) 또는 철학자들의 역사에 관한 작가들의 과업에 관해 이제 조금 더 들을 수 있을 것이다. 그것은 무엇보다도 삶의 목적들에 관한 질문들에 답을 제공하거나, 그들의 철학적 저술 또는 삶 속에서 그들이 행하거나 행하지 못하여

그 질문들을 잃어버리건 간에 무엇이든지 결과적으로는 철학자들에 관한 물음에서 중요하다. 그래서 질문들을 다시 시작할 가능성은 가시적으로는 지속되지 않는다. 왜냐하면 대답하기 위한 질문들을 잊어버린 사람들은 특별히 "올바른" 대답들을, 즉 모든 것이 되거나 아무 것도 아닌 질문들이 되는 그들 자신의 대답들을 잊어버리기 때문이다. 그래서 그들은 결코 근본적으로 다른 대답들을 제시하게 될 질문들에 대한 대답들로 되돌아오지 않는다.

50 담론 속에서 존재하는 그들이 단지 정신적으로 같은 사람들인지, 또는 다르고 모순되는 입장들로 세상을 이해하는 그러한 사람들을 포함하고 있든지 간에 철학자들이 담론 속에서 말하는 사람이 두 번째로 중요하다. 만약 그들이 우리와 동시대인들이라면 그들은 토미스트(Thomist)*들과 공리주의자들, 마르크스주의자들뿐만 아니라 데이비슨(Davidson)과 들뢰즈(Deleuze)로부터, 그리고 유교(Confucian) 도덕 이론가들로부터 배울 수 있을 것인가? 한쪽 측면에 있으면서 다른 사람들에 개방되는 것을 거부하는 사람들, 또는 다른 사람들을 재해석함으로써 그들 자신의 이해 가능성의 입장을 강요하는 사람들, 그래서 다른 사람들이 단지 우리와 같아야 한다고 생각하는 사람들은—소위 대륙철학(continental philosophy)이라 불리는 것

*토미스트(Thomist)는 토마스 아퀴나스(Thomas Aquinas)에 의하여 세워진 철학과 신학의 체계를 따르는 사람들을 지칭하며, 토미즘(Thomism)은 성 토마스 아퀴나스에 의하여 세워진 철학과 신학의 체계이다. 14세기 이후부터 현재에 이르기까지 토마스 아퀴나스의 학설이나 그의 근본사상을 척도로 삼아 발전시켜 나아가는 철학과 신학의 체계나 학파를 토미즘이라고 한다.

에 관한 모든 분석적인 길들여짐을 생각해 봐라—재미있게도 한쪽 측면의 철학적 삶을 이끈다. 나는 거대한 질문들을 다시 시작하거나 또는 철학적 비전에 관한 대안적인 틀들을 고려하는 것에 대해 자신들 스스로 고립시키는 사람들은, 그럼으로 해서 철학 속에서 유명한 업적으로부터 제외될 것이라는 점에 대해 조심스럽게 말하지는 않는다. 거기에는 분명히 다른 것들을 보여주는 예들이 있다. 그리고 이처럼 한쪽 측면에 의해서 구속됨으로부터 벗어나는 것은 로젠츠바이크와 루카치의 예들이 보여준 것처럼 단지 철학적 빈곤만을 이끌 것이다.

51 세 번째 철학적 전기(biography)의 차원은 철학자들이 자신들이 공헌하고 있는 것들에 대한 보다 확장된 철학적 대화들을 가져야 한다는 관계에 관심을 가진다. 비록 철학적 담론의 역사가 있다고 할지라도 그것들이 자체로 어떤 부분이 되었을까? 그것들이 더욱 더 발전하게 되는 것은 누구의 계획들인가? 왜 철학적 대화들은 그것들이 이루어지는 시점에서 시작하는가? 그리고 거기서 시작함으로써 전제되는 것은 무엇인가? 철학적 대화들의 철학적 성취기준들은 어디에서 기원되고 비록 그것들의 기원에 관한 지식이 밝혀질지라도 그 권위를 버릴 수 있는가?

52 이러한 차원들을 특징화함으로써 우리는 철학자들이 인간으로서 추구하는 목적들과 그것을 추구하는 방식을 결정하는 목적들, 그리고 그들의 철학적 저술의 내용들 사이에서의 관계를 그려볼 수 있다. 만약 이러한 차원들에 관해 탐구하는 것을 실패하거나 탐구가 쓸모없는 것이라면 우리는 철학자들의 삶들을 한 종류의 것으로 취급하고 그들의 저술들을 완전히 다른 것들로 취급하도록 강

요받을 수 있을 것이다. 러셀(Russell)이 그것을 비전기적인(nonbiographical) 철학의 덩어리(chunk)들에 의해 계속된 비(非)철학적인(nonphilosophical) 전기의 덩어리들로 저술한 것과 같이 우리는 동시대인들의 역사를 포함하여 철학의 역사를 저술하도록 강요받을 수 있다. 물론 이미 내가 언급한 것과 같이 거기에는 이러한 논법을 다루고 싶어하는 철학자들, 그리고 선택에 의해 그렇지 않으면 그들의 삶의 나머지로부터 철학적 활동을 성공적으로 분리하는 철학자들이 있다. 그러나 그들이 이와 같이 해서는 안 된다. 그리고 특별한 경우들 속에서 이런 분열(schism)이 왜 발생할 수 있는지에 대한 이해는 그 자체로 철학적 전기작가들의 보다 중요한 과업이다.

※ 나는 이 장의 주제에 관한 이전의 설명 속에서 내가 루카치에 대해 스탠리 미첼(Stanley Mitchell)*에게 말한 비평에, 비록 그가 반드시 내가 지금 말하는 것에 책임을 지지는 않을지라도 은혜를 입었음을 밝혀둔다.

*1931- , 런던 태생으로 러시아 문학과 비교 문학 예술의 역사 등에 조예가 깊다.

Chapter_8

First principles, final ends, and contemporary philosophical issues

철학의 제1원리와 최종 목적들, 그리고 오늘날의 철학적 쟁점들

I

1 일반적으로 현대 철학에서 제1원리(first principle)*에 관한 어떤 개념보다 많이 받아들여지는 것은 없다. 많은 다양한 방식들 속에서 분석적이고 대륙적이며 또한 실용적인 기원에 관한 입장들은 서로 일치하지 못하여 제1원리 이외의 개념은 수용하지 않는다는 이러한 거부에 동의한다. 그리고 제1원리에 관한 개념은 그 자체로 확

*first principles는 철학 · 논리학 · 수학 등에서 가장 보편적인 공리나 법칙 등을 말하는데, 철학에서는 제1원리 또는 근본 가설 등을 의미한다. 이하의 내용에서는 제1원리로 표현하고자 한다.

실한 상황 속에서 아리스토텔레스를 위한 것이었고 그 이전에는 플라톤을 위한 것이었듯이 지금은 아퀴나스를 위한 것처럼 보인다. 물론 아퀴나스와 아리스토텔레스 모두 제1원리와 그것의 하위 원리들과의 관계, 제1원리에 관한 우리 지식의 특징, 그리고 다양한 학문들에 관한 제1원리들 사이에서의 차이점들과 같은 쟁점들에 관한 어려운 문제들이 제기된다. 그러나 그들의 저술 속에서 이처럼 복잡한 쟁점들에 관한 논쟁은 심지어 항상 질문으로 제기되지 않는 것을 전제하는 것처럼 보인다. 그리고 제1원리에 관한 그 개념에 대해 결코 심각하게 질문을 제기하지 않는 것을 전제하는 것으로 보인다.

2 그렇다면 철학적 편견의 상황들 속에서 아리스토텔레스뿐만 아니라 아퀴나스에 관한 것과도 완전히 이질적인 철학적 관용구들의 매개물을 통해서 제1원리에 관한 바로 그 개념이 지금까지 근본적으로 질문을 제기해 왔다는 것은 놀랄 만한 것이 아니다. 그러므로 단지 아퀴나스와 그의 선행자들에 의해 제공된 원천들을 따르는 토미즘적인 관점으로부터 그것에 존재하는 편견들을 직접적으로 설명하기는 어렵다. 만약 이처럼 주요한 아리스토텔레스 학파와 토미즘적인 개념들이 효과적으로 옹호된다면 핵심적인 부분에서 그것들—최소한 처음 보았을 때—자체로 다르고, 거의 다른 것으로서의 철학적 원천들로부터 이끌어와야 할 것은 토미즘이 되어야 할 것으로 보인다. 토미즘은 이러한 것들이고, 그것에 반대해 전개되어 온 논쟁들이다. 우리는 최소한 처음으로 비토미즘적인 방식들로 보아야 하는 상황 속에서 오직 철학의 역사 속에서 토미즘만이 그것의 주된 입장들을 거부하는 것들에 대한 충분한 대응들을 발전시킬 수 있다고 생각하는 시대에 살아간다.

3 이 사실을 받아들이는 것이 그것을 거부하는 입장들을 아퀴나스의 주된 관점에서 지속적으로 개정 · 수정되어야 한다고 제안하는 것은 아니다. 그것은 오히려 그것들의 근본적인 통합과 같은 상황 속에서 그러한 입장들을 다시 진술하고 옹호하기 위하여 우리 시대에는 토미즘적인 목적들에 의해 지시된 비판으로 그것들을 대체한 주장들과 이론들에 관한 내부의 비판을 통해서 그것들을 직접적으로 접근해야 할 필요가 있다. 또한 최소한 부분적으로는 다소 비토미즘적인 방식들을 통해서도 수행되어야 할 필요도 있다.

4 그러나 만약 그러한 비판이 진심으로 토미즘적인 목적들에 의해 결정된다면 제1원리에 관한 아리스토텔레스 학파와 토미즘적인 개념이 최소한 두 가지 방식 속에서 사상에 관한 현대의 방식들 및 유행들과 이질적으로 존재하는 방법을 최초로 상기하는 것은 가치 있는 일이다. 어떤 사람은 제1원리에 관한 맨 처음(firstness)을 생각하고, 다른 사람은 영어 표현에서 현대 표준어로 사용되는 단어인 "원리"(principle)와—현대의 다른 언어들 속에서도 그것과 같은 기원인—아퀴나스에 의해 의미가 부여된 "프린시피움"(*principium*), 그리고 아리스토텔레스의 의해 의미가 부여된 "아르케"(*archē*) 사이에서의 차이를 생각할 것이다.

5 "아르케"(*archē*)에 관한 번역어인 "프린시피움"(*principium*)은 현대의 영어식 표현으로부터 관점의 핵심이 이중적인 의미처럼 보이도록 하는 데 기여했다. 우리에게서 원리는 언어 속에서 표현된 어떤 것들이며, 그것들은 진술 또는 명령의 형식 속에서 논증들의 전제로 작용할 수 있다. 그래서 아퀴나스는 때때로 어떤 논법(syllogism)에 전제를 제공해 주는 이치(axiom)에 관한 "프린시피움"을 사용

하였고(『분석론 후서에 관한 논평』* I, 5) 주어와 술어의 구성으로서의 원리를 말하기도 한다(『신학대전』 I, 17, 3). 그러나 아퀴나스는 또한 그러한 원리들이 언급하는 것을 말하면서 복잡한 본체들이 분석될 수 있는 요소들을 언급하고 그것들이 그러한 본체들에 관한 "프린시피움"로 설명될 수 있다는 점을 언급하면서 이 단어를 사용했다(『보에티우스 삼위일체론에 관한 설명』** V, 4). 사실 아퀴나스에 의해 사용된 "프린시피움"은 원리(우리의 감각 속의)와 원리들이 말하는 것을 동시에 명명한다. 그러나 비록 그것이 두 개의 언급들 각각 또는 모두에서 사용된다고 할지라도 "프린시피움"이 두 개의 별개이고 구별된 의미를 제공하는 어떤 방식은 아니다. 실제로 우리가 "프린시피움"을 사용할 때 우리는 원리를, 그리고 이해할 수 있는 유일한 행동 속에서 그것이 말하는 것을 반드시 이해해야 하기 때문이다. 즉 우리는 오직 원리가 그것이 말하는 것을 우리에게 언급해 줄 때 원리를 이해할 수 있다. 그리고 오직 원리 속에서 분명히 말해지거나 공식화될 때 말하는 것을 이해할 수 있다.

6 언어의 습관들은 우리에게 이것이 현대의 언어학상의 성질(grain)에 반대하는 것이라고 말할 것을 요구한다. 그리고 비록 원리에 관한 현대의 개념이 모두 이것에 포함된다고 할지라도 분명

* 『분석론 후서에 관한 논평』(*Commentary on the posterior Analytics*).

**『보에티우스 삼위일체론에 관한 설명』(*Exposition of Boethius De Trinitate*). 보에티우스(Anicius Manlius Severinus Boethius, 480–524)는 이탈리아 고대 로마 말기의 철학자이다. 그의 저서 『철학의 위안』(5권)은 고대문예의 교양을 바탕으로 그리스도교와 플라토니즘이 융합되어 있다.

히 때때로 "프린시피움"에 관해 말하는 것이 해롭지 않다. 그러나 우리는 항상 "프린시피움"이 "아르케"와 같이 동시대의 분리된 관용구를 통합하는 개념이라는 것을 기억해야 한다. 유사한 구조와 관련된 개념은 '아이티카' (*aitia*) 또는 '카우사' (*causa*)에 관한 개념*이다. 우리는 오늘날 언어의 관용구들 속에서 설명으로부터 원인들을 날카롭게 구별한다. 그러나 '카우사'는 항상 설명을 제시할 수 있음(explanation-affording)이고, 그리고 설명으로서의 '아이티카' (*aitia*)는 항상 원인을 상술(詳述)함(cause-specifying)이다. 두 경우 모두, 즉 '아르케/프린시피움'과 '아이티카/카우사' 모두에 관한 현대적인 질문에서 그러하다. 예를 들어 "당신은 '무엇' (what is)에 관하여 말하는가? 또는 '무엇'이라는 언어를 통해서 정신의 이해를 말할 수 있는가?"라는 질문은 개념적인 핵심을 이해하지 못하고 모호하게 하였다. 이러한 개념에 관한 유형의 적용이 충분하게 정당화될 때, 그것의 목표를 향하는 정신의 움직임 속에서 어떤 종류의 성공을 위해서는 '무엇' (what is)과 관련된 정신의 일치를 표현할 것이다. 따라서 오직 사고의 도식 안에서만 '카우사'와 '프린시피움'은 충분히 설명된다. 거기서 정신 자체의 적절한 목적, 즉 그것의 텔로스(*telos*)**를 향해 나아간다. 이것

---

* 원인을 뜻하는 헬라스어는 'he aitia'이며, 이 말이 라틴어로 번역된 것이 'causa'이다. 이것이 현대어 'cause'로 연결된다. 이 말의 형용사가 'aitios'인데, 이것은 어떤 것을 "일으키는", 또는 무엇 무엇을 "만들어내는" 또는 "야기시키는"이라는 의미로 쓰인다. 또한 원인개념은 일상생활에서 "-의 탓이다", "-의 덕분이다", "-때문이다"를 뜻하는 맥락에서 쓰였던 'aitia'가 학문적 용어로 정착된 것이다. 'aitia'는 특히 아리스토텔레스의 전문 용어로 다르게 번역하면 설명 원리를 말한다.

**텔로스(*telos*)는 모든 생성과 운동의 목적이다. 특히 아리스토텔레스가 말한 목

은 성공된 상태를 말하는 것으로, 그러한 목적을 향하는 것 자체의 과정에 관한 이해와 제1원리들의 이해력에 의해 완성된 이해에 의해서 형성된다. 이러한 표현들의 의미는 그것들이 사용된 이론 안에서 이론의 배경과 무관한 것이 아니다.

7 이것을 인식하면서 우리는 근본적인 철학적 불일치에 대한 익숙한 진리와 마주친다. 이론과 관용구는 분리될 수 없는 어떤 의미 있는 등급이다. 내가 당신의 이론을 부정하려고 노력하지만 당신의 관용구 표현을 계속해서 사용하는 한 나는 아마도 내가 부정하고자 열망하는 바로 그것을 전제하는 함정에 빠지게 될 것이다. 그리고 근본적인 이론에 관한 불일치가 점점 커지고, 각각의 당사자가 그것의 경쟁적인 관용구들 속에서 그 자체로 허위 진술이 되는 것을 발견할 가능성이 커지면 커질수록 그것의 견해에 관한 진술을 위해 필요한 개념적인 근거들이 단순히 부족하기보다 오히려 배척하는 관용구들과 일치할 것이다. 그러므로 후기 데카르트(post-cartesian) 철학과의 만남 속에서 그것은 토미즘에 관한 어떤 의미 있는 등급이 되었다.

8 이런 언어학적 어려움은 처음부터 내가 목격한 확신에 의해 제기된 방해물에 의해 강화된다. 그 어려움은 종종 동시대의 철학에 관해 서로 상반되는 다른 것들에 의해 공유되고, 광범위하게는 제1원리가 될 수도 있고 아닐 수도 있는 현대적인 것에 관한 문학에

적인(目的因)으로, 운동의 네 가지 원인 가운데 하나이다. 아리스토텔레스는 목적이 있음으로써 그것을 실현하기 위한 운동이 일어나므로 목적을 운동의 원인으로 보았다.

의해서도 공유된다. 제1원리로서 원리를 다루는 것은 이러한 관점에서 항상 어떤 특별한 상황 안에서 어떤 특별한 목적을 위해 그렇게 하는 것을 선택하는 것이다. 그러므로 우리는 한 가지 형식화된 체계의 유형 속에서 또 다른 어떤 것을 공리(axiom)로 다루는 파생된 법칙(derived theorem)*으로 취급하기를 바랄 것이다. 추론을 정당화하는 연결들은 최소한 어떤 순간만이라도 당연한 것으로 받아들이기 위해 일반적으로 어떤 특별한 사회적 조직 구성원들의 자발적인 행동으로 종결된다. 이러한 동의에 관한 유형은 모두 우리가 정당화하는 목적들에 기여할 필요가 있다. 그러나 제1원리에 관한 가장 처음은 사회적 상황들과 개인적인 목적들을 상대적으로 다루어야 한다는 것은 아니다. 또한 그러한 목적들의 범위는 무한한 다양성으로 받아들여져야 한다. 그리고 각각의 목적들은 우리 개인의 기질들과 관심들, 욕망들, 그리고 결정들에 관한 문제로 받아들여져야 한다.

9 따라서 이러한 담론에 관한 현대의 영역은 결정되거나 고안되기보다는 오히려 고정된 목적들과 발견되어진 목적들에 관한 어떤 개념들로 인해 그것의 영역은 없다. 다시 말하면 텔로스(*telos*) 또는 피니스(*finis*)**의 유형을 위한 영역이 없다는 것이다. 이러한 유형

---

* axiom은 자명한 이치, 원리, 원칙, 통칙, 격언, 금언 등으로 사용되며, theorem는 증명할 수 있는 일반원리나 법칙, 정리(定理) 등으로 사용된다.

**라틴어에서 *finis*는, 목표(but), 종착(terme), 한계(limite), 끝 등을 의미한다. 일상적으로 목적은 시작과 대립되는 끝을 의미하고, 또한 행위, 존재, 과정의 외적 한계(선)를 의미한다. telos와 finis는 각각 '목적'과 '최종 목적'으로 구분하여 사용할 수도 있지만 보다 정확한 의미 전달을 위해 '텔로스(*telos*)'와 '피니스(*finis*)'로 표현하고자 한다.

은 특별한 존재의 활동에 목적을 제공하는데, 그것은 반드시 그것의 취지를 명령하거나 그것의 활동 속에서 그것 자체의 구체적인 완벽함을 성취하는 데 실패하게 된다. 그래서 내가 제안하기를 원하는 것은 이러한 '텔로스/피니스'의 개념을 배제하는 것이 '아르케/프린시피움'의 개념을 배제하는 것과 밀접하게 관련된다는 것이다. 그러므로 나는 제1원리가 진정으로 어떤 결정적이고 고정적이며 대신할 수 없는 목적들의 측면에서 오직 특성화된 영역 안에서만 위치할 수 있을 것이라고 주장할 것이다. 이때의 목적들은 우리 개인의 의도들과 욕망들, 관심들, 그리고 결정들이 잘 평가될 수 있거나 나쁘게 이끌어질 수도 있음을 언급하면서 어떤 기준을 제공한다. 실제의 삶 속에서 실천적인 추론의 제1원리인 아르케(*archē*)를 제공하는 것은 텔로스(*telos*)이다. 예를 들면 "실천되어야 하는 것들에 관심을 가지는 연역적인 주장들은 아르케를 갖는다. 실천적인 것들에 관한 아르케를 갖기 때문에 그것이 텔로스(*telos*)이며, 그리고 최고선은 … "(『니코마코스 윤리학』 VI, 1144a3235)라고 아리스토텔레스는 말한다. 반면에 아퀴나스는 실천적인 연역법(syllogism)들에 관한 제1원리 속에서 이러한 목적에 대해 말하는 것은 이론적인 연역법들의 제1원리들이 공식화되는 방식 속에서 유사함(parallel)을 가지게 된다고 언급한다(『윤리학에 관한 논평』* IV, lect.10,17). 그리고 이론에 관한 '아르카이(*archai*)/프린키피아(*principia*)'**는 그것의 구체적인 '텔로스/피니스'에 관한

* 『윤리학에 관한 논평』(*Commentary on the Ethics*).

**아르카이(*archai*)는 출발점이나 원리들인 근원들이고, 프린키피아(*principia*)는 원리나 원칙을 말한다.

이론적 지식을 제공하기 때문에 만약 그렇지 않다면 그것은 드문 일일 것이다. 따라서 '아르케/프린시피움'과 '텔로스/피니스'는 반드시 함께 위치하거나 또는 함께 사라지는 것처럼 보인다.

II

10 물론 사고에 관한 특별한 현대의 도식들 속에서 도식들은 사실상 과거의 시간에 빠져 있다. 그러므로 토미스트들은 '아르케(*archē*)/프린시피움(*principium*)'과 '텔로스(*telos*)/피니스(*finis*)'와 관련된 그들의 주된 논제들이 철학 안에서 뿐만 아니라 현대의 문화 안에서도 거부되고 있음을 발견할 때 거부에 관한 즉각적인 거부의 방법으로 진행하도록 유혹할지도 모르지만, 그러나 이런 유혹은 반드시 저지될 것이다. 현대의 담론 상황 속에서 제1원리 또는 최종 목적들의 가능성에 관한 부정들을 지지하거나 전제하기 위해서 취해진 고려사항들은 실제로 대부분의 경우에 토미스트들이 부인하는 것에 관심을 갖지 않는 논제들이다. 그 또는 그녀가 부인하는 것에 반드시 확고한 관심을 가져야 하는 것은 오늘날 공통적으로 이러한 것들을 따라야 한다고 생각되는 암시들이다.

11 이러한 것들에 관한 첫 번째는 내가 인식론적으로 제1원리들이라고 부를 수 있는 것들이 존재하거나 존재할 수 있는 가능성을 부정한다. 통상적으로 이해되듯이 데카르트의 '코기토'(cogito)* 에 관한 제1원리의 유형은 모범적인(paradigmatic) 예를 보여준다. 이

러한 제1원리는 두 가지 기능이 보충될 것을 요구한다. 한편으로 적절한 방식과 상황 속에서 그것을 말했던 어떤 합리적인 사람에 관해 그것은 즉각적인 확신을 정당화하는 표현을 제공한다. 즉 그것은 "나는 고통 속에 있다", "여기서 이것은 지금 빨갛다", 그리고 "나는 지금 생각한다"와 같은 종류의 진술을 포함한다. 그러나 다른 한편으로 그것은 그 자체로서 또는 그러한 일련의 진술들 중 하나로서 지식에 관한 우리의 모든 주장들에 대한 궁극적인 이유나 근거를 제공해야 한다. 단지 우리의 주장들로부터 이끌어낸 것이기에 그것은 다른 진술들을 난제(難題)에 부딪히게 하였다. 예를 들면 당신은 그것을(*that*) 어떻게 아는가? 그리고 이러한 질문에 대답할 수 있다는 것 자체의 중요성이 단지 회의주의를 표현하는 사람들을 논박하는 것은 아니다. 왜냐하면 이러한 관점에서 지식은 정당화된 확신을 포함하기 때문이다. 그리고 만약 내가 진정으로 알고 또한 내가 알고 있는 것을 알기만 한다면 정당화된 확신은 내가 주장한 각 지식의 자격 측면에서 합리적인 사람인 내가 "나는 어떻게 아는가?"라는 질문에 반드시 대답할 수 있기를 요구한다.

12 그러나 종종 이제까지 충분히 지적된 것처럼 어떤 진술이나 일련의 진술들은 이런 두 가지 기능 모두를 충분히 제공할 수 없다. 학문에 관한 연역적인 정당화 속에서 최초의 전제들로 작용할 수 있는 진술들을 위해 요구되는 중요한 내용의 본질은 이런 종류의

* '코기토' (Cogito)는 데카르트가 『방법서설』에서 서술한 "Cogito, ergo sum"(나는 생각한다. 그러므로 나는 존재한다)라는 라틴어 명제를 약칭하는 명칭으로, 데카르트의 근본철학을 나타내는 말이다.

인식론적인 출발점을 위해 요구되는 즉각적인 확신을 정당화하는 본질을 이론적·실천적으로 방해한다. 그리고 그 역도 성립한다. 따라서 계획된 인식론적인 제1원리들은 근거 없는 방해자들이다.*

13 이러한 일반적으로 근거 없는 주장들에 의해 두 가지 종류의 숙고가 토미스트에게 발생할 것이다. 첫 번째는 그들이 변질되지 않은 채로 '아르케(*archē*)/프린시피움(*principium*)'에 관한 아리스토텔레스주의 또는 토미즘적인 개념을 남겨두는 방식을 생각하는 것이다. 지금 현재 가장 중요한 부분인 이러한 근본주의 인식론적인 제1원리에 관한 주창자들의 입장을 위해서 비록 보편적으로 거부될지라도 그러한 원칙들을 특징화하였다. 그 결과 그들은 정해진 두 가지 요구조건이 필요했는데, 실제로 그 각각은 서로 다른 측면에서 실패한 어떤 원칙들과 만나게 된다. 아리스토텔레스와 보에티우스(Boethius)**의 영향을 받은 결과 아퀴나스는 두 개의 다른 종류의 원칙을 포함하는 다른 유형의 명백함을 구별하였다(예를 들어 『신학대전』 Ia-IIae 94, 2를 보라).

14 한편, 그러한 명백한 원칙들이 있으며, 그것의 용어들에 관한 의미는 모든 유능한 언어 사용자(language-user)에 의해 즉시 이해된다. 즉 "모든 전체는 그것의 부분보다 위대하다"는 것과 같은 원칙들은 어떠한 언어 사용자도 부정할 수 있다. 다른 한편, 오직 대체로 큰 규모의 이론에 관한 개념적인 구조의 맥락 속에서만 명백하게

* 원문 'mythological beasts' (신화적인 짐승들)을 전체 내용에 어울리게 바꾸었다.
**480-524, 로마의 명문에서 태어나 510년에는 집정관이 되었으며, 로마 최후의 저술가이며 철학자이다.

이해되는 원리들이 있다. 이때의 원리들은 오직 그것들을 구체화하는 이론적인 구조에 관해 인지적으로 이해하는 사람들만이 분명하게 알고 있는 판단들 속에서 표현된다. 즉 아퀴나스는 그것을 현명한 사람의 표현으로 보았다. 그것은 중요한 내용들과 관련된 제1원리를 진술하는 데 사용했던 판단들이며, 그것들의 기능들과 그것들에게 꼭 필요한 조건들은 원리에 관한 이전의 유형들과는 매우 다르다. 물론 우리는 그것의 적용들에 관한 측면에서 원리에 관한 이전의 유형이 단순하게 유능한 언어 사용자에 의한 이해보다 이론적으로 정교화된 사람들에 의해 훨씬 더 깊이 있게 이해될 수 있다고 말할 것이다. 그러나 토미스트들은 즉시적으로 이해되지만 내용 속에서는 중요하지 않은 것들과 그리고 내용 속에서는 중요하지만 오직 이론적인 성과를 통해서만 명백하게 인식되는 것들 사이를 구별함으로써 인식론적인 제1원리에 관해서 주창자들이 잘못 받아들인 것들을 구별하였고, 따라서 그들은 적어도 이러한 현대의 반(反)근본주의(anti-foundationalism)의 공격에 의해 언급되지 않은 상태로 남아 있다.

15 그러나 토미스트적인 제1원리가 관계되는 한, 인식론적인 근본주의에 대한 현대의 적대감이 핵심을 벗어나게 하는 훨씬 더 근본적인 방식이 있다. 왜냐하면 만약 토미스트들이 아리스토텔레스와 아퀴나스의 의도들에 충실했다면 아마도 부수적인 것을 제외하고 그 또는 그녀는 인식론적인 모험심에 관계되지 않았을 것이다. 비트겐슈타인이 한 것처럼 회의주의에 관한 논박은 그 또는 그녀에게 잘못 안내된 모험심으로 나타날 것이다. 물론 클로이트겐(Kleutgen)* 으로부터 시작된 신토미스트들의 세대는 우리에게 그렇지 않은 것을 생각하게 가르쳐 왔다. 그리고 인식론에 관한 교과서들은 신토미스

트주의에 관한 관례적인 장애물(the standard impedimenta) 사이에서 주목되어 왔다. 일부 신토미스트자들을 오해하게 만들었던 것은 아리스토텔레스처럼 아퀴나스가 지식에 관한 설명을 제공한다는 명백한 사실이었다. 그들이 충분하게 인식함에 실패한 것은 아리스토텔레스주의 또는 토미스트적인 모험심과 인식론적인 모험심 사이의 구별이다.[61)]

16 인식론적인 모험심은 그것의 본성에 의한 최초 인간(first-person)의 계획이다. 인식론자는 내가 나의 믿음들과 지각들, 그리고 판단들이 그것들 외부의 실재들과 관련된다는 것을 확신할 수 있게 되는 방법을 탐구한다. 그 결과 내가 그것들의 진실과 잘못을 생각하면서 확신을 정당화시킬 수 있을까? 근본적인 회의론자는 인식론자로 전적으로 부정적인 발견들과 관련된다. 그 또는 그녀는 다른 인식론자들처럼 그 스스로 인식론과의 관계에 관하여 자신의 정신 안에서부터 그것에 대한 외부적인 것까지, 그리고 아마도 이질적인 것까지도 말하게 한다. 그러나 만약 그 또는 그녀가 아리스토텔레스와 아퀴나스를 따른다면 토미스트자는 제삼자(a third-person)의 관점으로부터 지식으로의 접근과 지식에 관한 업적 모두를 설명 가능하게 구성할 것이다. 나의 정신 또는 나의 영혼은 많은 것들 중에서 단지 하나에 불과하고, 내 자아의 영혼에 관한 지식 그 자체는 영혼들에 관한 일반적인 설명과 그것들의 목적론(teleology)으로 통합되어야 한다. 목적론적으로 질서정연한 방식 속에서 주어진 영혼이 그것과

*1811-1883, 독일 예수회 신학자이며 철학자이다.

이어지는 지적인 목적을 향해 성공적으로 나아가는 한, 영혼은 그것의 지식에 관한 목적을 공식적으로 확인해 나가면서 그 자체의 완성을 향해서 나아간다. 그 결과 그러한 목적들은 타당하며, 그렇게 된다면 목적들은 더 이상 그것의 외부적인 것이 아니라 오히려 그것을 완성하는 것들이다. 그러므로 영혼 개념들의 적용을 발견하는 상황 속에서 정신은 영혼의 개념들은 영혼 그 자체와 영혼의 개념들이 개념으로 생각해낸 것들 너머에 있다고 말한다. 따라서 우리가 이미 '아이티카(*aitia*)/카우사(*causa*)'와 '아르케(*archē*)/프린시피움(*principium*)'의 경우에서 언급했던 개념들에 관한 두 가지 참고 진술이 있다. 목적이 존재하고 그것에 관한 정신의 지식과 무관하게 될 때 지식 속에서 현실화된 정신은 목적에 대응된다. 정신은 그것 자체의 작용에 관한 지식을 부차적인 질서(second-order) 속에서 인식하고 또한 다른 것들의 작용들 속에서 다른 것들에 의해 알려진다. 그러나 그러한 지식이 달성되었을 때는 데카르트적인 종류의 확신이 뒤따라야 할 필요는 없다.

17 "사람이 아는지 모르는지를 분별하는 것은 어렵다"라고 아리스토텔레스는 말했다(『분석론 후서』* I, 9, 76a26). 그리고 아퀴나스는 "우리가 다만 진정으로 과학적인 지식이 되는 적합한 원리들로부터 아는지 또는 적합한 원리들로부터 알지 못하는지 분별하는 것은 어렵다"(『분석론 후서에 관한 논평』** lib. 1, lect. 18)라고 말하면서 이것

---

* 『분석론 후서』(*Posterior Analytics*).

**『분석론 후서에 관한 논평』(*Commentary Posterior Analytics*).

을 그럴 듯하게 해석한다. 데카르트주의와 대조하는 사람이 사기꾼(sharper)은 아니다. 만약 아리스토텔레스와 아퀴나스의 견해에 관한 모든 것을 진정으로 아는 사람이 있다면 그는 타당한 측면에서 일련의 제1원리들에 대해 알고 있었는지를 알게 되었을 때 아는 것이다. 그러나 그는 제1원리에 관한 보다 깊이 있는 지식의 본질을 아직 소유하지 않았고, 최종적으로 자신의 주장을 옹호하는 이러한 종류의 특별한 지식과 제1원리와의 관계와 관련된 보다 깊이 있는 지식을 소유하지 않고서도 그는 진정으로 아는 것이다. 심지어 처음의 탐구 단계에서 모든 지식은 정신에 관한 부분적인 성과이며 완성이다. 그러나 그럼에도 우리가 아직까지 이해하지 못하는 방식 속에서 그 자체로 최종적인 성과 이상을 가리킨다. 그러므로 우리가 아는 것에 대해 아직 모르더라도 알 수가 있다. 반면에 내가 앞에서도 언급했듯이 데카르트 학파는 만약 우리가 안다면 반드시 우리가 아는 것을 알아야 한다. 왜냐하면 데카르트 학파에게 있어서 우리의 지식을 보장하는 것은 항상 우리의 출발점으로 되돌아가서 참고하는 것이기 때문이다. 따라서 우리는 오직 우리가 알고 있는 지식을 통해서만 아는 것이다. 그에 반해서 토미스트에 적합한 우리의 현재 지식은 '아르케(*archē*)/프린시피움(*principium*)' 에 관한 지식으로 향하는 참고문헌을 포함하며, 만약 우리가 그것을 성취한다면 '아르케/프린시피움' 에 관한 지식은 현재 우리가 알고 있는 지식과 연속되는 지식을 우리에게 제공할 것이다.

18 우리가 아직 알지 못하는 것과 지금 우리가 알고 있다는 것과의 관계 속에 단지 우리가 아직 잠정적으로만 아는 것에 관한 어떤 관계는 우리가 이미 실제로 아는 것에 의해 미리 예상된다. 여

기서 어떤 유형의 순환성(circularity)이 목격된다. 물론 이것은 논증적인 주장의 가치를 떨어뜨리는 존재로서의 순환성은 아니다. 그것은 아퀴나스가 아리스토텔레스의 견해를 지지하는 상황 속에서 "귀납(induction) 또는 연역(syllogism) 이전에 결론에 관한 지식을 얻기 위해 형성되는 것으로, 결론은 어떻게든지 알려지고 그리고 웬일인지 알려지지 않는다"(『분석론 후서에 관한 논평』 lib. 1, lect. 3)라고 말한 순환성이다. 우리의 연역적·귀납적으로[아리스토텔레스의 귀납(*epagōgē*)*이지 일반 사람들의 귀납(induction)은 아님] 이성화된 탐구에 관한 목적이 되는 결론은 어찌되었든 우리의 출발점 속에서 이미 추측된다. 만약 그렇지 않다면 특별한 유형의 출발점은 이러한 특별한 유형의 결론을 향하도록 우리를 지시하지 않았을 것이다(『진리에 관한 질문들과 논쟁』** II, 1).

19 실천에 관한 삶으로부터 실례를 떠올려 보자. 아퀴나스는 젊은이들이 적당한 반성적인 도덕적 이론화를 구성할 수 없는 이유가 그들이 적절한 도덕적·정치적인 주장들을 계획할 수 있게 하는 행동들을 아직 경험하지 않았기 때문이라는 아리스토텔레스의 이론을 지지하면서 그의 이론을 따른다(『니코마코스의 윤리학』 I, 3, 109 5a2-3, 『분석론 후서에 관한 논평』 lect. 3). 그러나 인간 행동들의 어떤 경험도 올바른 실천의 이유를 위한 충분한 전제들을 제공하지는 못한다. 오직 도덕적이고 지적인 덕들의 실천에 의해 결정되는 삶의 행동들과

---

* epagōgē는 귀납(증명, 정의) 또는 구체적인 예를 듦이나 예시, 예증 등을 의미한다.

**『진리에 관한 질문들과 논쟁』(*Queastions Disputatae De Veritate*).

그것들에 의해 훈련되고 변형되는 삶의 감정들(passions), 그리고 그러한 실천 속에서 관련되고 정의되는 사회적 관계들은 실천에 대한 믿을 수 있는 실천적인 추론과 실천에 관한 충분한 이론적 주장들을 이끌어낼 수 있다는 점으로부터 경험의 본질을 제공할 것이다. 그러나 충분하고 더욱 더 결정적인 방식 속에서 그러한 덕들의 실천은 시작부터 이미 인간을 위한 선(the good)과 최선(the best)에 관한 진리를, 그리고 인간을 위한 텔로스(*telos*)를 전제한다. 이것은 발견되어야 할 도덕과 정치적인 탐구의 목적이다. 그러므로 도덕적 · 정치적인 탐구에 관한 유일한 유형은 좋은 결과가 성취될 수 있는 상황 속에서 그 상황을 통해서 가능하며, 시작부분에서 목적이 중요한 단계로 미래의 발전을 위한 가능성에 관한 증거를 전제하고 제시하는 상황 속에서 존재한다.

20 이런 거부할 수 없는 순환성은 아리스토텔레스나 토미즘적인 탐구의 개념 속에서 어떤 결함의 징후는 아니다. 내가 짐작하건데, 비록 우리에게 알려지지 않은 특징임에도 불구하고 그것은 탐구의 개념을 구체화하는 어떤 거대한 규모의 철학적 체계이다. 그리고 그것은 단지 탐구의 발생지점을 발견하기 위한 열망에 의해서 늘 따라다니는 입장으로부터의 결함으로 생각될 수 있으며, 그러한 탐구로부터 단지 늦게 발생할 수 있는 것에 관한 전체적인 단순함이다. 자크 데리다(Jacques Derrida)의 글[62]에서 노골적으로 많이 등장하는 것은 욕망—원인이 아닌 원인을 위한—이다. 따라서 다소 모순적일지라도 제1원리의 어떤 실재적인 개념에 관한 부차적으로 주요한 현대 철학적 거부를 고발한 것도 욕망이다. 이것은 그것의 분석적인 반(反)근본주의자(antifoundationalist)의 대응물과는 전혀 다르다.

21 물론 가장 분명한 차이는 분석적인 거부가 인식론적인 생각들에 집중하는 반면에 데리다에 의해 공식화된 해체주의자(deconstructionist)의 거부는 의미에 관한 질문들에 집중한다는 것이다. 그러므로 데리다가 형이상학적이라고 판단한 그의 비판을 미리 준비한 것은 의미를 이해하는 데는 당황했지만 구조주의자의 이론이었다. 이것은 소쉬르(Saussure)*를 해석하는 특별한 방식으로부터 발전되었으며, 언어학적 체계의 구조들 속에서 용어들의 독자성과 의미를 결정하는 어떤 본질에 관한 관계이며 그 반대의 경우는 불가능하다. 대조(opposition)와 차이(difference)의 이원적 관계상황 속에서 그것들을 통해서 그러한 독자성과 의미가 구성되는 것이다.

22 따라서 의미의 안정성(stability)은 용어들 사이의 대조와 차이들에 관한 특징에 의존하게 된다. 그리고 데리다의 해체주의 작업의 중요한 부분은 형이상학에서 중요한 짝을 이루는 용어들 사이의 대조들을 보여주는 것이다. 그러한 형식/물질과 감각적/지성적, 그리고 수동적/능동적과 같이 대응되는 짝들은 각각의 용어의 의미와 적용이 그 대응되는 짝의 의미와 적용을 이미 전제하는 한 실패할 것으로 보인다. 그러므로 그것의 대응부를 정의함에 있어서 독립적이고 안정되며 변하지 않는 의미를 제공하는 용어는 없다. 그렇게 되는 한 어떤 안정된 의미는 아직 말해지지 않은 어떤 것에 의존한다. 그리고 이러한 형이상학적 대조들은 적절한 측면들 속에서 후기 구조주의자(poststructuralist)의 관점에서 일반적으로 구성되는 언어 사용

*1857-1913, 스위스의 언어학자로 구조주의의 선구자로 간주된다.

의 이원적인 대조들과 다르지 않기 때문에, 말해진 것의 의미가 항상 같은 방식으로 의미의 근거를 아직 제공하지 않았지만 보다 심화된 어떤 의미에 의존한다는 것은 일반적으로 진리이다. 그러나 이처럼 획득되기를 기다리는 근거는 없다. 그래서 안정된 의미는 결코 달성될 수 없다. 따라서 제1원리에 관한 논증적인 부정은 어떤 것(*anything*)을 위한 형이상학적 근거의 가능성을 부분적으로 부정함으로써 의미의 분석으로부터 발생한다. 그러나 왜 데리다는 그러한 근거가 가능하지 않다고 믿었을까?

23 이것이 데리다가 다른 사람들이 해석하는 것보다 개방적이라는 점이다. 때때로 그의 형이상학적 용어들 각각이 서로 다른 것을 전제하는 방식으로부터 가능하기 때문에, 그러한 짝들의 구성요소 모두는 의미와 독자성과 다른 것들에 관한 적응성을 위해서 독립적인 근거를 제공할 수 없다. 그리고 데리다는 그것을 얻기 위해 필요한 본질에 관한 형이상학적 사고와 이론을 위한 근거가 있을 수 없다는 결론을 주장한다. 그러나 다른 경우에 그는 그러한 근거의 가능성을 부정하는 것으로부터 경우에 따라 우리에게 하이데거와 니체를 언급하면서 그러한 용어들로 예증되는 결과적인 의미의 불안정성에 대한 결론으로 향하는 것처럼 보인다.

24 그러나 어느 한쪽의 경우라도 데리다가 우리에게 제시한 것은 토미즘에 관한 생소한 경상(mirror-image)*의 전환(inversion)이다. 왜냐하면 토미스트는 형식과 내용 또는 가능성과 행동이 고려되

*경상(鏡像)은 거울에 비쳤을 때의 좌우 반대가 되는 것을 말한다.

는 상황 속에서 각각의 용어가 존재하고, 다른 것들을 언급함으로써 반드시 부분적으로 정의될 수 있다는 생각에 문제가 없기 때문이다. 또한 탐구 초기 혹은 중기 단계에서 그러한 용어들이 적용될 때, 말해진 것에 관한 충분한 의미가 아직 드러나지 않고, 특별한 탐구가 요구될 때만 제1원리에 관한 적절성이 충분하게 드러난다는 설명에도 문제가 없다. 용어들은 의미와 사용에 관한 모든 측면에서 유사하게 적용되며, 유추(analogy)를 통한 의미와 사용에 관한 근거는 어떤 궁극적인 '아르케(*archē*)/프린시피움(*principium*)'을 참고함으로써 존재한다. 그러므로 토미스트의 견해에서 의미의 안정성은 단순히 데리다가 주장한 것처럼 형이상학적으로 이해된 근거와 결합된다. 그리고 그러한 근거를 부정하는 것은 토미스트와 해체주의자를 동시에 따른다면 어쩔 수 없이 체계적인 의미의 불안정 속에서 문제가 된다. 그러나 물론 함축하는 것들이 같을지라도 그것들이 전해주는 논쟁들의 방향과는 다르다. 그렇다면 토미스트의 방향이 아닌 해체주의로 움직이는 이유는 무엇인가?

25 이것에 관한 데리다의 대답을 진술하는 것은 그의 대답을 진술 가능하기보다 내가 더욱 더 그의 입장에 관한 세밀함 속으로 들어갈 것을 정당하고 충분하게 요구할 것이다. 실행 가능할 수 있는 것은 해체주의에 관한 중요한 어떤 주제를 구상할 수 있다는 것이고, 그것은 불일치의 상황 속에서 위태롭게 된 것을 명백하게 할 것이다. 해체주의 사상가인 데리다에게 있어서 '아르케(*archē*)/프린시피움(*principium*)'이 제공하는 것과 같이 어떤 형이상학적으로 인식된 근거는 일반적으로 반드시 두 개의 모순된 방식 속에서 기능할 것이다. 그것에 관한 담론이 근거가 될 수 있기 때문에 그것은 담론 밖에서

존재해야 하고 담론과는 별개로 존재해야 한다. 그리고 그것은 오직 언어로 생각되고 제시되기 때문에 그것이 말할 수 있는 것은 담론 속에서 제시되어야 한다. 그러나 이러한 것들은 분명하게 모순된 조건들이며, 어떤 경우에는 텍스트밖에 존재하는 것은 아무 것도 없다는 데리다의 의견(dictum)을 첫 번째로 위반하는 것이다(데리다의 거부들과 그가 외재적이고 형이상학적 실재주의라고 불렀던 것에 대한 힐러리 퍼트남의 비난 사이의 교육적인 유사점을 주목하라).[63] 따라서 의미에 관한 이원적 대조들은 그것들 자체가 어떤 제1원리를 넘어서 언급될 수 없고 그러므로 의미는 반드시 불안정해진다.

26 제1원리에 관한 해체주의의 거부는 분석적인 반(反)근본주의자(antifountationalist)의 거부로부터 발생한 것과 같은 문제를 몇 가지 제기한다. 그들의 거부를 정당화하고 오히려 권장하는 상황 속에서 그들 각각이 호소하는 이유의 본질은 무엇인가? 그것이 그 자체로 그러한 거부들과 일치하는 이유의 본질인가? 또한 그러한 거부들 자체가 거절들을 이끄는 어떤 이유의 근거를 파괴하는가? 그러한 질문들에 대한 두 가지 경쟁적인 유형의 대답 속에 포함된 어려움들에 의해서 이끌어지는 사고의 상황으로 빠지는 곤란함을 떠올려 보자. 다른 한편, 분석적인 반근본주의자와 해체주의 비판 모두가 어떤 일련의 제1원리에 호소하는 방법에 의해서 그 자체로 정당화하는 주장 또는 담론의 근거에 관한 불가능성이 되는 강압적인 주장을 수용하는 것을 제안하는 것으로 해석되기 쉽다. 그러나 만약 이러한 주장들이 타당성 측면에서 성공한다면 그것은 어떤 방식이나 다른 방식 속에서 부정할 수 없는 전제들로부터 그것들을 이끌어 온 덕택으로 그것들의 결론일 수 있을 것이다. 그러나 이러한 부정할 수 없는 전제

들의 불가능성은 이것들과 같은 주장들의 결론이 되는 것처럼 보인다. 그렇다면 그러한 주장들은 자기 해체(self-deconstruction)를 모면하려는 방식 속에서 해석될 수 있는가? 이것은 수사학적(rhetorical)인 질문 그 이상이다.

27 다른 한편, 만약 우리가 원리 속에—원리의 유형이 무엇이든 간에—실제의 주장들을 위한 부정하기 어려운 전제들이 없다는 생각을 진지하게 받아들이면서 시작한다면 주장된 명백함(undeniablility)은 반드시 어떤 다른 본질이어야 한다. 그러나 지금까지 해체주의와 반(反)근본주의자의 주장에 대한 전제들을 위해서 명백함의 개념을 해명하기 위한 가장 그럴 듯한 시도들은 원리 속에서 거부할 수 없는 권리가 존재하지 않더라도 특별한 종류의 사회적 주장 속에서 정착된 명백함에 관한 어떤 개념으로 결론내렸다. 사회적 주장의 본성에 관한 특징들은 폭넓게 다양하다. 예를 들면 비트겐슈타인(Wittgenstein)에게, 다른 분야에서는 쿤(Kuhn)에게, 또 다른 분야에서 푸코(Foucault)에게 호소하고 있는 이러한 분야에서 논쟁하고 있는 경쟁자들의 견해들보다 많다.

28 형이상학적 제1원리에 관해 실제로는 그들이 제1원리들의 거부를 공유한 상황 속에서 근거가 되는 논쟁분야들의 다양성에 의한 이러한 쟁점들의 불일치는 이론적인 철학의 안과 밖에서 그것들의 결과들과 징후들 속에 확산된다. 그리고 문학작품과 사회과학적인 분야 속에서 대체로 문화에 관한 수사학적인 방식들 속에서 확산된다. 근래에도 그것은 드러나고, 지속적으로 재공식화된 관념론의 목적(end-of-ideology)에 관한 논제들에 대한 끊임없이 새로워진 토론들로 보일 것이다. 즉 관념론의 목적은 정치학 속에서 존재하고, 형

이상학들에 관한 논박은 철학 속에 존재한다. 내가 주장하려고 하는 것처럼 그것은 학계 내에서 해결되지 않은 상황 속에서, 즉 역사주의자들과 반역사주의자들, 실재주의자와 반실재주의자들, 실용주의자들과 반실용주의자들 사이에서 현재 진행되고 있는 해결될 수 없는 토론으로 드러난다.

29 토미스트가 때 아닌 자기 만족(self-congratulation)의 유혹을 반대해야 하는 것이 바로 이 순간이다. 왜냐하면 만약 내가 제안했듯이 '아르케(*archē*)/프린시피움(*principium*)'에 관한 아리스토텔레스와 토미즘적인 개념이 제1원리에 관한 분석학적인 반근본주의자들과 해체주의의 모든 비판에서 상처입지 않고 생존한다면, 그리고 그것이 사실이라면 그것은 모두 너무 쉬워서 승리라고 말할 수 없기 때문이다. 그러나 이것은 심각한 실수이다. 왜냐하면 심각한 철학적 마주침이 아직 발생하지 않았기 때문이 아니라, 오히려 토미즘이 두 개의 심각한 철학적 마주침으로부터 상처입지 않고 등장하지 못하기 때문이다. 제1원리에 관한 토미즘적인 개념은 중요한 부분에서 현대의 급진적인 비평들에 의해 손상되지 않았다. 왜냐하면 오늘날 토미즘적인 개념과 현대의 급진적인 비평들 사이의 문화적 · 언어학적 · 철학적 거리가 너무 멀기 때문에 그들은 더 이상 그러한 개념의 가능성을 심각하게 직시할 수 없다. 그렇다면 만약 심각한 마주침이 발생하고 본래의 인간 이성의 과업들이 작용하는 것에 관한 토미즘적인 이해가 위임받은 자(mandatory)와 철학적으로 마주치게 한다면, 토미즘이 적절하게 말할 수 있는 한에서 유일하게 그러한 비평들과 그 비평들로부터 제기된 토론들이 발생할 수 있다. 그렇다면 내가 제기하고 있는 질문은 '아르케(*archē*)/프린시피움(*principium*)'에 관한 아리스

토텔레스와 토미즘적인 개념이 그러한 비평들과 토론들에 적극적이었는가이다. 그러나 그러한 질문을 위해 필요한 준비는 그러한 개념이 무엇이고 또 포함하는 것이 무엇인지에 관한 보다 타당한 진술이다.

III

30 아퀴나스는 과학 안에서의 판단들을 분석해야 하는 과업과 그러한 판단들을 분석하는 과업을 보장하고 이러한 보장으로부터 권리를 부여받은 확신을 설명하는 의견과 더불어 연구에 관한 설명을 제공해야 하는 과업과 구별하면서 『분석론 후서』에 관한 그의 논평을 소개하였다. 이러한 구별을 통해서 그는 아리스토텔레스가 『분석론 후서』 속에서 달성하고자 노력했던 문제를 해결하는 쪽을 암시했다. 이 문제에 일부 근대의 주석가들이 관여해 왔다.

31 이 문제는 과학적 이해의 구조에 관한 설명과 『분석론 후서』 속에서 제공되는 것을 달성하는 방법과 아리스토텔레스가 『자연학』과 생물학적 논문들 속에서 과학적 탐구들을 수행하는 그 자신의 방식 사이에서의 분명한 차이로부터 발생했다. 만약 종종 근대 주석가들에 의해서 충분하게 추정된다면 『분석론 후서』는 아리스토텔레스의 과학적 방법에 관한 이론일 것이다. 반면 『자연학』과 생물학적 논문들은 아리스토텔레스 과학적 방법의 응용들이다. 그렇다면 전자와 후자의 불일치는 명백하고 두드러진다. 첫 번째 설명하는 것

을 단순히 두 번째가 실행하는 것은 아니다. 그럼에도 실제로 여기에 어떤 문제가 있었다는 것을 부정하기 위해 시도해 왔던 고전학자(scholar)들이 있었다. 그러나 그들의 주장들은 토론의 과정을 견뎌내지 못했다. 그리고 『자연학』과 생물학적 논문들에서 제기하는 것이 무엇이건 간에 탐구방법들이 『분석론 후서』에서 설명하고 있는 방법들이 아니라는 점이 지금은 일반적으로 인정되고 있다. 그렇다면 어떻게 이러한 불일치가 설명될 수 있는가?

32 아리스토텔레스가 『분석론 후서』를 저술한 이후 언제쯤인가 그의 정신이 변했다는 것이 아마도 사실일까? 어떤 고전학자들이 주장해 온 것처럼 『분석론 후서』는 오직 수리적인 과학들(mathematical sciences)에 관한 설명이었을까? 또는 조나단 바네스(Jonathan Barnes)가 주장했듯이[64] 이런 후자의 제안들을 확실하게 논박한 이후 『분석론 후서』는 우리에게 지식을 얻기 위한 방법을 가르치려고 계획된 것이 아니라, 오히려 이미 획득된 지식을 표현하기 위한 방법을 가르치려고 계획된 것인가? 즉 『분석론 후서』는 교사들을 위한 작은 책자(manual)인가? 만약 우리가 중요하게 확정되는 확실한 과학적 증거 또는 그것들의 교육학적인 효과 때문이라면 이런 견해에 관해 바네스가 호의적으로 말한 많은 것에 동의하는 것은 문제가 없다. 오히려 우리는 단지 텍스트가 근본적으로 존재한다는 이유로 획득한 지식을 표현하기 위한 방법과 다른 사람을 이해하는 방법을 『분석론 후서』로부터 배울 수 있다. 예를 들면 성취된 완벽한 지식이 존재함을 설명할 수 있다.

33 왜 내가 이것을 말해야 하는가? 왜냐하면 텍스트 속의 모든 것들이 이런 견해에 일치할 뿐만 아니라, 아리스토텔레스의 사

고체계(system of thought)가 단지 그러한 설명을 요구하고 있고 그 밖에 어느 곳에서도 보완되지 않기 때문이다. 『자연학』과 생물학적 논문들은 과학적 탐구들이 진보 속에서 여전히 앞으로 나아가고 있음을 보여준다. 그러나 아직 적절하게 텔로스(*telos*)에 도달하지 못했고, 그러한 유형의 과학적 활동들을 위한 함축적이고 명백한 안내를 제공하지는 못했다. 아리스토텔레스의 견해에는 텔로스(*telos*)와 같은 것이 반드시 존재해야 한다. 그리고 만약 『분석론 후서』의 어딘가에서 발견되는 것이 있다면 우리는 그것이 무엇인지 알아야 할 필요가 있다. 따라서 나의 주장은 이해의 유형에 관한 구조 내의 모든 정신의 움직임이 그것의 대상들에 관한 정신의 타당성을 표현하는 상황 속에서 『분석론 후서』가 존재하는 것에 관한 설명이거나 이미 성취된 완벽한 과학과 완벽한 유형의 이해를 소유하려 했다는 것이다.

34 물론 완벽하게 성취된 이해와 지식이 존재한다는 설명을 제공하면서 아리스토텔레스는 최소한 부분적으로 이전의 불완전하고 부분적인 이해의 상태들과 최종적인 상태들 사이에서의 관계를 구체화하는 과업을 회피할 수 없었다. 그리고 아마도 그는 우리에게 이러한 관계와 초기의 주석가들이 자신의 의도를 잘못 구성하도록 이끌었던 이전의 상태들에 대해 말하는 것에 지나치게 배타적으로 주의하였을 것이다. 그러나 형식화와 진보의 과정 속에서, 그리고 『분석론 후서』에서 이해에 관한 그의 검토들에 대한 문제는 완벽한 이해에 관한 목적(*telos*)이 이미 부분적인 이해 속에서 전제된 방식에 관한 계산된 생각이었다. 그리고 이것은 『자연학』 또는 생물학적 논문들에 관한 부분적 이해와는 전혀 다른 생각이다. 그러므로 아퀴나스가 그의 논평을 소개하면서 연구의 본성에 관한 어떤 다른 관심과

『분석론 후서』에 관한 주제를 구별했을 때, 그는 정확하게 우리의 관심을 아리스토텔레스 작품들 안에서 『분석론 후서』의 입장으로 돌리라고 지시한다.

35 아리스토텔레스와 토미즘의 관점에서 어떤 체계적인 활동에 관한 '텔로스(*telos*)/피니스(*finis*)'는 그러한 본질이 존재하는 활동이 향하는 방향 속에서 구체적인 본질의 활동을 위한 내적인 활동의 목적이다. 물론 단지 그것들이 어떤 다른 활동의 유형 속에서 구체화되는 한, 그리고 그러한 활동의 일부 유형들이 다른 많은 이해 가능한 유형의 활동들 중 어느 하나의 유형 속에서 구체화되기 때문에 많은 유형의 활동들은 인간의 활동들로 이해될 수 있다. 따라서 예를 들면 집을 짓기 위한 건축계획과 좋은 종이를 만들기 위한 제조공업의 계획, 또는 숲을 확장하기 위한 생태학적인 계획 속에서 어떤 종류의 습관처럼 나무를 베는 것이 부분적으로 구체화되는 활동이 될 수 있다. 특이한 인간의 선들을 제공하는 보다 포괄적이고 상대적으로 체계적인 활동에 관한 자기 충족적인(self-sufficient) 방식들은 그러한 선의 관점들 속에서 각각의 '텔로스/피니스'가 특징화된다. 그러므로 과학적 증명의 설명들 속에서 『분석론 후서』는 탐구에 관한 '텔로스/피니스'로 우리에게 이해되야 하는 것에 관한 설명을 제공한다. 즉 특이한 유형의 활동으로서의 탐구에 의해 달성된 인간의 차별적인 선에 관한 설명을 제공한다.

36 성취된 이해는 탐구에 관한 실천적인(*practical*) 활동에 관한 이론적인(*theoretical*) 목적이다. 비록 『변증론』* 속에서 아리스토텔레스 논의들 중 일부가 상당히 타당하고 아퀴나스가 『변증론』을 그러한 활동에 대한 부분적인 지침으로 올바르게 이해했을지라도, 아

리스토텔레스와 아퀴나스 모두 체계적인 방식 속에서 자신들 스스로 이론적으로 목표한 탐구의 실천적 활동에 관한 이론을 논의하지는 못했다. 게다가 그 밖의 아리스토텔레스와 아퀴나스의 우연적인 언급들과 논의들 속에서도 많다. (특별히 『보에티우스 삼위일체론에 관한 설명』 VI, 1을 보라.) 그러나 그러한 표현들과 논의들을 이용하기 위해서 우리는 먼저 반드시 성취된 이해가 아리스토텔레스와 아퀴나스에 의해서 받아들여진 견해라고 말해야 한다. 그렇게 함으로써 우리는 일반적으로 아리스토텔레스를 찬양할 때 아퀴나스가 아리스토텔레스의 주제들을 넘어서게 됨을 발견할 것이고, 동시에 비아리스토텔레스주의자(nonAristotelian)와 비토미즘적(nonTomistic) 작가들에 의한 탐구에 관한 이후의 논의들이 아리스토텔레스의 설명을 더욱 심화시키는 확장 속에서 유용하게 사용될 수 있게 됨을 발견할 것이다. 그러므로 비록 내가 대체로 익숙하고 심지어 익숙한 근거 이상의 것을 검토할지라도 그것은 항상 전체적으로 익숙한 방식은 아닐 것이다.

37 완벽한 과학은 현상들이 존재하고, 존재할 것이며, 존재해 왔음을 필연적인 것으로 다루어야 함을 이해할 수 있도록 해주는 것 중의 하나이다. 왜냐하면 어떤 구체적인 목적의 상태를 달성하는 방식 속에서 적절한 문제로 알려져 왔던 구체적인 본질의 형식을 이끌어 왔던 행위자들의 다양성 때문이다. 그러므로 구체적인 본질의 가장 중요한 특성들 측면에서 모두 이해가 존재한다. 그러한 본질

*『변증론』(*Topics*).

들이 존재하고, 그것들이 특징화되는 방법이 있으며, 본질들을 예증하는 개인들을 움직이거나 움직이도록 하기 위한 목적이 존재한다. 그러한 개인들은 탐구과정 속에서 의견의 변화들이 있어왔고,—그것은 근대 과학적 탐구뿐만 아니라 아리스토텔레스 자신의 구체적인 논문들로부터 평범하게 보인다—심지어 급격한 의견의 변화들이 있어왔음을 중요시한다. 완벽한 과학 속에서 이러한 문제들에 관한 최후의 정의는 일반적으로 탐구과정 속에서 실현되는 수많은 재공식화와 재분류화의 결과일 것이다.

38 어떤 특별한 영역 속에서 이런 완벽한 이해를 달성해 온 정신은 우연적인 설명의 다양한 단계들이 구체화되는 계층적인 구조 속에서 그것이 이해한 것을—이해하는 형식과 이해되는 형식은 필연적으로 완벽히 이해함 속에서 동시에 발생한다. 즉 그것은 이해하기 위해 존재하는 것이다—연역적인 도식에 의해서 재현한다. 설명을 제시하는 것은 이러한 구조의 일부를 획득하는 논증적인 주장을 제공하는 것이다. 우연적 설명(casual explanation)이 우리에게 구별 가능하게 하는 것은 단순한 일치로부터의 진정한 우연성(genuine causality)이다. 단순한 일치의 규칙성들은 우리가 살아가는 이 세계의 두드러진 특징들이다. 그러나 그것들이 과학에 관한 주제의 일부분은 아니다. 왜냐하면 그것들이 존재한다고 할 때 그것들의 존재 속에는 필연성이 없기 때문이다. 이런 설명으로부터 성취된 이해의 독특한 형식 속에서, 그리고 각각의 과학 속에는 일련의 제1원리가 있음이 가능해진다. 제1원리인 '아르카이(*archai*)/프린키피아(*principia*)'는 논증적인 주장을 위한 전제를 제공하고, 궁극적인 우연적 행위들과 과학을 위한 물질적·형식적이며 효과적인 최종의 것을 구체화한다. 또

한 완벽한 과학들이 그 자체로 계층적으로 구조화되는 한 이해될 수 있는 모든 것이 이해된다는 측면에서 과학의 가장 근본적인 것은 구체화될 것이다. 그리고 많은 곳에서 아퀴나스가 말하는 것처럼 이것은 우리가 말하는 신이다.

39 그렇다면 아리스토텔레스 방식 속에서 고안된 탐구를 위한 무시할 수 없는 신학적인—즉 아리스토텔레스의 형이상학이 만드는 신학의 의미 속에서 신학적임—차원이 존재한다. 왜냐하면 탐구는 최종 목적과 포괄적인 이해, 그리고 설명과 이해함의 통합을 기대하는 측면에서 그것은 분리된 하위의 학문들에 관한 독특한 주제의 측면뿐만 아니라, 우연적인 실재에 관한 보다 확산되고 일반적인 특징들을 열망하고 이해할 수 있기 때문이다. 우연적인 실재는 하위 학문들의 주제가 제공하는 요소(constituent)의 부분들—자연과 인간의 역사—전체에 관한 것을 알려준다. 그리고 포스트 계몽주의 근대성(postEnlightenment modernity)에 관해 가장 급진적인 니체부터 로티까지의 철학자들이 되풀이해서 주장하는 것처럼 비록 복잡할지라도 사물들의 질서에 관한 궁극적이고 최종적으로 통합된 진실한 설명은 자연과 인간의 역사 속 그 안에 우연적인 존재들과 우연적인 것을 넘어서는 어떤 근거의 관계에 대한 몇몇의 견해들을—아마도 숨기지 않았을지도 모르지만—감춰왔다.

40 그렇다면 어떤 완벽한 과학에 관한 처음의 전제들을 제공하는 본질적인 제1원리가 달성하는 것은 그것들의 첫 번째 전제들과 관련된 타당한 일련의 논증적인 주장들을 제공하는 데 필요한 진리들의 진술이다. 하지만 또한 만약 어떤 본질에 관한 것이 있다면 그것이 본질적이고 필연적으로 어떤 속성들을 어떻게 가지게 되는

지를 보여준다. 본질적 속성을 지닌 사물(*de re*)의 필요성은 그러한 원리들을 위한 표현을 제공하는 판단들의 분석적인 형식을 통해서 표현될 수 있다.[65] 그러한 원리들이 그 자체로(*per se*) 명백한 사실을 가능하게 하는 것은 그것들의 분석성(analyticity)이다. 그러나 그것들이 제1원리로 작용하는 범위 내에서 그것들의 명백함은 오직 완벽한 이론에 관한 타당한 구조를 이루는 상황 속에서만 이해 가능하다. 그리고 이러한 이론의 구조를 이해하는 것은 누군가가 그것들의 분석적인 구조를 이해 가능하게 할 것이다.

41 물론 판단들이 분석적인 경우에 표현되었던 제1원리가 판단들의 존재나 또는 판단들이 우선적인 진실이 되는 것으로 알려질 수 있음을 수반하는 것은 아니다. 판단들의 분석성은 본질적인 속성들이 그 주제에 속한다고 생각하는 진술을—일부 어떤 진술들은 그것들이 필연적으로 오직 그러한 특별한 주제의 유형에 속할 수 있다는 의미를 가진다—포함하는 주제 표현들(subject-expressions) 속에서 특징적으로 오래 지속된 어떤 경험적 탐구과정의 결과로 발견된다. 아리스토텔레스에 따르면 탐구유형은 과학 이전의 정의들의 방법에 의해 시도되었던 본질들에 관한 명확화(specification) 중 하나이다. 비록 정의가 그 자체로 그러한 예들과 같은 경우를 이끌지 못하더라도, 타당한 본질에 관한 특별한 예들을 인식하는 명확화들로부터(『분석론 후서』 II, 8, 93a21-9) 본질들이 이해되는 상황 속에서 그것을 통해서 진정으로 과학적인 정의들에 관한 성과를 이루는 것으로의 어떤 변화가 있다. 어떤 현상의 유형들이 구체화하여 설명될 수 있는 적절하게 구별된 원인들에 다가가기 위해 경험적인 질문들은 제시되고 대답되어야 한다(『분석론 후서』 I, 31과 34, II, 19). 그러나 그러한 질문

으로부터의 결과는 단순한 일련의 사실상의(*de facto*) 경험적인 일반화들이 아니다. 오히려 과학이 완벽한 경우 분류된 도식에 관한 분석적 정의를 통한 명확화는 원인들(causes)이 결정되는 측면에서 이어지는 탐구가 개선될 수 없는 어떤 방식 속에서 타당한 일련의 현상들에 관한 질서를 설명하게 한다. 그러므로 제1원리에 관한 분석성은 칸트주의자의 분석성이 아니라 실증주의자(positivist)의 분석성이 되도록 하는 것이다. 특별한 과학의 제1원리가 만약 존재하는 것들로 판단되는 모든 것들과 결합되는 것이 그러한 특별한 과학을 요구할 때, 그것들은 설명과 이해 가능한 능력 속에서 유사한 주제에 관한 설명으로 진척될 수 있을지도 모르는 어떤 경쟁적인 이론을 능가하는 이론을 위한 전제들을 제공할 수 있다. 그리고 제1원리들과 그것들로부터 이끌어진 하위의 진술들을 설명하는 판단들이 본질적인 사물들의 특징들이 존재하는 방법에 순응하는 한 그것들은 사실이라고 불린다. 진리 자체에 대해 아리스토텔레스는 매우 간단하게 말한 반면 아퀴나스는 보다 길게 설명했다.

42 진리는 복잡한 속성이다. "그러므로 자연의 사물은 모든 것에 관한 그것의 타당성 측면에서 사실이라고 불린다. 그것이 신의 지성에 의해 명령되는 것을 충족하는 한, 신의 지성에 관한 타당성 측면에서 그것은 사실이라고 불린다"라고 아퀴나스는 안셀무스(Anselm)*와 아우구스티누스(Augusine)**를 인용하고 아이작 이스라엘

* 1033–1109, 중세의 철학자이자 신학자이다.

**354–430, 초대 그리스도교 교회의 철학자이자 사상가이다.

리(Isaac Israeli)[*]와 아비첸나(Avicenna)[**]를 예로 들었다. "그러나 사물은 그것에 관한 진실한 평가가 이루어지는 한 인간의 지성에 관한 타당성 측면에서 사실이라고 불린다 … "(『진리에 관한 질문들과 논쟁』 I, 2)라고 아퀴나스는 아리스토텔레스를 인용했다. 아퀴나스 견해의 복잡성은 아리스토텔레스와 아리스토텔레스에 관한 이슬람(Isalmic)과 유대교(Jewish)의 논평으로부터, 그리고 아우구스티누스와 안셀무스로부터의 모든 이론들을 하나의 설명으로 통합하려고 시도한 결과이다. 그러나 통합은 가장 중요한 것이다. 진정으로 통합된 진리의 이론 안에서 진리에 관한 다양한 종류의 설명은 다양한 종류의 설명에 관한 유추적인 관계가 분명해져 가는 상황 속에서 각각 그것들의 다양한 권리(due)를 받아들였다.

43 그렇다면 아리스토텔레스의 『분석학 후서』에 의한—아퀴나스의 『분석학 후서에 관한 논평』 속에서 면밀하게 이루어졌던 것—완벽한 과학 안에서 특별한 판단들에 관한 합리적 정당화의 토론으로부터 발생한 것과 아리스토텔레스의 이론들이 아우구스티누스의 이론으로 종합되는 상황 속에서 아퀴나스에 의해 진리에 관한 토론으로부터 발생한 것은 완벽한 이해에 관한 유일한 도식 안에서 진리와 합리적 정당화 모두 그것들의 위치를 갖는다는 것이다. 그리고 그것들 사이의 관계는 이러한 도식 안에서 그것들 각각의 위치에 의존한다는 것이다. 그러나 내가 앞서서 강조했듯이 완벽한 과학의

* 832–932, 스페인 출신의 유대인으로 의사이며 점성가이자 천문학자였다.

**980–1037, 이슬람의 철학자이며 의사이다. 이슬람 세계의 아리스토텔레스 학문의 대가로, 중세 유럽의 철학 및 의학에 많은 영향을 주었다.

개념이 제공하는 것은 탐구활동에 관한 내적인 '텔로스(*telos*)/피니스(*finis*)'의 특징이며, 탐구활동들로부터 명령이다. 그렇다면 탐구 속에서 이런 '텔로스/피니스'의 유형으로 향하는 진행과정의 본성은 무엇인가? 그리고 어떻게 진리와 합리적 정당화가 여전히 그러한 진행과정 속의 초기와 중기 단계의 관점으로부터 이해되는가?

IV

44 완벽한 학문으로 나아가는 과정에서 제1원리는 두 가지 다른 역할을 한다. 탐구를 결정하는 궁극적으로 타당한 공식으로 향하는 그러한 첫 번째 개념과 원리에 관한 처음의 개요와 결합함으로써 그것은 실제로 모든 합리적인 사람들에게 명백한 기준을 제공하고 시작할 때부터의 방향을 제시한다. 물론 철학의 제1원리에 관한 이전의 예들은 모든 합리적인 사람들에게 그렇듯이 우리에게 분명하며, 모순이 없는 원리이고 실천적 합리성에 관한 제1원리이다. 그리고 좋은 것은 추구되고 나쁜 것은 회피되며, 이러한 것들은 상대적으로 문제가 없다. 그러나 어떻게 우리가 시작지점에서 지금까지는 우리가 무지했다는 것과 그뿐만 아니라 성취된 우리의 탐구목표와 상당히 멀어진 것에 관한 미래의 발견에 대해서도 제1원리 또는 제1원리의 경향에 관해 충분히 지시적인 설명을 대략적으로 구상할 수 있는가?

45 만약 우리가 그렇게 할 수 있다면 어떻게 해서든 지금

까지는 우리가 충분히 정당화하지 못한 주장들에 의존하고 있는 상황 속에서 충분하게 그 주장을 정당화할 수 있는 지점에 도달하기 위해서 이것은 일찍부터 목격되는 사건의 본질이 될 것임이 분명하다. 그렇다면 우리는 어떻게 시작해야 하는가? 아리스토텔레스가 했듯이 우리는 비판을 시작하는 상황 속에서 단지 대화적 논쟁의 유형으로 시작할 수 있다. 그런 뒤 반대로 우리가 탐구하는 것에 대한 모든 근본적인 본성에 관하여 우리들 사이에서 지속된 가장 잘 수립되고 논박된 신념들 각각을 비판한다. 예를 들면 물리학에서 움직임의 본성에 관한 것이며, 또는 정치학과 윤리학에서 인간의 선에 관한 것이다. 비판을 이겨낸 어떤 것과 그러한 비판에 의해 불가피하게 전제된 것으로 판명된 어떤 것을 탐구하기 위한 그들의 전통으로 남게 되면서 경쟁적 견해들이 차례로 버려지고, 따라서 적절한 제1원리나 원칙들에 관한 최초의 허용을 가능하게 하는 일관되고 지시 가능한 개념이 구성될 수 있다. 『니코마코스 윤리학』(I권)에서 선으로서의 행복(eudaimonia)에 관한 설명을 이끌어내는 방식 속에서 인간의 선에 관한 경쟁적인 의견들에 관한 비판은 전형적인 예이다.

46 그러나 탐구과정에서 심지어 이러한 초기 단계에서 우리는 변증법적 논쟁의 유형이 제시할 수 있는 가장 유력한 결론과 제1원리를 표현할 수 있는 판단의 유형 사이에서의 차이를 인식하도록 강요받았다. 논증은 제1원리로부터 존재하기 때문에 제1원리에 대한 논쟁은 일어날 수 없다. 그러나 변증법의 가장 강력한 결론은 지식이 아닌 오직 믿음에 관한 문제만을 남기기 때문에 그것은 또한 변증의 문제일 수 없고 그 이상도 아니다. 무엇이 더 포함되어야 하는가? 그 답은 어떤 요소에 의해 알려진 모든 것에 관한 측면에서 그 경우에

필요한 것에 대한 판단을 공식화하는 상황 속에서 변증과 귀납이 제공하는 것으로부터 시작하지만 그러나 그것을 넘어가야 한다는 것을 이해하는 행동이다. 그러나 그러한 변증법과 귀납적 결론에 의해 부과되는 제한 아래에서 그렇게 된다. 추론(inference)이 아니라 통찰이 여기에 포함된다. 그러나 만약 이러한 판단의 유형이 특별한 학문의 주제들인 알려져 있는 경험적 사실들에 관한 우연적인 설명을 단순히 요구하는 전제를 제공하고 그렇게 되는 한 통찰은 더욱 더 입증될 수 있다.

47 게다가 다양한 학문들과 그것들의 계층적 질서 사이의 관계는 이 지점에서 중요하다. 변증법적 논쟁을 위해 전제를 제공하는 처음의 공유된 믿음들은 어떤 특별한 학문에 앞서는 어쩔 수 없는 믿음들이다. 그러한 것들은 『니코마코스 윤리학』(I권)에서 비판받고 수정된 믿음들이다. 그러나 일단 우리가 지속적으로 수립된 일련의 학문을 가진 이상 그 공유된 일련의 믿음들은 그러한 학문들의 발견들과 방법들에 의해[66] 공통적으로 전제된 믿음들을 포함할 수 있음을 호소한다. 그리고 그러한 학문들이 전제하는 것은 아리스토텔레스의 형이상학적 열정에 단서를 제공하는 판단이고, 그러한 판단들을 이해하는 요소들이다. 이는 그와 우리의 관심을 존재하는 것으로 존재하는 하부의 학문들에 의해서 취급되는 존재의 본질을 넘어서도록 지시함으로써 가능하다.

48 아리스토텔레스는 때때로 초기 작품인 『분석론 후서』와 후기 작품인 『형이상학』 사이에서 정신의 급격한 변화를 겪었다고 생각된다. 최소한 처음에 그는 어떤 최고 학문의 존재 가능성을 부정했지만 후반부로 가면서 그것의 존재 가능성을 확인할 뿐만 아

니라 그것을 입증했다. 그러나 이러한 불일치는 처음에 사건을 보았을 때보다 놀랄 만한 것은 아니다. 왜냐하면 아리스토텔레스가 의도한 것들은 그가 『분석론 후서』에서 "논증적인 학문"이라고 부르는 것에 의해(I, 10, 76a37, 76b11–12) 그것들 중 아무 것도 최고의 학문이 될 수 없다는 것이었다. 예를 들면 각각은 별개의 부류와 관련되고 논증적이며, 어떤 최고의 학문은 그것들이 될 수 없었다. 그래서 『분석론 후서』에서 아리스토텔레스가 부정한 것은 『형이상학』에서 그가 확인한 것과는 다르다. 그리고 『분석론 후서』에 관해 적절한 문장으로 해석한 아퀴나스는 최고 학문의 가능성에 관한 부정으로서가 아니라 최고 학문의 특징에 관한 구체화로 그것을 보다 잘 이해했다(『분석론 후서에 관한 논평』 lib., 1, lect.17).

49 이것 이상으로 이러한 이해의 측면에서 우리는 모든 학문적인 활동에 정보를 제공하는 이와 같은 전제들을 끌어들여서 심지어 하위 학문의 발전 속에서 변증 가능한 방법을 보다 충분하게 이해할 수 있다. 그것은 단순히 필연적이고 필요한 주제들에 대한 변증법으로부터 형성 가능한 변화의 지점으로 우리를 데려감으로써 가능하다. 왜냐하면 변증법 사용의 목적은 본질들이 존재함을 계획하는 것이 아니라—그것은 변증에 의해 증명되는 것이 아니라 전제되는 것이다. 그리고 그것에서 심화된 탐구는 형이상학에 관한 문제이다—우리의 의도를 본질들을 전제하는 적절한 분류들이 구성되는 방법으로 전환하는 것이기 때문이다. 이것은 명백하고 필연적인 주제들의 경쟁적인 대안적 공식화에 관한 주장들 사이에서 결정을 하기 위한 토대를 제공함으로써 가능하다. 우리가 이미 보았듯이 어떠한 법이 본래의 학문 속에서 어떤 경험적 결과에 관한 해석을 따를 수 있기보

다 그러한 주제들이 어떤 변증법적 결론을 따를 수 있는 것은 아니다 (그리고 경험적 · 실험적 결과로 해석되는 것은 종종 현대 자연과학 속에서 변증법적인 결론을 이끈 아리스토텔레스에 의해서 부여된 지위를 갖는다). 그러나 그것들은 자연과학의 법칙들에 관한 공식화가 실험과 관찰에 의해 입증될 수 있는 것처럼 그것들의 즉시적인 경쟁자들과는 반대로 입증될 수 있다.

50 그렇다면 우리는 어떤 지속되는 탐구방식 안에서 완벽한 학문의 텔로스(*telos*)를 향하는 과정 속에서 연속되는 단계들을 갖게 된다. 그것들은 처음에는 그것의 탐구들에 관한 '텔로스(*telos*)/피니스(*finis*)'의 가장 초기의 공식화를 제공하는 특별한 학문에 관한 '아르케(*archē*)/프린시피움(*principium*)'에 관한 특징들 속에서, 그리고 후반부에는 필연적인 이론들에 대한 경험적인 현상들과 관계되는 주장 속에서 모두 변증법적 결론들이 될 것이다. 이러한 주제들에 관한 확보된 증거와 심화된 논쟁의 측면에서 보다 타당한 공식들에 의해 대체되는 임시의 공식들이 있을 것이다. 그리고 탐구과정에서 특별한 탐구방식에 관한 텔로스(*telos*) 개념과 달성하기 위한 그것의 특별한 목적이 있는 완벽한 유형의 과학에 관한 개념은 그 자체로 수정되고 풍부하게 될 것이다.

51 그러한 탐구방식은 어떤 긴장감 속에 공존하는 두 가지 특징을 가진다. 하나는 탐구과정이 종종 불성실하고 불공평하게 되고 다양한 방향 속의 탐구로 이동한다는 것이다. 그래서 역행과 좌절의 기간들로 끝난다. 심지어 그 결과는 전체적인 탐구방식의 일부를 위해 대규모의 실패로 끝나기도 할 것이다. 이것들은 탐구에 관한 측면들로 충분한 판단 속에서 아리스토텔레스 또는 아퀴나스에 의해

항상 인식되는 것은 아니다. 또한 결과적으로 그것들의 탐구에 대한 결정적인 중요성은 현대 토미스트들에 의해서 우리의 고전적인 텍스트들로부터 이끌어낼 수 없는 어떤 종류의 승인이 필요하다. 우리는 탐구유형들을 오직 피어스(C. S. Peirce)와 칼 포퍼(Karl Popper)로부터 배울 수 있었다. 이러한 탐구유형들은 구성되고 그것들의 핵심적인 주제들의 왜곡으로 인하여 좌절을 겪게 되었고, 진리로 생각될 수 있는 판단들을 정당화할 수 있게 된다. 이러한 왜곡이 발생할 수 있고 좌절이 구체화되는 방식들은 매우 다양하다. 그러나 또한 어떤 방식 또는 다른 방식에서 왜곡과 좌절은 반드시 어떤 탐구방식을 위한 가능성으로 남게 된다. 그리고 그것은 진리를 주장하는 어떤 이론과 그것이 공헌하는 것에 대한 탐구에서는 필연적이다. 이런 점에서 그것들은 쉽게 비난받게 될 것이다.

52 따라서 아리스토텔레스의 자연학이 그것에 반대하는 갈릴레이의 변증법적 주장에 의해 비난받게 됨을 입증할 때, 그것은 한 가지 방식 속에서의 승리이지 아리스토텔레스의 탐구 개념이 무효화되는 것은 아니다. 그리고 그 방식들이 너무나 자주 무효화된다는 것은 진정으로 아리스토텔레스 방식들로 수립된 모든 것에 관한 표현이다. 즉 일련의 필요성과 필연적인 판단들, 그리고 제1원리로서 작용하는 것에 관한 타당한 공식들을 선택하게 되는 것은 지금까지는 이론의 보장된 조직체로 받아들여진 것에 관한 아리스토텔레스 자신의 기준들에 의해 실패하게 되는 측면에서 항상 거짓으로 판명난다. 모든 학문의 역사 속에서 이런 종류의 부분적인 실패들은 보다 작은 역사적인 사건들이다.

53 이런 상황 속에서 우리는 인식론적 위기들이 발생되는

방법과 그것들을 해결할 수 있는 방법에 관한 설명을 제공할 수 있다. 이것은 아리스토텔레스의 자연학에 관해 16세기가 이어받은 특별한 인식론적 위기와 아리스토텔레스의 자연학과 우주론에 관한 갈릴레이의 창의적인 거절에 의해서 만나게 되는 관성(impetus) 이론가들과—젊은 갈릴레이도 그들 사이에 있다—그것의 결론을 포함한다. 다소 타당한 이해방식들로부터의 과학적인 움직임에 관한 업적의 특징은 과거의 이론화 속에서 불충분하게 설명된 것을 단지 현재 이론화의 측면에서 설명할 수 있는 능력이다. 갈릴레이는 관성 이론가들이 제공했던 것보다 자연현상에 관한 보다 많은 설명을 제공했을 뿐만 아니라, 자연은 그것이 존재하는 대로 주어진다면 관성 이론은 단지 그것이 실패하는 지점에서만 어쩔 수 없이 실패하게 된다는 이유를—그것 자체의 기준에 의해—정확하게 설명할 수 있었다. 물리학과 천문학의 역사에 관한 연속성은 관성 이론으로부터 갈릴레이의 업적을 통해, 그리고 그 업적을 넘어서 완벽한 과학적 이해를 향해 움직이는 연속성으로, 물리학에 관한 '텔로스(*telos*)/피니스(*finis*)'로 향한다. 그리고 이것은 각각의 학문들 속에서 진보된다.

54 이러한 과학적 진보의 개념을 보다 잘 이해하기 위해 우리는 아리스토텔레스와 토미즘적인 견해에 관한 이론적인 성과 속에서 생성되는 진취적인 정신들이 실천적인 정신들이라는 것을 스스로 기억할 필요가 있다. 그것들은 부분적으로 구체화되고, 다른 실천적인 모험심들에 관한 많은 중요한 특징들을 가지고 있다. 또한 다른 방식 속에서 같은 관점을 제시하기 위해 다양한 유형의 과학으로 귀착되는 활동들이 『분석론 후서』와 『자연학』, 그리고 생물학적 논문들 속에서—그리고 실제로 『형이상학』과 『신학대전』 속에서—기

술했던 관점들 속에서 『니코마코스 윤리학』과 『정치학』은 어떤 배경을 제공한다.

55 따라서 아리스토텔레스가 변증법과 궤변으로부터 진정한 탐구와 철학함(philosophia)을 구별할 때(『형이상학』 1004b17-26), 그는 변증법의 능력과 철학의 능력을 대조함으로써 그것들을 구별한다. 그러나 다양한 삶에 관한 계획(*prohairesis*)* 으로서의 소피스트적인 것과 철학을 대조함으로써 구별하는 것은 아니다. 즉 도덕적 비교에 의해 구별하는 것은 아니다. 아퀴나스는 철학자가 삶과 행동들 모두를 규정하지 않으면 소피스트적인 실천자가 된다고 말한다(『분석론 후서에 관한 논평』 lib. 4, lect. 4). 그러므로 탐구의 삶은 기술들뿐만 아니라 도덕적·지적인 덕들을 통해서 조직되어야 한다. 테크네(*technē*)** 또는 일련의 테크나이(*technai*)에 관해 연습하는 것보다 중요하다. 그러나 그렇게 되는 방법을 설명함에 있어서 우리는 반드시 아리스토텔레스 또는 아퀴나스가 우리에게 말한 것 이상으로 반드시 나아가야 한다.

56 활동적인(active) 삶에 관한 주된 덕은 아리스토텔레스가 "프로네시스"(*phronēsis*)*** 로 그리고 아퀴나스가 "프루덴티아"(*pruden-*

---

* *Prohairesis*는 "도덕적 성격", "의지", "의도", "선택", "도덕적 선택" 등으로 다양하게 번역된다. 아리스토텔레스의 *Prohairesis*는 대체로, 의지나 뜻, 의도나 지향, 결정권 등으로 해석한다.

** 아리스토텔레스는 테크네(*technē*)를 기술이나 솜씨(손재주), 또는 학문으로 해석한다.

*** *phronēsis*는 실천적 지혜를 의미한다. 아리스토텔레스의 핵심 사상인 중용은 그것의 이성적인 판단과 실제 행동으로의 실천을 요구하는데, 프로네시스를

tia)****라고 말한 덕이다. 그러한 덕에 관한 다음의 세 가지 특징이 오늘날의 토론에서 중요하다. 첫 번째, 덕은 그것을 소유한 사람을 행위자가 목표로 하고 있는 선에 관한 적절한 관계 속에서 그러한 특별함이 특징화되는 방식으로, 보편적인 개념들에 속하는 특별함의 집합으로 이끈다. 따라서 그것은 올바른 행동에 관한 덕일 뿐만 아니라 올바른 특징에 관한 덕이다. 두 번째, 올바른 행동과 같은 그러한 특징은 단순히 규칙을 따르는 것(rule-following)으로 성취될 수 없다. 실제로 규칙들의 적용이 있어야 하고, 아마도 올바른 행동과 같이 항상 올바른 특징 속에 포함되어야 할 것이다. 그러나 규칙이 적용되는 상황과 그런 규칙을 적용할 수 있다는 능력은 그것들 자체가 적절하게 규칙을 지배하는(rule-governed) 능력이 아님을 안다. 규칙들을 적용하는 방법과 시간, 장소, 그리고 무슨 방식인지는 '프로네시스(*phronēsis*)/프루덴티아(*prudentia*)'에 관한 중요한 측면이다. 이러한 덕에 관한 두 가지 특징은 그것의 인식론적 탐구의 중요성을 보여주기에 충분하다. 반면에 덕을 추구하고 다른 사람들에게 덕을 추구하라고 가르치는 상황 속에서 이러한 덕의 결핍은 탐구가 항상 그것의 '텔로스(*telos*)/피니스(*finis*)'로 향한 움직임의 가능성에 대한 탐구를 박탈당하는 위험 속에 있게 한다.

57 그러므로 탐구는 최소한 특징적으로 그리고 대부분의 경우를 위해서 탐구활동들에 관한 목적론적인 명령을 포함할 뿐만

통해 이성적으로 판단하고 성품의 탁월성을 통해 습관화하여 실천한다.

*****prudentia*는 의견으로 번역되며, 선과 악을 구별하고 하나님께서 좋아하시는 것과 아닌 것을 식별하는 것을 말한다.

아니라, 탐구에 관계하고 그것을 지시하는 사람들에 관한 목적론적인 명령을 포함한다. 그리고 여기서 인식론적인 덕으로서의 '프로네시스(*phronēsis*)/프루덴티아(*prudentia*)'에 관한 세 번째 특징이 중요해진다. 아리스토텔레스와 아퀴나스 모두 그러한 덕의 소유가 어떤 체계적인 방식 속에서 다른 도덕적 덕들의 소유를 요구하는 방식과 단계를 강조한다. 그렇게 함으로써 그들은 피어스(C. S. Peirce)에 의한 방식과 마이클 폴라니(Michael Polanyi)에 의한 또 다른 방식 속에서 자연과학에 관한 도덕적·사회적인 차원들에 관한 어떤 것을 듣게 될 것임을 예상한다.

58 그렇다면 완벽한 과학의 목적으로 향하도록 목적론적으로 명령된 사회적·도덕적·지적인 상황 안에서, 그리고 제1원리에 관해 최종적으로 충분한 이해가 이루어지는 상황 속에서 진리와 합리적 정당화에 관한 아리스토텔레스와 토미즘적인 개념들은 그것들의 위치를 발견할 것이다. 그리고 그러한 명령의 측면에서 그것들 사이의 관계는 구체화되어야 한다. 이제 만약 우리가 아퀴나스가 확대해석한 설명에 의지한다면 그것들이 서로 어떻게 맞서고 있는지 생각해 볼 수 있다.

59 우리가 이미 주목했듯이 이러한 설명에 관한 지식은 이해에 관한 합목적성(finality)을 달성하는 상황 속에서 그 자체로 완성되고 또한 완벽하다. 진리는 하나의 대상 또는 대상들에 대한 지식의 관계이기에 알려지게 되고, 그런 관계에 관한 진리를 말하는 상황 속에서 만약 그것들의 본질을 완벽하게 예증하는 것이 가능하다면 우리는 그것들이 존재하게 되는 그러한 대상들의 관계에 대한 유추를 전제한다. 합리적 정당화는 두 가지 본질에 관한 정당화이다. 완벽한

과학의 논증들 안에서 최종적으로 타당한 제1원리의 공식들에 의해 정당화가 가능해지면서 제1원리를 말하거나 또는 그러한 제1원리로부터 추론할 수 있는 것, 혹은 종종 다른 전제들과 결합된 제1원리로부터 추론할 수 있는 것에 대한 어떤 판단을 보여주는 방식에 의해서 정당화는 진행된다. 왜냐하면 합리적으로 관계된 판단들에 관한 도식의 형식 속에서 완벽한 논증들은 그것의 대상들에 적합한 지식에 관한 사고들을 표현하기 때문이다. 그러나 우리가 이처럼 완벽한 결말의 상태에 아직 도달하지 못한 탐구와 관련될 때, 즉 아마도 거의 모든 활동들이 우리가 실제로 인식하는 것과 관련된 모든 학문의 활동들과 관련될 때 합리적 정당화는 다른 본질이다. 그러한 정당화 속에서 우리가 주장하게 되는 것은 그러한 정당화가 실제로 최종적인 연역적 구조가 될 수 있는 상황 속에서 어떤 위치를 갖는다는 것이다. 우리는 그러한 구조의 변증법적인 구성을 시작할 것이다. 그리고 우리의 주장들은 실제로 최종적인 구조 속에서 어떤 위치를 발견하게 될 판단이 반드시 충족해야 하는 조건들을 확인하기 위해, 그런 뒤 이러한 특별한 판단이 실제로 그러한 조건들을 충족하는지 결정하기 위해 처음으로 다양한 종류로 계획될 것이다.

60 따라서 그것의 대상들에 관한 지성에 적합한 진리는 합리적인 판단의 두 번째 유형과 관련된 활동들에 관한 '텔로스(*telos*)/피니스(*finis*)'를 제공한다. 그리고 연역적으로 명령된 판단들은 그것의 대상들과의 관계된 지성에 관한 진리를 그것들이 표현할 수 있기에 사실이라고 불린다. 왜냐하면 그것들이 그러한 표현을 제공하는 한 그것들은 우리에게 사물들이 존재하는 방법을, 그리고 어쩔 수 없이 존재하게 되는 방법을 제시해 주기 때문이다. 진리에 관한 각각의

진술유형과 합리적 정당화 각각의 활동유형은 전체적으로 지성의 탐구에 관한 활동들의 목적론적 명령 안에서 단지 그것들의 입장에서만 다른 것들을 구체화할 수 있는 관계 속에 있다.

61 언급된 것처럼 그러한 활동들은 다양한 유형의 고의성(intentionality)을 포함한다. 그리고 우리가 그러한 고의성들을 충분하게 구체화시키려고 시도한다면 아퀴나스가 고의성에 관해 말한 것뿐만 아니라 브렌타노(Brentano)*와 후설(Husserl)**, 그리고 에디트 슈타인(Edith Stein)***으로부터도 배울 것이다. 그러나 고의성의 유형들에 관한 토미즘적인 설명은 정신의 활동들에 관한 광범위한 토미즘적인 설명의 완전한 부분일 수 있고 오직 이러한 측면에서만이 옹호된다. 반면에 정신에 관한 철학 속의 주요한 위치로부터 고의성을 제거하기를 원하는 사람들과의 불일치는 현상학자들만큼 많을 것이다. 정신의 활동들에 관한 광범위한 토미즘적인 설명은 전체적인 목적론적 명령의 도식 속에서 고의성의 유형들은 진리와 합리적 정당화의 유형들과 관련된다. '아르카이(*archai*)/프린키피아(*principia*)'를 설정하는 위치에 관한 어떤 합리적 정당화는 그것의 '텔로스(*telos*)/피니스(*finis*)'에 관한 정신의 활동들을 제공하는 완벽한 이해 속에서 마찬가지로 전체적인 목적론적 명령의 도식에 관한 합리적 정당화로부터

---

* 1844-1931, 노동조합과 사회문제 등을 연구한 독일의 경제학자이다.

** 1859-1938, 현대철학의 주요 사상 가운데 하나인 현상학의 체계를 놓은 유대계 철학자이다.

***1891-1942, 독일의 철학자로, E.후설의 현상학적(現象學的) 방법을 적용하여 토마스 아퀴나스를 연구하였다.

분리될 수 없다.

62 그러나 이러한 아리스토텔레스와 토미즘적인 방법 속에는 반대로 이해되는 탐구로 진행될 수 있는 두 개의 대상이 있다. 첫 번째는 내가 제시한 설명에서 그것은 누구도 언제나 최종적으로 어떤 특별한 자연과학의 '텔로스(*telos*)/피니스(*finis*)'가 성취될 수 있는지 없는지 아는 것이 아니라는 것을 듣게 된다. 왜냐하면 어떤 특별한 주제를 고려하는 최종적으로 완벽한 과학의 성과를 위한 조건들이 실제로 충족되었을 것으로 보이기 때문이다. 그런데 심화된 연구가 항상 이전부터 제1원리의 타당한 공식화가 되었던 것을 수정하거나 거절하도록 이끌 것이라는 사실은 우리가 이런 주장들을 가능하게 하는 권리를 결코 부여하지 않았음을 보여준다.

63 이러한 대상에 대한 나의 반응은 그것의 주된 주장을 부정하는 것이 아니라 오히려 동의하는 것이고, 그것의 대상인 것을 부정하는 것이다. 과학의 역사는 기하학의 경우 18세기까지 완벽한 과학으로 폭넓게 생각되어 왔음을 보여준다. 그리고 물리학의 경우 19세기 말에 켈빈(Lord Kelvin)과 다른 사람들에 의해서 그러한 상태와 가까워진 것으로 생각되었고, 이것은 실수가 결코 규제받은 적이 없는 영역이다. 그리고 과학의 역사에서는 타당한 일화에 의해서 부당성을 증명하기보다는 오히려 탐구에 관한 어떤 철학적 설명을 증명하는 것이 보다 중요하다.

64 그러나 우리는 이 시점에서 아퀴나스의 탐구에 관한 주목할 만한 특징 하나를 언급해야 한다. 이것은 아리스토텔레스와 구별된다. 아리스토텔레스와 마찬가지로 아퀴나스는 탐구가 본질에 관한 지식으로 향한다고 주장했다. 그러나 아리스토텔레스와는 다르게

그는 우리가 탐구들의 결과를 통한 것들을 제외하고 언제나 본질을 안다는 것을 부정했다. 인간 지식의 고유한 목적은 본질 그 자체가 아니라, 오히려 우리가 가능한 한 모든 존재하는 것들의 본질을 이해한다는 것을 통해서 실재하는 항목들에 관한 본질(*quiddity*)들이다(『영적 피조물에 대해서』* II, ad 3과 ad 7). 그러므로 우리의 지식은 본질에 의해서 알려짐으로써 존재하는 것이다. 그러나 이런 지식은 오직 실재하는 항목의 우연적인 관계의 본성과 지성에 대한 그것의 본질 때문에 존재한다.[67] 실재에 관한 아퀴나스의 확신은 이런 우연적인 설명 유형으로부터 비롯된다. 그리고 이러한 실재는 탐구들에 의한 우연적인 추론들 속에서 잘못 구성된 다양성들과 상당히 일치한다.

65 두 번째 대상은 첫 번째에 관한 내 대답으로부터 강화되어 왔다는 것을 보여줄 것이다. 왜냐하면 거기서 나는 과학사의 판단에 호소했고, 게다가 철학과 신학의 역사, 자유주의 예술의 역사가 분명한 것처럼 과학의 역사도 분명하기 때문이다. 다양한 시대와 장소에서 실제의 탐구과정은 일정하지 않은(heterogeneous) 다양한 방식들 속에서 진행되어 왔다. 그것들 중 대부분은 확인되지 않았고, 일부는 근본적으로 탐구에 관한 이처럼 특별한 철학적 설명과 일치하지 않는다. 거기에는 무슨 관점이 있을 수 있는가? 실제로 발생하게 되는 많은 것들의 변화만큼이나 많은 탐구에 관한 특별한 철학적 설명에 대한 관점은 그것이 요구된다면 존재할 수 있는가?

66 그 대답은 과학의 역사와 철학의 역사, 그리고 그 밖의

---

*『영적 피조물에 대해서』(*De Spiritualibus Creaturis*).

어디에서든 다양한 사건유형들의 폭넓은 범위를 설명하는 능력에 의해서 또는 그러한 능력의 결핍으로 인하여 중요한 부분이 된다는 것이다. 다양한 사건의 유형들은 아리스토텔레스와 토미즘적인 입장으로부터 벗어난 사건들을 포함하며 아리스토텔레스와 토미즘적인 설명은 검토된다. 왜냐하면 만약 아리스토텔레스의 견해가 옳다면, 탐구로부터 출발하여 고안된 구체적인 유형들과 그것의 주된 주제들을 부정하는 구체적인 유형들은 동등하게 구체적인 결과에 관한 어떤 유형들을 가질 것으로 예상될 수 있기 때문이다. 지적인 실패들과 다양한 본질들의 모순들은 성공한 것들뿐만 아니라 근거 없는 것들도 이해할 수 있게 될 것이다. 과학사를 저술하는 특별한 방식에서 철학의 역사와 지성의 역사는 일반적으로 합리적 탐구에 관한 토미즘적인 개념과 대응될 것이다. 그리고 그러한 역사가 실제적인 탐구 과정을 경쟁적인 개념들보다 이해하기 쉽게 만든다면 토미즘적인 개념은 더욱 더 입증될 것이다.

67 그러한 역사가 기록되는 방법에 관한 진술을 위한 고전적인 구절(*locus classicus**)은 『형이상학』에 관한 책의 첫 번째와 두 번째 장이며, 이것은 아퀴나스의 논평에 의해서 보충된다. 아리스토텔레스가 제공하는 것은 이야기가 아니라, 오히려 경험으로부터 시작되고 예술과 과학의 실천을 통해서 정신에 그것의 목적을 제공하는 아르카이(*archai*)에 관한 이해로 움직이는 운동에 관한 이야기들을 서술

---

* *locus classicus*는 고전적인 구절(classical passage)이라는 뜻으로 전거 있는, 즉 문헌상의 출처가 있는 글귀 등을 의미한다.

하기 위한 도식이다. 그리고 계속되는 장들 속에서 아리스토텔레스는 연속되는 이야기를 어떤 것은 매우 간단하고 어떤 것은 보다 길게 기록한다. 또한 그의 이전의 선행자들이 실패한 것이나 아르카이(*archai*)를 위한 그들의 연구 속에서 가장 제한된 방식으로 성공적이었던 것들의 심각성을 기록한다. 동시에 아리스토텔레스는 자신의 움직임에 대한 이야기를 간접적으로 제공하고 있다. 즉 그의 선행자들의 의견들을 지나서 『형이상학』에서 선택한 의견들에 관한 자신의 업적으로 움직이기 위한 이야기를 간접적으로 제공하고 있다. 그렇게 되면서 그는 특별한 탐구들과 탐구에 관한 철학적 설명들 모두에 대해 결정적인 어떤 것을 드러낸다.

68 모든 특별한 탐구에 관하여 기록된 이야기가 있고, 그러한 탐구를 이해할 수 있는 것은 그러한 이야기를 확인하고 따를 수 있는 것과 분리될 수 없다. 유사하게 탐구에 관한 모든 철학적 설명은 어떤 특정한 탐구에 관한 이야기가 저술되는 방식에 관한 설명을 전제한다. 그리고 실제로 어떤 특별한 탐구에 관한 모든 이야기는 탐구과정이 이해될 수 있는 한 그것의 성공과 실패의 과정, 좌절과 인내의 과정, 전략과 전술들의 변화과정을 보여줌으로써 오직 탐구에 관한 타당한 철학적 설명에 의해서만 제공될 수 있는 본질의 원인들에 관한 어떤 명령을 전제한다.

69 아퀴나스는 그의 논평 속에서 아리스토텔레스를 인정하고 상세히 설명한다. 실제로 아리스토텔레스는 학문의 선봉자(precursor)들인 초기의 신화들을 언급하면서 어떤 점에서는 이야기들을 사랑하는 사람이 철학자라고 말했다. 반면에 아퀴나스는 어떤 점에서 철학자는 이야기들을 사랑하는 사람이라고 말했다. 만약 내가 제

안한 것이 옳다면 최소한 철학자는 탐구에 관한 그 또는 그녀의 특별한 설명 덕분에 항상 한 가지 방식 속에서 다른 사람보다도 탐구에 관한 이야기를 많이 하게 될 것이다. 그리고 그러한 이야기들을 위한 표준으로 보장한 이야기의 형식에 의해서 제공된다. 특별한 학문들과 관련된 이야기들은 그것들 자체와 다른 것들은 모두 어쩔 수 없이 이야기들이 움직이는 방향 속에서 그들이 행동하는 것을 이해 가능하게 한다. 이야기들은 지금까지 진행되어 왔고 앞으로도 계속될 것이다. 그렇다면 탐구에 관한 구체적인 다른 모든 철학적 설명들과 같이 토미즘은 탐구의 이야기들이 구성되는 그 자체의 방법에 관한 개념 안에서 함축적이다. 그러나 물론 지성의 역사가 기록된 방법에 대한 오늘날의 토론들에 관한 토미즘적인 탐구의 개념은 그러한 가정들을 강조하는 일부의 사람들에게 문제를 제기할 것이다. 왜냐하면 그것은 진리탐구의 측면에서 과학적인 이해를 하고 다른 탐구를 하는 사람들에게 일반적으로 당연한 것으로 받아들여지기 때문이다. 그리고 합리적 정당화의 방법들에 관한 측면과 과학적 이론화에 관한 실재적인 이해의 측면에서 탐구가 도덕적 · 사회적인 계획으로 구성되는 것은 반드시 부정되어야 한다. 반면에 탐구에 관한 후자의 관점을 주장하는 사람들은 과학에 관한 실재주의와 합리주의자의 설명을 관념론적인 착각들로 생각하는 경향이 있다. 그러나 오직 아리스토텔레스주의 관점으로부터 탐구를 이끄는 방식을 사회적으로 조직하고 도덕적으로 전달하는 특별한 상황 속에서만 진리탐구로서의 탐구의 의견에 관하여 결정적으로 중요한 합리적 정당화와 실재주의와 관련된 개념들은 이해할 수 있는 것으로 작용할 수 있었다.

70 이것을 이해하는 것, 그리고 토미스트들이 탐구를 이해

하는 방식에 전념하는 이유는 토미즘이 현대의 어떤 철학적 토론들에 참여할 수 있게 되는 시점에 도달하기 위함이다. 토미즘은 그러한 토론들 안에서 반대하는 관점들의 주장자들 스스로가 어떻게 그리고 왜 그러한 토론들 안에서 제기된 문제들이 체계적으로 해결될 수 없고 경쟁적인 입장들이 그것들 안에서 지지될 수 없도록 진행되는지를 설명하면서 철학적 토론에 참여할 수 있게 된다. 물론 내가 그러한 주장자들이 그것들의 상황에 관한 토미즘적인 진단(diagnosis)을 자발적으로 받아들일 수 있다는 것을 말하는 것은 아니다. 실제로 그러한 상황을 공동으로 만들어 온 근본적인 가정들이 제공된다면, 대다수의 주장자들이 토미즘적인 진단을 받아들이기보다 거의 모든 어떠한 상황 속에 남아 있고 싶어할 것이라는 것을 확실하게 말할 수 있을 것이다. 그럼에도 불구하고 그러한 진단을 제공하는 것은 오직 그것의 능력에 의해서 가능하고 내가 제안했듯이 지성의 역사를 저술하기 위한 규칙을 포함할 것이다. 또한 토미즘은 현대의 철학적 대화 속에서 실천할 수 있는 그것의 능력을 보여줄 수 있다. 그렇다면 토미즘이 이러한 문제들에 관해 말해야 하는 것은 무엇인가?

V

71 제1원리에 관한 분석과 그것을 거부하는 해체 모두를 쟁점화하는 것과 동시대의 철학적 이론들과 주장들, 그리고 태도들을 특징으로 하는 것 사이에서 이전에는 해결되지 않았던 불일치와

가라앉지 않은 갈등들이었던 것보다 보편적인 방법을 생각해 보자. 내가 제안했듯이 그러한 불일치들과 갈등들은 새롭고 보다 급진적인 방법들 속에서 질문을 제기해 왔던 개념들을 생각하게 하는 일련의 근본적인 딜레마들에 관한 징후이다.

72 그러므로 예를 들면 진리는 적어도 확실한 주장 능력의 개념화를 가지지 못한 어떤 사람에 의해, 그리고 완전히 절망적인 개념을 가진 다른 사람에 의해 제시되어 왔다. 내가 앞에서 언급했듯이 근거와 정당화의 기준은 사회적인 상황들과 상대적이었다. 그러나 사회적 상황들과 상대적이었던 철학자들 스스로가 다방면의 방법들 속에서 서로 외톨이가 되었다. 진리의 대상들과 정신의 관계에 관한 고의성은 토미스트들과 다른 사람들에 의해서 이해되었듯이 잘못 안내된 꾸며낸 이야기로 누군가에 의해 기각되어 왔다. 반면에 다른 사람들은 진리를 실용적으로 유용한 개념으로 취급하기도 했는데, 그러나 더 이상의 발전은 없었다.

73 이것들에 관한, 그리고 그와 유사한 쟁점들에 관한 토론은 두 단계로 나아간다. 그리고 각 단계들 모두에서 아마도 경쟁적인 입장에 있는 주장자들이 공유하고 있는 밑바탕의 믿음들이 있음에도 오히려 그 믿음들 때문에 쟁점은 체계적인 결론에 이르지 못한다. 첫 번째 단계에서 토론은 직접적으로 진리와 합리성, 그리고 고의성을 가지는데, 초기의 형이상학 개념들과는 반대로 진행되어 생긴 어려움들은 충분히 그러한 개념들을 의심스럽게 표현하고 많은 다른 이유들을 위한 질문을 표현해 온 것으로 드러났다. 초기의 형이상학 개념들은 17세기부터 19세기까지 지배적이었다. 그러나 그것들을 분명하게 유지할 수 없다는 점을 표현함에는 충분하지 못했다. 그리

고 실제로 다시 돌아가고 또 다시 그것들을 처리하는 과업으로 돌아가야 한다는 증거도 충분하게 표현하지 못했다. 그러므로 두 번째 단계에서 토론은 그러한 개념들을 거부(reject)하거나 대치(displace) 또는 대체(replace)하는 일들 사이에서 철학적 토론의 장소들 속에서 토론자들이 말하는 것이 그것들을 주장했던 주장자들이 예상했던 것보다 더 적게 결론을 증명하게 되는 이유를 보여준다.

74 이 단계에서도 불일치들은 해결되지 않고 경쟁적인 견해들은 논쟁거리로 남게 된다. 예를 들면 반(反)형이상학적(antimetaphysical) 문제의 경우 형이상학적인 것보다 덜 설득력이 있는 것으로 보여왔다는 주장이 제기되어 왔다. 왜냐하면 그러한 주장자는 형이상학적 잔재들에 관한 자신의 입장을 제거함에 있어서 충분히 무정하지(ruthless) 못했기 때문이다. 그리고 오랫동안 진리와 합리성, 그리고 고의성에 관한 형이상학적 개념들과 반대하는 논쟁이 전통적인 철학적 방식 속에서 수행되어 왔다는 유력한 주장이 제기되어 왔다. 따라서 전통적인 철학적 방식들이 그러한 개념들에 꼼짝할 수 없게 묶여 있기 때문에 그것은 표면상으로 거절되는 부담감으로 작용된다. 그 결과 전통적인 철학적 담론방식은 포기될 수밖에 없다. 이것이 리차드 로티(Richard Rorty)가 데이비슨(Davidson)과 셀러스(Sellars)를 넘어서고자 노력한 이유이다.[68] 또한 이것은 데리다가 니체와 하이데거를 넘어서고자 했던 이유이기도 하다.

75 그러나 새로운 종류의 저술을 시작하는 로티와 데리다를 따르기 위해서는 토론의 포기가 그것의 핵심을 이끌어낸 토론을 포기해야 할 것이다. 그러므로 여전히 어떤 개성적인 표현방식(idiom)을 발견하기를 열망하는 사람들에 의해서 끊임없이 토론으로 되돌아

가는 것이다. 동시에 형이상학적인 상대와 논쟁하는 상황 속에서 부정적인 철학적 목적은 적합하지만 결국 그 자체는 모든 혹은 일부의 형이상학적 함축들로부터 혼란에 빠지게 된다. 아직까지 그들은 실패해 왔다.

76 그렇다면 이것은 해결되지 않는 문제들과 불일치들에 관한 철학적인 사건이다. 아마도 이러한 특별한 문제들은 해결 가능하지 않고 이러한 특별한 불일치들은 일치되기가 어렵기 때문일 것이다. 왜 이렇게 되는가? 왜냐하면 동시대의 철학 안에서 이러한 분열을 발생하게 하는 개념들이 예외적인 지위를 점하고 있기 때문일 것이다. 그것들은 철학의 안과 밖 모두에서 현대적인 것에 관한 사고방식들의 특징과 근본적으로 어긋난다. 그러므로 그것들이 잘못 작용하고 또한 철학의 안과 밖 모두에서 잘못 이끌어진 것으로 보이는 사고방식들이 상대적이라는 것은 놀랄 만한 것이 아니다. 그러나 그것들이 다시 나타나고 오래된 기능들을 다시 회복하는 것을 지지해야 하며, 이것은 아마도 탐구 속의 객관적인 업적에 관한 이야기들 속에서 가장 두드러질 것이다. 철학자들이 그들이 수용하는 것을 그들의 탐구에 관한 진보를 받아들이고 그들 자신과 다른 사람들을 이해할 수 있게 하는 그러한 진보를 중시하는 토론활동들을 차례대로 열거함으로써 가능해진다.

77 그러한 이야기들 속에서 내가 앞에서 제시한 전형적인 이야기들은 다른 탐구와 같이 철학적인 것에 관한 제거할 수 없는 요소들이다. 그러나 오늘날에는 고의적으로 제거되고 심지어 탐구결과들이 회의자료나 정기 간행물 자료 같은 유형 속에서 제시될 때 철학적인 재출판으로 되돌아가는 현상이 발생한다. 이것은 최소한 대화

속에서 제거되기 위해 재진술되는 철학적 활동들에 관한 중요한 목적인 진리와 합리성, 그리고 고의성을 이해하는 방식을 잠깐이라도 원래대로 회복한다. 우리는 내친 걸음에 그러한 이야기들과 철학자들의 관계에 관한 측면에서도 언급할 수 있다. 비록 매우 다르게 형이상학에 관한 책이 만들어질지라도 대화들은 여전히 구체화된다. 즉 대부분 현대 철학자들은 비록 단지 짧은 시간일지라도, 또 상대적으로 드문 경우들일지라도 자칫하면 그들 자신의 활동들에 관한 목적론적 이해와 같은 어떤 것으로 빠지기 쉽다.

78 그 다음에 내가 주장해 온 것은 진리와 합리성, 그리고 고의성에 관한 실재적 · 형이상학적 · 준형이상학적(quasimetaphysical) 개념들을 표현하는 현대 철학이 질문을 제기할 뿐만 아니라, 전체적인 제거를 요구하게 되는 상황과 심지어 철학적 활동의 가장자리일지라도 현대 철학이 대체로 인정하지 않은 방식으로 그러한 전체적인 제거를 금지하는 상황 사이에 어떤 긴장감이 있다는 것이다. 현대 철학에 관한 어떤 논제로 발전될 수 있을 때 이 논제는 단순히 지속될 것이고, 현대 철학을 정의하고 지배하는 관점 밖의 어떤 외부적인 관점으로부터 정교화된다. 왜냐하면 그것이 기술하는 조건으로부터 그 자체가 면제될 수 있기 때문이다. 그렇다면 이러한 논제와 같은 관점으로부터 무엇이 촉진되는가? 그리고 만약 그것이 진정으로 기술하고자 하는 철학의 본질들에 관한 외적인 견해의 관점이라면, 혹은 철학의 본질들 전체라면 어떻게 그러한 철학의 본질에 관한 실천자(practitioner)들과의 대화가 부분적으로 촉진될 수 있는가?

79 이전의 가설로부터 이러한 논제와 같은 것을 진척시킨 어떤 사람은 그렇게 보였던 것처럼 승인된 전제들의 방식 속에서 문

제가 되는(problematic) 것과 문제가 되지 않은 것(unproblematic), 그리고 실제로는 그 또는 그녀가 말하고 있는 철학적 입장에 관한 철학적 표현방식에 대한 믿음들을 거의 공유하지 않는다. 양측의 심각한 불일치는 그들이 불일치하는 것을 특징으로 하는 상황 속에서도 일치하지 않게 될 것으로 보인다. 다시 말하자면 토론 속에서 모든 논쟁적인 부분들이 아직 질문을 제기하지도 않은 것들에 대한 어떤 호소에 의지하는 그러한 변증법적인 전략들을 사용함으로써 우리가 아리스토텔레스와 아퀴나스를 따르는 것에 방해가 되었다. 그렇다면 어떻게 우리는 나아가야 하는가? 우리는 토미즘적인 목적들을 달성하기 위해서 비토미즘적인 방법들에 의지해야 하거나 또는 적어도 지금까지는 비토미즘적인 방법들에 의지해야 한다는 것이 핵심이다. 이것들이 무슨 의미가 있는가?

80 비록 내가 특별한 현대 철학의 본성에 관해 말했던 논제들을 단지 철학 외부의 어떤 유리한 관점으로부터 주장될 수 있는 철학으로 확인했다고 하더라도, 말하자면 나는 이런 관점을 따로 떼어 공중에 걸어둘 것이다. 지금 아리스토텔레스적이고 토미즘적인 견해의 관점으로부터 정교화되고 그것으로 통합되는 방법을 설명함으로써—그리고 본장에서 나는 설명 이상의 것은 할 수 없을 것이다—나는 철학에게 지위(status)와 본질(substance)을 제공하기를 희망한다. 그것은 현대 철학의 범주에 관한 부분적인 이론이 될 것이다. 그리고 만약에 그것들이 어떤 조건 아래서 회피되거나 뒤로 남겨질 경우 그러한 범주들이 발생하는 방법에 관한 설명을 제공할 것이다.

81 그러한 이론의 준비는 니체가 계보학(genealogy)으로 불렀던 것과 유사한 어떤 구조를 요구한다. 계보학적인 대화는 어떤 부

류의 사람들에 관한 믿음들과 전제들, 활동들에 대해 어떤 것을 주장하는 것이 아니라 드러내는 기능을 가진다. 그것은 특징적으로 어떻게 사람들이 어떠한 난국(*impasse*)으로 도달하는지를 설명한다. 그리고 사람들이 그들 자신의 개념적 · 논쟁적인 근원들로부터 그것들 범주의 본성을 충분하게 인식하거나 진단할 수 없는 이유를 설명한다. 물론 니체는 토미스트들이 다른 기독교인들과 공유한 신학적인 믿음들을 비판하는 상황과 아리스토텔레스주의자들이 다른 철학자들과 공유한 철학적인 입장을 비난하는 상황 속에서 계보학을 이용한다. 그 결과 계보학적인 대화의 방법은 그 이후로 분명하게 비토미즘적인(unThomistic) 방법들을 가져왔고 적용하였다. 그렇다면 어떻게 이것들이 토미즘적인 목적들에 공헌했는가?

82 내가 제안하려고 하는 것은 현대 세계의 출발점에서 분석학이건 해석학이건 간에 오늘날 철학의 범주들이 오랜 기간 동안 아리스토텔레스와 토미즘적인 목적론에 관한 거부의 결과로 발생한 것들임을 이해하는 것이다. 나는 아리스토텔레스와 아퀴나스의 방식 속에서 탐구에 관한 목적론적인 이해가 그것의 대응부로써 대화에 관한 어떤 유형을 가지고 있음을 앞서서 언급하였다. 그리고 그것은 개인들이 그들 스스로와 다른 사람들에게 그들이 완벽한 이해를 달성하는 방법과, 아직은 달성하지 못했지만 그러한 이해를 향해 나아가는 방법 모두를 차례대로 이야기할 수 있는 구조를 통해서 가능할 것이다. 그러나 목적론이 거부되는 경우, 그리고 그것과 함께 하는 제1원리에 관한 아리스토텔레스 개념들이 거부되는 경우에 탐구에 몰두한 인간은 이러한 본질에 관한 이야기들을 말하는 것을 멈춘다. 인간들은 이론의 수준에서 아리스토텔레스적 조건들 속에서 그들 자

신의 활동들에 대해 더 이상 이해할 수 없었다. 그러나 매우 오랜 시간 동안 그들은 그들이 버려왔던 이론의 한 짝인 이야기의 형식을 무슨 이유에서인지 버릴 수 없음을 증명하였다. 지난 100년 동안 탐구에 관한 아리스토텔레스적 개념의 지속적인 잔존과 그것의 목적을 스스로 완벽하게 제거하려고 최종적으로 시도해 온 사람들에 의해서 인식된 것은 이것을 달성하기 위해서 반드시 대화들을 회상 조작증(retrospective falsification)*에 관한 행동들처럼 취급해야만 한다는 것이다. 여기서 이야기는 완벽한 이해를 달성하도록 하는 어떤 정신이나 혹은 정신들에 관한 움직임에 대한 설명을 제공하기 위한 것이었다. 이것은 오직 최근 100년 동안의 일이다. 그러나 사르트르와 같이 이런 결론을 포용하려는 사람들은 단지 이야기를 구성하려는, 즉 그들 스스로 탐구활동들에 관한 이런 유형의 이야기식의 이해를 부인하려는 상황 속에 포함된 특별한 어려움들의 징후를 구성하려는 유혹에 빠지기 쉬울 것이다.

83 물론 그러한 이야기들 자체가 특별하게 아리스토텔레스 학파를 위한 명백한 위치를 발견해 주는 것은 아니므로 진리와 합리성, 그리고 고의성에 관한 토미즘적인 개념들을 분리하자. 그들은 사회적 동의보다는 오히려 탐구자와 무관한 진리와 합리성의 기준을 제시했다. 그러나 오히려 합리적으로 동의하는 것에 필요조건을 부과하고 탐구의 경과가 판단되는 측면 속에서 탐구자들이 선(good)에

*retrospective falsification은 회상 조작증, 회상착오의 의미를 가지며, 사람이 어떤 강한 심리적 욕구에 의해서 자신의 기억을 조작하게 되는 것을 말한다.

관한 성취를 향하도록 명령한다. 이러한 전제들은 무수히 다르고 경쟁적인 방식들 속에서 설명될 수 있다. 그러나 『형이상학』에 관한 이전의 장들 속에서 제공되었던 이야기를 위한 구조의 유형으로 되돌아가지 않고는 아마도 불가능할 것이다. 따라서 문학 속에서 이러한 이야기의 유형이 잔존하는 한, 그리고 아리스토텔레스와 토미즘적인 개념들이 심지어 그것들로부터 자유로워진 이후로 오랫동안 그것들을 믿었던 사람들 사이에서 되풀이되기 쉽다는 것은 놀랄 만한 일이 아니다.

84 그러므로 아리스토텔레스와 토미즘적인 목적론의 거부를 따랐던 역사 속의 한 가지 요소는 어떤 종류의 이야기에 의해 은폐된 상황에서 어떻게 일부 아리스토텔레스와 토미즘적인 개념들이 잠정적인 문화적 삶으로 잔존해 왔는가에 대한 설명이었다. 그와 같은 역사 속에서 또 다른 보다 분명한 요소는 철학의 역사와 과학의 역사 속에서 그러한 개념들이 처음으로 대체되고 가장자리로 밀리게 되는 방식에 관여한다는 것이다. 이런 대체와 가장자리로 밀린 결과로 근본적인 변형이 이루어지고, 그런 뒤에 그들의 새로운 모습들도 심지어 최종적으로 거부되었다. 그러한 역사 속 활동무대들은 무엇인가?

85 제1원리의 측면에서 구조화된 내가 제시한 탐구에 관한 아리스토텔레스와 토미즘적인 설명 속에서 나는 진리를 서술하는 다양한 유형들과 합리적 정당화의 다양한 방식들이 한 가지 방식 속에서 그것들의 입장을 발견한다는 점을 강조했다. 만약 정신의 움직임을 설명하기 위해 계획된 목적론적 구조가 복잡하다면 완벽한 이해 속에서 그것의 '텔로스(*telos*)/피니스(*finis*)'를 향한다. 이에 따라 어

떤 고의성의 본질을 전제하는 움직임으로 향한다. 그러한 구조 안에서 그리고 그것의 측면에서 구조는 진리를 찬미(ascription)하는 각 종류의 기능들일 뿐만 아니라 그것들이 구체화되는 사이에서의 관계들이다. 그러므로 근본적인 것은 이차적이고 삼차적인 것과 구별되고, 또한 이들 사이에서 유추적인 관계들은 분명해진다. 목적론적인 구조로부터 진리와 실재에 관한 이러한 개념들을 추상하고, 이에 따라 개념들이 충분히 이해될 수 있고 합리적으로 옹호될 수 있게 되는 점을 언급함으로써 개념들 속에서 단독적인 상황을 제거할 수 있게 된다.

86 그러나 16세기와 17세기에 아리스토텔레스의 목적론에 관한 광범위한 거부와 그와 유사한 종류의 관념들 전체에 대한 거부는 당연히 그러한 박탈로 끝나게 된다. 말하자면 결과적으로 진리와 합리성의 개념들은 자유롭게 떠다니게 되었고, 복잡한 개념들이 그것들의 요소들 속으로 확산되었다. 새로운 철학적 · 과학적인 구조들은 오직 적절하게 근본적으로 개정되고 수정될 때만이 보다 오래된 개념들이 확고해질 수 있다는 점을 받아들이게 되었다. 그리고 당연히 상대적으로 확실한 방식 속에서 아리스토텔레스와 토미즘적인 목적론적 상황들 속에서 충분히 정통한 개념들은 이제 불확실해지고 의심스럽게 될 것이다.

87 결과적으로 진리는 조만간 진정으로 오직 다음과 같은 진술을 통해만 서술될 수 있게 된다. 예를 들면 사물들에 관해 진술된 "진실"(true)은 단지 철학적 관심 밖의 단순한 관용구처럼 보이게 된다. 그러므로 진리에 관한 새로운 이론들은 고안되고 그것들은 불가피하게 두 종류로 분류된다. 예를 들면 한편으로 진술들 또는 진술

들을 표현하는 문장들과 사실들—이런 의미에서 "사실"(fact)은 17세기 언어학적인 혁신이다—사이에서의 일치 덕분에 진술들은 진실이다. 다른 한편으로 다른 사람의 진술들과 그것들의 결합 덕분에 진술들은 진실이다. 일치와 결합 이론들에 관한 다양한 경쟁적인 해석들을 주장하는 사람들은 그들 경쟁자들의 이론적 비판을 파괴하는 것으로 나아가는 데 성공했다. 그리고 다음 단계를 위해 준비한 방식에서 진리는 대부분 중복되는 관념이거나 또는 보장된 주장 가능성(assertibility)의 이상화(idealization)로 다루어질 것이다.

88 유사한 방식으로 합리적인 정당화 개념들은 일련의 변형을 경험했다. 탐구에 관한 목적론적인 이해의 거부와 관련해서 연역적인 주장들은 논증적인 설명들과 그러한 설명의 변증법적 구조들 속에서 더 이상 그것의 작용에 의해서 확고한 지위를 갖지 못했다. 대신에 그것들은 처음으로 다양한 인식론적인 모험심 안에서 위치를 발견한다. 데카르트 학파 또는 경험주의 모두 내가 앞서서 기술한 인식론적인 제1원리의 유형에 관해 의도된 확인에 의존한다. 그러한 모험심들이 틀어지게 되면 다양하게 다르고 서로 간에 모순되는 합리적 정당화의 개념들은 이런 근본주의가 제공하는 데 실패했던 것을 애써 제공하게 된다. 만약 실패와 승리가 단순히 주장될 수 있음을 호소함으로써 그것의 기준들을 고려하는 경쟁하는 부분들 사이에서의 기본적인 불일치 때문이라면 결과는 사실상 합리성에 관한 경쟁적이고 논쟁적인 다양성의 존재에 대한 인식이며, 그것들 각각은 그것의 경쟁자를 물리칠 수 없다. 이러한 논쟁 속에는 그러한 관점을 아직도 전제하지 않는 경쟁적인 것보다 어떤 하나의 관점에 충실하도록 제공될 수 있는 특징적이고 일반적인 이유들이 없다. 그러

므로 그것은 종종 모든 기준들에 관한 호소에 기초가 되는 어떤 하나의 특별하게 경쟁적인 합리적 정당화 개념의 기준들과 일치하는 상황 속에서 행동하기 위한 어떤 특별한 조직의 사회적으로 세워진 협약이라고 결론난다. 그리고 그러한 협약은 그 자체로 더욱 정당화될 수는 없다. 합리주의자들과 경험주의자들이 인식론적인 제1원리에 호소하는 시점에서 오늘날 그것들의 후계자들은 사회적으로 확립된 삶의 형식(form)들과 본보기(paradigm)들 또는 지식(episteme)들을 확인한다. 진리의 개념들에 관한 경우에 탐구를 위한 아리스토텔레스 학파의 목적론적 구조에 관한 거부로부터의 시작은 인식론을 통해 의미론적인 것을 제거하는 방향으로 나아갔다. 그리고 합리적 정당화 개념들에 관한 경우에는 인식론을 통해서 지식에 관한 사회학으로 나아갔다.

89 그렇다면 내가 제안하는 것은 다음과 같다. 철학 이후의 역사 속에서 어떤 기준들은 탐구에 관한 아리스토텔레스와 토미즘적인 어떤 개념에 관한 거부의 결과로 이해되기에 가장 적합하다. 이런 방식 속에서 현대 철학의—또는 최소한 현대 철학에 관한 어떤 좋은 이상(ideal)에 관한—계보학을 세우는 것은 그렇지 않으면 해석으로부터 숨어 있게 되는 철학의 세 측면을 드러낸다. 첫째로, 그러한 계보학적인 설명은 우리가 현대 철학의 독특한 문제들이 어떻게 구성되는지를 이해하게 해준다. 그리고 현대 철학과의 관계가 근대 철학의 역사 속에서 초기 단계의 문제들임을 이해하게 해준다. 철학의 역사는 비록 그것이 논제들과 주장들에 관한 문제에 배타적일지라도 아직도 종종 기록된다. 그러나 오늘날에 우리는 이러한 논제들과 주장들을 평가하는 것은 물론이고 대답하도록 계획된 질문들을 알

게 될 때까지 진술하는 방법을 알지 못함을 콜링우드(R. G. Collingwood)*로부터 배워야 한다.

90 두 번째로, 일단 우리가 현대 철학의 질문들과 쟁점들이 어떻게 발생하는지 이해했다면 현대 철학 안에서 표현된 진리와 같은 논제들과 쟁점들, 그리고 그와 같은 합리성은 사실 아리스토텔레스와 토미즘적인 입장으로부터 퇴보된 설명들에 관한 논제들과 주제들이다. 그리고 그것들이 충분히 이해될 수 있거나 또는 타당하게 옹호될 수 있는 범위 안에서 유일하게 상황보다 먼저 추상되기 때문에 그것들에 관한 토론으로부터 발생된 근본적인 비평들에 개방적이고 종속된다. 그러므로 중요한 측면에서 토미스트(Thomist)들은 현대의 비판들에 관한 문제를 많이 수용할 필요가 없다. 예를 들면 만약 그들이 실제로 진리와 합리성을 오랜 기간 지니고 있어서 지금은 일반적으로 받아들여진다면 그러한 비평들은 잘 통제될 것이다. 그리고 이것을 이해하면서 토미스트는 현대 철학 내의 지배적인 입장들이 그것들 스스로 제공하지 못하는 현대 철학을 이해하기 위한 근거를 가진다.

91 그러나 이렇게 하기 위해서 비록 그들이 내가 제공하는 사실 그대로의 바로 그 대략적인 구상이 사실은 타당한 상술(詳述)로 가득하다는 것을 주장의 근거로 받아들일지라도 그러한 입장의 주장자들이 근대 철학의 역사가 내가 해석하듯이 해석되어야 한다는 점을 인정하기에 충분한 이유를 가지지 못한다는 점은 반박되게 될 것

*1889–1943, 영국의 철학자이자 역사가이다.

이다. 그들 자신의 믿음들 속에서 아무 것도 없다고 듣게 될 것이고, 그들이 살아가는 문화 속에서 그들에게 '아르카이(*archai*)/프린키피아(*principia*)'의 측면에서 목적론적으로 명령된 어떤 설명에 관한 타당한 이해로서의 탐구 개념을 생각하게 하는 아주 사소한 이유도 제공되지 않을 것이다. 그러므로 그들은 위대한 계몽으로 나아가는 진보의 측면에서 어쩔 수 없이 아리스토텔레스주의에 관한, 혹은 토미즘이거나 그 밖의 것에 관한 16세기와 17세기의 거부를 이해해야 한다. 그리고 이러한 시각 속에서 그들이 진리와 합리성, 그리고 고의성에 제시하는 설명들은 그러한 진보의 역사 속에서 최고의 성과로 이해될 것이다. 토미스트들이 진리와 합리성에 관한 타당한 개념들로부터 멀리 떨어져 가는 움직임 속에서 상황을 주시하고 쇠퇴하는 상황을 바라보는 입장에서 현대 철학에서 지배적인 입장의 주장자들은 당연하게 들리겠지만 상승으로 나아가는 상황을 주시할 것이다. 그러나 문제는 무엇으로 향하는가이다.

92 현대 철학의 옹호자는 딜레마에 관한 어떤 것 속에 이것의 핵심이 있다고 본다. 만약 그 또는 그녀가 이러한 지속되고 있는 문제에 대한 답을—그리고 너무 많은 답을 생각할 만큼 어렵지 않다—제공할 수 있다면 그 또는 그녀가 제공할 수 있는 것은 탐구 속에서 객관적인 성과에 대해 이야기하는 설명의 본질과 매우 많은 점에서 유사할 것이다. 그 탐구의 구조는 단지 전체적인 근대 철학의 계획에서 중요한 것을 거부하는 탐구에 관한 목적론적인 명령을 전제한다. 그러나 만약 그 또는 그녀가 이러한 질문에 답을 제시할 수 없다면 철학이 다른 견해의 관점에 관한 상술(詳述)로부터 작동하는 관점을 제외하고 더 이상 이해할 수 있는 성과의 역사를 가지고 있다

고 이해될 수 없다. 그것은 데이비드 루이스(David Lewis)가 다음과 같이 말한 것이 될 것이다. "일단 우리 앞에 잘 만들어진 이론들의 차림표(menu)가 있다면 철학은 선택의 문제이다 … ."[69] 그러나 언제 한번 이러한 결론에 대한 질문이 다시 제기된다. 예를 들면 선택한 것이 결론에 도달하기 위한 업적인가 아닌가? 선택한 것이 진리 또는 합리적 보장에서 다른 선택들보다 탁월한가? 이러한 질문들에 "예" 또는 "아니오"로 대답한다는 것은 처음의 어려움을 다시 환원시키는 것이다.

93 현대 철학 속의 지배적인 경향들 중 하나를 주장하는 사람이 이 논의에 대해 충분하게 대응할 만한 근거를 제대로 갖지 못하고 있음을 주장하고자 하는 것은 아니다. 그러한 주장자는 현대 철학에서 특별히 곤란한 상황(predicament)을 설명하기 위한 근거들이 부족할 것이고, 곤란한 상황을 설명하는 방법과 이유에 관한 이해할 수 있는 설명을 제공하기 위한 근거가 부족할 것이라는 점이 나의 주장이다. 그러므로 그것의 출발점과 발전방향이 제시되었을 때 이러한 곤란한 상황들에 빠지게 되는 것은 불가피한 것이었다. 토미즘은 철학이 단독으로 제공할 수 없는 근대와 현대 철학의 역사에 관한 유형을 우리가 저술할 수 있도록 한다.

94 이런 종류의 계보학적 역사에 관한 저술과정 속에서 토미즘은 동의된 전제들과 공유된 합리적 정당화의 기준들에 관한 방식에 의해 거의 공유되지 못하는 입장들과의 철학적인 대화와 토론의 가능성을 열어놓을 수 있을 것이다. 제1원리와 최종적인 목적들 측면에서 탐구에 관한 아리스토텔레스와 토미즘적인 개념이 우리에게 그것들 스스로가 어떤 개념을 합리적으로 정당화하기 위해 제공

하는 가능성을 근본적으로 거절하는 유형의 철학에 관한 이해와 설명을 제공할 수 있는 방법을 보여줄 수 있다면 이것은 가능하게 될 것이다. 그러나 물론 이것은 아직 실현되지는 않았다.

Chapter_9

Philosophy recalled to its tasks :
a thomistic reading of Fides et Ratio

본래의 과업들을 상기하는 철학 :
「신앙과 이성」에 관한 토미즘적 이해

1 「신앙과 이성」(*Fides et Ratio*)* 은 철학에 대한 회칙(encuclical)과 철학 속의 연습 모두를 포함하며, 철학이 말하는 것과 매우 유사한 토론들에 공헌한다. 어떤 회칙에서 그것은 철학적 탐구에 관한 자율을 주장한다. 예를 들면 "철학은 반드시 그 자신의 원칙들과 방법들을 믿을 수 있도록 남겨두어야 한다. 그렇지 않으면 이성에 의해 지배된 과정의 방식에 의해서 철학이 진리를 남겨두려고 하는지 그리고 진리로 향해 가는지를 보장할 수 없다"(회칙, 49).** 그리고 그렇

* Fides et Ratio은 신앙과 이성을 의미하며, 1998년 9월 14일에 교황 요한 바오로 2세에 의해 선포된 회칙(encyclical)이다. 그것은 주로 신앙과 이성과의 관계를 다룬다. 또한 회칙(encyclical)은 로마 교황이 교회 전체에 관계 있는 문제에 관하여 전 세계의 주교에게 보내는 칙서를 말한다.

게 주장함으로써 철학은 신중하게 질문하기 시작한다. 다른 회칙들처럼 분명하게 철학은 가톨릭교의 지도자들로부터 순순히 찬성을 이끌어낸다. 그러나 만약 우리가 철학적인 질문을 위해 철학에 종속되지 않는다면 철학의 독특한 메시지를 순순히 따를 수 없다.

2 나의 질문은 토미스트(Thmoist)에 관한 입장으로부터 시작한다. 그리고 회칙 속에서 최고의 칭찬은 토마스 아퀴나스를 따르는 것이기 때문에 토미스트에 관해서는 거의 질문하지 않는 것처럼 보일 것이다. 그러나 이런 회칙에 관해 철학적으로 문제화된 어떤 것이 있다. 왜냐하면 회칙은 철학 속의 가장 예리하고 분석적인 쟁점들에 관한 어떤 경향 속에서 대담하면서도 교훈적으로 진행되었기 때문이다. 그런 뒤에 한편으로는 철학 안에서 "특별한 논제들을 고수할 것을 요구하기 위해"(38) 분명히 마음 내키지 않음을 보여주고 다양한 범위의 가톨릭 입장으로부터의 합법성에 관한 유사한 강조와 오직 토미즘만이 유일한 것이라는 철학적으로 서로 모순된 입장들을 보여주면서, 또한 다른 한편으로 토미즘적인 실재주의에 대한 절대적인 승인(44)을 말하면서 어떤 순간에 갑자기 멈춘다. 이러한 두 가지 태도들이 어떤 연관성을 갖는가? 회칙은 우리에게 질문을 제시하는데, 비록 그것이 어떤 대답을 제시하지 않을지라도 그것은 우리를 질문으로 향하게 한다.

3 우리가 여전히 의문을 갖게 되는 두 번째 주제는 전문 직업인으로의 철학자인 우리들 자신에 관한 탐구와 보통 사람들의

**이하의 내용에서 ( )안의 숫자는 인용된 회칙의 숫자를 의미한다.

삶을 알려주는 의미와 이해를 위한 탐구 사이의 관계이다. 여기서 회칙이 다시 갑자기 멈춘다. 관계가 무엇을 해명하는 상황 속에 있지만 그러나 일반적인 용어들이라는 점이 특징이다. 그리고 오늘날 우리 자신의 사회적 · 문화적 상황에 관한 특별하고 구체적인 상황 속에서 현재 여기에 있는 우리들에 의해서 이해되는 관계를 질문하는 방법을 우리에게 남겨놓았다. 그러한 상황을 보다 충분하게 이해하기 위해서 나는 우리가 근거들을 찾아야 하는 토미즘적인 실재주의가 필요함을 주장할 것이다. 그리고 토미즘적인 실재주의에 관한 하나의 함축은 그것이 토미스트가 아닌 가톨릭 철학자가 되는 것을 회칙에서 제시하는 것보다 어렵게 할 것이라는 점이다. 그러나 나는 지금 이런 생각을 따르지는 않을 것이다. 대신에 나는 「신앙과 이성」(*Fides et Ratio*) 속에서 숙고에 의해 철학적 탐구를 특징짓는 방법으로 시작할 것이다.

I

4 「신앙과 이성」(*Fides et Ratio*)은 우리의 관심을 철학적 탐구에 관한 네 가지 특징으로 이끈다. 첫째, 그것의 주요한 임무들은 일반적으로 인간들에 의해 제기된 질문들과 전문적인 철학자가 아닌 사람들에 의해 제기되는 질문들을 명확하게 표현하고 대답들을 알아보는 것이다. 우리가 목적으로서의 진리(truth as a goal)에 관한 업적을 어쩔 수 없이 평가해야 한다는 것을 알고 싶고 이해하고 싶어하는 것

이 인간들의 특징이다. 그리고 우리가 인간의 선에 관한 진리를 열망한다는 사실들 사이에서 특별히 중요하다. 우리는 어쨌든 삶의 의미가 무엇인지, 우리 삶 속에서 어떤 곳이 고통을 가지고 있는지, 그리고 죽음이 그러한 삶들의 종착지인지 아닌지 물어봄으로써(25, 26) 진리로 향하여 나아갈 것이다. 따라서 모든 인간들은 "어떤 면에서는 철학자들이고, 자신들의 삶들을 감독하는 그들 자신의 철학적 개념들을 가지고 있다"(30). 철학에서는 전문적인 철학자들을 위한 관심을 중요하게 여기기 전에 평범한 사람들을 위한 관심을 중요하게 여겨야 한다.

5 그러므로 매일 하는 일이 철학인 전문 직업인으로의 철학자들인 우리들이 하는 것은 농사를 짓거나 고기를 잡거나 강철을 만드는 일을 하는 사람들에게도 또한 중요한 어떤 질문을 더욱 더 잘 수행하는 것이다. 그래서 농부들이나 어부들이 자신들의 일을 통해 공동의 선에 공헌하는 것처럼 우리의 일을 통해 공동의 선에 공헌하면서 스스로를 평범한 사람들처럼 다른 평범한 사람들을 대표하여 행동한다. 그러나 이것은 전문적인 철학자들이 종종 잊어버리는 것이다. 그것은 아마도 회칙에 의해 강조된 우리의 활동들에 관한 두 번째 특징 때문인 것 같다. 철학은 이미 내가 언급했듯이 그것 자체의 원리들과 방법들, 성공과 실패에 관한 그것 자체의 기준들, 그것 자체의 말투들과 어느 정도 기교적인 어휘들, 그리고 그것 자체의 특별함들을 실천하는 독자적인 형식으로 정의된다. 그리고 유럽이나 북아메리카에서 전문적인 철학자가 되기 위해서는 어떤 특별한 유형의 집중적인 교육과 직업에 관한 전문적인 것들을 전수받을 것이 요구된다. 그 결과 전문적인 철학자가 종종 이상하게 보이고, 평범한

사람들에게 이해하기 어렵게 보이며, 관련성이 없고 모호한 말을 하는 이상하게 쓸모없는 사람들로 보이게 되는 것이다.

6 철학자들은 사실 그들의 말들을 이해하기 어렵게 만들 뿐만 아니라, 종종 복합적이고 간접적인 관계들 속에서 판단을 잃어버리기에 다른 사람들과는 쉽게 관계를 맺지 못할 수 있다. 여기서의 관계는 철학자들 자신의 전문화되고 세부적인 하나하나의 탐구들과 지성이 관여하는 수수께끼들이 되는 것으로부터 철학을 보호해 주는 철학적 모험심에 의미와 목적을 제공하는 거대한 질문들 사이의 관계를 말한다. 철학이 다른 사람들과 부적절하게 된 것을 개선할 필요가 있음을 인식하는 몇몇 사람들은 회칙 속에서 철학의 체계적인 특징으로 확인된 철학에 관한 세 번째의 두드러진 특징을 상기시킨다. 철학은 더 이상 뚜렷하게 관련 없는 일련의 문제들에 관한 독립적이고 이질적인 탐구들로 구성되지 않는다. 예를 들면 공간과 시간에 관한 특징 묘사, 인간 선의 본성, 인식의 유발을 감지하는 특성들에 관한 관계, 언급된 표현들이 기능하는 방법, 심미적 판단을 지배하는 기준들, 인과관계의 본성 등등이다. 우리가 이러한 질문들 각각에 제시하는 대답들은 최소한 우리가 다른 질문들에 관해서도 일부 수세적으로 제시할 수 있는 답변들에 대해서도 강제를 부여한다. 그리고 이들 각각에서 논리적 · 개념적이며 경험적 · 형이상학적인 관계들의 많은 영역 속의 공동 연구로부터 일련의 답들이 드러나기 시작할 때, 일반적으로 우리가 최소한 어떤 체계에 관한 개요를 가지고 있음을 발견한다. 이때 체계는 불가피하게 평범한 사람들에 의해 제기된 철학적 질문들이 대답되는 방법을 위한 함축들을 지니게 될 것이다. 우리는 인간의 선과 사물들의 질서에 관한 포괄적인 설명이 필요함

을 인식할 수 있는 지점에 도달할 것이다(30, 46). 그러나 체계를 세우는 것은 그 자체로 회칙이 우리에게 경고하는(4) 것과는 반대로 철학적 결함(vice)에 관한 어떤 형식으로 타락할 수 있다. 자신들의 계획에 관한 체계적인 특징을 인식하는 철학자들은 항상 그들 자신의 체계와 사랑에 빠질 것이다. 그런데 그 체계를 자신들이 다루기 힘든 것들이나 대답할 수 없는 질문들로 인식해야만 했던 것들이라고 얼버무린다는 점이 한계이다. 특별한 체계에 대한 사랑은 진리에 대한 사랑을 바꾸어 놓는다. 만약 일련의 탐구들과 명백히 관련이 없이 부분들에 대한 철학을 감소하는 결함이 독자적이고 분석적이라면 체계옹호자들에 관한 결함은 아마도 이상주의자(idealist)의 결함이다.

7 오늘날 학문적인 철학 속에서 이 결함들은 그 대표적인 것들이라고 할 만하다. 물론 이런 결함이 우리 문화 속에서 철학이 근원적으로 주변화되는 현상을 설명하는 데 충분한 조건이 되는 것은 아니다. 이러한 주변화는 몇 가지 양상을 띤다. 부분적으로 많은 대다수의 단과대학과 종합대학의 교육과정 속에서 철학이 부수적인 위치로 떨어진다는 것이 문제이고, 그런 유의 일을 좋아하는 사람들에게 철학은 비본질적인 선택이라는 것이 문제이다. 그렇지만 이것은 좀 더 일반적인 병증의 한 징후일 뿐이다. 두드러진 한계는 세속화된 문화의 규범들이 우리 자신과 인간의 선과 사물의 질서에 관한 본성에 대한 것들에 관해서 어떤 진지하고 체계적인 질문을 제외시킨다는 점이다. 또한 그뿐만 아니라 그것들은 어떤 진지하고 체계적인 방식 속에서 이러한 철학적 질문들을 학문적 상황들 밖으로 드러내기 어렵게 만드는 지배적인 문화규범들에 관한 질문도 제외시킨다. 만약 인간의 삶에 관한 주된 쟁점들에 관련되는 반성적 · 비판적

인 탐구가 지속될 수 있는 어떤 환경과 우리 젊은이들을 이끄는 교육이 그러한 질문을 위해 필요한 사고에 관한 습관들을 발전시키기 위해 잘 계획되어 있지 않다면 사회질서 안에서 우리는 아무 것도 이루지 못할 것이다. 이것은 질문들이 아닌 대답들에 관한 문화가 되는 경향이다. 그러한 질문들은 세속적이거나 종교적이거나 또는 자유주의이거나 보수주의에 상관없이 일반적으로 마치 질문을 위한 목적을 두는 것에 의미가 있는 것처럼 전달된다. 그렇다고 해서 단지 학문적인 철학에 관한 철학이 단과대학의 교육과정 속에서 과소평가되어 왔다는 것은 아니다. 철학적 모험심이 정착된 상황 속에서 평범한 사람들이 인간의 선과 사물들의 본성에 대한 질문들을 물어보려고 노력할 때, 문화가 즉각적으로 그들이 그 밖의 어떤 것에 대해 생각하도록 하고 그러한 질문들을 잊어버리도록 그들을 이끈다는 것이 또한 중요하다.

8 이렇게 하기 위해서 질문을 제기하는 목적이 대답들의 성공을 위한 것이고, 결국 기독교의 가르침이 권위적인 대답들의 근원이 된다는 것은 반박될 것이다. 그러한 대답들이 받아들여져 왔을 때 아마도 철학적 물음을 위한 시대는 끝날 것이다. 그러나 이것은 회칙에 의해 곧바로 철저하게 부정된다. 철학적 물음은 그것이 신의 자기 현시(God's self-revelation)의 미스테리에 부딪혔을 때 목적에 도달하지는 못하지만, 그러나 새롭고 풍부해진 자원들을 제공받기 때문에 새롭고 추가적인 과업들을 위임받게 된다. 따라서 회칙의 설명에 관하여 철학은 네 가지 중요한 특징들을 가지며, 신의 자기 현시로부터 배우는 그것의 능력은 훨씬 더 깊게 물어보게 되고 새로운 방향들을 선택한다.

9 일반적으로 이성에 대한 신념과 회칙이 거부한 특별한 철학에 대한 신념 사이의 관계에는 두 가지 개념이 있다. 하나는 철학에 의해서 이성을 위해 만들어진 잘못된 주장들을 폭로하고 기껏해야 과다하고 불필요해진 철학을 보여줌으로써 신의 계시(revelation)에 관한 사실이 철학에 관한 합리적 탐구의 결정적인 목적을 설명했다는 것을 확신시켰다는 것이다. 이러한 거부된 견해에서 신념은 이성을 바꾸고 대체한다. 다른 거부된 견해는 이성이 실제로 철학과 함께 단지 서언(序言, prologue)으로서의 위치이지만 그것의 마땅한 위치를 차지하는 것을 허용해 준다는 것이다. 철학적 탐구는 지금까지 우리를 지배할 수 있었다. 그러나 반드시 신의 계시에 관한 사실을 말하기 전에 잠깐 멈추고 침묵해야 한다. 이러한 견해들에 반대하면서 회칙은 우리의 관심을 "철학적인 학습을 위한 새로운 고찰"로 향하게 하였다. 이것은 두 번의 바티칸(vatican) 회의로부터 생겨난 것이다. 신의 계시는 "이성에게 지속적으로 지식의 범위를 확장하라고 강요했다"(14). 새로운 증거로부터, 특히 교황(St. Paul)의 편지로부터 우리는 "계시된 지혜가 우리의 습관적인 사고 패턴들의 주기를 혼란케 하고 사고의 풍부함 속에서 그러한 지혜를 표현할 수 있는 방법은 존재하지 않았다"(23)는 것을 배웠다. 그리고 이런 혼란은 철학이 신념에 의해 이끌려 왔던 그것의 탐구들을 새롭게 하는 것을 가능하도록 만들었다. 나는 이것에 의해 회칙이 철학은 오직 신념에 의해 받아들여진 전제들로부터 논쟁하기 위한 것임을 의미하지 않았다는 점을 받아들인다. 오히려 철학은 새로운 가능성에 직면하고, 지금까지는 생각할 수 없었던 가능성들에 대해 합리적으로 정당화할 수 있는 설명을 제공하는 과업을 가져야 한다. 이러한 과업 중 하나는 신념에 관

한 입장을 취하는 데 결코 이성을 허락하지 않는 것이다. 그러나 단지 신념과 이성에 대한 동의뿐만 아니라 신념에 의한 이성의 계발도 분명하게 만든다. 이런 측면에서 회칙은 기독교 철학자들을 위한 모델로 안셀무스(Anselm)를 추천한다. 그러나 아마도 간단하게 또 다른 예를 생각해 보는 것도 가치 있을 것이다. 왜냐하면 회칙 속에서 한 가지만 논의되는 것은 아니기 때문이다.

10 자기 인식(Self-knowledge)은 철학적 탐구를 위해 익숙한 문제들을 제공한다. 만약 우리가 자기 인식을 이해하고자 한다면 일반적으로 자기 기만(self-deception)을 이해할 필요가 있음을 알아야 한다. 그러나 사도 바울은 에페소인들(Ephesians)에게 보내는 그의 편지* 속에서(4 : 17-24) 우리 자신의 거짓된 욕망에 의해서 이해는 혼란스럽게 되고, 희생 속에서 우리를 공범자로 만드는 것은 신으로부터의 죄받을 만한 소외(alienation)이고 우리 마음에 관한 필연적인 가혹함이라고 말한다. 그리고 아퀴나스는 이러한 문장에 대한 자신의 논평 속에서 방금 말한 자기 인식에 관한 원인 분석이 신이 창조자라는 법과 신 그 자체가 그러한 법에 의존한다는 것을 인정하지 않으려는 의지에 의해서 체계적으로 타락된 것으로 발견되는 상황 속에서 성서(scripture) 속 어딘가로부터 배열되었던 텍스트들을 모았다. 자신들의

*에페소인들에게 보낸 편지(Letter to the Ephesians)는 신약성서 가운데 사도 바울이 옥중에서 에페소(에베소)인들에게 보낸 편지를 말한다. 그 내용은 교의적인 것과 윤리적인 부분으로 나누어, 유대인이나 이방인이나 다 하느님의 은총으로 얻어지는 구원을 강조하고 있고, 교회에 있어서의 신앙의 일치, 성성(聖性), 개인적·사회적 도덕과 영성(靈性)에 의한 생활의 실천방법에 관하여 가르치고 있다.

신념이 사도 바울로부터 자신들을 배우게 할 수 있었던 철학자들은 자기 인식에 반대하는 것 자체를 완고하게 고집하며, 체계적으로 옹호하려는 정신의 가능성을 고려하지 않는 자기 인식의 복잡한 설명들을 충분하게 의심하지는 못할 것이다. 철학자들은 얼마만큼 그리고 어떤 방식 속에서 이런 가능성을 고려하지 않는 정신에 관한 이론들이 단지 철학적인 실수들이 아니고 그들 스스로가 이런 가능성에 관한 인식에 더욱 더 반대하는 항변들이었는지를 물을 것이다. 그리고 철학자들은 얼마만큼 그리고 어떤 방식 속에서 정신 그 자체에 대한 숙고들이 계획적으로 알려져 왔는지를 탐구할 것이다.

11 그들이 철학자들로 남아 있는 상황 속에서, 즉 그들은 여전히 계시된 진리에 호소하지 않고 그들의 결론을 위한 적절하게 합리적인 정당화를 제공해야 한다는 조건에 종속되고, 그러한 결론들을 공식화하여 그 결과 그것들에 관한 모든 목적이 충분히 가치를 받을 수 있게 하였다. 그러나 철학자들의 사고는 오직 신의 계시만이 가능할 수 있다는 명령을 받아왔다. 물론 그러한 계시가 이런 방식 속에서 철학적 탐구를 형성할 수 있다는 것이 새로운 사고는 아니다. 그러나 회칙은 인간 본성에 중심적인 철학적 질문에 관한 그것의 신성하고 성서적인 중요성으로 인하여 계시에 부가적인 의미를 제공한다. 본성이 신념을 통해 신의 은총(grace)에 의해서 변형되는 순간에 그것이 질문하는 것을 그만두는 것도 아니고 그만두어야 하는 것도 아니다. 신성함 속에서 성장한 누군가의 어떤 삶이 그것에 의해 철학적 탐구에 관한 그의 삶을 멈춰야 하는 것은 아니다. 철학적 탐구는 에디트 슈타인(Edith Stein)과 가장 저명한 토마스 아퀴나스에 의해 우리 자신의 시대 속에서 우리를 위해 예증된 어떤 것이다.

12 그런 까닭에 회칙 속에서 철학적 탐구에 관한 네 가지 특징들을 고려한다면 세 가지는 철학의 외적인 관계들과 관련되고 나머지 하나는 내적인 관심들과 관련된다. 철학의 자율과 그것의 필수불가결함의 인식은 한편으로는 신학의 제국주의로부터, 다른 한편으로는 사회과학의 제국주의로부터 철학을 보호했다. 철학에 관한 주요한 질문들이 평범한 사람들에 의해 제기된 질문들이고 철학자들이 다른 평범한 사람들을 대신하여 그들의 탐구들을 수행해야 한다는 것은 우리의 문화 전체 속에서의 철학의 지위와 철학적 질문에 관한 과소평가에 의해 이루어진 문화 전체의 해악에 대한 절박한 질문들을 제기한다. 그리고 철학자들의 과업들이 현시된 진리와 그것들과의 만남으로 끝나는 것이 아니라는 주장은 세속적인 문화의 삶뿐만 아니라 기독교적 삶 속에서도 철학자들의 마땅한 지위를 떠올리게 하는 유익한 조언이다. 그러나 회칙은 철학의 외적인 관계들에 더 많이 관심을 가진다. 회칙의 주된 편견들 중 하나는 현재의 영향력 있는 철학적 견해들과 프로그램들에 관한 어떤 한계로부터 발생하는 문제를 이해하는 데 장애물이다. 그러한 견해들과 프로그램들이 공통적으로 가진 것은 진리에 관한 적절한 설명을 제공하는 데 실패한다는 것이다. 그것들은 상대주의와 역사주의를 포함하며(87), 동시에 진리의 적용을 상황에 들어맞게 하면서 저질러진 실수를 진술하는 교리들로 이해된 것처럼 보인다. 그리고 회칙이 인용하고 찬미하는 아퀴나스의 실재주의와 "진리의 객관성"(44)에 관한 회칙의 인식은 그것들을 반대한다. 따라서 나는 진리에 관한 질문들이 제기될 수 있을 때 일어나는 어떤 철학적 쟁점들로 돌아가려고 한다.

II

13 최근의 분석철학에서 진리에 관한 대부분의 토론들은 주장된 문장들로 말할 때는 "사실이다" 와 "거짓이다"라는 진술에 관한 토론들에 전적으로 배타적이었음이 드러났다. 그리고 의미론상의 (semantic) 질문들이 우선적으로 그리고 형이상학적 질문들과는 독립적으로 대답될 수 있으며 대답되어져야 한다는 광범위하게 공유된 가설 때문에 그러한 토론들은 그것들이 행하는 형식을 취한다. 그러므로 이런 견해에서 우리는 진리의 개념에 관한 사용들과 적용들에 관한 충분한 범위를 우선적으로 고려하지 않고도 진리에 관한 의미를 물어볼 수 있고 진리가 내포하는 것들을 이용할 수 있다. 진리가 내포된 주제들만이 오직 의미 있는 문장들이라는 것이 때때로 근본적인 것으로 보이는 것은 아주 당연하게 여겨진다. 이러한 가설로부터 시작한 사람들은 때때로 "사실이다"와 "거짓이다"라는 진술들이 중복된다고 결론내리고, 실패하지 않고 언어로부터 제거될 수 있다고 결론내린다는 것이 놀랄 만한 것은 아니다. '그러저러한 것이 사실이다' (that such and that such is the case)라는 것이 사실임을 주장하기 위해 나는 '그러저러한 것이 사실이 아니다' 라고 주장했을 뿐이고, '그러저러한 것이 사실이다' 라는 것이 거짓임을 주장하기 위해 '그러저러한 것이 사실이다' 라고 주장했을 뿐이라고 생각된다. 그래서 "그것은 사실이다"와 "그것은 거짓이다"는 우리의 주장들에 대해 아무 것도 덧붙여 말한 것이 없는 것처럼 여겨지며, 따라서 중복된 표

현인 것이다. 진리가 내포하는 것들에 관한 근본적인 제거주의자들의 견해를 택하지 않는 많은 사람들과 우리의 언어 속에서 "그것은 사실이다"와 같은 그러한 표현을 우리가 필요로 함을 인식하는 사람들은, 그럼에도 "사실이다"라는 것이 진정한 진술이라는 것을 부정하는 상황 속에서 제거주의자들에게 동의할 것이다. 여기서 진정한 진술은 진술된 것에 관한 의미에 조금이라도 그것의 의미를 덧붙인다.

14 이것들은 진리에 관한 최소주의자들의 이론일 뿐만 아니라 어떤 최소주의와 아퀴나스의 설명 사이에서의 비교를 강조하는 데 도움을 줄 수 있는 것들이다. 나는 『진리에 관한 질문들과 논쟁』의 첫 번째 장에서 세 개의 주된 논쟁들에 관련된 설명으로 시작할 것이다. 첫째, 아퀴나스는 "사실이다"와 "진리"가 여러 가지 방식으로 사용되었고 이러한 것들이 비슷하게 관련된다는 것을 인식하였다. 그러나 그는 진리가 이론적 · 실질적으로 판단하는 것에 관심을 가진 지성과 그것이 만나는 실재들 사이에서의 관계에 대해 진술되는 상황 속에서 이러한 것들이 되는 주요한 사용들을 선택한다. 그러한 실재들을 위해 지성은 어느 정도 충분할 것이다. 실제로 사물들이 존재하는 방법과 사물들이 어떻게 동일한지에 관해 그것의 개념들과 판단들이 있는 한 지성은 타당할 것이다[I, 1 ; "진리는 사물과 지식의 타당성이다"라고 아퀴나스는 우리에게 유대교 철학자 아이작 이스라엘리(Issac Israeli)를 언급한다].

15 둘째, 아퀴나스는 사물들이 존재하는 방법을 사실적으로 생각하고 판단하기 위해서는 이해를 해야 하고, 이해하는 것이 비록 더 나은 목적들을 위한 수단들일지라도 지성의 목적이나 목적 그

자체라고 생각했다. 모든 합리적인 동물은 본성적으로 이해하기를 욕망한다. 그러므로 지성은 불충분한 것에서 타당한 것으로 움직이는 상황 속에서 그 자체를 목적지향적으로 이해해야 한다. 그리고 지성의 성과나 타당성을 이루는 데 실패했는지 평가하는 것은 다른 문제이고 지성과는 별개의 것이다. 왜냐하면 지성이 판단하는 것들과 지성이 이해하는 목적들은 이해와 판단 속에서 그것의 타당성에 관한 측정이기 때문이다. 따라서 진리는 지성에 관한 주요한 속성이다(I, 2). 그러나 지성에게 그것의 타당성에 관한 측정을 제공하는 것들은 또한 그 자체로 사실이거나 거짓일 수 있다.

16 셋째, 그것이 어떤 지성에 타당한 것인 경우 그것은 사실인 것을 말하는 것이다. 신성한 지성이 명령한 것을 그것이 이행하는 한, 그것이 신성한 지식이라는 것은 타당하다. 그리고 그것이 그 자체에 관한 사실적인 판단을 일으키는 한, 그것이 인간의 지성이라는 것은 타당하다(I, 2). 그러므로 어떤 특별한 인간 개개인 판단의 진리 여부는 적절한 주제와 판단하려는 마음 사이에서 유지되는 인과적인 관계에 의해 설명되어야 한다. 그러한 설명의 목적을 위해서 이런 주제에 관한 특징적인 표현은 우리가 사물들이 소유하는 것의 속성들이 우주에 관한 신성한 질서의 부분들임을 주목하게 한다. 그것들이 존재하는 것으로 사물들을 생각하기 위해서 우리는 이성에 의해서 그것들이 가지는 본질적인 성질에 관한 속성들을—사물들의 질서 속에서 그것들이 움직이는 부분을 정의하는 그러한 속성들을—단지 우연적으로 소유한 그것들의 속성들과 구별할 수 있어야 한다. 그렇다면 진리와 거짓에 관한 우리의 판단과 대략적인 이해와 어떤 주제에 관한 완벽한 이해를 달성하는 것을 목표로 하는 활동들 모두

에서 이런 저런 특별한 정신에 의해서 이해하는 것과 무관하게 존재하는 사물들의 질서가 존재한다는 전제가 가능하다. 따라서 아퀴나스의 설명에 관하여 우리는 이미 만들어진 형이상학적 약속들 없이—이 약속들은 또한 우리의 설명들에 의해 전제된 것들인데—진리 서술(truth-predicates)에 관한 의미론적 속성들의 특징을 충분하게 나타낼 수 없다. 왜냐하면 어떤 항목을 설명한다는 것은 단지 사물들의 질서 속에서 그것의 위치를 확인하는 것이기 때문이다. 따라서 이해되어진 설명과 이해는 이해관계들이 아니다.

17 이러한 이해에 관한 이해는 이해 그 자체를 이해하는 정신 속에서 예증된다. 어떤 자기 반성의 행동으로부터, 그리고 어떤 내부로 향하는 자아성찰(self-scrutiny)로부터 시작하기에 정신은 그 자체의 이해에 도달하지 못한다. 그것은 오히려 인간이 어떻게 존재하는가—합리적 존재 또는 목적지향적인 존재로서—에 관한 생각에 의해 가능하다. 그 결과 인간들은 새로운 증거에 비추어 대체로 그들의 판단들을 수정할 뿐만 아니라, 특별한 주제에 관하여 보다 타당한 이해에 도달하도록 나아갈 수 있었다. 이러한 측면에서 제 역할을 다하기 위해서 인간들은 지적인 능력들뿐만 아니라 지적인 덕들에 관한 연습이 필요하다.

18 사색적인 지성의 진보에 관한 아퀴나스의 설명과 현대의 과학적 진보에 관한 설명을 구별하는 것은 다음과 같다. 후자인 과학적 진보는 거부되고 수정되며 개념화를 고안하는 과정을 통해서 보다 타당한 이론들의 발달을 독점적으로 구성했던 반면에, 전자인 사색적 진보에 관한 아퀴나스의 설명은 우리의 이론들과 과학들을 완벽하게 하는 것을 중시할 뿐만 아니라 탐구자들과 이론가들의

정신 또한 완벽하게 하는 것도 중시한다. 왜냐하면 이런 두 번째 방법 속에서 지적인 과정을 이해할 때까지 우리는 사물들의 질서 속에서 탐구하는 정신들이 차지하는 위치를 이해할 수 없기 때문이다. 여기서 아퀴나스는 현대의 과학적 진보에 관한 설명 속에서 발견되지 않는 또 다른 차이를 언급한다. 이러한 차이는 특별한 과학들 안에서 그것들을 소유한 사람들이 완벽한 이해로 나아가고 그것을 성공 가능하게 하는 지적인 능력과 최고의 지적인 능력인 영리함(*sapientia*)과 지혜 사이에서 일어난다. 잠재능력(virtue)은 다른 과학들이 서로 관계하는 방법과 각각이 그것 자체 내에서 보편적인 우주에 관한 이해와 인간의 위치를 통합하는 데 기여하는 방법을 이해할 수 있게 하는 제1원리를 이해한다(『신학대전』 Ia–IIae 57, 2).

19 그것의 본성에 의해 인간의 지성이 향하게 되는 목적으로 이러한 통합적인 이해를 인식한다는 것은 우리가 「신앙과 이성」(*Fides et Ratio*)에 관한 주된 주제로 되돌아가는 것을 말한다. 왜냐하면 철학자들과 과학자들이 대답을 발견하는 것을 예상할 수 없는 질문들은, 만약 그들이 지혜로워지지 않는다면 사실상 평범한 사람들에 의해 제기되는 자신들이 살고 있는 우주에 관한, 그리고 그 속에서 자신들의 위치에 관한 그러한 질문들이다. 토미즘의 견해, 즉 회칙에 의해 받아들여진 견해에서 철학자들에게 타당한 질문들은 평범한 사람들이 합리적인 행위자인 한 불가피한 질문들의 재공식화들이다. 그리고 지적인 덕들이 연습될 수 없다는 것과는 관계없이 철학자들에게 지적인 덕들과 도덕적 덕들 모두 필요한 것처럼 평범한 사람들도 또한 그러하다. 지적인 덕들은 지식인들을 위한 특별한 덕들이 아니다.

20 평범한 사람들에 의해 성취되는 지혜는 물론 본성과 사물들의 의미를 철학자들과 과학자들이 파악하는 것과는 상당히 다르게 파악하는 상황 속에서 어느 정도 드러난다. 그러나 성격과 정신에 필요한 특성들은 사실상 같다. 그러한 특성들 중 하나, 즉 어려움들을 드러내고 한 사람이 일반적으로 받아들이는 이론들과 논제들의 결함들이 드러난 상황 속에서 표현된 그러한 정신의 습관들 중 하나를 생각해 봐라. 아퀴나스는 그의 변증법적인 실천 속에서 그 자신이 모든 어려움들과 결함들에 그것들의 당연한 권리와 가치를 제공함으로써 지적인 과정들이 만들어지는 방법을 보여준다. 그리고 『신학대전』의 각각 항목들의 내부적인 구조는 이것을 증명한다. 그러나 아주 적은 타당성으로부터 보다 타당한 이론들로 나아가는 과학적 진보 속에서 왜곡 가능성을 강조하는 중요한 입장을 확인하기 위해, 그리고 교정 가능성과 논박 가능성은 진리가 주장될 수 있음을 위한 어떤 이론에 필요한 속성들임을 보여주기 위해 그것은 최근에 비토미즘적인 철학자들, 특히 피어스(C. S. Peirce)와 칼 포퍼(Karl Popper) 같은 철학자들에게 남겨두었다. 비록 우리가 동의한 이론들이 밀접하게 관련된다고 할지라도 여기에는 두 개의 차이가 있다. 하나는 이론들에 관한 관심이고 다른 하나는 이론가들에 관한 관심이다.

21 후자는 내가 이미 언급했듯이 대부분 어려움들과 결함들에 부딪히는 이론가들의 의지에 관한 문제이다. 그 결과 그들은 수정 또는 논박으로부터 자신들의 신념을 지키기 위해 보호적인 전략을 사용하는 것에 유혹되지 않는다. 그러한 의지가 부족할 때 우리는 이론에 관한 중요한 속성을, 즉 판단들과 확신들에 관한 특징으로부터 이끌어진 속성을 우리 스스로 모호하게 한다. 최소주의자(minima-

list)들이 명백하게 지적했듯이 주장한다는 것은 사실로써 주장하는 것이다. 그리고 그러한 주장들이 그 밖의 이런 저런 관점 속에서 거짓인 것보다 사실이었다는 주장은 언제나 사실이다. 심지어 어떤 종류나 어떤 부류 구성원들 측면에서 이 경우가 필연적이라는 주장들은—최소한 만약 그들이 아리스토텔레스와 아퀴나스가 그것들을 이해한 것같이 이해한다면—진리의 측면에서 실패할지도 모른다. 왜냐하면 그들의 진리가 특별한 종류나 부류의 구성원들을 가진다는 일시적인 사실에 의존하기 때문이다. 그러므로 사실은 항상 거짓에 대한 대응물로 이해된다. 그리고 만약 내가 특별한 판단이 거짓이 되는 경우로 이해한다면, 다시 말해 만약 내가 사물들 속에서의 차이가 판단에 관한 진실과 거짓 사이에서 차이와 일치한다는 것을 이해한다면 결과적으로 나는 어떤 특별한 판단은 사실일 것이라고 이해할 것이다.

22 나의 판단들이 실제로 거짓일 때, 그것은 사물들이 존재하는 방식에 관한 나의 사고들이 판단들이 존재하는 방식과 같아지게 되는 방식 속에서 어떤 요인이 내가 판단하는 대상들을 첫 번째는 나의 감각들에 관한 충격으로부터, 그런 뒤에는 나의 정신에 관한 충격으로부터 방해받지 못하게 하는 것에 개입했기 때문이다. 만약 그러한 판단들을 변경하거나 거부한다면 나는 내가 판단하는 대상들이 방해 없이 나에게 충격을 줄 것이라는 점을 확실하게 할 필요가 있다. 그리고 이것은 적극적인 중재를 요구할 것이고, 그 결과 나는 나의 지금 판단들을 변경하거나 거절하기 위한 이유를 제공할 수 있는 그러한 경험들에 대해 자신을 노출시킬 것이다. 그것은 오직 나의 판단들이 왜곡되는 경우에 한해서만 그것들이 사실일 가능성이 있기

때문이다. 그리고 내가 그것들이 거짓이 됨을 보여주는 경험들에 관한 결정에 대한 판단들을 드러내는 경우에만 내가 의도적으로 거짓에서 진실로 나아갈 수 있기를 희망한 것이 이전보다도 나의 정신이 그것의 대상에게 보다 적절한 상황 속의 관계로 나아가기 때문이다.

23 그렇다면 그들의 판단들을 변경하거나 거절하기 위해 누군가가 가지는 이성들은 이론적이 되었든 실천적이 되었든 간에 그녀 또는 그의 감각들과 정신과는 별개이면서 외적인 대상들과 마주하고 있는 우연한 관계들에 의존한다. 그리고 만약 대상들이 정당하게 이해된다면 그 대상의 속성은 사물들의 질서 속에서 그것들의 위치를 참고함으로써 이해될 수 있다. 왜냐하면 그러한 우연한 관계들은 이성을 제공하는(reason-affording) 우리의 경험들과 그러한 경험들을 근거로 해서 정신이 작용하는 판단들의 특징을 결정하기 때문이다. 그리고 만약 우리가 진리에 관한 아퀴나스의 이론에 대한 이런 정교화된 설명을 더욱 발전시킨다면 즉시 오늘날의 철학적 논쟁에 관한 적어도 세 영역들 속에서 관련될 것이라는 언급을 지금 바로 중단해야 할 것이다. 이들 세 영역은 이유들과 원인들 사이의 관계와 경험의 본성, 그리고 우리의 판단들을 위해 동의해야 하는 것이 무엇인지, 그리고 그것들의 주제와 모순되는 것이 무엇인지에 관한 질문들이다. 최소주의자들의 경쟁적 이론들과 진리에 관한 어떤 다른 대응 이론들과는 달리 이러한 논쟁의 영역들에 참여하지 않고 발전되거나 평가될 수 없다는 것이 진리에 관한 아퀴나스 설명의 두드러진 특징이다. 우리가 도달하는 진리의 결론은 부분적으로 이러한 다른 질문들에 도달하는 결론들과 반대로 도달하는 결론들에 의존한다. 그것의 결과는 무엇과 관련되는가?

24 완벽하게 이해되는 개념, 그리고 그것이 생각하는 것에 관한 주제와의 관련성이 타당성 중의 하나인 정신의 개념은 어떤 특별한 주제를 이해할 수 있게 하는 정신에 관한 개념이다. 그리고 그것을 사고하는 과정 속에서 타당하지 못함에서 타당함으로 움직이게 하는 정신과 본성에 관한 완벽한 이해에 도달하려는 시도는, 그 자체를 저절로 이해할 수 있게 만드는 데 있어서 성공하거나 실패하게 만드는 정신에 관한 개념이다. 어떤 것을 이해할 수 있게 만드는 것은 그것을 독특한 대상 또는 일련의 대상들로 인식하는 것이고, 반드시 언급되어야 하는 제1원리 또는 원리들의 관점에서 그것을 이해하여 사물들에 관한 질서 속에서 그것의 위치를 확인하는 것이다. 그래서 필수적이고 본질적인 것을 단지 우연적인 것으로부터 구별하는 것이다. 그것은 사물들이 지닌 본질을 분명하게 만들 뿐만 아니라, 완벽하거나 불완전하게 하는 방법과 그러한 사물의 본질을 예증하는 방식을 결정하는 형식적이고 최종적인, 물질적이고 유효한 원인들을 확인하는 것이다. 그리고 이런 점에서 누군가는 우리의 범주들과 개념들을 수단으로 해서 우리가 이해할 수 있다고 판단하는 대상을 나타냄으로써 그것을 개념적인 도식 내에 위치시킬 수 있다고 말할 것이다. 이처럼 명백하게 악의 없는 말은—우리가 우리들의 것으로 이해하지 않는 것들을 통해서 결국 어떻게 범주들과 개념들이 가능했는가?—그러나 최근의 몇몇 반(反)실재주의자(antirealist)들의 주장들을 위한 전제가 될 것이며, 그 주장들의 결론은 토미스트들의 입장과는 대조적이다. 만약 우리가 오직 범주화와 개념화로써 대상들을 이해한다면 우리의 범주들과 개념적인 도식들과는 별도로 우리는 그것들에 대한 지식을 가질 수 없고, 실제로 우리는 그것들의 개념을

형성할 수 없다고 주장할 것이다. 이런 견해에서 우리가 가지게 될 것들에 관한 어떤 이해보다 우선하고 독립적으로 존재하는 실재들이 있다고 주장하는 누군가는 그것들에 관한 우리의 이해와는 별개로 존재하는 사물들을 이해할 수 있다고 주장한다. 그러나 이러한 주장은 그것이 주장되는 한 불합리한 것이다. 이런 유형의 논쟁에 대해 우리가 어떻게 대처해야 하는가?

25 아퀴나스의 견해에서 우리는 그러한 사물들이 스스로 소유한 어떤 특징들을 추론할 수 있을 뿐만 아니라, 진실하게 우리가 이해하는 대상들을 이해할 수 있고 또 분류할 수 있다. 덕 속에서의 그 특징들은 우리에게 충격적이었으나 우리에 의해 지각될 수 있고 이해될 수 있게 되었다. 특징들에 관한 우리의 이해보다 앞서고 독립적으로 존재하는 대상들은 비록 아직 실재적이지는 않지만 잠재적으로 우리에 의해서 지각되고 이해되는 대상들이다. 그리고 그것들은 지각되고 이해될 수 있기 위해서 이미 실제적으로 존재하는 것들이어야 한다. 우리가 그러한 대상들과 마주칠 때 그렇게 하지 않으면 그것들을 지각하거나 이해할 수 없다. 지각하는 사람과 생각하는 사람으로서의 우리의 가능성은 그것의 지각할 수 있음과 이해할 수 있음의 가능성과 연결된다. 단지 우리는 그것들을 분류하고 개념화함으로써 대상들을 이해할 수 있게 만드는 것이 아니다. 오히려 대상들을 이해할 수 있다는 것 자체가 상당히 중요하고, 우리는 진실하게 대상들을 범주화하고 개념화할 수 있다. 왜냐하면 그것들은 대상을 이해할 수 있다는 것 자체보다 오히려 이런 방식 속에서 그것들을 분류하고 개념화하는 것을 적합하게 만드는 속성을 가지고 있기 때문이다. 물론 우리는 종종 충분히 잘못 분류하거나 잘못 이해할 수도

있다(실수의 다양한 유형들에 관한 아퀴나스의 범주를 보려면 『신학대전』 Ia 85, 6을 보라). 그 결과 우리는 특별한 판단들뿐만 아니라 우리의 개념적인 도식들을 수정해야 한다. 그리고 우리는 이미 완벽한 이해로 향하는 지성의 진보를 위해 그러한 수정의 중요성을 주목해 왔다. 그러나 우리는 덜 타당한 절대적이고 개념적인 도식들과 판단들로부터 보다 타당한 절대적이고 개념적인 도식들과 판단들로의 움직임 속에서 우리가 이전에 한 가지 방식으로 범주화 · 개념화하였고 지금은 다른 방식 속에서 재범주화 · 재개념화한 실재들이 같은 것들이라는 것을 보다 정확하게 인식한다. 그리고 실재들이 존재하고, 그러한 범주들과 개념화들과는 별개로 우리의 범주들과 개념화들을 보장하는 것에 성공하거나 실패하는 특징들을 갖는다는 것을 보다 정확하게 인식한다. 그러므로 우리는 그러한 범주화와 개념화들과는 별도로 실수이건 엄밀함이건 간에 대상들을 확인하고 재확인하는 능력을 가져야 할 필요가 있고, 또 그러한 능력을 갖고 있다. 따라서 그것이 이 주장들을 지지할 수 있다면 힐러리 퍼트남(Hilary Putnam)에 의해 부각되었다가 뒤에는 논박당한 형이상학적 실재주의인 토미즘적 실재주의는 이런 종류의 반(反)실재주의에 강한 반론을 펼칠 것이다.

26 그러나 그것은 현대의 많은 학문적인 철학자들에 관한 어떤 기본적인 전제와 대립되는 반응이다. 그러한 개념 때문에 만약 우리가 세상과 자신들을 이해하는 데 성공한다면 우리는 이해할 수 있는 사물들의 질서를 발견할 것이다. 사물들의 질서는 우리의 열망들과 의지들, 선택들, 그리고 계획과는 무관하다. 오히려 사물들의 질서는 그러한 열망과 의지들, 선택들에 관해 언급함으로써 현대의 프래그머티즘(pragmatism)과 명목론(nominalism)에 관한 중심적인 논제

들을 부정하도록 이끈다. 현대 프래그머티즘의 주된 논제는 우리 경험의 질서에 의해 언급된 범주와 개념들 그리고 분류상의 도식들이 그것들이 위치해 있는 것을 이용하여 정당화된다는 것이다. 모든 설명은 우리의 목적들과 관심들과는 상대적이다. 현대 명목론의 주된 논제는 인간의 정신과 그것의 개념적인 전통과는 무관하게 사물들의 질서가 없다는 점이다. 거기에는 실재하는 본질들이 없다. 그리고 이들 두 논제들은 서로를 보완한다. 만약 이해 가능함(intelligibility)이 정신의 인공물(mental artifact)이라는 견해를 지지한다면 어떤 현상을 이해하는 것은 단지 우리가 구성한 어떤 도식 안에서 그것의 위치를 선정하는 것일 뿐이다. 단지 우리의 범주들과 분류들 그리고 기본적인 개념의 도식들을 강요함으로써 우리가 무엇이든 이해 가능하게 할 수 있었던 것은 그것들 외부의 어떠한 것에 관한 언급에 의해서도 정당화될 수 없다.

27 물론 프래그머티즘과 명목론 모두에 관한 경쟁적이고 대안적인 설명들이 있다. 모든 프래그머티스트(pragmatist)들이 리차드 로티(Richard Rorty)의 입장들을 채택하는 것은 아니고, 모든 명목론자(nominalist)들이 질 들뢰즈(Gilles Deleuze)의 입장을 적용하는 것은 아니다. 그러나 변경되고 수정된 프래그머티즘과 명목론은 진리와 명료함, 그리고 사물들에 대한 인간의 질서에 관하여 서로 관련되는 토미즘적 개념들과 같은 어떤 것을 거부하게 된다. 그리고 이런 거부는 아퀴나스에 의해 그것의 목적론적인 특징으로 이해되었던 것처럼 사물들의 질서에 관한 심화된 특징에 의해 강화된다. 그것은 단지 일반적이고 특징적으로 각 개인이 본질을 소유하고 그러한 본질의 구성요소들에 관한 필수적인 속성들을 가지고 있다는 것이 아니다.

오히려 최소한 합리적 동물들을 포함한 식물들과 동물들이 관계되는 한, 그들의 본성에 의해 각 개인들은 그들의 구체적인 목적을 향하도록 지시받는다. 각각은 그것 자체 본래의 발전과정을 가지며, 각각은 그것 자체의 특별한 번영방식으로 향하는 과정과 일치하도록 지시받는다. 그리고 우리는 그것이 오직 첫 번째와 최종 목적으로서의 신(God)과 관련해서만 설명될 수 있음을 인식할 때까지 지향성(directedness)은 불완전하게 남아 있다고 이해한다. 이러한 개념들의 사용이 사물들에 관한 신의 시선의 존재 가능성을 전제한다는 것은 자연적인 본질들과 본질적인 본성들에 관한 개념들에 대하여 상당히 회의적인 사람들에 의해서 때때로 모욕적으로 들린다. 그리고 이처럼 아무렇지도 않게 말한 표현은 이런 개념들의 이용을 발견하기 위한 마음을 방해한다. 그러나 토미스트에게 설명과 이해의 본성을 생각하는 깊은 통찰은 구체화된다.

28 내가 지금까지 노력해 왔던 것은 회칙 속에서 확인된 어떤 토미즘적인 실재주의에 관한 의미들을 설명하기 위함이었다. 그리고 진리를 생각하고 이해하고 설명하는 일련의 특별한 논제들에 관한 실재주의의 책무를 기록하기 위함이다. 그러나 이렇게 행하는 것은 불가피하게 토미즘에 관한 회칙의 태도에 대해 질문을 제기하게 만들었다. 왜냐하면 토미즘적인 실재주의를 찬양하는 것이 일련의 특별한 주장에 관한 진리와 특별한 주장들에 관한 올바름을 토미즘에 위임하는 것이기 때문이다. 그러나 회칙은 아퀴나스에 관한 토미즘의 찬양이 신념과 이성 사이의 관계들과 관련된 모든 것들의 본보기로서 “적절한 철학적 질문들에 관한 지위를 차지하기 위해 존재하지는 않았고, 특별한 논제들에 관한 지지를 요구하기 위해 존재

했다”(78)고 주장한다. 칭찬에 의해 강화된 주장은 보나벤투레(Bonaventure), 파스칼(Pascal), 뉴만(Newman), 로스미니(Rosmini), 에디트 슈타인(Edith Stein), 솔로비에프(Soloviev), 플로렌스키(Florensky), 차아다예프(Chaadaev), 그리고 로스키(Lossky)*와 같은 비(非)토미즘(unThomistic)적이거나 또는 반(反)토미즘적(antiThomistic)인 사상가들과 일치한다. 따라서 내가 시작할 때 말한 것처럼 토미즘으로 향하는 회칙 속에서 해결되지 않는 모호함이 존재하는 것처럼 보인다.

29 이런 모호함은 어떻게 해결될 수 있는가? 우리는 이 시점에서 인간들에 관한 회칙의 설명으로 되돌아갈 필요가 있다. 인간의 본질적인 특징 중 하나는 도덕적 · 형이상학적인 질문자들이며 자기 질문자(self-questioner)들이라는 점이고, 그리고 불가피하게 특별한 탐구와 관련되며 종종 이론적인 탐구를 강요받는다는 것이다. 우리가 질문들에 대해 지적으로 만족할 만한 대답에 도달할 수 없고 탐구들을 완수할 수 없다면 인간의 조건은 예정된 실망과 불합리한 것 중의 하나일 것이다. 그러나 인간이 질문한 것을 완수하고자 하는 열망에 관한 가능성을 위해 필요한 조건들은 불합리한 것들이 아니다. 필요한 조건들은 단지 완벽한 이해를 위해 요구되는 것과 그러한 이해를 가능하게 하는 것에 관한 설명 속에서 토미즘적인 실재에 의해 구체화된 것들이다. 이런 방식에서 토미즘적인 실재는 일반적인 사람

*보나벤투레(Bonaventure)는 중세철학자이고, 로스미니(Rosmini)는 이탈리아 철학자이며 가톨릭 사제이다. 그리고솔로비예프(Soloviev)와 플로렌스키(Florensky)는 러시아의 종교철학자들이다. 또한 차아다예프(Chaadaev)는 러시아 철학자이고, 로스키(Lossky)는 러시아의 직관주의 철학자이다.

들의 질문에 의해 전제된 교의(doctrine)이다. 그리고 그것의 정당화는 토미즘적이고 비토미즘적인 것도 마찬가지로 평범한 사람들의 질문을 보다 확대하려는 철학자의 탐구들에 관한 정당화이고, 또한 질문의 탐구들에 관한 정당화이다. 철학이 작용할 때 반드시 작용할 수 있는 어떤 철학의 유형은 만약 그것 자체의 목적이 성취된다면 다양한 측면에서—만약 현상학적인 철학들과 동방 정교회(Eastern Orthodox) 전통들에 관한 철학들이 스코투스(Johannes Duns Scotus)*와 파스칼, 뉴만의 철학과 같다면—아마도 비(非)토미즘적(nonThomistic)이거나 또는 반(反)토미즘적(antiThomistic)이 될 것이다. 그러나 그것들은 토미즘적인 실재의 교의로서 고전적으로 뚜렷하게 구별된 진리를 위한 어떤 위치를 발견하려고 할 것이다.

III

30 토미즘적인 실재의 의미는 형이상학적 · 의미론적인 탐구와 논쟁에 대한 그것의 공헌에 의해 남김 없이 논의되지는 않았다. 또한 우리 자신의 문화와 외국의 다른 문화 모두를 포함하여 문화에 관해 연구하는 것은 해석적인 관점을 위한 함축들을 지닌다. 그것은 우리가 모든 문화들을 사물들의 질서를 이해하고 묘사하기 위한 구

*1266–1308, 영국의 철학자이자 신학자이다.

체화된 복잡한 시도들로 이해하도록 가르친다. 단순히 문화들이 보여지는 것으로서가 아닌 존재하는 것으로서의 사물들과 관련을 맺기 위한 시도들은 성공 또는 실패에 관한 다양한 단계들과 종류들을 가져왔다. 문화들은 이런 계획 위에서 존재했는데, 활동과 표현에 관한 두드러지게 다르고 종종 모순되는 계획의 방식들은—의식들과 이야기들, 친족관계의 구조들, 생산방식들, 그리고 개념들과 신념들 속에서 차이나는 게임들 속에서의 차이—다른 나라와 다른 문화들을 영위하는 사람들이 우리에게 관심을 가지는 정도를 우리에게 감출지도 모른다. 이런 관심들은 철학적·신학적으로 불리는 것이 적합할 것이다. 그리고 이것은 그것들의 알려지지 않은 이름이 "철학"과 "신학"을 위한 관심일 경우에도 해당한다. 모든 문화는 그것을 이해할 수 있게 만듦으로써 살아가기에 적당한 자연적·사회적인 세상을 만들기 위한 시도이다. 그리고 그러한 시도들 속에는 항상 특색 있게 함축하고 말로 표현하지 않은 진리와 선에 관한 기준들을 위한 호소가 있다. 이런 일련의 신념들에 의한 기준들은 일반적인 기준보다 타당하다고 판단되며, 삶의 방식도 더 낫다(28-33).

31 물론 문화들 사이에는 많은 불일치가 있다. 이 불일치들은 때때로 진리와 선이 이해되는 방식에 관한 불일치로 연장된다. 그리고 이러한 불일치의 해결은 상당히 어렵다. 이 글에서 많은 철학적 작업이 아직 다 이루어진 것은 아니다. 그러나 진리와 선에 더욱 나아가기 위해 우리가 반드시 배울 필요가 있다는 가능성을 결코 배제할 수는 없다. 그리고 우리는 어떤 외국 문화에 관한 통찰들과 논의들, 그리고 관습들로부터 배워야 한다. 문화적으로 구체화된 신념들과 통찰들, 다른 문화들에 관한 논의들의 개방성은 일반적으로 어

려움들에 직면하는 진리 구도자(truth-seeker)들로서, 그리고 우리 자신의 현재 신념들에 관한 대상들로서 우리를 중요하게 만드는 것과 유사한 이성들을 요구한다. 그래서 회칙에 관한 문화적 다원주의는 그것의 철학적 관심들과 상보적이다. 요한 바오로 2세의 1993년 회칙인 「진리의 광채」(*Veritatis Splendor*)에서 그는 우리들에게 "도덕감은 사람들 속에서 나타나며 그리고 … 신령(divine spirit)에 관한 내적이고 신비적인 작용들이 존재하지 않는다는 것으로부터 동양과 서양의 거대한 종교적이고 지혜로운 전통들"(94)을 상기시켜 주었다. 이제 「신앙과 이성」(*Fides et Ratio*) 속에서 그는 근본적인 질문들에 관해 대답하기 위한 우리 공통의 질문들을 예증함으로써(1) 아시아의 종교와 철학적 전통들의 종류에 관하여 우리에게 언급한다. 실제로 그의 가장 신랄한 비판과 부정적인 표현들은 발전된 현대성의 서구 문화들에 관한 특징들을 예상했다. 그러나 아마도 이 글에서 회칙은 충분하게 성공하지 못할 것이다. 왜냐하면 그것은 주로 그러한 특징들을 문화 그 자체와 매일 매일의 삶의 행동들과 보고서들 속에서 드러난 태도들에 관한 특징이 아니라, 오히려 철학자들에 의해 발전된 잘못된 이론들에 관한 특징들로 다루고 있기 때문이다. 정신 속에서 내가 가지고 있는 태도는 무엇인가?

32 인간들을 사물들의 이해할 수 있는 질서 안에서 자신들의 위치를 가지고 있는 것으로 이해하기 위해서는 다른 종들(species)의 구성요소들과 같이 명확하게 주어진 본성으로 인간들이 소유한 것들을 이해해야 한다. 그러한 본성에 의해 인간들이 향하게 되는 목적들과 만약 그들이 그러한 목적들을 달성하게 되면 반드시 따라야 하는 규범들, 그러한 규범들에 의해 요구되는 그들 사이의 관계들, 그

리고 그들의 타고난 방식과 발전방향 등은 모두 명확하게 주어진 본성의 모습들이다. 그러므로 인간들은 개념화를 넘어 교육을 통해서 그들의 번영의 업적을 만들어낼 수 있게 된다. 사회질서의 다양한 방식들과 모습들은 매우 다른 문화적 모습들 속에서 나타날 것이다. 그러나 일반적인 인간성에 관한 인식은 유일한 인간 본성에 관한 다양한 문화적 형식들 속에서의 표현을 인식 가능하게 한다.

33 자신을 이러한 명확하게 공유된 본성을 가지고 사물들의 질서 속에서 잘 정의된 지위를 가지고 있는 것으로 이해한다는 것은 토미즘적인 관점에서는 하나의 전체보다는 부분으로서의 자신을 이해하는 것이다. 전체는 자신의 집안과 가족에 관한 개인적인 인간관계에 의해서만, 그리고 그러한 집안과 가족의 선을 위해서만 구성되는 것은 아니다. 그리고 지역의 정치적 공동체에 관한 자신의 가족 그리고 그러한 공동체의 선과 자신, 그리고 자신의 가족, 전체의 본성적 질서와 질서 정연한 본성에 관한 선을 위한 자신의 정치적 공동체를 위해서만 구성되는 것이 아니다. 그러므로 중요한 부분에서 나는 스스로가 부여한 사회적 역할과 구체화된 내 삶 속에서의 관계들에 의해서 '존재자로서의 나' (who I am)로 구성되고 '존재자로서의 나'를 구성한다. 물론 개인들은 일생 동안 다른 역할을 경험하고 시간이 지나면 역할들과 관계들은 어느 정도 바뀐다. 오늘날 북미에서 부모가 된다는 것은 500년 전 유럽에서 또는 수천 년 전에 중국에서 부모가 되었던 것과는 현저하게 다르다. 그러나 개개인들 자신들이 이해하는 측면에서의 집안과 가족들의 환경과, 개개인들과 가족들 스스로가 이해하는 측면에서의 정치적 공동체들의 환경은 많은 변화의 유형들을 통해서 지속되어 왔다.

34 그러나 개개인들이 스스로를 잘못 이해하지 못하도록 하는 것은 아무 것도 없다. 가족과 정치적 공동체들과의 관계들, 그리고 그러한 잘못 이해함은 종종 일상적 실천 속의 문화적·사회적인 표현에서 발견된다. 그러므로 어떤 특별한 문화 속에서 개인들은 그들의 가족들과 정치적 공동체의 관계를 다시 규정하고 설명하는 데 자유롭기 때문에 자기 스스로 생각하는 것을 배우는 데 시간을 소비하게 된다. 이것은 한계가 불명확하다. 새로운 관점에서 그러한 관계들은 개개인들이 그것들을 선택하게 하는 모든 것들이 될 것이다. 그리고 그러한 관계들의 기정사실(givenness)과 명확함을 주장하는 어떤 시도는 그들의 선택의 자유를 인위적으로 제한하는 것에 관한 부담이기 때문에 형이상학적 기만의 조항(provision)으로 나타난다. 물론 이것은 우리 자신의 문화 속에서 발생되어 온 것으로, 일단 절대적인 관계로 이해되는 것은 점점 조건적이고 일시적인 특징으로 추측된다. 그것들은 많은 개개인들이 자유롭게 추측하고 마음대로 저버린다고 느끼는 역할과 관계들이 되었다. 그 결과는 놀랄 만한 것이 아니다. 가족에 관한 어떤 명확한 개념은 논쟁거리가 되었고, 가족에 대한 의무는 점점 더 훼손되어 왔다. "정치"는 정치적 사회의 모든 구성원의 일상적 삶에 관한 차원에서가 아닌, 이런 저런 특별한 시대가 그 속에서 선택한 사람들과 관련된 선택적 활동에 의해서 정치라고 불리게 되었다. 그리고 정치적 활동 속에서 가족의 삶에 필연적인 피해를 주는 보수적인 반작용이나 정치적 활동 속에서 확대된 참여로 인한 필연적인 결핍이 발생할 때, 그러한 반작용은 그 자체로 간곡한 권고(exhortation)들 속에서 가족의 가치들을 드러내거나 정치적 책임 능력들을 보증하기 위한 일련의 선택들에 반대하고 차이를 두기 위

해서 특징적으로 표현되었다. 그러므로 논쟁 속의 보수적인 선택들은 자유주의적 선택들과 마주친다. 그러나 토론이 특색 있게 질문에 대답하는 것에 실패하는 것은 선택의 본성에 관해 공유되고 있는 현대의 개념과 인간의 삶 속에서 선택의 입장 때문이다. 그러나 이것은 사물들의 질서를 명확하게 하는 것과 개개인들과 가족들 그리고 정치적 공동체들의 관계에 관한 보다 오래된 이해를 그러한 질서와 바꿔놓는 상황 속에서 중요한·부분의 역할을 하는 선택에 관해 공유된 현대의 개념이다.[70)]

35 선택의 개념이 변형되면서 극문학에 관한 이야기도 복잡해졌다. 그 결과 그것은 발전된 현대적인 문화 속에서 주요한 역할을 가능하게 만들었다. 그러나 그것을 여기서 논의하기는 어렵다.[71)] 그러나 그것의 최고점은 그것의 지배적인 이미지들 사이에서의 문화이다. 그것의 지배적인 이미지들은 그녀 또는 그가 선택한 행위에 따라 자신을 정의하는 문화로서의 개개의 인간들이다. 그 선택들은 그녀 또는 그가 이런 저런 대상을 만들어 사용하고, 이런 저런 다른 인간들이 가지는 태도뿐만 아니라 대상들과 사용들을, 그리고 다른 인간들과 다른 태도들을 묘사하거나 다시 묘사하고, 분류하거나 다시 분류하는 방법을 결정한다. 따라서 철학자들의 프래그머티즘과 명목주의뿐만 아니라 일상적인 삶의 프래그머티즘과 명목주의가 존재한다. 그러나 철학자들의 프래그머티즘과 명목주의가 이론의 형식을 취하는 반면 일상적인 삶의 프래그머티즘과 명목주의는 자아를 재상상화(reimagining)하는 사회적으로 강력한 방식의 형태를 취한다.

36 이런 방식 속에서 그들 스스로 재상상화하는 것을 배운 개인들은 그에 따라 그들 스스로 궁극적인 목적을 가지고 있는 것으

로 이해하는 것을 제한했고, 필연적인 본성에 의해 그들을 향하게 하는 최종적인 선을 지니고 있는 것으로 이해하는 것을 제한했다. 왜냐하면 그들 스스로가 상상화하는 방식은 그들이 먼저 규제했고 그들의 선택들과는 독립적으로 선이 존재했다는 것과 모순되고, 목적으로서의 선에 의해 정의된 본질적인 본성을 가진다는 것과도 모순된다. 그러나 자신을 이미지화하는 이런 방식이 단지 이해를 달성하기 위한 방해물은 아니다. 더욱이 그것은 그러한 질문들을 제기하는 것을 방해할지도 모르고 이해함을 성취하도록 향하는 그러한 질문들에 대한 답을 찾으려는 것을 방해할지도 모른다. 왜냐하면 그러한 질문들을 제기한다는 것은, 행위자의 삶을 정해진 것으로 나아가게 하는 어떤 목적과 사물들의 질서 속에서 자신과 자신을 이해하기 위한 질문으로의 삶에 관한 어떤 개념을 전제하기 때문이다. 그리고 이러한 전제는 실용주의자와 명목주의자들의 상상력이 힘을 발휘할 때마다 훼손될 것이다.

37 물론 계속되는 질문을 제기하는 습관이 언제나 사라질 수 있다는 것은 아니다. 그러한 습관은 인간의 본성 속에 지나치게 깊게 새겨져 있다. 그러나 탐구를 통해 이러한 질문들에 대답하려는 시도는 우리의 문화 속에서 쉽게 찾아보기 힘들다. 사물들의 본성에 관한 어떤 특별한 견해, 심지어 세계관(Weltanschauung)의 적용은 그 자체로 종종 개인들의 선택에 관한 문제로 제시된다. 그 결과 개인들은 소비자들의 선택과는 다른 대상들을 쇼핑하고 싶은 마음이 굴뚝같지만 윤리나 형이상학을 찾게 되는 것이다. 선택이 독자적인 영역이 되기 위해서는 철학적인 질문이 일반적으로 괴상하게 보이게 될 것이고, 거의 이해하기 어려운 토미즘적인 논제들과 주장들에 의해

알려진 탐구로 보이게 될 것이다. 그러므로 평범한 사람들에 의해 제기된 질문들을 위한 철학적 탐구의 중요성을 토미즘적인 실재론의 관점에서 강조하는 것은, 다른 다양한 경쟁적인 관점에서 뿐만 아니라 현대 서양 문화를 지배하는 사람들의 관점에서 보아도 이상한 것으로 보일 수 있다. 이 장의 노력도 역시 그렇게 보일 수 있을 것이다.

Chapter_10

Truth as a good :
a reflection on Fides et Ratio

선으로서의 진리 :
「신앙과 이성」에 관한 숙고

1 「신앙과 이성」(*Fides et Ratio*)의 회칙 속에서 요한 바오로 2세는 그가 "진실 그 자체의 주제에 집중"(6) 할 것이라는 점을 강조한다. 그리고 회칙에 관한 논의는 진리와 인간의 삶속에서 진리에 관한 어떤 관심을 가지는 입장에 대한 질문들로 순환하며 되돌아간다. 이러한 질문들은 진리가 선일 뿐만 아니라 실제로 인간 지성의 유능함이라고 전제한다. 내가 가장 관심을 기울이게 될 이러한 전제는 어느 정도 회칙의 논의와 주장들에 관한 철학적 검토를 요청하면서 「신앙과 이성」(*Fides et Ratio*)이 「영원하신 성부」(*Aeterni Patris*)가 존재하던 시대의 철학에 관한 회칙일 뿐만 아니라, 「영원하신 성부」가 존재하지 않았던 때에도 그 자체로 철학에 공헌하였음을 알려준다. 이 철학적 검토는 회칙들 사이에서 아마도 독특하며 거의 찾아보기 힘든 것이다. 그 이유는 회칙에 집중되는 질문들은 부분적으로 철학적 질문

들이고 회칙은 그 질문들을 추적하면서 "철학은 반드시 본래의 원리들과 방법들을 믿을 수 있도록 남겨두어야 한다"(49)고 주장했기 때문이다. "철학은 본래의 원리들과 방법에 따르는 이성의 관점에서 나아가지 않으면 거의 목적을 이룰 수가 없다"(49).

2 그러므로 철학은 그 본래의 탐구들에 관한 범위 안에서 거역할 수 없는 자율에 일치해야 한다. 그리고 기독교를 가르친다는 것은 이러한 자율에 관한 훈련 속에서 선택적이고 경쟁적인 철학적 접근들의 가능성을 인식하는 것이다(74). 그러나 동시에 신앙에 관한 진리들은 어떤 특별한 철학적 주제들에 관한 진리와 다른 것들에 관한 불신을 전제한다. 예를 들면 진리에 관한 상대주의는 비난받을 것이며(82), 아퀴나스의 진리에 관한 실재주의적인 설명도 비난받을 것이고(44), 그리고 그러한 방식 속에서 어떤 긴장이 발생할 것이다. 이러한 명백한 긴장은 무엇인가? 그것은 아마도 회칙의 입장에 관한 비우호적인 풍자에 의해서 가장 처음 확인될 것이다. 풍자되었을 때 회칙은 철학자에게 말하는 것처럼 읽혀질 것이다. 예를 들면 "결론들이 무엇이건 간에 당신은 진리에 관한 당신의 탐구들을 자유롭게 추구한다. 그리고 논쟁들은 당신의 주장들이 이끌어내는 진리에 관한 결론들을 이끌고, 여기서 당신의 주장들이 이끌어내는 진리에 관한 결론들이 된다." 따라서 읽혀진 회칙은 무덤 속에서 그것의 자율을 심각하게 위반하는 일련의 구속들로 철학에 부과된 위험으로 보일 것이다.

3 이 글의 부수적인 목적은 회칙을 읽으면서 이러한 풍자 속에서 왜곡되거나 잘못 이해된 것으로 보일 수 있는 것을 제공하기 위함이다. 그리고 기본적으로 중요한 진리의 본성에 관한 회칙의 관

심과 보다 특별하게 선의 진리에 관하여 집중하게 함이다. 따라서 나는 회칙에서 승인된 결론들에 관한 경향 속에서 진리에 관한 현재 철학자들의 편견들로부터 우리를 분리하게 하는 사실상 순수하게 철학적인 일련의 논쟁이 있었는지에 관한 물음으로 시작할 것이다.

I

4 진리에 관한 철학으로부터 철학자들은 무엇을 희망할 것인가? 그것은 우리가 무엇을 이해하게 해줄 것인가? 거기에는 세 가지 결론이 있으며, 어떤 적절한 이론은 반드시 만족스러울 것이다. 첫째로, 그것은 주요하게 사용하는 것들과 이차적이고 파생적인 것들을 구별하면서 "사실"(true)과 "거짓"(false), 그리고 다른 관련된 표현들의 여러 가지 사용들의 범위를 설명할 것이다. 둘째로, 그것은 왜 우리가 어쩔 수 없이 선이 되는 진리를 선택함으로써 "거짓"(false)은—그것이 신념이나 판단, 증거, 또는 돈과 친구에 관한 진술이든지 간에—항상 "이것은 거부되어지는 어떤 것"에 관한 동사적 형용사(gerundive)*적인 힘을 가지게 되는지에 관한 설명이 필요하다. 그리고 세 번째로, "사실"(true)의 사용들 사이에서 이러한 동사적 · 형용사적인 힘의 측면에서 특별한 주의가 필요한 그것의 같은 어원들은 "그렇

*gerundive은 라틴문법에서 동사적 형용사이다.

고 그러한 것에 관한 진리”(the truth about such and such) 또는 보다 간단하게 “진리”(the truth)와 같은 표현들이다.

5 진리에 관해 말했던 몇몇 분석철학자들은 단언된 문장들을 진술함으로써 배타적으로 “사실”과 “거짓”에 집중하고, 이러한 단언된 문장들이 “사실”과 “거짓”의 주요한 사용들을 당연하게 여김으로써 이러한 세 가지 결론들을 모두 소홀히 하였다. “p가 사실”이라는 것은 “p”보다 확정적인 내용을 더 이상 가지고 있지 않다고 결론내리는 철학자로부터 “p가 사실”이라고 단언하는 말이 “p”가 말하는 주제에 관한 정보를 보다 많이 전달하는 것이 아니라는 점은 부정할 수 없는 일반적인 것이다. 그러므로 그들은 게다가 때때로 “사실이다”는 중복되는 진술이라고 결론내린다. 그것은 의미 없이 우리의 언어로부터 제거될 수 있는 손실이고, 그것의 사용은 단지 “p”에 관한 승인의 표현이다. 그러나 곧바로 이러한 후자의 논쟁은 단지 “사실이다”가 단순히 중복되지 않을 뿐만 아니라 평범하게 승인되지 않는 것으로 그것이 일반적으로 사용되기 때문에 반드시 실패하게 됨을 알게 된다. 자주 인용되는 예의 유형들은 “만약 그가 말하는 것이 사실이라면 나는 놀라게 될 것이다”와 같은 것이다. 즉 “모든 단언된 문장들에서 그것은 사실이거나 또는 그것은 거짓이다.” 그리고 “존이 단언하는 것은 때때로 거짓이다.”

6 이러한 종류의 예들은 피츠버그 철학자들인 그로버(Grover)와 캠프(Camp), 벨크넵(Belknap)이 우리에게 어떤 선행하는 단언적인 문장을 언급하면서 그 밖의 누군가 “저것은 사실이다”라고 주장하는 것에 누군가가 대응할 때, “그것은 사실이다”와 “저것은 사실이다”는 선(先)문장(prosentence)들로서 작용한다고 주장하도록 이

끌었다.[72] 그로버와 캠프, 벨크넵은 그들의 이론인 "사실이다"는 중복적인 진술이—이것 없이도 말하여질 수 있는 것들이 있다—아니라고 설명한다. 그러나 그럼에도 그것은 결코 진정한 진술이 아니다. 대신에 오직 어떤 앞선 문장의 단편으로 작용한다. 진리에 관한 이런 선(先)문장적(prosentential) 이론이 중복(redundancy) 이론들을 설명할 수 없는 예들에 관한 설명을 제공한다는 것은 명백하다. 그렇다면 진리에 대한 어떤 최소한의 이론도 받아들일 어떤 충분한 이유도 없으며, 이 이론은 어떤 형이상학적 의무들로부터 자유로울 수 있는가?

7 그것을 거부하기 위한 이유는 중복 이론들과 같이 선문장적 이론이 너무 쉽게 "p가 사실이다"가 진짜의 주장이고 실제로 "p"로 부터의 주장과는 확실하게 다르다는 가능성을 지나쳐 버린다는 것이다. 예를 들면 "나이팅게일이 울고 있다"와 "나이팅게일이 울고 있다는 것은 사실이다" 사이의 명백한 차이점을 생각해 보자. 확실하건 확실하지 못하건 간에, 전자에 관한 진리가 확실하거나 또는 후자의 진리가 불확실하다는 것은 사실이다. 그러나 그것들이 다른 주제에 관련된 문장들임을 부정하는 것은 어렵게 보인다. 하나는 새에 관해 말하는 것으로, 그것이 노래하고 있다고 말하는 것이다. 다른 것은 확정된 문장에 대한 것으로, 그것이 사실이라는 것을 말하는 것이다. "나이팅게일이 울고 있다"라는 문장과 그 밖의 다른 문장들 사이에서 유지되는 어떤 관계의 덕택으로, 만약 그것이 사실이라면 전자는 사실이다. 그러나 그러한 관계에 대해 말하는 것은 아무 것도 없다. 후자는 문장과 그 문장이 말하는 것은 무엇이든지 유지하는 것 사이의 적절한 관계를 확신한다. 여하 간에 그리고 어떻게 이처럼 철학적으로 중요한 방법은 그러한 관계들의 본성에 의존하고, 진리에

관한 대응(correspondence) 이론들은 이런 관계의 본성을 특징지으려고 시도한다.

8 그러나 대응 이론가들은 중복 이론가들처럼, 그리고 선(先)문장적 이론의 신봉자들처럼 그것들이 단언된 주장들에 관해 진술되는 상황 속에서 "진실"과 "거짓"의 사용에 대해 종종 너무 지나치게 배타적으로 관심을 가져왔다. 그리고 우리가 그들로부터 배워야 하는 것의 중요성은 대응 이론가들이 전념하고 전념해야 하는 대응의 본성에 관한 오해에 의해 또한 분명치 않아 왔다. 오해들은 모든(*all*) 대응 이론들에 관해 너무 자주 전부 거절하도록 이끌려 왔다.

9 왜냐하면 사실로 확인된 문장은 반드시 진리에 관한 대응 이론에 대응된다는 것이 비언어적인 조항(nonlinguistic item)이라고 잘못 가정되어 왔기 때문이다. 여기서 조항의 구성요소와 구조는 문장의 구성들과 구조와 조화를 이룬다. 그러나 비언어적인 사실들은 단순히 문장들의 구성요소와 구조, 그리고 그러한 구성요소와 구조를 주장해 왔던 실체들을 가지지 않는다. 사건들에 관한 사실들과 진술들은 사실 언어적인 조항들로 위장되는 것처럼 그것들을 기록한 진실로 단언된 문장을 참고함으로써 특징을 이룬다. 존은 빨간 머리카락을 가지고 있다는 사실은 "존이 빨간 머리를 가지고 있다"는 단언된 문장과는 독립적으로 확인될 수 없고, 이 문장에 관한 사실과는 별도로 존재하지도 않는다. 그러므로 그 문장과 대응하는 문장과 그것의 진실로부터 이끌어낸 문장과 별개인 사실은 없다. "존이 빨간 머리를 갖고 있다는 것이 사실이다"라는 표현은 "존이 빨간 머리를 가지고 있다"라는 문장에 관한 유용한 명사화(nominalization)이다. 그러나 그것은 문장 속에서 이미 언급되고 특징짓지도 않은 것들에 관

해 아무 것도 언급하지 않고 아무 것도 특징짓지 못한다. 올바르게 말해질 수 있는 것은 사실들이 문장에 의해 그림자로 밀려난다는 것이다.

10 중요한 것은 이러한 사실의 대응(correspondence-to-fact)으로서의 진리의 개념에 관한 불신이 어떤 대응으로서의 진리에 관한 개념을 불신하도록 인정해서는 안 된다는 것이다. 그리고 충분한 대응으로서의 진리로 향하는 처음 단계는 우리 스스로가 특별한 경우에 관한 특별한 단언을 만들기 위해 특별한 화자에 의해 사용되는 문장들이 사실을 전달하는 것과 같은 문장이 아니고 오히려 단언된 문장들이라는 것을 기억하는 것이다. 그리고 만약 우리가 진심으로 그러한 문장을 주장하는 누군가가 그러한 주제를 고수하게 될 것이라는 관계들을 또한 생각해 본다면, 특별하게 단언된 문장이 그것이 말하는 주제를 고수하게 되는 관계들은 충분하게 특징짓지 못하게 된다. 다음의 예를 생각해 보자.

11 누군가는 지각 있는 구별과 인식의 능력을 훈련함으로써 어떤 판단에 이른다. 파란 항아리(jug)를 살펴보면서 그는 그것이 조각났다는 것을 발견한다. 따라서 그가 도달하게 되는 믿음은 말할 필요가 없는 믿음이며, 예를 들면 사물들이 동의하는 방법은 사물들이 존재하는 방법에 대응된다["무엇에 대한 대응"(correspondence to)의 근본적인 의미들 중 하나는 옥스퍼드 영어 사전에 따르면 "무엇과 동의"이다]. 다시 말하자면 그가 사고의 내용을 구체화하기 위해 사용하는 단어들은, 사물들이 존재하는 방법을 우리에게 말하게 되는 단어들과 같은 것들이다. 사물들의 존재방법과 그가 그것들을 받아들이게 되는 방법은 같은 것이다. 만약 그가 "파란 항아리는 조각났다"라고 말함으

로써 스스로 그의 믿음을 위한 용어상의 표현을 제시한다면, 말해진 문장은 모두 그의 믿음을 표현하고 그리고 사물들의 존재방법을 말한다.

12 그러나 사물들이 실제로 존재하는 방법과 관련된 특별한 사고의 내용에 관한 이런 확인은, 실제로 사고 그 자체인 이러한 사고를 가진 정신은 하나의 것이고 실재는 완전히 또 다른 것에 관한 사고라는 사실이 발생하지 않도록 하지는 못했다. 항아리에 관해 생각하는 정신은 항아리가 아니다. 그리고 이렇게 되는 것은 사실 판단에 관한 이차적인 측면에서 중요하다. 우리가 우리의 단언들을 사실이 되게 할 때, 그리고 우리가 그것들의 내용이 사물들의 존재방법에 관한 확인임을 받아들일 때 우리는 또한 단정적인 방식들 속에서 우리의 사고들은 우리가 생각하는 것과 동일한 실재에 의해 그것들이 존재하도록 만들어 왔던 이유(*because*)임을 받아들인다. 즉 우리는 우리의 정신과 우리가 판단하는 것에 관한 외부의 실재들 사이에서 어떤 우연적 관계가 유지되었다는 것을 전제한다. 그리고 이처럼 특별한 경우에서 우리의 사고들은 그러한 실재들은 그것들이 존재하듯이 존재함에 의해서 그것들이 존재하게 됨이 결정 된다는 것을 전제한다.

13 물론 이것에 관하여 우리는 경우에 따라서는 항상 실수하게 되는지도 모른다. 왜냐하면 단정적인 방식 속에서 우리의 생각들은 우연히 사물들의 존재방법에 동의하게 될 것이기 때문이다. 아마도 실재가 단지 우리의 희망적인 생각의 결과와 일치하여 발생하기 때문이거나 혹은 아마도 거짓임에도 사실로 믿게 되는 두 가지 전제로부터 우리가 사실의 결론을 추론해 왔기 때문이다. 그러나 그것

과 그것이 사실이라는 어떤 특별한 경우를 판단함에 있어서 우리는 항상 그것이 이러한 우연적인 경우들 중의 하나가 아니라는 것을 전제한다. 그 밖의 누군가에 대해 말하면서 우리는 "그가 믿는 것은 사실이지만 그는 그것을 믿지 않는데, 그 이유는 사물들이 존재하는 방법이 아니라 오직 그의 희망적인 생각 때문이다"라고 말하게 된다. 그러나 우리 스스로 "내가 믿는 것이 사실이지만 그러나 나는 그것을 믿지 않는데, 그 이유는 사물들의 존재방법이 아니라 오직 나의 희망적인 생각 때문이다"라고 일관성 있게 말할 수는 없다.

14 그러므로 우리는 항상 사물들이 존재하는 방법에 관한 누군가의 사고들을 두 가지 방식 중 한 가지 속에서 결정된 것으로 이해한다. 두 가지 방식은 사물들이 존재하는 방법에 의한 방식과 또는 그 대신에 그 밖의 것, 즉 그것에 영향을 주는 어떤 정신의 감수성과 활동성에 관한 측면에 의한 방식이다. 그 결과 사물들의 존재방식에 의한 결정은 어떤 중요한 단계를 배제한다. 전자의 경우 그러한 방식 속에서 정신은 외부적인 실재에 수용적이다. 그리고 그것의 판단들이 최소한 이런 경우에 그리고 이런 주제에 관련해서 사실이고 또 사실이라는 정도에 수용적이다. 후자의 경우 정신은 사실이거나 거짓으로 판단될 것이다. 그러나 만약 사실이라면 우연에 의한 일이다. 그리고 정신이 우연에 의해 사실로 판단된다면, 사물들이 존재하는 것과는 다르게 정신이 거짓되게 판단되는 경우와 같이 그것은 사물들에 대한 수용성(receptivity)과 같은 유사함이 부족함을 보여준다.

15 우리는 이제까지 진리에 관한 어떤 충분한 이론에 관한 두 가지 특징을 확인해 왔다. 첫째로, 사물들이 존재하는 방법과 그것과 유사한 사물들이 존재하는 방법에 관한 정신의 사고 사이에서 획

득되는 동일성에 관한 설명이 필요하다. 둘째로, 우리의 믿음들과 판단들이 우연적이지 않게도 사실인 경우에 사물들과 그것들에 관한 정신의 사고 사이에서 유지해야 하는 우연한 관계의 본질에 대한 특성화가 필요하다. 진리에 관한 어떤 충분한 이론의 두 가지 특징들을 위해 믿음과 진리 사이의 관계를 고려하는 세 번째가 추가되어야 한다. 그것이 거짓이라고 단언된 어떤 문장을 주장한다는 것은 그것이 가치 없다고 판단된 주장이 아님을 믿게 하는 주장이다. 그것은 지배적인 믿음과 판단인 규범(norm)에 호소하는 것이다. 따라서 우리는 어쩔 수 없이 거짓 믿음들과 거짓 판단들을 규범에 관한 위반들로 취급해야 하는 이유를 설명할 필요가 있다. 그렇다면 허위(falsity)에 대한 잘못은 무엇인가?

16 거짓으로 단언된 문장은 사물들이 존재하는 방법에 동의하는 것이 실패할 것이라고 거짓 설명을 한다. 물론 진리에 관한 측면에서 어떤 단언은 한 가지 이상의 실패를 할 것이다. 그것은 "유니콘" 또는 "미국의 왕"과 같이 어떤 이름이나 단독적으로 언급하는 표현을 사용할 것이다. 이것은 아무 것도 아닌 것을 말하거나 언급한다. 그것은 어떤 고유한 성질이 그 성질을 소유하지 않은 어떤 것에 속하다고 생각할 것이고, 또한 그것은 어떤 특별한 개인이 고유한 성질을 가지고 있다는 것을—실제로 그는 그것을 가지고 있다—부정할 것이다. 그리고 그것은 어떤 개인들이 실제로 가지고 있는 일부 고유한 성질을 어떤 것이 가지고 있다는 것을 부정하게 되며, 또한 심지어 잘못 표현된 보다 복잡한 유형들을 포함할 것이다. 거짓으로 주장된 문장들은 다양한 유형만큼이나 진실하게 주장된 문장들이 필요하다. 그러나 거짓 주장들을 믿게 된다면 그것들은 그것들을 주

장하는 개인들과 그것들이 말하는 실재들 사이에서 스스로 중재한다. 그렇게 하는 상황 속에서 그것들은 항상 개인들이 그들의 탐구뿐만 아니라 그들의 일상 활동들도 무능력하게 만들기 쉽다.

17 우리가 말하는 것에 관한 목적들은 대신 우리가 판단하는 고유한 속성들과 관계들을 고려하는 목적들은 이전에 비언어적인(nonlinguistic) 관계들 속으로 빠져들었던 것과 우리가 만들고 때때로 실수들을 수정하는 것을 확인하고 인식한 것들과 상호작용하는 매우 유사한 목적들이다. 우리가 독립적으로 마주하게 되는 것은 활동적으로 응하는 경험 속에서 우연적이고 효과적인 실재들이다. 그것들은 또한 우리가 참고와 주장에 관한 행위들을 말하는 상황 속에서 독립적인 실재들을 가리킨다. 그리고 단지 현실이 우리의 의지와는 무관하게 우리에게 충격을 주는 것처럼 실재에 관한 진실은 우리가 그것을 생각하는 것이 그렇게 되는 것과는 너무나도 별개의 것이다. "어떤 것이 그것에 대해 사실이라는 것은 실제로 어떤 명확한(*definite*) 정신 또는 정신들의 사고와는 독립적이거나 또는 최소한 어떤 사람 또는 어떤 한정된 개인적인 그룹의 사람들이 진리라고 생각하는 것과는 독립적으로 사실은 현실이다."[73)]

18 따라서 독립적인 실재들과 관련된 우리의 모든 이론적이고 실천적인 처리는 거짓된 판단들과 우리의 믿음에 의한 판단을 위험스러운 것으로 설명하는 것이다. 그에 따라 거짓된 주장들의 토대 위에서 행동하는 것들이 처리된다. 그러므로 "p는 거짓이다"에서 p에 관해 진실하게 말하는 것은, 비록 "p가 거짓이다"라고 주장하는 것이 "그것은 그러한 p의 경우가 아니다"라고 주장하는 것을 수용한다고 주장할지라도 "그것은 그러한 p의 경우가 아니다"라고 사실적

으로 말하는 것과는 중요하게 다른 어떤 것을 말하는 것이다. 왜냐하면 "p가 거짓이다"라고 주장하는 것은 p에 관한 주장으로 탓하는 것이고, "그것은 그러한 p의 경우가 아니다"라고 주장함에 의해 탓하게 되는 어떤 것으로, p가 부정한 우연적인 고유한 속성이라고 믿기 때문이다. 내가 그러한 p를 판단하고 믿는 한, p가 사실은 거짓일 때 나는 사물들이 존재하는 방식을 인식하는 것을 스스로 받아들이지 않게 된다.

19 주장에 관한 행동들 속에서 이처럼 좋거나 나쁜 결과로 작용하는 전체적인 문장을 주목하라. 이름들과 언급되는 표현들, 오직 문장들의 부분으로, 그리고 문장들의 상황 속에서 기능하는 진술들을 주목하라. 그리고 어떻게 그러한 표현들이 진리와 거짓을 가능하게 하는 문장들에 공헌했는지에 관한 타당한 이론은, 주장들로 공표될 때 그것에 관한 이론이 되었던 것으로 언급되고 있는 표현들을 말한다. 주장된 문장 안에서 분배와 결합의 중요성은 다음과 같다. 예를 들면 우리가 두 가지로 구별하게 될 것을 요구하는 어떤 주장된 문장이 있다. "그것을 주장하는 사람들이 약속하는 것은 존재에 관한 것인가 또는 비존재에 관한 것인가?"와 "고유한 속성이나 관계들이 그것들의 존재 또는 비존재를 위해 그것을 주장하는 사람들이 약속하는 것이라고 생각할 수 있는가?"가 그 둘이다. 주장된 문장의 다른 부분들은 이러한 두 가지 질문들에 다르게 대답할 수 있게 한다. 물론 주장된 문장이 진실이거나 거짓인지는 이후의 두 개의 질문에 달려 있다. 예를 들면 "주장된 문장에 따라 존재하는 것은 존재하는가?"와 "그러한 문장에 관한 주장에 의해 그것에 속하게 되는 속성들 또는 관계들을 그것이 소유하는가?"이다. 그러므로 그것은 개별적인

것들이고 그것들의 속성들과 관계들은 사실들이 아니거나 또는 주장된 문장들이 사실이거나 거짓으로 만드는 사건들의 진술이다. 그리고 잘못된 믿음들과 판단들은 이미 내가 언급했듯이 특히 우리의 삶 속에서 중요하다. 인간들은 사물들을 잘못 이해하게 될 가능성을 지니고 있고, 동물 종들 사이에서는 그것들의 주변 환경에서 사물들을 다루면서 그것들을 독특한 것으로 만드는 실수를 범하게 될 가능성을 가지고 있다. 그리고 이러한 실패의 본성 속의 대부분이 종종 우리 인간에게 해당된다는 것은 거짓된 믿음이고 거짓된 판단이다. 왜냐하면 이러한 이유 하나만으로 우리가 진리를 선으로 다루는 것을 회피할 수는 없기 때문이다.

20 진리가 선이라고 말하는 것이 물론 진리에 관한 유용성 측면에서 그것을 가진 사람들을 위해 진리를 정의하는 것은 아니다. 거짓된 믿음들도 때때로 유용하다. 예를 들면 알베르트 허쉬만(Albert O. Hirschman)은 우리가 우리 자신의 창의성을 과소평가하는 이유를 강하게 부각시켰다. 즉 "우리가 직면하는 과업들의 어려움에 속을 정도로, 대략 비슷한 정도로 과소평가하는 것은 바람직하다. … 우리가 가능한 일들을 시작해야 하지만 그렇지 않다고 해서 뻔뻔하거나 방해하는 것은 아니다."[74] 그리고 거짓된 믿음들이 때때로 유용하다는 이러한 우연적인 진리의 중요성은 그 자체로 진리가 이러한 유용성과 같아지는 것은 아니다.

21 그러나 사람들은 이것을 인식할 수 있지만 스테판 스티치(Stephen Stich)가 그래왔던 것처럼[75] 여전히 진리가 선인지 아닌지에 관해 묻는다. 스티치는 진리를 평가하는 상황 속에서 우리가 하는 것처럼 실제로 그것들의 진리와 거짓의 측면에서 믿음들을 평가해

왔다. 우리는 세상에 대한 하나의 특별한 도표화된(mapping) 언어의 방식을, 그리고 우리가 서로에게 말하는 문장들을 해석하는 하나의 특별한 방식을—현재 제시된 방식—미리 제시할 수 있다. 그러나 스티치는 그러한 도표화와 해석이 발생 가능한 상황 속에서 무한히 많은 다양하고 매력적인 방식들이 있다고 주장한다. 그 결과 스티치는 우리가 진리와 거짓에 관한 측면에서 현재 평가하는 것과 깊게 관여된 해석과 믿음에 관한 방식으로부터 이러한 대안들의 일부가 되는 것보다 뛰어나야 함을 보여줄 필요가 있다고 주장한다.

22 이것을 위해서 두 가지의 대응이 있어야 한다. 첫째로, 스티치가 우리에게 제공했던 것이 더 이상 외형적인 제안이어서는 안 된다. 오직 그것들을 자세하게 특징화할 때 그 또는 다른 사람들이 담론에 관한 어떤 특별한 방식을 제시할 수 있고, 어떤 정당화된 기준에 의해 이런 대안적인 방식을 우리가 적용하는 것이 보다 나은 것임을 보여줄 수 있을 때 우리는 이러한 종류의 제안을 평가하는 위치에 있게 될 것이다. 그렇다면 우리가 그것을 제외하고 "진실" 또는 "거짓"이라고 평가하는 것을 벗어나는 방법을 이해하는 것은 더욱 더 어렵다. 왜냐하면 이러한 대안의 적용은 그것을 주장하는 장점을 수반하는 것이 사실일 것이고, 또한 그것이 그렇게 되는 것은 거짓일 것이기 때문이다. 그리고 만약 우리가 그것을 사실로 받아들이기 때문에 그것이 사실인 한, 우리는 실제로 "진실"과 "거짓"에 관한 우리 현재의 사용을 포기하지 않게 될 것이고, 또한 선으로서의 진실에 관한 현재의 개념도 포기하지 않게 될 것이다.

23 두 번째로, 스티치는 스스로 사람들이 현재 사용하는 것들과 이러한 현재의 개념들에 관한 약속을 전제한다. 어떤 받아들여

질 수 있는 세상에 관한 도표화된 언어들의 방식을 지배해야 한다는 구속들에 관한 그의 설명과 지능의 상태와 믿음들에 관한 실제적이고 가능한 특징들과 그의 주장을 구성함에 있어서, 그가 호소하는 참고자료 유형들에 관한 그의 논제 속 모두에서 만약 우리가 그런 설명과 그러한 논제들이 사실이고—우리가 현재 "사실"로 이해한다고 할지라도—그것들이 사실이기 때문에 우리가 그것들을 잘 수용할 수 있게 됨을 그가 주장하게 하지 못하게 된다면 그의 주장을 이해하기 위한 방법은 없게 된다. 스티치는 언어에 관한 이론가이기보다 언어의 사용자로서 우리 이외의 사람들이 정말 심각하게도 진리의 선(goodness)과 거짓의 악(badness)을 범하는 것처럼 생각할 것이다.

24 그러나 진리에 관한 선은 단순히 일반적인 거짓과 기만에 관한 악의 문제가 아니다. 또한 그것은 사실의 판단들이 탐구와 이해를 가능하게 만들었던 공헌을 보다 구체적으로 실행해야 한다. 정신의 특색 있는 활동은 탐구이고, 어떤 특별한 주제에 관한 "진리"에 도달하기 위해서 어떤 탐구에서도 핵심은 사실과 거짓 사이에서 구별하는 일이다. 어떤 주제에 대한 진리에 도달한다는 것은 탐구에 관한 최종 목적을 이해하는 것을 완수하는 것이다. 그리고 물론 이해하는 것을 완수하는 것이 사실 판단을 가능하게 하는 일련의 사실적인 믿음들 보다 중요하다. 왜냐하면 특별한 주제에 관한 모든 사람들의 판단은 사실일 수 있지만 그럼에도 어떤 사람은 여전히 이해하는 것에 실패할 것이기 때문이다. 발전된 진리에 관한 단순한 축적이 어떤 한사람을 이해의 목적으로 향하게 하는 데 필요한 것은 아니다. 그렇다면 무엇이 더 필요한가? 판단하지 못하는 것들로부터 이해를 성립하게 하는 이러한 사실의 믿음들과 사실의 판단들 사이에서 무

엇이 구별되는가?

25 사물들의 존재방법뿐만 아니라 그것들이 존재하는 것과 같이 그것들이 존재하는 이유에 관한 사고들은, 그것들이 존재하는 방법과 그것들이 존재하는 것과 같이 그것들이 존재하는 이유와 아주 동일한 것을 이해하는 정신이다. 다시 말하면 그러한 사고들의 내용을 구체화시키는 데 사용되었던 언어들은, 사물들의 존재방법과 그것들이 존재하는 것과 같이 그것들이 존재하는 이유를 우리에게 말해주는 바로 그 언어들이다. 물론 사물들의 존재방법과 그것들이 존재하는 것과 같이 그것들이 존재하는 이유 사이에서의 구별은 거칠지만 유용한 것이다. 어떤 특별한 목적 또는 일련의 목적들에 관한 적절한 개념을 형성해 왔던 정신은 이미 목적들의 핵심적인 속성들 사이에서 그것보다는 오히려 이런 방식 속에서 그것들을 설명할 수 있고 이해할 수 있게 해주는 것들이라는 것을 인식하게 될 것이다. 우리는 실제로 어떻게 설명해야 하는지 아직 모르는 대상들을 마주치거나 설명한다. 그러나 우리가 어떤 대상을 아직 설명할 수 없다는 것을 아는 것은 그것의 일부 중요한 속성들을 아직 확인할 수 없다는 것을 아는 것이다. 우리가 이러한 순간에 도달함을 묘사하는 것은 적절하지 못하다. 왜냐하면 그것은 최소한 이런 특별한 목적 또는 일련의 목적들을 이해할 수 있게 해주는 그러한 속성들 중 일부를 생략하기 때문이다. 비록 아마도 그것이 실제로 여차여차한 일일지라도 그것은 잠재적으로 그렇고 그런 것이거나, 이런 특별한 특징은 그것의 본성에 의해 사물의 본질에 속하는 반면에 다른 특징은 우연한 원인(causation)의 결과로서 특징화될 필요가 있다.

26 말하자면 사고들이 그것이 생각하는 주제에 적합한 정

신은 사실의 판단들과 유일하게 그러한 주제에 관하여 사실 판단을 하고, 사실 판단을 하려는 경향이 있을 뿐만 아니라 그것은 또한 그러한 방식 속에서 이해할 수 있는 주제를 제시하는 것을 사실로 판단한다. 그리고 정신은 어떤 주제가 타당한 경우에, 그러한 주제가 이해할 수 있는 경우에만 한에서 이해 가능한 주제가 당신이나 나에 의해 이해되는 것보다 우선한다는 것을 발견하게 된다. 그리고 사물들의 질서 속에서 그것의 위치를 제공하는 그러한 특징들 덕분에 이해하기 쉽게 됨을 발견한다. 어떤 주제를 설명하기 위해서 그것을 이해할 수 있게 하는 것은 전체적인 사물들의 질서 내에서 단지 그것의 위치와 기능, 그리고 관계를 확인하는 것이다.

27 그렇다면 질서 안에서 그것들의 위치를 발견하는 목적들과 일련의 목적들이 존재하는 것처럼 사물들에 관한 질서가 있고, 이런 질서가 인간의 정신과는 별도로 존재한다는 것은 진리의 해석에 관한 형이상학적 전제이다. 그리고 사물들의 질서에 관해 사실 판단을 하는 것은 그러한 질서를 받아들일 수 있는 정신을 위한 것이다. 그 결과 정신이 그것을 생각하는 방법을 결정하고 이것은 우연적인 것이 아니라고 보는 질서의 측면에서 그것은 사물들의 존재방법이기 때문에 그러한 질서에 관한 판단은 사물들이 존재하는 방법과 일치하게 된다.

28 그러나 이것을 인식한다는 것은 또한 진리가 선인 이유를 보다 타당하게 이해하는 것이다. 왜냐하면 중요한 부분에서 진리에 관한 선은 특별하게 진실한 판단이 이해하는 행동을 하게 만든 공헌에 관한 문제이기 때문이다. 이해를 위한 정신은 그것을 위해 그것의 중요한 선을 달성하는 것으로 어떤 분야에서는 "진리"에 도달하

는 것이다. 그리고 특별한 진리들에 관한 선이 부분적으로는 파생되어 왔다는 것은 특별한 진리와의 관계부터 "진리"까지 해당된다. 그러므로 "사실"과 "거짓"에 관한 동사적 형용사적인 영향력의 특성을 충분하게 규정하기 위해 우리는 특별한 사실 판단들과 그것들이 말하는 것 사이의 관계와 일상의 삶을 처리하고 정신에 관해 탐구하는 삶 속에서 그와 같은 사실 판단들이 역할을 한다는 점 모두를 설명할 진리에 관한 이론이 필요하다. 그 순간에 그것의 이론적이고 실천적인 목적들에 관한 성취로 나아가게 된다. 즉 그것은 탐구하는 주제에 덜 타당한 것이 아니라 오히려 더욱 적합하게 된다.

29 우리에게 이러한 진리에 관한 다양한 측면들과의 관계를 가능하게 하는 것은 그것이 판단하는 실재에 관해 다소간 충분한 관계들 속에서 위치하고 있는 정신에 관한 개념이다. 진리에 관한 다양한 측면들은 사물들이 존재하는 방식과 조화 속에서 판단으로서의 진리이고, 탐구목표로서의 진리이며, 우리의 판단들에 관해 동사적 형용사적인 영향력을 제공하는 선으로서의 진리이다. 사물들의 존재방법에 관한 정신의 사고들과 사물들의 존재방법에 동의하는 한, 이러한 특별한 사고들은 이러한 특별한 실재들이 존재하는 방법에 의해 결정되기 때문에—사물들의 존재 이유에 관한 정신의 사고들에 대해서도 똑같이 해당된다—정신이 그러한 실재들에 충분하다고 말하게 될 것이다.

30 일시적인 관계는 이러한 설명에서 중요하다. 앞에서 내가 말한 판단은 아마도 우연에 의한 사실일 것이다. 무엇이 이러한 것의 예가 되는가? 창문이 없는 방 속에 있는 누군가를 생각해 보자. 그는 바깥 날씨의 상태에 관한 정보를 받지 못하지만 그러나 종종 이

따금 날씨에 대한 판단들을 말한다. 예를 들면 "지금은 비가 내릴 거야", "지금은 안개가 있어", "지금은 건조하지만 구름이 있어." 이처럼 말한 것들과 현재의 날씨 상태 사이에는 임의의 관계가 주어지는데, 만약 그러한 판단들이 충분히 오랜 기간 지속된다면 그것들 중 일부는 말하는 바로 그 순간의 날씨를 말하는 방법과 일치하게 될 것이다. 그러므로 그것들은 분명히 사실을 말하게 될 것이지만 그러나 오직 우연적이다. 그리고 진리에 관한 우리의 예측을 제한하는 이러한 방식 속에서 우리는 "사실"에 관한 이러한 특별한 사용을 우리의 주된 사용들에 관한 그다지 중요하지 않은(peripheral) 확장으로 취급한다. 왜냐하면 그러한 주요한 사용들은 우리에게 정신과 이러한 유형의 상황에서 말하는 것이 지속되지 않는다는 것 사이의 관계를 언급하기 때문이다.

31 그렇다면 진리에 관한 근본적인 개념은 정신과 그것이 넘겨주는 판단들에 관한 주제들 사이에서 지속되거나 또는 지속되지 못하는 유형의 관계에 관한 개념이다. 그리고 정신에 관한 특징은 그것이 구별 가능하고 분류 가능하며 설명 가능하다는 것이고, 그 결과 그것이 판단하는 주제들의 측면에서 정신은 더더욱 적합하게 된다. 그러므로 정신은 거짓 판단들을 버리고 진실에 의해 대체함으로써 그것의 목적을 이룰 뿐만 아니라, 또한 전체적인 사물들의 질서 속에서 그것이 판단하는 대상들의 위치를 고려하는 진리에 관한 최종적이고 완벽한 이해를 향해 나아가는 방식에 의해 그것의 목적을 이룬다.

32 이런 방식 속에서 진리를 이해하기 위해서 진리와 합리적인 정당화를 일치시키고 진리와 정당한 주장을 일치시키려는 어

떤 유혹을 제거해야 한다. 크리스핀 라이트(Crispin Wright)*는 진리와 그가 제시해 왔던 "초인적 주장"(superassertibility)**[76]에 관한 속성을 동일한 것으로 생각하면서 정당화의 측면에서 지금까지 진리에 관한 가장 화려하고 강제적인 설명을 제공해 왔다. "어떤 진술이 초인적 주장이다 … 만약 그리고 단지 만약 그것이 존재하거나 또는 존재 가능하다면 그것을 위해 보장된 일부의 정당한 이유는 그것의 배경에 관한 임의의 밀접한 조사로 남아 있게 된다. 그리고 임의로 우리의 정보(information)에 관한 향상된 대규모의 이득들로 남아 있거나 또는 우리의 정보에 관해 향상된 다른 형식들로 남아 있게 된다."[77] 그리고 물론 만약 p가 사실이면 p가 초인적인 주장일 수 있다고 정의하는 초인적 주장에 관한 것은 사실이다. 그러나 이러한 유형의 이론이 모호하다는 것은 우리가 필요한 대답들에 관한 모든 질문들을 두 개로 나누는데, 그 두 개 사이에 명백한 차이가 있기 때문이다. 진리에 관한 질문들은 내가 주장해 왔듯이 한편으로는 정신들과 그것들의 판단들 사이의 관계들에 관한 질문들이다. 다른 한편으로는 그러한 질문들의 주제에 관한 질문들이다. 그리고 특별한 상황 속에서 이런 관계가 지속되는지 지속되지 않는지에 대한 질문에 대답하는 상황 속에서 초인적인 주장에 대한 언급이나 암시가 필요 없으며, 또한 실제로 어떤 다른 보장된 주장에 대한 주장도 필요 없다. 보장되거나 정당화된 질문은 진리에 관한 질문과는 완전히 다르다.

---

* 1942– , 영국의 철학자이다.

** 'superassertibility'이 정확하게 우리말로 번역된 사례가 없는 관계로, 역자가 임의로 그것을 '초인적 주장'의 의미로 사용하고자 한다.

33 따라서 만약 누군가가 p를 주장한다면 나는 "그것이 실제로 사물들이 존재하는 방법인가?"라고 물을 것이다. 그리고 이것은 진리에 관한 질문이며, 또한 그 밖에 나는 "이러한 판단을 하기 위해 이런 특별한 화자(話者)가 어떠한 정당화의 본질과 정도를 가져야 하는가?"라고 물을 것이다. 그리고 이것은 보장된 주장에 관한 질문이다. 따라서 진리와 초인적 주장을 같게 하는 것은 두 개의 다른 질문에 관한 대답을 혼동하는 것이다. 그러나 만약 그렇다면 왜 라이트는 그 밖의 것을 생각하는가? 그것은 아마도 그가 진리에 관한 최소주의자들의 이론들에 대한 주장들에 공감했기 때문일 것이다. 그것은 어떤 특별한 진술에 관한 진리 혹은 거짓에 대한 주장을 지배하는 기준들이, 반드시 실제로 어떤 특별하게 확립된 담론의 종류 안에서 그러한 진술에 관한 정당화된 주장은 무엇이든지 받아들이도록 결정하는 기준들과 다른 것이 아니라는 믿음이다. 그래서 라이트는 다음과 같이 의견을 밝힌다.

> 초인적 주장은 … 담론에 관한 진술의 내적인(*internal*) 속성이다—그것들이 무엇이건 간에 단지 기준들에 관한 계획으로, 실제적으로 그 담론 안에서 주장을 전달한다. 그것은 내적인 기준들 자체가 신의 관점(*sub specie Dei*)으로 판단되었을 것이고, 충분하거나 불충분한 비율이었을지도 모르는 것에 반대하여 외적인 규범을—진리가 관행에 따라서 추정되는 방식 속에서—제공하는 것은 아니다(p. 61).

34 이러한 언급이 초래하는 것은 전통적으로 진리에 의해 의미부여가 되었던 오래된 실재주의 견해를 포기하는—그리고 이론

가들에 의해서 뿐만 아니라, 탐구에 관한 우리의 오랫동안 지속된 실천들 속에서 전제된 것들에 의해서 지속되지 않는다—라이트가 제시하고 있는 수정에 관한 범위이고, 새롭게 만들어진 개념에 의해 대체되는 것이다. 이러한 수정주의자들의 계획은 무엇을 철학적으로 동기화하는가? 아마도 실재주의적으로 생각했듯이 진리가 실제로 "신의 관점"(sub specie Dei)에서 사물들의 존재방법에 관한 개념을 포함한다는 것은 라이트가 말했듯이 우리의 입장이 아닌 절대적인 입장에서의 개념이다. 만약 그렇게 된다면 그러한 입장의 가능성에 관한 거부는 실제로 진리에 관한 우리의 이해에 대한 어떤 근본적인 수정을 요구할 것이다.

35 반대로 우리 탐구의 직접적인 움직임이 궁극적인 목적을 향하도록 하는 개념을 이해할 수 있게 하는 입장의 가능성이 있다. 만약 그러한 절대적인 입장에 관한 어떠한 개념이 부족하다면 우리는 어떤 특별한 주제를 생각하는 탐구를 위한 최종의 종착지와 같은 것이 없다고 당연하게 결론 내리게 될 것이다. 이런 대안적인 견해에 관해 직접적으로 탐구하는 것은 우리의 해석상의 관심들이 일어나게 하는 모든 것들이며, 어떤 특별한 분야에서 탐구의 목적으로서 이것이나 저것을 선택하는 상황 속에서 단지 미래가 아닌 현재 발생하게 될 우리의 관심들에 관한 표현을 제공할 뿐이다. 그 관심들은 사회적 그룹마다 다르다. 따라서 어떤 주제에 관한 "진리"로서의 사물들은 없으며, 단지 오직 다른 해석상의 관심들에 의해 그러한 주제에 관해 다르게 제기된 다른 질문들에 대답하는 일련의 진리들만이 존재한다. 그러나 이런 설명의 견해는 그 자체로 설명되지 않는 어떤 문제를 남겨놓는다. 우리는 항상 주제의 본질로서 반드시 지니고 있

어야 하는 특징들을 우리의 탐구들에 관한 주제인지 묻게 될 것이기 때문에, 만약 우리의 질문들에 답하는 것들이 진실한 대답이 된다면 그것은 우리의 탐구들과는 완전히 다르다. 그리고 만약 탐구 속에서 우리의 관심들이 그것들의 존재에 관한 것이라면 우리의 탐구들과는 별도로, 그리고 선행하는 우리가 반드시 지니고 있어야 하는 특징들에 관해 스스로에게 묻게 될 것이다. 그리고 우리의 탐구들보다 우선하여 사물들의 존재방법과 우리의 존재방법에 관한 질문을 제기하는 상황 속에서 우리는 이미 실제적으로 고안된 사물들의 질서를 전제한다. 그리고 사물들의 질서는 그 자체로 궁극적인 탐구의 목적이 된다.

36 그렇다면 어떤 주제에 대한 진리를 이해하는 것은 사물들의 질서 속에서 주제가 가지고 있는 것이 구성하는 목적들과 속성들 그리고 관계들의 위치를 사실로 판단하는 것이다. 거짓된 믿음들보다 진실을 가진다는 것은 항상 선이다. 그리고 거짓된 판단들보다 사실의 판단을 한다는 것이 선이다. 그러나 그러한 진실한 믿음을 단순히 가진다는 것과 사물들의 질서 속에서 정신이 그것들의 위치를 이해함으로써 타당하게 그것의 목적을 만드는 것을 사실 판단한다는 것은 정신에 관한 구체적인 선이다. 그리고 그것의 목적으로 향하는 정신에 관한 진보의 한 측면은 진리에 관한 이론들이 부족함에서 보다 충분함으로 진보하는 것이다. 또한 진리에 대하여 우리는 진실이 필요하고, 이것은 그렇게 되어야 한다는 이유는 너무도 많은 진리에 관한 이론들이 침묵하는 것에 대한 어떤 질문이다. 그러므로 진리에 관한 이론들이 부족함에서 보다 충분함으로 움직이는 상황 속에서 우리는 단지 "진리"를 받아들임으로써 정신이 움직이는 것을 향

하는 것이 텔로스(*telos*)가 됨을 이해할 수 있게 만드는 그러한 역사적인 진보를 예증한다. 그러나 물론 지금까지 내가 제시한 설명이 실제로 그러한 진보였는지는 여전히 남겨진 문제이고, 이것은 단지 나의 주장들 속에서 실수들을 확인하는 것이 실패하게 될지도 모르기 때문만은 아니다. 기껏해야 나는 일련의 주장들이 제시한 방법에 관한 대략적인 윤곽보다 많은 것을 제공하지도 못했고, 오히려 그들의 주장들보다 적다. 나는 과업 자체보다는 오히려 행해져야 하는 과업의 의무를 제공해 왔다.

37 그럼에도 이런 대략적인 윤곽잡기는 일정한 가치를 지닌다. 왜냐하면 만약 우리가 결론적으로 진리에 관한 현재의 최소주의자들의 이론들로부터 최소한 아퀴나스의 실재적인 견해와 밀접한 관점으로 옮겨간다면 극복되어야 하는 우리 앞의 어려움이 무엇인지를 확인할 수 있기 때문이다. 왜냐하면 만약 우리가 아퀴나스의 견해가 무엇인지를 고려한다면 내가 살펴본 주장의 불충분한 맥락 속의 방향성이 분명해질 수 있기 때문이다.

II

38 진리에 관한 아퀴나스 이론의 일부 타당한 측면들은 아마도 그의 주요한 논제들에 관한 두 가지 관계를 일으키게 하는 최고의 연설이다. 이 논제들이 수용할 만한 어떤 이유가 있음을 우리는 이미 발견했다(실제적인 판단들에 관한 진실 혹은 거짓에 대해 아퀴나스가

말한 것을 내가 여기서 관심 갖지 않을 것이라는 점을 주목해라. 그리고 또한 내가 말한 것 속에 진리에 관한 아퀴나스의 성공적인 설명과 달라진 것은 아무 것도 없다).[78] 첫째는 진리가 아퀴나스가 수많은 상황 속에서 주장한 어떤 것으로, 인간의 정신에 관한 구체적인 선이라는 것이다. 그러므로 예를 들면 지적인 덕들을 분류하는 상황 속에서 그는 오직 그러한 특성들이 그것의 선을 달성하기 위한 덕들이 될 수 있게 하는 덕들이 될 수 있다고 주장했다. 그러나 정신에 관한 선은 진리이며, 따라서 진리에 관심 갖지 않는 습관들은 지적인 덕들이 될 수 없다(『신학대전』 Ia–IIae 57, 2 ad 3). 이보다 앞서서 아퀴나스는 "덕은 힘에 관한 어떤 완벽함을 가리킨다"(Ia–IIae 55, 1 resp)고 말하였고, 그래서 우리는 진리의 성취를 통해서 정신을 덕의 힘에 관한 완벽한 발전으로 이해하게 되었다.

39 두 번째는 주요한 논제가 진리에 관한 논쟁적인 질문들에 대한 토론을 시작했다는 것이다. 아이작 이스라엘리에 의해 개진된 "진리는 사물과 지성에 관한 일치(*adaequatio*)*이다"(『진리에 대하여』** I, 1 resp)는 진리에 관한 정의에 대해 아퀴나스가 승인한 것으로 아퀴나스를 해석하게 되었다. 만약 사물들에 대한 판단들이 사실이라면 결국 그것은 그 자체로 사물들이 존재하는 방법과 일치해야 하는 정신이다. 진리와 거짓은 사물들이 존재하는 방법에 대한 정신과 사고들의 고유한 속성들이다. 그러나 그것이 단지 사실 또는 거짓일 것이

---

* 전통적인 형이상학에서는 진리를 '사고(思考)와 존재의 일치' (adaequatio rei et intellectus)라고 한다.

**『진리에 대하여』(*De Veritate*).

라고 말하게 되는 믿음들과 판단들은 아니다. 또한 사물들도 진실 또는 거짓으로 말하게 된다. 어째서 그런가?

40 인간의 믿음들과 판단들에 관한 진실 또는 거짓이 측정되는 기준은 인간들이 믿음을 형성하고 판단하는 것들에 의해 제공되어진다. 그래서 아퀴나스는 아리스토텔레스를 다음과 같이 인용한다(『형이상학』 1053a 33). "우리의 정신이 그것의 과학적 지식을 획득하는 것으로부터의 자연적인 사물들은 우리의 정신을 판단한다"(1, 2, resp.). 그러나 그는 즉시 다음과 같이 덧붙인다. "그러나 이러한 사물들은 신성한 정신에 의해 판단된다." 그리고 자연적인 사물은 "그것이 신성한 정신에 의해 명령된 목적을 이행하는 한, 신성한 정신과 그것의 조화에 관한 측면과 관련해서는 사실이라고 말하게 될 것이다." 그러므로 우리가 사물들이 사실적으로 존재하는 방법을 판단하는 경우 우리는 오직 사실적으로 판단한다. 그러므로 현상들을 잘못 안내하는 것과 그것의 특별한 인지적 상황 속에서 단지 우연적인 것으로부터 그것의 본성에 의한 어떤 것을 구별하는 것은 고려하지 않는다. 그리고 우리가 그것들을 신에 의한 사고로서 생각할 때 우리는 사물들이 진실로 존재하는 방법을 판단한다.

41 사물들의 존재방법에 관한 이해에 도달하기 위해 정신은 감각경험(sense-experience)으로부터 시작한다. 그러나 감각에 관한 판단들은 무분별한 판단들이다. 정신은 현혹되는 것들로부터 비롯된 것을 믿을 수 있는 것으로 이끄는 현상들을 구별하면서 감각을 넘어서야 한다. 그리고 어떤 것이 기만적인 현상들의 원인인 경우 그것은 거짓으로 불린다. 예를 들면 "바깥은 금색이고 그것의 본질에 관한 다른 증후들을 갖지만 그러나 중요한 금의 본성이 부족한 경우에 그

것은 가짜 금이라고 불리게 된다"(1, 10, resp.). 감각경험을 넘어 이론적으로 탐구하고 있는 정신을 판단하는 타당성으로의 움직임은 그것의 선으로 향해 움직인다. 본질적인 사물들의 존재를 완벽한 이해에 도달하는 상황 속에서 그것은 선을 획득한다. 그 이해는 보편적인 제1원리들을 예증함으로써 구체적인 항목들을 나타낸다.

42 그렇다면 진리에 관한 아퀴나스의 이론이 내가 앞서서 구상한 주장의 윤곽으로부터 비롯된 설명과 상당히 닮았다는 점에서 아퀴나스의 이론 속에는 분명하게 세 관점이 존재한다. 첫째로, 정신의 판단들에 관한 일치 속에서 존재하는 것이 결국 사물들의 존재방법과 관련된 존재방법이 됨으로써 사고와 존재의 일치(*adaequatio*)로서의 진리에 관한 개념이 있다. 그것은 사물들의 존재방법에 의해 우연적으로 영향을 받게 되는 정신으로부터의 결과에 일치한다. 왜냐하면 정신은 "어떤 감각 속에서 사물들이 존재한다는 점에 수용적이기 때문에 사물들에 의해 움직여지고 결과적으로 사물들에 의해 판단된다"(1, 2, resp.). 두 번째로, 진리를 달성하기 위해 나아가면서 정의된 정신은 어쩔 수 없이 진리를 선으로 취급할 뿐만 아니라, 그것의 구체적인 목표로서 달성되어야 하는 "진리"에 관한 개념을 가지게 된다. 세 번째로, 정신은 절대적인 관점의 개념을 분리할 수 없다. 절대적인 관점은 사물들이 실제로 존재함으로써 보여질 수 있는 것으로부터 형성된다. 다시 말하자면 아퀴나스의 설명은 크리스핀 라이트의 가장 나쁜 두려움을 실현하는 것이다.

43 물론 비록 앤써니 케니(Anthony Kenny)가 진리에 관한 아리스토텔레스의 토론과 최근의 논의들 사이의 불일치를 유용하게 지적해 왔을지라도, 일부 아리스토텔레스의 철학적 편견들은 우리의

편견들과는 매우 다르다. 예를 들면 사실이 되는 것이 단지 사실이 된다는 견해에 의해 아퀴나스에게 제기된 쟁점들이 더 이상 "눈이 하얗다"보다는 "눈이 하얗다는 것이 사실이다"라고 말해야 한다는 것을 지지해 온 쓸데 없이 반복하는 이론가들에 의해서 우리에게 제기된 쟁점들만큼 많다는 것이다.[79] 그러나 아퀴나스가 『진리에 대하여』의 질문들을 통해서 그의 출발점으로부터 움직일 때, 그의 연구와 내가 이전에 구상한 것 사이에 중요한 유사점이 있으며 동등하게 중요한 차이점도 있다. 그 유사점은 모든 연구들 사이에서 진리에 관한 설명에 도달하게 할 뿐만 아니라, 그렇게 함으로써 그것들이 도달하는 설명의 본질을 예증한다. 왜냐하면 각각의 연구 속에서 처음의 일련의 문제들과 어려움들로부터 움직임이 있고, 그것들 중 일부는 발전되고 있는 일련의 타당한 공식들을 통해 진리에 관해 잘 계획된 것으로부터 발생되기 때문이다. 그리고 경쟁적인 견해의 관점으로 알려진 모든 것으로부터 유효할 수 있는 강력한 반대들에 저항할 수 있는 진리에 관한 최선의 검토를 최종적으로 설명하는 것으로 향한다. 그러나 이런 유사점에 관해 언급하는 것은 즉각적으로 지금까지 우리에게 없었던 아퀴나스의 설명에 관한 특징을 인식하게 되는 것이다. 왜냐하면 진리의 선에 관한 성취를 향하는 정신의 움직임에 대한 아퀴나스의 목적론적인 설명은, 구체적인 인간의 선에 관한 업적을 향하는 움직임을 위한 각 개인의 잠재가능성에 관한 그의 전체적인 목적론적 설명을 전제되어 있는 배경으로 포함하기 때문이다.

44 이런 견해에 관하여 모든 인간은 본성에 의해 오직 신과 결합 속에서, 그리고 진리로서의 신에 관한 인식과 신으로부터의 모든 진리에 관한 인식을 통합하는 상황 속에서 얻게 되는 행복에 대

한 욕망을 가진다. 그 결과 진리들을 통해 진리로 나아가는 과정은 그 자체로 정신의 향상에 관한 한 부분이 되고 신에 관한 핵심이 된다. 보다 거대한 목적론적인 상황으로부터 진리에 관한 아퀴나스의 목적론적인 설명을 분리한다면 우리 현대인들, 특히 목적론적인 사고방식을 거부했던 많은 사람들이 출현할 것이다. 그리고 더 이상 누구도 진리에 관한 이론에 과격하게 논쟁하지 않게 되며, 게다가 모든 사람들은 그것의 형이상학적인 얽힘에 관한 덕택으로 적게 받아들일 것이다. 그리고 물론 똑같은 의견이 내가 앞서서 개진한 진리에 관한 사고의 흐름에서도 전개되었다.

45 이 사실은 철학적 탐구의 어떤 영역에서 다른 영역에서의 결론을 전제하는 결론에 도달하는 그 정도로 철학적 불일치의 체계적인 특성을 부각시킨다. 그리고 경쟁적인 철학적 입장들 사이에서 한 가지 중요한 일련의 차이점은, 그것들의 지지자들이 한 분야에서의 철학적 탐구가 다른 분야들의 철학적 탐구로 향함을 인식하는 방법으로부터, 그리고 인식하는 정도로부터 제기된다. 우리가 아퀴나스로부터 배워야 하는 것과 우리가 회칙인 「신앙과 이성」(*Fides et Ratio*)으로부터 배워야 하는 것은 다행히도 일치한다. 우리가 정확하게 목격했듯이 진리에 관한 아퀴나스의 설명은 정신에 관한 그의 목적론적인 설명 속에서 구체화된다. 그리고 다음에는 인간에 관한 그의 거대한 목적론적인 개념 속에서 구체화된다. 그리고 「신앙과 이성」(*Fides et Ratio*)은 질문들을 제시하고 진리의 본성에 관한 주장을 한다. 그렇게 하는 반면에 또한 질문을 제시하고 진리 구도자(truth-seeker)로서의 인간의 본성에 관한 주장을 한다. 만약 그것이 실천적이고 이론적인 탐구에 관한 목적이라면 그것은 반드시 진리이어야 함을 요

구할 뿐만 아니라, 만약 그것들의 목적이 진리인 본성에 의한 탐구들이라면 반드시 인간들이어야 함을 요구한다. 그러나 만약 그렇게 된다면 내가 앞서서 구상했던 진리에 관한 일련의 주장은 기껏해야 심각하게 불완전한 것이고, 이것이 단지 그것의 간결함과 그것의 대략적인 특징 때문만은 아니다. 그것은 또한 인간 본성에 관한 거대한 목적론적인 견해 속에서 구체화될 필요가 있다. 우리가 인간의 선에 관해 실천적이고 이론적인 탐구에 관해 인식하고 그럼으로써 진리에 관해 인식하게 할 수 있는 것이 인간의 본질적인 특징들이다. 만약 그것을 중요하게 만드는 철학의 과업들이 이행된다면 회칙은 철학이 인간의 삶에서 중추적인 핵심으로 인정되어야 하고, 그것이 필요한 자율성과 조화되어야 한다고 주장할 것이다. 실제로 그것은 이것이 그렇게 되는 이유이고, 단지 이것이 그렇게 되는 이유일 뿐이다.

III

46 이제 우리는 내가 이 장의 시작부분에서 제시한 「신앙과 이성」(*Fides et Ratio*)에 관한 서투른 묘사(caricature)가 왜 그렇게 잘못 안내하는 왜곡이 되고 마는지를 이해해야 하는 지점에 서 있다. 진리의 측면과 관련된 어떤 철학적 입장을 승인함으로써 서투른 묘사가 제시했던 것은 철학적 탐구를 제안하게 하는 「신앙과 이성」(*Fides et Ratio*)이었다. 반면에 동시에 그러한 탐구에 관한 자율성의 존중을 주장했다. 그러한 서투른 묘사를 모호하게 하는 것은 「신앙과 이성」(*Fi-*

des et Ratio)에서 강조하는 주장의 구조이다. 회칙이 진리를 중시하는 어떤 철학적 입장들을 제시하고(*and*) 철학적 탐구의 자율성을 주장하는 것, 양쪽을(*both*) 다하는 것은 아니다. 그것은 오히려 회칙이 진리에 관한 견해를 가지고 있기 때문에(*because*) 회칙을 전하는 것이며, 회칙이 전하는 진리 구도자(truth-seeker)로의 인간에 관한 견해이다. 그리고 그것 자체가 철학의 자율성을 위임하고 그것의 위임을 기쁘게 인정한다.

47 회칙의 관점에서 철학은 인간에 의해 제기된 질문을 명확하게 하고 답을 추구하기 때문에 그것은 무엇이든 인간의 문화이다. 본성에 의해 우리가 알고 이해하고자 열망하는 것은 인간의 특성이다. 우리는 어쩔 수 없이 우리의 삶에 관한 의미와 고통, 그리고 죽음에 대해 숙고해야 한다. 그리고 선을 추구하려고 노력하는 상황 속에서 합리적 탐구에 관한 우리 자신의 과업들과 진리의 달성을 수행하는 것이다(25, 26). 그러므로 모든 인간들은 "어떤 의미에서 철학자들이고, 그들의 삶을 결정하게 하는 자신들의 철학적 개념을 가지고 있다"(30). 전문가적인 철학자들은 그러한 개념들을 보다 분명하게 정교화하는 과업을 가지며, 더욱 더 발전시키고 이와 유사한 질문을 보다 체계적으로 만든다. 신의 계시(Divine revelation)는 중요한 질문과 그에 따라 제기되는 대답들을 제공할 뿐만 아니라, 그러한 질문 속에서의 결점을 드러낸다. 그러나 회칙의 견해에 관하여 계시는 아직 없기에 그에 관한 탐구의 목적을 제기한다. 오히려 그것은 탐구에 관한 새로운 자원들과 방향을 제공한다(I 4, 23). 그러한 계시가 철학적 탐구에 알려줄 수 있는 것은 물론 새로운 사고는 아니다. 그러나 「신앙과 이성」(*Fides et Ratio*)은 인간 본성에 관한 주요한 철학적 질문에 관한

그것의 신학적이고 성서(聖書)적인 강조에 의해 덧붙여진 의미를 제공할 수 있다. 그러한 본성이 신념을 통한 은총에 의해 변형될 때 질문하는 것을 멈추지 않고 또 멈춰서도 안 된다. 이에 따라서 신성함 속에서 성장한 한 개인의 삶은 그것의 목적이 진리인 철학적 탐구의 삶이 되는 것을 그만둬서는 안 된다. 그리고 토마스 아퀴나스와 성녀 십자가의 테레사 베네딕타(Teresa Benedicta of the Cross), 에디트 슈타인 모두에 의해 검토된 삶의 유형이 되는 것을 멈춰서는 안 된다.

48 그렇다면 철학의 자율성은 탐구하고 있는 인간의 자율성보다 많은 것도 아니고 적은 것도 아니다. 우리들 각자는 우리 모두가 제시하는 그러한 실천적·이론적인 질문들에 대한 그녀 또는 그 자신의 답에 도달해야 한다. 이성의 요구뿐만 아니라 이성으로써 그렇게 하는 것이 우리가 요구하는 이해이다. 이성의 훈련에 관한 외부적인 제한들은 항상 이성이 우리에게 사실로(*true*) 제시하는 우리의 선에 관한 질문에 대한 대답들을 진정으로 합리적이고 강압적이지 않은 승인을 불가능하게 하는 위험 속에서 존재한다. 그러므로 그러한 진리의 목적이 우리의 선에 관한 구조라면, 우리는 아퀴나스에 의해 전통적으로 공식화된 진리의 본질에 관한 실재적인 설명을 어쩔 수 없이—비록 우리가 전제하는 것을 우리가 인식함에 실패할지라도—전제해야 한다. 그리고 그것은 철학의 자율성에 관한 인정을 우리가 수용하는 불가피한 전제이다. 그러므로 철학적 탐구의 자율성에 관한 망설임 없는 승인과 진리에 관한 토미즘적인 견해에 관한 양보 없는 승인 사이에, 「신앙과 이성」(*Fides et Ratio*) 속에서의 어떤 긴장감의 표현은 회칙에 관해 잘못 안내된 결과이다. 그리고 내가 제시했던 서투른 묘사가 실제로 그것의 메시지를 왜곡했다. 그러나 그릇되

게 해석되고 서투르게 묘사된 것을 잘못 이해된 것으로 강조하는 것은 유익한 것일 수 있는 것들에 대한 관심으로 충분하게 확산되었다. 「영원하신 성부」(*Aeterni Patris*)와 같이 「신앙과 이성」(*Fides et Ratio*)은 우리에게 가톨릭 교회의 가르침은 우리가 철학 안에서 진리의 본성에 대한 이론들, 즉 철학 안에서 논쟁적이며 또한 종종 활발하게 논의되는 이론들 사이에 포함되는 어떤 이론들은 분명하게 확신하고 다른 것들은 분명하게 부정하도록 이끌었다. 그러나 「신앙과 이성」(*Fides et Ratio*)은 또한 그것은 단지 우리가 그것의 자율을 위반함으로부터 철학을 보호해야 함을 위임받았기 때문임을 우리에게 가르쳐 준다.

IV

49 본장의 주장들로부터 세 가지 결론을 이끌어낼 수 있다. 첫째는 다음과 같은 가설이다. 만약 우리가 진리에 관한 어떤 타당한 이론이 만족스럽게 되어야 한다는 요구들과 현재 유행하는 진리에 관한 다양한 견해들이 그러한 요구들을 만족시키는 데 실패하게 되는 방식을 고려하면서 시작한다면, 우리는 중요한 측면에서 아퀴나스에 의해 공식화되고 옹호된 설명과 유사한 진리에 관한 설명으로 나아가는 움직임을 위한 토대를 발견할 것이다. 두 번째 결론은 덜 가설적이며 다음과 같다. 우리가 진리에 관한 어떤 설명이 불완전하고 그럼으로 해서 필요 이상으로 질문을 제기한다는 점을, 사고와 존재의 일치(*adaequatio*)로 이해되는 진리가 또한 인간의 선에 관한 구성

조직으로 이해된다는 것에 따라서 인간 본성에 관한 거대한 목적론적인 관점 안에서 그것이 적합할 때까지 아퀴나스로부터 배울 필요가 있다는 점이다. 세 번째 결론도 보다 덜 가설적이다. 그것은 인간 본성의 견해가 단지 「신앙과 이성」(*Fides et Ratio*)이 우리에게 통찰력 있게 말하는 것들에 관한 철학적 탐구의 자율성에 관한 인식을 필요로 한다는 것이다.

주

1. Bruno Bettelheim, *The Uses of Enchantment*(New York : Alfred A. Knopf, 1976), pp. 74–75.
2. Ibid., p. 47.
3. David Hume, *Treatise of Human Nature*, ed. L. A. Selby–Bigge(London : Oxford University Press, 1941), Bk. I, iv, vii, pp. 267–269.
4. Letter to his sister Valli, in *I Am a Memory Come Alive*, ed. Nahum N. Glatzer (New York : Schocken Books, 1974), p. 235.
5. Richard M. Burian, "More than a Marriage of Convenience : On the Inextricability of History and Philosophy of Science," unpublished paper, p. 38.
6. I. Lakatos, "History of Science and Its Rational Reconstructions," in *Boston Studies in the Philosophy of Science*, vol. VIII, ed. Roger C. Buck and Robert S. Cohen (Dordrecht : D. Reidel, 1971).
7. Thomas S. Kuhn, *The Structure of Scientific Revolutions*, 2nd edn.(Chicago : Universty of Chiago Press), p. 206.
8. Ibid., pp. 206–07.
9. 마골리스, 크라우츠, 뷰리언 편, 『합리성, 상대주의, 그리고 인간의 과학』 속 나의 논문 「행동의 명료함」과 아넬리 로티의 「어떻게 행동들을 해석하는가」를 보라. Alasdair MacIntyre's "The intelligibility of Action" and Arnelie O. Rorty's "How to Interpret Actions" in *Rationality, Relativism, and the Human Science*, edited by J. Margolis, M. Krausz, and R. M. Burian (Dordrecht : Reidel, 1986).
10. Colin McGinn, *Wittgenstein on Meaning*(Oxford : Basil Blackwell, 1984), p. 81.
11. Ibid., p. 78.
12. Ibid., p. 79.

13. Ibid., p. 133.
14. Ibid., p. 196–97.
15. Norman Malcolm, *Wittgenstein : Nothing is Hidden*(Oxford : Basil Blackwell, 1986), pp. 176–78.
16. Ibid., p. 178.
17. McGinn, *op. cit.*, pp. 194–97.
18. Malcolm, *op. cit.*, pp. 176–78.
19. McGinn, *op. cit.*, p. 197.
20. David Pears, *The False Prison*, Vol. II(Oxford : Clarendon Press, 1988), pp. 368–69.
21. McGinn, *op. cit.*, p. 80.
22. Malcolm, *op. cit.*, p. 382.
23. Jonathan Westphal, *Colour*(Oxford : Basil Blackwell, 1987), pp. 80–81.
24. 왜냐하면 이것은 웨스트팔의 『색깔』(Westphal, *Colour*)뿐만 아니라 하딘의 『철학자들을 위한 색깔』(C. L. Hardin, *Color for Philosophers*(Indianapolis : Hackett, 1988), esp. pp. 155–86)에서도 어느 정도 그렇게 보기 때문이다.
25. Brent Berlin and Paul Kay, *Basic Color Terms*(Berkeley : California University Press, 1969), pp. 46–47.
26. Paul Kay and Willett Kempton, "What is the Sapir–Whorf Hypothesis?," *American Anthropologist* 86(1984), pp. 65–79.
27. Pierre Bourdieu, *Outline of a Theory of Practice*, translated by R. Nice(Cambridge : Cambridge University Press, 1977), p. 226.
28. Ibid.
29. 나의 주장은 엄밀하게 조지 라코프의 『여성, 불, 그리고 위험한 것들』을 따른다. George Lakoff, *Women, Fire, and Dangerous Things*(Chicago : Chicago University Press, 1987).
30. 관련된 경험의 발견들에 대한 요약을 위해서 라코프, 위의 책, pp. 26–30을 보라. 그리고 문학 속에서 요약된 가장 중요한 항목들을 위해서 폴 카이와 채드 맥다니얼의 「색깔 용어들의 의미에 대한 언어학의 중요성」, 『언어』 제54권 제3호, pp. 610–646와 로버트 맥로리의 버클리 캘리포니아 대학 박사학위 논문 「중앙아메리카에서 색깔의 범주들 : 교차 언어학의 연구」를 보라. Paul kay & Chad McDaniel, "The Linguistic Significance of the Meaning of Color Terms," *Language* 54, no. 3(1978), Robert MacLaury, "Color Categories in Mesoamerica : A Cross–Linguistic Study," Ph.D. dissertation, University of California at Berkely.
31. Lakoff, *op. cit.*, pp. 334–37.

32. Ibid., p. 336.
33. *After Virtue*, 2nd edn.(Notre Dame, Ind. : University of Notre Dame Press, 1984), pp. 187-191.
34. Brent and Kay, *op. cit.*, p. 16.
35. John Gage, *Color in Turner*(London : Studio Vista, 1969), p. 178. 그리고 비트겐슈타인의 『색깔에 관한 비평』 속에서 제시된, 특정한 색깔들에 대한 수수께끼를 해결하는 괴테의 주제에 관한 오늘날의 설득력 있는 발전을 위해서 웨스트팔의 『색깔』을 보라.
36. 나는 이 점에서 필립 퀸(Philip Quinn)에게 고마움을 느낀다.
37. 메리 에블린 터커의 「도덕과 정신의 경작」, 『일본 신유교주의』, pp. 116-118을 보라. Mary Evelyn Tucker, "Moral and spiritual Cultivation," *Japanese Neo-Confucianism*(Albany : Suny Press, 1989).
38. 크로우의 『자연법의 변화의 윤곽』을 보라. M. B. Crowe, *The Changing Profile of the Natural Law*(The Hague : Nijhoff, 1977).
39. The Impact of the Concept of Culture on the Concept of Man's in *New Views of the Nature of Man*, ed. John R. Platt(Chicago : University of Chicago Press, 1965), p. 116.
40. 이런 공식화에 대해서는 힐러리 퍼트남의 『현실주의와 인간의 얼굴』, pp. 41과 115을 보라. Hilary Putnam, *Realism with a Human Face*, ed. James Conant (Cambridge, Mass. : Havard University Press, 1990).
41. Cambridge, Mass. : MIT Press, 1988, p. 115.
42. *Midwest Studies in Philosophy* XII, ed. P. A. French, T. E. Uchling, Jr., and H. K. Wettstein(Minneapolis : University of Minnesota Press, 1988).
43. "Assertion," *Philosophical Review* 74(1965), pp. 449-465.
44. "Verdad o Assercion Justificada?," *Anuario filosofico* 15(1982), p. 2를 보라.
45. Simon Blackburn, *Spreading the Word*(Oxford : Clarendon Press, 1984), pp. 189-196.
46. *After Virtue*, 2nd edn.(Notre Dame, Ind. : University of Notre Dame Press, 1984), Chapters 2 and 3.
47. *Meaning and Method : Essays in Honor of Hilary Putnam*, ed. George Boolos (Cambridge University Press, 1990).
48. 특별히 『형이상학의 논리적 기초』를 보라. *The Logical Basis of Metaphysics* (Cambridge, Mass. : Harvard University Press, 1991).
49. 『형이상학 비평』 IX. III(1989년 12월, 1990년 3월) 속에서, 가장 최근의 존 위펠의 논문 「토마스 아퀴나스 속의 진리」 1장과 2장을 보라. John. F. Wippel, "Truth in Thomas Aquinas" I and II, *Review of Metaphysics* IX. III.

50. 『진리와 다른 수수께끼들』 속에서 모두 다시 인쇄되었다. *Truth and Other Enigmas*(Cambridge, Mass. : Harvard University Press, 1978).
51. 크로우의 『변화의 윤곽』을 보라. Crowe, *Changing Profile*.
52. 나는 본 논문의 초기 해석에 관한 비판들에 대해 마리안 데이비드(Marian David), 폴 로스(Paul Roth), 그리고 데이비드 솔로몬(David Solomon)에게 커다란 은혜를 입었다.
53. *Philosophy of the Active and Moral Powers*, vol. I(Edinburgh, 1855), pp. 235–248.
54. *Ethics and Language*(New Haven : Yale university Press, 1944) ; "Rule–Following and Moral Realism" in *Wittgenstein : To Follow a Rule*, ed. S. H. Holtzman and C. M. Leich(London : Routledge & Kegan Paul, 1981).
55. 이러한 밀의 주장에 관한 뛰어난 예를 보려면 엘리자르 밀그라의 「공리의 원칙에 관한 밀의 증명」을 보라. Elijah Millgra, "Mill's Proof of the Principle of Utility," *Ethics* 5, 110, no. 2, January 2000.
56. 나는 「흄, 기적에 관한 증언, 자연에 관한 질서, 그리고 얀센니즘」 속에서 주장했다. "Hume, Testimony to Miracles, The Order of Nature, and Jansenism," *Faith, Skepticism and Personal Identity*, ed. J. J. Macintosh and H. Meynell(Calgary : Calgary University Press, 1994).
57. 엠머트에 의해 『기독교를 무시한 유대교』에서 "1916년 10월의 편지"로 번역되었다. Letter of October 1916, trans. Dorothy M. Emmet in *Judaism despite Christianity : The "Letters on Christianity and Judaism" between Eugen Rosenstock–Huessy and Franz Rosenzweig*(New York : Schocken Books, 1971), p. 116.
58. "The New Thing," *Philosophical and Theological Writings*, tr. and ed. Paul W. Franks and Michael L. Morgan(Indianapolis : Hackett, 2000), p. 136.
59. Tr. Nahum Glatzer(Cambridge, Mass. : Harvard University Press, 1999).
60. "Plain Persons and Moral Philosophy : Roles, Virtues and Goods," *American Catholic Philosophical Quarterly*, 66, winter 1991, reprinted in *The MacIntyre Reader*, ed. Kelvin Knight(Cambridge : Polity Press, 1998).
61. 마크 조단의 『지혜의 순서』를 보라. Mark Jordan, *Ordering Wisdom*(Notre Dame : University of Notre Dame Press, 1986), pp. 118–19. 나는 다양한 관점에서 마크 조단과 랄프 맥키너리(Ralph McInerny)의 도움을 받았기에 그들에게 커다란 은혜를 입었다.
62. 예를 들어 『그래머톨로지』 p. 65를 보라. 그리고 피터 듀이의 『분열에 관한 논리학』 1장을 봐라. *Of Grammatology*, trans., by G. C. Spivak(Baltimore : The John Hopkins University Press, 1976). Peter Dews, *Logics of Disintegration*(London : Verso, 1987).
63. 예를 들어 『이성과 진리, 그리고 역사』의 3장을 보라. *Reason, Truth and History*

(Cambridge : Cambridge University Press, 1981).

64. 바네스와 스코필드, 그리고 소라브지가 편집한 『아리스토텔레스에 관한 목록들』 제1권에서 「아리스토텔레스의 논증에 관한 이론」을 보라. "Aristotle's Theory of Demonstration" *Articles on Aristotle*, ed. J. Barnes, M. Schofield, and R. Sorabji, vol. I (London : Duckworth, 1975).

65. 이 주제에 관한 논쟁적인 질문들 전체 모습(像)과 그리고 나와는 다른 몇 가지 관점들에 대한 시각을 보려면 소라브지의 『필요성과 원인, 그리고 비난』 12장을 보라. R. Sorabji, *Necessity and Cause and Blame* (London : Duckworth, 1980).

66. 중요한 쟁점들을 가장 충분하게 진술하는 책은 어윈의 『아리스토텔레스의 제1원리』이다. T. H. Irwin, *Aristotle's First Principles* (Oxford : Clarendon Press, 1988). 반면에 만약 나의 설명이 덜 요약되었다면 그것은 보다 분명하게 어윈과의 불일치일 것이라고 나는 의심한다.

67. 질송의 『토미스트의 실재와 지식의 비평』 8장을, 특별히 pp. 202-204를 보라. E. Gilson, M. A. Wauck trans., *Thomist Realism and the Critique of Knowledge* (San Francisco : Ignative Press, 1986).

68. 리차드 로티의 『우연성과 아이러니 그리고 결속』을 보라. R. Rorty, *Contingency, Irony and Solidarity* (Cambridge : Cambridge University Press, 1980).

69. 『철학적 논문들』 제1권, pp. x-xi을 보라. *Philosophical Papers*, vol. I (Oxford : Oxford University Press, 1983).

70. 나는 이 부분에서 그레이스 굿드웰의 출판되지 않은 논문 「현실주의자의 형이상학에 관한 사회적 토대들」로부터 많은 도움을 받았다. Grace Goodell, "The Social Foundations of Realist Metaphysics."

71. 그러한 변형에 관한 역사 속에서 하나의 중요한 단계를 설명하기 위해서는 세르바이스 핀카르의 『기독교 윤리의 근본들』 10장을 보라. Servais Pinckaers, O. P., *The Sources of Christian Ethics* (Washington, D.C. : Catholic University of America Press, 1995).

72. Dorothy L. Gover, Joseph L. Camp, Jr., and Noel D. Belknap, Jr., "A Prosentential Theory of Truth," *Philosophical Studies*, vol. 27, 1975.

73. C. S. Perice to Lady, Ash Wednesday, 1909, In *Values in a Universe of Chance*, ed. P. P. Wiener (New York : Doubleday, 1958), p. 420.

74. Albert O. Hirschman, *Development Projects Observed* (Washington, D.C. : The Brookings Institute, 1967), p. 13.

75. *The Fragmentation of Reason* (Cambridge, Mass. : MIT Press, 1990).

76. *Realism, Meaning and Truth* (Oxford : Basil Blackwell, 1987), pp. 295-302.

77. *Truth and Objectivity* (Cambridge, Mass. : Harvard University Press, 1992), p. 48.

78. 이 후자의 문제에 대해서는 로렌스 드완의 다음 논문을 보라. Lawrence Dewan, "St. Thomas's Successive Definitions of the Nature of Truth," *Sanctus Thomas de Auino : Doctor Hodiernae Humanitatis*, ed. D. Ols (Vatican City : Libreria Editrice Vaticana, 1995).

79. *Aquinas* (Oxford : Oxford University Press, 1980), p. 6.

색인

[ㅇ]

■ 지은이

알래스데어 매킨타이어는 노트르담(Notre Dame) 대학교 철학과의 석좌교수이며, 미국 예술 및 과학 학술원(American Academy of Arts and Sciences)의 회원이자 영국 학술원(British Academy)의 연구원이다. 그의 저작으로는 『윤리학 소사』(*A Short History of Ethics*, 1967), 『덕 이후』(*After Virtue*, 1981), 『의존하는 합리적 동물』(*Dependent Rational Animals*, 1999) 외에 다수의 논문이 있다.

■ 옮긴이

박병기는 한국교원대학교 윤리교육과 교수이고, 국가생명윤리심의위원회 전문위원이며 가산불교문화연구원 전문위원이기도 하다. 주요 저서로는 『윤리학과 도덕교육 1, 2』, 『동양도덕교육론의 현대적 이해』(2009) 등이 있다.

김민재는 한국교원대학교 윤리교육과 박사과정과 태동고전연구소(지곡서당)에 재학중이고, 천안고등학교 윤리교사를 역임했다. 주요 논문으로는 「혜강 최한기의 심기(心氣) 개념의 도덕교육적 의의」가 있다.

이철주는 한국교원대학교 윤리교육과 박사과정을 수료했고 전주교육대학교에 출강하고 있다. 주요 논문으로는 「고대 희랍철학에서의 노모스와 퓌지스의 의미 탐구」, 「소크라테스의 '에이로네이아'에 담긴 도덕교육적 의미」가 있다.

철학의 과업

초판1쇄 / 2010년 1월 30일

지은이 **알래스데어 매킨타이어**
옮긴이 **박병기 외**
펴낸이 **여국동**
펴낸곳 **도서출판 인간사랑**
인 쇄 **백왕인쇄**
제 본 **바다제책**

출판등록 1983. 1. 26. / 제일 3호

(411- 815) 경기도 고양시 일산구 백석동 1178-1
TEL (031)901-8144, 907-2003
FAX (031)905-5815
e-mail/igsr@yahoo.co.kr / igsr@naver.com

정가 25,000원

ISBN 978-89-7418-299-1 93100

※ 잘못된 책은 교환해 드립니다.